LES LECTRICES ONT AIMÉ !

« *Ces héroïnes qui peuplent mes nuits* est un récit audacieux qui soulève avec justesse les difficultés d'être une femme libre face au poids des conventions de la société. Écrit comme un conte, ce récit nous entraîne dans un périple hors normes où tout est possible. »
Christel, de @les__miscellanees_de_cookie

« Une lecture que j'ai bien appréciée notamment grâce à sa forme originale et aux informations glanées. Une lecture très instructive ! »
Clémentine, de @helynna_

« Ce roman regorge de savoir et nous nourrit intellectuellement, tant par la richesse du récit que par les messages qui y sont délivrés. On referme ce récit abreuvé de connaissances, en ayant l'impression d'avoir fait le tour du monde en quelques pages. »
Eline, de @meslivresdepoche

« Un livre à ne pas lire d'une seule traite mais à prendre par petites touches, pour saisir chaque histoire, chaque personnalité et chaque essence dans toute sa splendeur et sa détermination. »
Laura, de @_lesmotsdesautres_

Pour en savoir plus sur les Lectrices Charleston,
rendez-vous sur la page
www.editionscharleston.fr/lectrices-charleston

CES HÉROÏNES QUI PEUPLENT MES NUITS

Mia Kankimäki

CES HÉROÏNES QUI PEUPLENT MES NUITS

Récit

Traduit du finnois par Claire Saint-Germain

CHARLESTON

Titre original : *Naiset joita ajattelen öisin*

Édition originale publiée par Otava

Traduit du finnois par Claire Saint-Germain
Ce livre a été traduit avec le soutien financier de The Finnish Literature Society (FILI).

FILI FINNISH LITERATURE EXCHANGE

Édition française publiée avec l'accord de Mia Kankimäki et Elina Ahlback Literary Agency, Helsinki, Finlande.

10, place des Cinq-Martyrs-du-Lycée-Buffon
75015 Paris – France
www.editionscharleston.fr

ISBN : 978-2-36812-557-1
Maquette : Patrick Leleux PAO

Tu crois savoir ce que peut t'offrir le voyage,
alors que c'est précisément ce que tu ignores.
Karen Blixen, *Lettres d'Afrique,* 18 janvier 1917

Venez ici, tendres Charites,
et vous aussi Muses aux beaux cheveux
δεῦτέ νυν ἄβραι Χάριτες καλλίκομοί τε Μοῖσαι
Sappho, vers -600

TABLE DES MATIÈRES

1.

Les héroïnes qui peuplent mes nuits : une confession

JE M'APPELLE M. J'ai quarante-trois ans. Au fil des années j'ai passé d'innombrables nuits à songer à des femmes – sans aucun rapport avec le sexe. Je pense à elles lors de mes insomnies, lorsque ma vie/ mes histoires de mecs/mon moral déraillent, lorsque cette effroyable heure du loup semble ne jamais en finir. Je me suis constitué une invisible garde rapprochée de figures historiques que j'ai rassemblées autour de moi comme des saintes protectrices qui me guident, me font avancer.

La vie de ces héroïnes qui peuplent mes nuits, inspirantes, n'a pas suivi un chemin tout tracé. Ces femmes ont franchi les limites qu'on leur imposait et accompli des choses qu'on n'attendait pas d'elles. À leur nombre se compte une quantité d'artistes et d'écrivaines, adeptes d'un travail solitaire et introspectif. La plupart n'avait pas de famille ou d'enfants, et leurs relations amoureuses n'étaient pas conventionnelles. Elles sont nombreuses à avoir voyagé ou s'être immergées au sein d'une autre culture, nombreuses à avoir changé de vie et ce, jusqu'à un âge avancé. Certaines ont cohabité avec leur mère leur existence durant, beaucoup ont souffert de maladies physiques ou mentales, mais toutes ont suivi leur passion et fait leurs choix indépendamment des attentes d'autrui. Ces femmes exemplaires étaient mon plan B – celui à mettre en œuvre si tout le reste se cassait la figure.

L'une d'elles est la courtisane et écrivaine Sei Shōnagon qui vécut à Kyoto il y a mille ans. Je lui ai consacré mon premier livre. Il en est d'autres encore. La nuit, je pense à Frida Kahlo, dont la biographie, découverte à l'âge de dix-huit ans, a révolutionné ma conception de l'identité de femme. Je pense à Georgia O'Keeffe qui a fini toute seule à peindre des crânes de buffles dans le désert du Nouveau-Mexique et a réalisé son premier tour du monde à plus de soixante-dix ans. Je pense à la Japonaise Yayoi Kusama qui, ayant décidé de devenir artiste, a écrit à Georgia O'Keeffe pour lui demander conseil et qui, plus tard, après avoir secoué le monde de l'art new-yorkais dans les années 1960, est rentrée à Tokyo où elle a demandé à vivre en hôpital psychiatrique. Je pense à Karen Blixen qui a suivi son mari en Afrique et s'est retrouvée seule à la tête de sa ferme. Je pense à Jane Austen qui a renouvelé le genre romanesque depuis le grenier de ses parents, qu'elle habitait, dans la campagne anglaise, en femme non mariée. Je pense à l'artiste et poétesse Ema Saikō qui a vécu dans le Japon de l'époque d'Edo, elle dont la tranquillité finit par m'apporter le sommeil à l'heure du loup.

Je me demande à quelle source ces femmes puisaient leur courage. Que me conseilleraient-elles si nous nous rencontrions ? Et avant toute chose : puis-je partir en exploration sur leurs traces ?

Cette route, cela fait déjà un moment que je la parcours. Je ne cesse de croiser ces femmes, toujours plus nombreuses, exaltantes, oubliées, et dans mon esprit se trame un réseau aléatoire tendu entre les différents siècles et coins du monde où elles vécurent. Ce sont les Mary, les Karen, les Ida, les Nellie, les Martha, les Alexini, les Sofonisba, les Battista – elles sont écrivaines, artistes, exploratrices, vieilles filles déprimées, correspondantes de guerre, épouses d'aristocrates de la Renaissance.

Ce sont elles, qui peuplent mes nuits. S'il fut un temps où j'y songeais à la faveur de mes insomnies, en quête de force, d'inspiration, du sens de la vie –, désormais je me maintiens éveillée pour elles, survoltée par l'éclat de leurs étoiles. Pourquoi me sont-elles apparues, se sont-elles liées à moi, m'ont-elles emmenée avec elles ? Pourquoi ai-je ceint ma table de travail de leurs images, pourquoi les piles d'ouvrages qui leur sont consacrés, entassées sur le sol de mon bureau, tanguent-elles toujours plus haut ? Pourquoi faire collection des détails les touchant comme de talismans ?

Je vais reprendre les choses depuis le début, une image à la fois.

Mais d'abord je dois faire ma valise, car mon vol ne va pas tarder à décoller.

PARTIE I

L'AFRIQUE

[NOTE SUR UN BOUT DE SERVIETTE EN PAPIER]

Chère Karen,

Je t'écris ce petit mot express sur une serviette de la KLM. Je suis en vol pour le Kilimandjaro et j'ai peur. Tellement peur que j'en tremble. Je me demande quelle mouche m'a piquée pour me fourrer une fois de plus dans une situation pareille - qu'est-ce que je fiche dans un avion pour l'Afrique puisque je suis si terrifiée ? J'aurais mieux fait de rester à la maison devant des documentaires animaliers.

Le pire, c'est que j'ignore même où je vais. J'ai pris contact par courrier avec un Finlandais qui vit en Tanzanie. Je ne le connais pas le moins du monde, et il a proposé de m'héberger à tout moment. Je m'envole donc chez lui. J'espère qu'il sera à l'aéroport Kilimandjaro pour m'accueillir, car j'ignore où il habite.

C'est de ta faute, Karen. Pourrais-tu m'envoyer une once de ton courage si fameux ? J'en aurais bien besoin.

Ta M.

2.

Le brouillard blanc, hiver-printemps

POUR DÉVELOPPER UN PEU, voici ma situation.

Retour en novembre, un an plus tôt. Je suis couchée dans ma chambre glaciale au sol couvert de tatamis et n'ai pas la moindre intention de quitter mon futon. Mon premier livre vient d'être publié, et je suis venue à Kyoto pour réfléchir à la suite. J'ai flâné dans les ruelles étroites de cette cité qui m'est chère, retrouvé des amis, passé du temps dans des salons de thé et cheminé sous les frondaisons orangées des temples à l'automne. Mais ma pensée est engluée.

J'ai atteint le zéro absolu. C'est du moins ce que je crois.

J'ai quarante-deux ans. Ni mari, ni enfants, ni travail. J'ai vendu mon appartement, achevé mon premier ouvrage et quitté définitivement mon emploi. J'ai pénétré dans un brouillard blanc – je suis libre et sans attaches.

Pourtant ce brouillard semble être la pire des poix, et j'ignore complètement ce que je vais faire après. Où aller ? Qui suivre ? Que faire de sa vie quand on est une femme de quarante ans, sans famille, ayant abandonné son travail et sa maison ?

Ces dernières années ont été la période la plus merveilleuse de mon existence. Je mène une vie de bohème, partageant mon temps entre Kyoto, Londres, la Thaïlande et Berlin, et passe mes séjours en Finlande tantôt gardienne d'appartement pour mes amis, tantôt squatteuse du grenier de mes parents. J'écris et voltige en liberté, avec le sentiment que je peux disposer de mon temps exactement comme il me chante.

J'éprouve une vague culpabilité en voyant mes amis poussés au bord du *burn-out*. N'étant ni esclave d'horaires de boulot, ni menacée de licenciement, ni attendue à la maison par des bouches à nourrir – j'ai l'impression de m'être échappée de la prison d'Alcatraz et de me la couler douce sur un matelas gonflable dans ma piscine en regardant les autres trimer. Ayant l'opportunité de faire mes propres choix, j'ai pour tout dire l'impression d'être d'une indécence crasse. La vie ne saurait ressembler à cela, n'est-ce pas ?

En principe donc, tout va pour le mieux, mais quelque chose m'angoisse.

Avec cette vie, j'avance à contre-courant de mes amis. Eux décorent leur maison, préparent des gâteaux pour les kermesses de leurs enfants, courent le marathon, achètent un chalet d'été et partent en week-end santé & bien-être dans les pays d'Europe continentale. Quant à moi, au tournant de la quarantaine, je suis revenue au train de vie de mes vingt ans – je n'ai pas d'emploi du temps, pas d'obligations, pas d'emploi tout court et surtout pas d'argent. Je crèche dans un studio minuscule : même pendant mes années étudiantes, je n'ai jamais occupé un tel placard à balais. Je suis libre, mais à la marge.

Quand ça ne va pas fort, j'ai le sentiment de ne rien avoir accompli du tout pendant ces vingt dernières années.

Quand ça va bien, j'ai l'impression d'être parvenue à me libérer de ce carcan.

Et voilà qu'il me faudrait donner à cette nouvelle expédition – c'est-à-dire ma vie entière de femme quadragénaire – une nouvelle direction et un sens nouveau. Allongée sur mon futon kyotoïte, une idée complètement mégalomane se fraye un chemin dans mon esprit : je devrais peut-être suivre l'exemple de ces femmes, de celles à qui je pense la nuit ! Je me ferais autrice-exploratrice, je traverserais leurs paysages en Afrique, au Mexique, en Polynésie, en Chine, dans le désert du Nouveau Mexique, tout autour du monde. Cela serait-il possible ? Comment donc ?

Et puis un soir, après avoir ingurgité, à une heure trop tardive, une tasse de matcha fort, vert vif, dans l'un de ces salons de thé magiques, mes méninges s'emballent. L'endroit qui m'intéresse le plus en ce moment, c'est l'Afrique. Et l'Afrique, ça me fiche carrément la frousse. Mais c'est justement pour cela qu'il me faut y aller. À mon retour en Finlande, je décide d'envoyer Sei Shōnagon en Tanzanie par voie postale. J'inscris sur le paquet une adresse relevée sur Internet : *Box 10, Arusha, Tanzania.* C'est à un chercheur finlandais spécialiste de la faune sauvage que j'envoie ce livre, au prétexte que son nom y est mentionné en passant à la page 26, et j'y joins un carton sur lequel je lui fais part de mon rêve de voyager dans la savane. Je songe en rêvassant (et ce, de manière parfaitement absurde) que Sei, ma messagère, mon éclaireuse, mon oiseau voyageur, va m'entraîner à sa suite.

Et c'est ce qu'elle fait.

La veille du nouvel an je reçois un SMS du chercheur en faune sauvage : « Merci pour le livre ! Je vous écrirai plus longuement par e-mail, mais si vous en avez envie, vous êtes la bienvenue ici à tout moment. »

Si j'attendais un signe, le voici. L'effroi me tord le ventre, mais, bon sang, si je ne trouve pas le cran de partir, je ne me le pardonnerai jamais. Cet Olli, je ne le connais pas le moins du monde, nous ne nous sommes jamais rencontrés, mais sur la foi des ouvrages qu'il a consacrés à la Tanzanie et d'une conversation remontant à trois ans, il m'a fait une impression plutôt honnête (et particulièrement prolixe). Sur le Net je découvre qu'il possède une maison dans les environs d'Arusha – est-ce là qu'il m'invite ? (Je visualise des allées à l'ombre de jacarandas, des cuisiniers et des jardiniers, mais si cela se trouve, il s'agit d'une simple hutte.) Et ne va-t-il pas s'imaginer que j'aie la moindre intention romantique en m'immisçant ainsi ? (L'avis de mon ex : « Bon, un homme blanc qui vit en Afrique, ça m'étonnerait qu'une Finlandaise d'âge moyen exerce sur lui une attraction irrésistible. »)

C'est peut-être maintenant ou jamais qu'il me faudrait utiliser mon compte Karen Blixen – mon épargne pour les voyages de mes rêves. Oserai-je ou pas ?

Karen Blixen représente à mes yeux non seulement des terres inconnues et la nature sauvage africaine, mais aussi un courage exemplaire.

Je me suis rendue deux fois en Afrique : deux séjours au cours desquels j'ai réalisé mes rêves, et cru mourir de peur. J'y ai cru seulement, car à vrai dire, on ne peut pas succomber à l'effroi pendant un voyage organisé, tant on s'y sent encadré. En Afrique du Sud nous passions de si longues heures dans le minibus (il nous arrivait de parcourir 700 kilomètres dans la journée), qu'au moment où, encore soûlée par le trajet, je sortais me dégourdir les jambes en pleine campagne swazilandaise, je ne prenais même plus la peine de retirer le coussin de voyage gonflable qui m'enserrait la nuque. Et pourtant j'ai eu peur. La première nuit de safari que j'ai passée dans la savane, qui fut aussi la première fois que j'ai entendu un lion rugir, j'ai tellement pétoché que je claquais des dents. (J'ignorais que l'on pouvait réellement claquer les dents de frousse.)

Karen Blixen en revanche n'avait peur de rien, cela ne fait pas un doute. Elle était à la tête d'une ferme sur le plateau de l'Afrique de l'Est et effectuait des safaris de chasse qui duraient des semaines et des mois, pendant lesquels la compagnie se sustentait autour du feu de camp des mets préparés par les serviteurs, dégustait du champagne dans des verres en cristal et écoutait du Schubert sur un gramophone. Dans mon imagination, la silhouette de Karen Blixen, vêtue d'une jupe longue, d'un chemisier blanc et de souliers lacés montants, se détache sur le fond d'une savane jaunie qui s'étend à perte de vue, avec acacias en parasol, zèbres, girafes et machine à écrire. Quiconque a vu *Out of Africa* repérera peut-être sur cette image un bel homme appuyé sur le coude, un foulard de safari noué autour du cou.

À la lecture de *La Ferme africaine*, les mémoires de Karen Blixen, on en retient l'image d'une femme courageuse, énergique, travailleuse et avisée, et qui possédait d'enviables talents de survie. Elle vous donne parfois carrément l'impression d'être face à une superhéroïne imbattable, voire presque un homme. La liste approximative de ses mérites, établie d'après son livre, est éloquente :

1) Karen cultive du café en Afrique.

2) Karen est une excellente chasseuse. Un jour les Masaï lui demandent d'abattre un lion qui tourmente leur bétail, et parfois elle giboie aux zèbres pour le déjeuner du dimanche des gens de la ferme.

3) Karen fait des randonnées en pleine nature. Elle part seule avec les Kikuyus et les Somalis, et chevauche en compagnie de ses chiens au milieu des troupeaux d'antilopes.

4) Karen est une médecin réputée qui reçoit des patients tous les matins, souvent affligés de la peste, de la variole, de la typhoïde, de la malaria, de blessures, de contusions, de membres sectionnés, de brûlures et de morsures de serpents, et dans les cas les plus graves Karen les conduit à l'hôpital de Nairobi ou à la mission. Un jour elle avale par erreur une surdose d'arsenic, mais décide de suivre les conseils dispensés dans un roman d'Alexandre Dumas et parvient à neutraliser le poison à l'aide de lait et de blanc d'œuf.

5) Karen est aussi enseignante, juge et bienfaitrice. Elle ouvre une école à la ferme et officie comme juge de paix dans les querelles locales. Le matin elle va cueillir le café avec ses employés adorés. Le dimanche elle distribue du tabac à priser aux vieilles femmes.

6) Quand elle découvre le vieux Knudsen mort sur un chemin, aidée par un garçon autochtone, Karen porte la dépouille dans une cabane. Elle n'a pas peur des morts, à la différence des locaux (et de moi). Elle n'a peur de rien, d'ailleurs.

7) Karen est une cuisinière hors pair. Elle s'est formée auprès d'un chef français dans un restaurant chic

au Danemark et ses dîners sont fameux dans toute l'Afrique de l'Est.

8) Quand la saison des pluies tarde à venir, Karen passe ses soirées à inventer des contes. Il va sans dire qu'elle sait raconter. Sa voix est calme, claire et douce. C'est une femme puissante, qui sait qui elle est. Elle le comprend, elle le sait, et rien ne la fait chanceler.

Si seulement je pouvais être Karen…

Mais ce n'est pas le cas, manifestement. Dans l'avion de la KLM, je suis au bord de la panique. Je vais arriver dans le Kilimandjaro à neuf heures du soir, en pleine obscurité africaine. Olli sera-t-il là pour m'accueillir ?

Je me suis enquise par e-mail auprès d'Olli des moustiquaires et du « traitement complet des vêtements à la perméthrine » que prônent les guides de voyage pour se protéger de la malaria, mais il m'a engagée à me tranquilliser : en prenant un traitement préventif je peux oublier toute l'affaire. Je pourrais jurer pourtant que la médecin du centre de santé avait l'air inquiet en rédigeant la prescription d'antipaludéen.

Je ne peux m'empêcher de penser que toute la conception que se fait l'Occident de l'Afrique est exactement aussi simpliste et biaisée que le soutient Alfredo Jaar dans l'exposition que je viens de visiter au musée Kiasma à Helsinki. Les couvertures du magazine *Time* qu'il a rassemblées démontrent clairement quelles représentations nous sont proposées : animaux sauvages, famine, maladie et guerre. En revanche, les villes, la vie culturelle et les universités – la vie ordinaire de toute la classe moyenne africaine éduquée – sont efficacement gommées. Et voilà le bouillon dans lequel je plonge moi aussi : en songeant à l'Afrique je pense maladies, problèmes d'hygiène et attentats terroristes. Agressions, viols, kidnapping, accidents de la route. Moustiques, serpents, mouche tsé-tsé. Amibes, bilharziose, paludisme cérébral. Diarrhée, coup de chaleur, fièvre jaune, choléra, sida et Ebola.

Ou pire encore : je pense à quelque chose qui n'existe plus. Lorsque j'interroge des amis d'amis ayant travaillé à Nairobi, espérant qu'ils me fassent quelques recommandations, je me rends compte que je vis dans un monde fantasmagorique : la conversation tourne autour des bidonvilles géants de Kibera et du fonctionnement des organismes d'aide aux réfugiés, car il est évident pour eux que si l'on se rend au Kenya, c'est pour travailler dans la coopération, dans les camps de réfugiés et auprès des enfants des rues. Je n'ose même pas leur dire ce dont je rêve : de safaris à la coloniale et du charme d'un monde révolu, de survoler la savane dans un coucou, de comprendre la langue des éléphants et de regarder un lion dans les yeux, de m'asseoir sur un fauteuil pliant le soir devant ma tente pour taper sur une vieille machine à écrire ou de parcourir un ouvrage relié de cuir, un verre en cristal à portée de la main.

Outre les préparatifs et mes recherches sur Karen, ce printemps est d'une bizarrerie rare. En février je subis une opération des dents de sagesse dont les complications m'empêchent d'ouvrir la bouche pendant trois semaines. Gisant au milieu d'un brouillard anesthésique dans le grenier de mes parents, j'aspire à la paille les nourritures moulinées que me prépare ma mère, je lis le *Livre d'Afrique* du peintre finlandais Akseli Gallen-Kallela et je jalouse les hippopotames à la télé, capables d'ouvrir leur gueule à 180 degrés. En mars ce sont des problèmes de gorge qui me conduisent en thérapie vocale où j'effectue les exercices les plus étranges et chante entre autres l'hymne finlandais à deux voix avec le thérapeute en soufflant dans une pipette en verre plongée dans l'eau. Le plus absurde est toutefois la recherche de ma tessiture, de laquelle il ressort que je parle de ma voix la plus basse alors que je suis soprano. Soprano ! C'est ridicule. Toute mon image de moi repose sur le fait que je suis une alto à la voix grave, sombre et flegmatique, mais voici que je suis tout à fait autre chose – une personne joyeuse, enthousiaste et énergique qui parle depuis quarante-deux ans d'une voix fausse !

Le symbole est transparent, je pars en voyage pour trouver une nouvelle voix : celle d'une femme courageuse qui traverse la vie avec un sourire décontracté.

Je suis encore loin du compte.

J'écris un message à Karen sur une serviette en papier. J'ignore encore que ma relation avec elle va connaître des contradictions surprenantes.

KAREN

Conseil d'héroïne nocturne n° 1 :

Va en Afrique.

HÉROÏNE NOCTURNE N° 1 : *Karen Blixen, née Dinesen*

PROFESSION : *Cultivatrice de café, plus tard écrivaine. Débarque en Afrique en janvier 1914 à l'âge de vingt-huit ans. Elle y passe en tout dix-huit ans à la tête de sa plantation. Son dernier départ du continent a lieu en juillet 1931, elle a quarante-six ans, elle est désargentée, déprimée, malade de la syphilis, elle a tout perdu. Elle s'installe chez sa mère, dans sa maison d'enfance, et commence à écrire son premier livre.*

LORSQUE KAREN, âgée de vingt-huit ans, partit pour l'Afrique en 1913, elle aussi n'avait qu'une chose en tête : changer de vie. Tout ce que son monde avait à proposer à une jeune fille la faisait crever d'ennui : émigrer en Afrique était son plan B.

Karen Dinesen naquit en 1885 dans une famille danoise aisée et passa son enfance à Rungstedlund, vieux manoir rural du village côtier de Rungsted, aux environs de Copenhague. Karen, appelée Tanne dans le cercle familial, était bien la fille de son père, un libre-penseur qui avait voyagé en Amérique et vécu parmi les Indiens, et c'est à ce monde de passions, de bravoure et de vastes espaces lointains que Karen s'identifia. Son père se suicida pourtant, peu avant qu'elle ne fête ses dix ans. Elle en fut marquée à vie.

En revanche, Karen avait en horreur le monde des femmes que représentaient sa mère et ses tantes. Cette vie lui semblait confinée à la maison où les sœurs de sa mère restaient assises à débattre sans fin de questions de vertu et de morale sexuelle. Dans ce monde-là, les femmes n'étaient pas préparées à assurer leur propre subsistance, mais à se marier. Karen reçut elle aussi l'éducation privée qui convenait aux jeunes filles de la classe supérieure : on lisait des poèmes, on apprenait à écrire d'une belle écriture, à parler l'anglais et le français – laissant de côté les matières inutiles aux femmes, telles les mathématiques. La vie à Rungstedlund était si protégée, presque claustrée, que Karen, chaque fois qu'elle y retournait, déclarait y éprouver la sensation étouffante qui vous écrase en pénétrant dans un wagon bondé : il n'y avait plus d'air. Karen refusait de rester dans ce wagon et n'avait nullement l'intention de vivre l'existence désœuvrée, vouée à la famille et à la charité qui « seyait à son rang ».

Dans sa vingtaine, Karen décida de se faire artiste et entama des études de peinture à l'Académie royale de Copenhague. Elle passait le reste de son temps à se distraire dans les cercles de l'aristocratie où l'on pratiquait la course hippique, chassait les oiseaux, jouait au golf, buvait du whisky, donnait des bals, achetait des automobiles et des avions, et se dépêtrait dans des relations intimes passionnées. Les cousins germains de Karen fréquentaient le même milieu, deux frères suédois, Bror et Hans von Blixen-Finecke. Bror était un hédoniste jovial, dépensier et irresponsable, dont l'amusement constituait l'unique but dans la vie, et qui n'était pas réputé pour son intelligence ou son raffinement. Et ce n'est pas de lui que Karen s'éprit, mais de son frère Hans.

Ce dernier ne s'intéressait toutefois pas à Karen. En 1910 elle s'enfuit à Paris pour échapper à ses peines de cœur. C'est là qu'elle développa ses capacités de sociabilité et devint une jeune femme vive, caustique et quelque peu effrayante par son intensité, qui fumait, parlait d'une voix grave et se mit à prononcer son nom à la russe, *Tania.* Quand Bror von Blixen la demanda en mariage quelques années plus tard, elle accepta. Avec lui s'ouvrait la possibilité de faire quelque chose de nouveau : partir en Afrique. Karen avait vingt-sept ans.

L'annonce des fiançailles de Bror et Karen en décembre 1912 fut loin de susciter l'enthousiasme parmi ses proches – Bror ne jouissait pas d'une réputation particulièrement flatteuse et le couple ne paraissait même pas amoureux. Mais l'oncle de Bror les soutint dans leur projet d'installation en Afrique : à ce qu'on en disait, cette terre était d'une beauté éblouissante et comptait un « potentiel économique fantastique ». L'Afrique orientale britannique avait été fondée en 1895 et un flot d'Européens se déversait pour coloniser ce plateau fertile dont le gouvernement britannique vendait les parcelles à un prix dérisoire. Les autochtones – les Kikuyus, les Masaï et les autres peuples – avaient été chassés de leurs zones d'habitation.

La somme nécessaire à l'achat de la terre fut rassemblée par la famille de Karen, et Bror partit en éclaireur conclure la transaction et préparer la maison – leur plan était de se marier lorsque Karen arriverait à Mombasa en janvier 1914. Bror passa toutefois son temps en safaris et décida de renoncer à leur projet initial, l'élevage de bétail. Il revendit la ferme qu'il avait déjà achetée et fit l'acquisition d'une plantation, bien plus grande, car il était convaincu que l'avenir résidait dans le café.

Pendant ce temps, Karen se préparait. Elle empaquetait tout un tas de fournitures : un service de table complet, de quoi meubler quelques chambres à coucher, des boîtes entières d'argenterie, de verres en cristal, de porcelaines, de linge de maison, de tableaux, de photographies encadrées, de bijoux, de tapis, une horloge comtoise, toute la bibliothèque de son père, un coffre rempli de médicaments et le cadeau de mariage le plus cher à son cœur, Dusk, son lévrier écossais. Au début du mois de décembre 1913 Karen, accompagnée de sa mère et ses sœurs, prit le train de Copenhague à Naples, où elle embarqua sur le vapeur *Admiral* qui la conduirait en Afrique. Le navire traversa la Méditerranée et le canal de Suez pour rejoindre la mer Rouge puis l'océan Indien en suivant la côte somalienne en direction du sud jusqu'à Mombasa. La traversée dura dix-neuf jours.

Que pouvait savoir Karen de sa destination ? Elle avait évidemment vu de mauvaises photos de l'Afrique, lu des descriptions dans les journaux, dans des livres, dans les lettres de Bror, mais elle aussi était en route vers l'inconnu, comme moi. Quelle image se faisait-elle de son avenir lors de ces nuits solitaires ? Et d'où me vient l'idée que Karen était esseulée – le navire était plein d'émigrants installés sur le pourtour oriental de l'Afrique, sud-africains, britanniques et allemands qui portaient des toasts au champagne, dansaient et jouaient au bridge dans les salons du bord.

L'*Admiral* rallia Mombasa le 13 janvier 1914 et Karen et Bror s'unirent le lendemain matin. La cérémonie dura dix minutes, après quoi Karen devint officiellement la baronne von Blixen-Finecke. Le couple entama ensuite un voyage en train qui les mena des zones côtières humides et chaudes de Mombasa en direction de Nairobi jusqu'à ce plateau vaste, fertile et doux, cadre de leur vie future.

J'arrive en Afrique cent ans et quatre mois plus tard, en mai 2014. À l'atterrissage à l'aéroport, Karen et moi ne sommes plus séparées que par le volcan Kilimandjaro et la frontière en ligne droite entre la Tanzanie et le Kenya : un peu moins de trois cents kilomètres et le siècle susmentionné. Je sais qu'une chose au moins a changé entretemps : la couverture neigeuse du sommet a perdu 82 pour cent de sa surface.

Il serait évidemment tout indiqué que je me marie avant de prendre la route vers mon hébergement, mais il est hautement improbable qu'il en aille ainsi.

3.

L'Afrique, mai

PREMIER JOUR EN AFRIQUE. La matinée touche à sa fin et, installée à la table du jardin, je déguste le porridge tanzanien que m'a apporté Flotea, l'épouse d'Olli. Le ciel est nuageux et l'air est frais, humide mais agréable. Les oiseaux aux couleurs exotiques chantent, les bananiers bruissent au vent – à mon réveil j'ai cru que c'était la pluie qui tambourinait. De l'autre côté de la barrière une vache meugle, manifestement celle auprès de qui Flotea s'est procuré le lait pour Michell (Flotea m'a demandé si j'en voulais aussi, mais j'ai poliment décliné). Incroyable : je suis ici.

Je suis arrivée la veille, tard dans la soirée, effrayée, épuisée, mal rassasiée et migraineuse. Une chaleur humide m'attendait, l'obscurité du soir, l'odeur discrète d'épices et de fumée de l'Afrique dont le souvenir m'est aussitôt revenu en mémoire. L'aéroport Kilimandjaro se limitait à un petit bâtiment délabré à l'intérieur duquel les papillons de nuit se cognaient sur les néons grésillant au plafond. Dans la file d'attente pour les visas j'étais trempée de sueur. Devant moi, des étudiants américains à l'air dégourdi chantaient gaiement à tue-tête *we are going to see some li-i-ons.* Patientait aussi la magnifique jeune fille somalienne au foulard qui avait été ma voisine dans l'avion. Guère plus loquace que moi, elle avait tiré de son sac Vuitton enveloppé dans une étoffe siglée YSL un iPad muni d'une housse en cuir et s'était branchée avec ses écouteurs sur l'application Muslim Pro pendant tout le vol.

Olli m'attendait à la sortie de l'aéroport. Il m'a aussitôt annoncé que je ne ressemblais pas du tout à la photo sur le rabat de mon livre (certainement pas), et je pouvais en dire autant de lui. Mais il fut tout aussitôt clair que le souvenir que m'avait laissé notre conversation téléphonique quelques années auparavant était juste : Olli était un vrai moulin à paroles, il parlait sans arrêt, de toutes sortes de sujets – débitant tellement d'informations d'un coup que j'aurais eu besoin d'un dictaphone.

Nous avons entassé mes valises dans le Land Rover vert, qui selon Olli n'était pas sa « voiture » mais son « outil de travail » – et c'est bien l'impression que donnait le véhicule. (J'appris plus tard qu'il l'avait lavé exprès pour ma venue.) Le trajet de l'aéroport à chez lui était d'une cinquantaine de kilomètres et nous prendrait, semblait-il, une heure – les phares du quatre-quatre étaient faiblards et l'obscurité complète, mais Olli parvenait à se repérer grâce à la voiture de devant tout en vérifiant de temps en temps à la lampe torche le voyant indiquant la température du moteur dont les valeurs montaient trop haut. Le parfum nocturne de l'Afrique s'engouffrait par les vitres baissées alors que nous dépassions des villages misérables et des bars plantés au bord de la route. Sans éclairage public, il faisait noir comme dans un sac, et le croissant de lune qui flottait dans le ciel un moment auparavant avait disparu. Nous sommes finalement parvenus à un minuscule embranchement (« est-ce qu'on y est ? » marmonnait Olli dans la pénombre comme s'il ne reconnaissait pas le chemin de chez lui) et avons obliqué sur un sentier charretier incroyablement défoncé et embourbé, qu'aucun autre véhicule n'aurait pu emprunter – par moments il me semblait que même le nôtre risquait de ne pas s'en sortir. La campagne à l'extérieur d'Arusha semblait très, très pauvre. Dans les ténèbres on ne distinguait que de misérables cahutes en terre et tôle ondulée. Heureusement qu'Olli m'avait envoyé une photo de sa maison par e-mail, autrement j'aurais déclenché une crise d'hyperventilation. Au terme de ce rebondissant parcours, nous avons fini par atteindre une maison ceinte de murs et d'une clôture électrifiée. Dans la cour de l'habitation de style bungalow nous attendaient Flotea, l'épouse tanzanienne d'Olli, et leur fille Michell, âgée de bientôt deux ans.

Et me voilà donc ici, dans un village tanzanien. Mon rêve d'Afrique à la Karen Blixen proprement dit – les savanes infiniment déployées des parcs naturels – est encore loin devant moi, mais je veux voir aussi, bien entendu, quelle est la vie des gens ordinaires. Je ne suis pas sans savoir que la Tanzanie est un pays pauvre, bien plus encore que le Kenya. Je sais que la zone appelée Tanganyika à l'époque coloniale, ayant appartenu à l'Afrique orientale allemande avant de passer à l'empire britannique, a accédé à l'indépendance en 1961 et été régie selon les principes socialistes jusqu'à ces dernières années. Il y cohabite plus de cent vingt peuples et près de trente pour cent de la population vit sous le seuil de pauvreté.

Cela se voit. La maison d'Olli est certes confortable, avec son canapé d'angle et sa télévision, sa cour dallée, ses palmiers en pot et ses fenêtres réfléchissantes qui empêchent qu'on voie à l'intérieur. Mais au-delà du portail verrouillé, c'est un tout autre monde : routes boueuses, cabanes en tôle et en terre dépourvues de fenêtres, d'électricité et d'eau courante. L'environnement est tellement pauvre que j'ai honte de remplir le placard avec ma tonne de vêtements, sèche-cheveux, robe de chambre kimono, barres énergétiques, produits cosmétiques, tout le soi-disant nécessaire qui est *too much* ici – quoique je ne me sois munie ni de verres en cristal ni d'armoire comtoise. D'un autre côté j'ignorais où j'allais mettre les pieds : j'aurais pu aussi bien me retrouver dans un beau quartier de colons blancs où l'on sirote un cocktail l'après-midi et organise des barbecues. (Olli m'apprendra plus tard qu'il n'existe rien de tel ici, ce genre de choses se trouve au Kenya.)

Selon les standards occidentaux, cette maison n'a rien de luxueux, bien qu'elle soit magnifique à la manière d'ici. Même si sa construction remonte à quelques années seulement, la peinture des murs et des plafonds s'écaille, la rouille et la moisissure font des taches à certains endroits – le problème provient, à ce qu'il paraît, de la mauvaise qualité des matériaux qui ne résistent pas plus de quelques mois sous ce climat. Les coupures d'électricité sont incessantes, le courant faible, quand il y en a, ce qui fait qu'ils n'ont pas pu utiliser leur lave-linge depuis six mois. Le réseau municipal distribue l'eau au compte-goutte. « Nous dépendons des porteurs d'eau » m'explique Olli et dans la matinée je vois ce que cela signifie : la *housegirl* des voisins arrive au milieu d'un groupe d'enfants. Ils arborent tous un grand sourire et des sandales en plastique sales, ils portent sur la tête notre eau quotidienne pour la douche. Le contenu des seaux est ensuite stocké dans une citerne posée sur le toit de la maison. On y tire l'eau d'usage. Mais l'eau du robinet est impropre à la consommation. Le liquide destiné à être bouilli est entreposé dans un seau dans la cuisine. J'ai lu quelque part qu'il fallait se laver les dents avec de l'eau en bouteille, et c'est bien ce que j'ai l'intention de faire.

À huit heures moins dix, Olli m'annonce que l'électricité est coupée vers neuf heures en général : branche ton portable et prends ta douche avant qu'il n'y ait plus d'eau chaude. J'obéis et me rue dans la salle de bains. Puis je tente de lire mes e-mails, mais la clé Internet d'Olli est récalcitrante et je finis par renoncer. C'est l'Afrique, comme dit le dicton.

Une *housegirl* passe à la maison. C'est la huitième. Toutes sont arrivées sans rien demander et se sont mises à la tâche. Je ne sais pas si Mama Junis reçoit un salaire, mais je remarque que Flotea laisse sur la table une casserole de *mchanyato,* les restes du dîner, et que Mama Junis l'emporte le matin. Celle-ci fait le ménage et la lessive, elle tient compagnie à Flotea qui passe souvent la journée seule à la maison avec Michell. Mama Junis habite tout près, dans les conditions les plus rudes : sa maisonnette a un sol en terre, sans eau courante ni électricité. Il lui est peut-être agréable de passer ses journées dans une maison où elle peut de temps à autre s'allonger sur le canapé pour regarder la télé. En outre, il est possible ici de recharger son téléphone – les autres voisins le savent : ils ont tous un téléphone, mais pas l'électricité et pas nécessairement de quoi s'acheter du temps de communication. En compagnie de Flotea, Mama Junis est joyeuse et vive, mais elle ne me sourit jamais. Je me demande si à ses yeux je ne suis qu'une irritante riche Blanche de plus.

Dans l'après-midi, nous partons faire quelques courses à Arusha avec Olli. Il y a un restaurant juste en face de la maison, une cabane en tôle disposant d'un grill, et une sorte de kiosque où on trouve des bouteilles d'eau et des chips. Au bord du petit chemin défoncé est installé un marchand de viande, à qui Olli a l'intention, à mon grand effroi, d'acheter le nécessaire pour le dîner – sous un toit de tôle des morceaux de barbaque divers sont pendus à des crocs sans aucun système de réfrigération. Au stand suivant Olli achète du temps de communication pour son téléphone prépayé. Sans même descendre de voiture, il réclame sa commande au propriétaire de la boutique et une petite fille vient la lui passer par la vitre. C'est dimanche, il n'y a pas grand monde dehors. Au Moshono Stand, à l'embranchement de la grand-route, les *tojo*, les motos-taxis, attendent le client, et sur le chemin du village chacun est sur son trente-et-un. Des costumes tanzaniens bigarrés, des foulards compliqués, des costumes d'homme : ici il importe de se montrer sapé devant les gens, même si l'on n'a pas un sou.

La circulation est tranquille aujourd'hui, il paraît que les embouteillages sont monstrueux d'ordinaire. Arusha est un ancien petit village qui a explosé ces dernières années pour devenir un centre urbain de près de deux millions d'habitants, alors que ni le réseau routier ni quoi que ce soit d'ailleurs ne s'est développé à la même vitesse. La route menant au centre-ville est bordée de jacarandas et de tulipiers aux fleurs orange flamboyantes. Nous passons devant un restaurant où Olli et Flotea prennent de temps en temps un gigot de chèvre à emporter, puis nous croisons le beffroi placé au centre de l'Afrique à équidistance du Caire et du Cap. Arusha est chaotique et ne donne pas envie de mettre un pied dans la rue. Nous faisons nos courses au supermarché (où les produits européens sont vendus à un prix carrément exorbitant) et achetons des avocats à une boutique où Olli marchande en swahili. (Je ne reviens pas de l'écart effarant qu'il y a entre les prix : vous paierez par exemple 6 000 shillings, soit moins de trois euros, pour faire briquer à la main votre voiture de fond en comble tandis que de nombreux articles, comme les couches pour bébé, sont si chers que la plupart des gens n'ont pas les moyens de se les procurer.) Nous convenons que je partagerai les repas de la famille durant mon séjour et qu'Olli fera les comptes pour la nourriture, les transports et autre. Puis nous nous rendons au terrain où Olli est en train de faire construire leur maison, pour remplacer celle qu'ils louent en ce moment. Les pièces sont prêtes, mais il manque encore de quoi réaliser les finitions extérieures. Le déménagement est censé se faire en juin – j'ignore si je serai encore dans les parages, mais Olli m'a déjà prévu un hébergement en cas de besoin.

Olli et Flotea sont tous deux extrêmement sympathiques et accueillants, et Michell est à croquer, même si elle fait encore sa timide. Flotea, trente-six ans, fait partie du peuple chagga et vient du Kilimandjaro (son père est l'ancien directeur du parc du Kilimandjaro) – elle est grande, calme, son silence est chaleureux, elle sourit en regardant un peu par en dessous. Olli en revanche est un incroyable bureau d'information, il a le bec bourré de faits en permanence, dont le trop-plein dépasse mes capacités de traitement. En vingt-quatre heures j'ai entendu grosso modo tout ce qui se peut dire à propos de la culture routière tanzanienne, des stéréotypes nationaux, de l'éducation des enfants, de la construction des maisons, des puits forés, du système de distribution d'eau, de l'explosion démographique (le pire problème dans ces régions), du fonctionnement défaillant du réseau postal (c'est un vrai miracle que Sei, par moi envoyée, soit arrivée à destination), de l'importance des téléphones (ici rien n'importe plus que de garder contact avec les amis et la famille), des paysages grandioses de la Tanzanie, de ses parcs naturels, de l'Afrique comme avant-poste du changement climatique (les précipitations et les conditions météorologiques ont radicalement changé à une vitesse alarmante) ainsi que, bien entendu, de son histoire personnelle. Olli me déclare sans détour que la vie d'homme blanc en Tanzanie n'est pas une sinécure et me parle obligeamment des nombreuses difficultés qu'il rencontre. Sa principale source d'inquiétude est le projet de construction de leur maison, que les échecs, les problèmes de communication et les différences culturelles transforment, pour dire le moins, en un véritable cauchemar.

Au cours de notre balade aux environs d'Arusha, j'ai sans cesse envie de prendre des photos, mais pour une raison que j'ignore cela me semble déplacé. Je note donc dans mon carnet les images que j'aurais voulu saisir :

Les routes ocre, argileuses.

Les bananiers, leur déferlement rafraîchissant de vert.

Les cabanes bigarrées en tôle ondulée alignées au bord des routes : les boutiques, les bars.

Les maisons en terre. Les constructions en cours. Les murs en béton ceignant des squelettes de maison.

La lessive étendue sur les fils à linge.

Les feux de bois fumant dans la cour des habitations.

Les ordures, les monceaux d'ordures partout.

Les enfants qui jettent des regards furtifs depuis l'arrière des bicoques.

Les hommes qui attendent le client avec leurs Singer aux abords du marché.

Le dédale du marché avec ses étals de fruits, ses montagnes d'épices, ses tilapias, ses perches du Nil géantes, ses poissons séchés tout droits sortis d'un monde imaginaire, ses paniers tressés, ses jerricanes de produits chimiques revendus comme bassines.

Les agents de la circulation, un nom brodé sur la poitrine, Livingstone.

Les gars des garages.

Les troupeaux de chèvres sur la route.

Les motocyclistes qui transportent une montagne de plateaux d'œufs dans leur dos.

Les femmes qui marchent pieds nus dans la boue.

Les hommes blancs dans leurs gros tout-terrain.

Les mamas assises devant les bars en tôle ondulée.

Les dents brunes des belles jeunes filles.

L'électricité saute dans la soirée et nous restons assis à la lueur des lampes de poche. Nous dînons du délicieux ragoût préparé par Flotea, avec la viande achetée à l'étal du village. Flotea allume une radio à piles dans la cuisine sombre et se met à chanter sur la musique. Olli décapsule une bière Serengeti, dont l'étiquette arbore un léopard. Michell fait des allers-retours, je note en suçotant mon crayon des mots-clés tels que *gigot de chèvre en take-away*. Une atmosphère merveilleuse, douillette – de quoi diable avais-je peur ?

Ah oui : le palu. Dès le crépuscule les moustiques se montrent dans la maison, et en dépit du traitement préventif je me surprends à songer à toutes les horreurs qu'ils transportent avec eux. Je les surveille hystériquement, car ils m'adorent, et il va sans dire qu'ils m'attaquent ici aussi. Dès la tombée de la nuit, à six heures pile, je m'enveloppe – fidèle aux recommandations des guides et malgré la sueur qui me dégouline le long de la colonne vertébrale – dans des vêtements blancs à manches et jambes longues, j'enfile une paire de bas de contention blancs, et je me parfume au répulsif anti-moustique. Olli est en short, comme d'habitude, et je souhaite de tout cœur qu'il n'accorde aucune attention à mon étrange tenue.

Au moment de me coucher, je me rends compte qu'un insecte indésirable s'est introduit sous ma moustiquaire. Je ne pourrai en aucun cas dormir avant de l'avoir retrouvé et écrasé. Je ne suis pas rassurée par les explications d'Olli. Selon lui, les moustiques vecteurs de la malaria *ont l'air* tout à fait différent – leur position pour piquer est à l'en croire *tout à fait différente* de celle des moustiques ordinaires –, mais qu'en sais-je moi, et de toute façon ce sera trop tard à ce stade. Je fouille à la lampe torche l'intérieur de la moustiquaire, le corps couvert d'une pellicule de sueur, mais ce maudit suceur de sang reste invisible. Finalement, je n'en peux plus de traquer un moustique théorique. Je m'endors comme une souche.

[Lettre de Karen]

20 janvier 1914. Ma chère petite maman [...] je fais partir cette lettre par l'intermédiaire d'un coureur et il faudra que vous la preniez comme elle est [...] pour comprendre cette grande et nouvelle vie [...].

[...] Je suis au lit, non pas pour cause de maladie mais pour cause de chasse de nuit, dans une petite maison en rondins [...] et entourée de tous côtés par la nature la plus magnifique, la plus merveilleuse que l'on puisse imaginer : de grandes montagnes bleues dans le lointain et, devant, la grande savane pleine de zèbres et de gazelles, et, la nuit, j'entends les lions pousser des rugissements semblables à des coups de feu dans l'obscurité.

[...] Ici, il ne fait absolument pas trop chaud, l'air est très léger et délicieux, et on se sent très léger, très libre et très heureux.

1er avril 1914. Chère Tante Bess [...] À observer les différentes races représentées ici, il me semble que la supériorité de notre race blanche est illusoire. [...] Lorsque je pense que, dans cette ferme-ci, nous avons 1 200 jeunes hommes qui vivent à 10 ou 12 dans de misérables petites cases et que je n'ai jamais vu un visage courroucé ni entendu de disputes, que tout se passe toujours avec le sourire [...].

Je fais presque chaque jour du cheval dans la réserve masaï et j'essaie souvent de parler avec les Masaï qui sont grands et beaux.

14 juillet 1914. Ma chère petite maman [...] Nous avons passé des instants merveilleux, je n'ai jamais pris autant de plaisir de ma vie. [...] Le safari a été une réussite complète [...] j'ai tué un lion et un léopard énorme. Bror m'a appris à tirer et pense que je suis douée.

3 décembre 1914. Ma chère petite maman [...] J'ai beaucoup à faire pour former un cuisinier fort ignorant. Comme je ne sais rien moi-même et que tout cela doit se passer en swahili, ce n'est pas très facile [...]. [...] Mon cuisinier et moi sommes devenus experts dans la fabrication de la pâte feuilletée sur toutes ses formes, des lentilles [variété danoise de gâteau, N.d.T.], des meringues, des crêpes, des gâteaux d'anniversaire, des divers soufflés, des cornets, des chaussons aux pommes, du gâteau au

chocolat, des choux à la crème - et en outre il sait faire toutes sortes de potages, il cuit très bien le pain et les galettes au lait [...].

Lorsque Karen arriva en janvier 1914 dans sa nouvelle maison, un petit bungalow de briques érigé à une vingtaine de kilomètres de Nairobi, les mille deux cents travailleurs africains de la ferme s'étaient rassemblés pour l'accueillir. En retrait, les crêtes ondulantes dessinées par les collines du Ngong, autour desquelles la Swedo-African Coffee Company possédait désormais 1 800 hectares de terre. Sur la première photographie qu'elle envoya en Europe, Karen pose sous la véranda de sa maison en habit blanc : une longue robe blanche, un chemisier blanc, des souliers à talon blancs, de longs bas et un chapeau blancs. Elle est la seule à sourire sur le cliché, les huit serviteurs africains regardent tous l'objectif d'un air grave.

Karen avait l'impression d'avoir gagné « une terre silencieuse ». Nairobi était rudimentaire à cette époque, c'était une petite ville grise et décrépie, pareille à une boîte d'anchois avec ses toits en tôle, mais la région du plateau était un paradis. Un paysage âpre, une plaine d'un jaune aride, et les caféiers vert foncé qui tavelaient les collines onduleuses. La région regorgeait d'animaux : les flamands nichaient dans les lacs de montagne, les buffles, les rhinocéros et les élands parcouraient les collines, les forêts abritaient éléphants, girafes et singes, les savanes étaient le gîte des troupeaux de zèbres, de gnous, de gazelles et des grands fauves. Oui, un paradis. L'air même y était si pur et limpide qu'on rapporte que les Blancs tombaient sous l'emprise d'une sorte d'euphorie qui les empêchait d'être pleinement responsables – les colons pratiquaient la passion amoureuse avec une telle licence que les femmes se voyaient demander au bar des navires à vapeur si elles étaient mariées ou si elles habitaient au Kenya.

Lors de la courte lune de miel que Bror et Karen passèrent dans la savane, logés dans une cabane en rondins rudimentaire (le gibier foisonnait, les lions rugissaient toute la nuit, seules les mouches et les puces venaient les déranger), celle-ci était déjà d'avis que sa nouvelle vie était grandiose. « C'est ici qu'est ma place », écrivit-elle. Elle y trouvait en vérité l'espace, la liberté et la passion dont elle avait rêvé au Danemark.

Mais en février, un mois après son arrivée, Karen contracta la malaria et resta alitée pendant des semaines, souffrante et déprimée. Bror était tantôt parti en safari tantôt occupé au club Muthaiga, fréquenté par les colons de Nairobi, à « régler des affaires » et Karen écrivait à sa famille que « la vie [était] un peu monotone du fait que, naturellement, Bror [était] souvent au-dehors ». En réalité Karen fut malade tout le printemps. Chaque fois qu'elle se sentait un peu mieux, elle planifiait des travaux de grande ampleur (la maison était mal conçue et la véranda, tout à fait incommode, était exposée en plein soleil), faisait des excursions à cheval, participait au repiquage des plants de café (il s'écoulerait trois à cinq ans avant qu'ils ne se mettent à donner) et montrait à son cuisinier somali comment préparer la nourriture à sa façon. Elle pria sa mère de lui envoyer un livre de recettes danois datant de l'année 1830 car le matériel nécessaire y correspondait peu ou prou à celui dont elle disposait.

Lorsque le docteur prescrivit à Karen un changement de climat pour favoriser sa guérison, elle partit avec Bror pour un safari d'un mois dans la réserve masaï. Ils s'entourèrent de trois voitures tirées par des mules et de neuf serviteurs : avec un convoi aussi réduit, les déplacements se trouvaient facilités. Le safari fut inoubliable. Karen n'avait jamais dormi sous une tente auparavant, jamais pris un poste à l'affût dans une *boma*, « un rempart fait de branches d'arbustes épineux », jamais manié un fusil et encore moins abattu de gibier. Bror lui enseigna le tir, ils dînaient de l'antilope qu'ils avaient tuée et Karen fut immédiatement exaltée par la chasse. Au cours de leur expédition ils mirent à leur tableau six gros lions, quatre léopards, un guépard ainsi que quantité d'élands, d'impalas, de gnous, de dik-diks, de zèbres, de phacochères, de chacals et de marabouts. Ils prirent la pose avec leurs proies sur d'innombrables photos et, pour Karen, le clou du safari fut de croiser un lion pour la première fois et de voir la vie s'éteindre dans les yeux de cet animal majestueux.

À leur retour, la Première Guerre mondiale avait éclaté. Bror se rendit à Nairobi à bicyclette pour s'engager comme volontaire et Karen resta en sécurité à la station de montagne de Kijabe. Elle conduisit à quelques reprises des caravanes de denrées à travers la réserve masaï, avant de regagner le Ngong pour s'occuper de la ferme.

En fin d'année Karen était toujours très malade. Il s'avéra qu'il ne s'agissait pas de la malaria. Bror lui avait transmis la syphilis.

*

[Lettre de Karen]

28 mai 1915 Paris. Surtout ne t'inquiète pas. Tout va bien. Ma chère petite maman adorée, [...] je suis à Paris, en route pour Londres où je dois consulter un spécialiste des maladies tropicales. En effet, j'ai à nouveau été très malade et à Nairobi, le docteur

a déclaré qu'il fallait que je rentre au pays pour un *change of air*. [...]

Il paraît qu'à Londres on fait maintenant des piqûres contre la malaria qui vous guérissent complètement...

Karen mentait à sa mère. La syphilis avait été diagnostiquée en début d'année et, selon le médecin de Nairobi, elle était aussi virulente que celle d'un marin. Bror avait eu, à ce que l'on sait, maintes affaires de femmes en ville et, après cette révélation, Karen s'était pratiquement ôté la vie en ingérant, de désespoir, une surdose de somnifères. « Dans une situation pareille, c'est de deux choses l'une, déclara-t-elle plus tard. Soit vous lui tirez dessus, soit vous acceptez la situation. » Karen décida de l'accepter.

Elle se rendit donc à Paris au printemps 1915 pour soigner son mal. Les médecins prescrivirent une longue et douloureuse cure de mercure et d'arsenic, sans aucune garantie de guérison définitive. En raison de la guerre, Karen ne pouvait demeurer seule à Paris, elle partit donc pour le Danemark où elle passa trois mois à l'hôpital, en toute discrétion. « Après cette épreuve, me voici encore plus près d'expérimenter de grandes choses », écrivit-elle plus tard.

J'ajoute à la liste du courage exemplaire de Karen les points suivants :

9) Au siècle dernier, elle contracte la malaria et la syphilis en Afrique.

10) Elle traverse l'Europe seule en pleine guerre mondiale pour se faire soigner.

11) Elle supporte l'intoxication d'une cure de mercure et d'arsenic.

12) Elle accepte la situation.
13) Après tout ça, elle revient en Afrique.

*

[LETTRE DE KAREN]

24 mars 1917. Ma bien chère maman, voici ma première lettre de Frydenlund, où nous avons maintenant emménagé et où je suis extrêmement contente de me trouver - bien que, pour l'instant, je sois au milieu d'un véritable chaos. Les ouvriers n'ont absolument rien fait au cours des deux mois qui se sont écoulés depuis que j'ai donné les ordres [...] - mais, néanmoins, c'est magnifique d'être ici.

27 mars 1918. Ma chère Ea [...] Ici, malheureusement, nous avons pour l'instant une sécheresse qui dépasse tout ce que nous pouvons imaginer chez nous. Si cela continue encore longtemps ainsi, tout le pays va se dépeupler [...]. [...] le beurre, le lait, la crème, les légumes et les œufs n'existent plus qu'à l'état de souvenir. Toutes les plantes se dessèchent, on voit chaque jour des feux brûler dans les plaines, qui sont littéralement carbonisées, et lorsqu'on se rend à Nairobi et que l'on approche de la ville, on dirait qu'elle est la proie d'un gigantesque incendie, tellement la poussière flotte au-dessus d'elle nuit et jour, et, dans ces lourds nuages jaunes, - avec le vent qui souffle en provenance de la ville somali et du bazar, - on a le sentiment que tourbillonnent joyeusement les bacilles de la peste et du choléra. Aussi règne-t-il une mortalité encore inconnue parmi les petits enfants blancs de Nairobi et ce vent brûlant et desséchant qui souffle perpétuellement porte sur les nerfs des adultes...

Au retour de Karen en janvier 1917, après six mois de voyage en Europe, la plantation de café aurait dû produire sa première récolte, mais les pluies torrentielles, d'une violence exceptionnelle pour la saison, et la longue sécheresse qui s'ensuivit réduisirent tout à néant. La société appelée The Karen Coffee Company, financée par Aage Westenholz, l'oncle de Karen, perdait de l'argent. Karen et Bror se trouvèrent soudain à court de liquidités et Karen écrivit à sa famille au Danemark pour demander plus de fonds : tout était si cher que leur salaire passait dans l'intendance, « et il nous faut régaler nos invités ». L'année suivante fut, elle aussi, catastrophique : la sécheresse se prolongeait, les Africains firent face à la famine, suivie de la peste, de la grippe espagnole et de la variole, puis d'une sécheresse bizarre, humide mais sans pluies, et glaciale. On manquait de tout à la ferme et celle-ci ne produisait pas un sou. Cela n'avait rien d'exceptionnel. Même si Karen l'ignorait encore, ce n'était que le début d'interminables difficultés financières et d'un flot de lettres désespérées pour demander des financements, qu'elle envoya au Danemark durant toute la période qu'elle passa en Afrique jusqu'à l'année 1931 et son ultime faillite. La plantation ne produirait jamais assez, elle avait été établie dans une zone trop froide et sèche.

Karen et Bror emménagèrent pourtant dans une nouvelle maison, plus grande, qui fut baptisée Mbogani, où Karen fonda « l'oasis de civilisation » dont elle rêvait depuis son départ du Danemark. Celle-ci était pourtant loin d'atteindre la perfection – le cadre s'y prêtait certes avec ses canapés à fleurs, sa coiffeuse de style gustavien, ses abat-jour festonnés de dentelle et ses carafes en cristal, mais pour le reste, la vie était selon Karen pareille à celle du Danemark du XVIIe siècle : la pluie coupait les routes pour Nairobi, il leur fallait chasser pour dîner, les divertissements étaient improvisés et la pénurie de bons livres et de compagnons de conversation dignes de ce nom sévissait en permanence.

En 1917, Karen apprit à conduire et, plus tard, encouragea toutes les femmes à faire de même. Les livres, la musique et l'art lui manquaient cruellement, la privation lui faisait craindre de sombrer dans l'idiotie. Elle rêvait de peinture et d'études artistiques. Il lui arrivait de temps à autre de peindre les couleurs sèches et la lumière limpide des paysages du plateau ou alors elle faisait le portrait d'Africains (elle se plaignait que les locaux étaient de piètres modèles et une fois, peignant un jeune Kikuyu, il lui fallut le tenir en joue durant toute la séance pour qu'il reste en place). Lors des absences prolongées et fréquentes de Bror, Karen était esseulée, déprimée et nostalgique – elle pouvait passer une semaine au fond de son lit, mais mentait à sa mère dans ses lettres, prétendant sur un ton alerte ne souffrir que d'une petite insolation. Elle disait aussi ne pas renoncer à l'espoir d'avoir un enfant, être sûre que cela finirait par arriver. Sjögren, son voisin, lui fit don d'une arme. Elle brûlait du désir de retourner chasser – faute de quoi elle se contenta des pigeons du jardin (« hier, après-midi, j'en ai abattu 21... »). Quand Bror tua un python de cinq mètres, Karen se proposa d'envoyer la peau à Paris chez Hellstern pour en faire faire une paire de chaussures. Elle passait du temps avec les Somalis et écrivait à sa famille que ses meilleurs amis étaient tous musulmans et que Fara, son serviteur somali et son bras droit, était « un ange », si avisé et plein de tact. (Karen avait en fait lu tant d'ouvrages sur cette religion captivante que Bror « [protestait] en disant qu'il ne [voulait] pas entendre parler de Mahomet entre midi et quatre heures. ») Elle ne s'entendait pas vraiment avec les autres colons, elle détestait leur attitude suffisante envers les Africains, et leur sentiment de supériorité. Elle éprouvait en revanche une sensation d'appartenance à l'égard de ses « frères noirs » qui, au fil des ans, prirent de plus en plus d'importance. Elle projetait d'ouvrir une école pour les enfants sur les terres de la plantation.

Chaque dimanche, Karen se mettait à sa table d'écriture et rédigeait une longue lettre à sa mère, à son frère Thomas, à ses sœurs ou à la Tante Bess qui avait le privilège de recevoir des considérations étendues sur le mariage, la morale sexuelle, le contrôle des naissances et les questions les plus brûlantes du mouvement féministe. (« Chère Tante Bess, écrivit-elle, quelle idée affreuse tu as de vouloir publier mes lettres. Si je savais que cela arrivera un jour, il me serait impossible d'écrire. »)

Et lorsque la pluie se remit enfin à tomber après deux années de sécheresse et de douloureux tourments, Karen écrivit : « Ici, c'est le paradis terrestre. J'ai l'impression que, où que je me trouve à l'avenir, je ne cesserai de me demander s'il pleut au Ngong. »

Lexique de l'Afrique

Asante sana. Merci.
Karibu. Bienvenue, je t'en prie.
Maji. Eau.
Ndizi. Banane.
Nyama. Viande.
Samahani. Pardon.
Usiku mwema. Bonne nuit.
Na wewe pia. Merci, toi aussi.

Peaceful life

J'avais prévu d'interroger Flotea sur tout ce qui avait trait à sa vie de femme, sur ses rêves et ses modèles féminins, mais je me rends compte que ce n'est pas si facile. S'il y a d'abord l'obstacle de la langue – je suis loin de comprendre parfaitement son anglais teinté de swahili –, je suis également loin de poser les bonnes questions. Mon angle d'approche me semble soudain dépourvu de pertinence (personne n'a entendu parler d'une certaine Karen Blixen dans le coin) et nombre de mes problèmes sont littéralement ceux d'une personne venant du premier monde. Je suis encore toute honteuse de la panique qui m'avait saisie à la suggestion d'Olli : offrir un parfum à Flotea. « Un parfum ! » J'avais répliqué que jamais je ne pourrais acheter de parfum à une autre femme, tant ce choix est intime, tant son parfum est une proclamation d'identité, et que j'en avais en vain cherché un pour moi-même pendant ces dix dernières années. Ridicule. J'ignore si Flotea aime la fragrance que j'ai finalement apportée, mais je crois que si on vous met entre les mains un flacon qui coûte l'équivalent de deux mois de salaire, la question principale n'est pas de savoir le degré de perfection avec lequel il proclamera votre identité.

J'ai tout de même tiré une chose au clair : Flotea aspire à davantage qu'être mère au foyer. Il est si difficile pour une femme d'obtenir un emploi autrement que par piston ou en accordant des faveurs déplacées – Flotea a une fois postulé à un emploi de bureau auprès d'une grande organisation internationale, mais il aurait fallu qu'elle en discute avec le directeur au cours d'un « dîner ». Les femmes sont paraît-il nombreuses à vouloir monter une petite entreprise, et Flotea rêve d'ouvrir sa boutique de vêtements pour enfants, mais il leur faut souvent accepter de devenir la maîtresse du patron pour pouvoir nourrir leur famille. Je l'interroge sur la conjugalité, les relations entre les hommes et les femmes (les maris traitaient jadis leurs épouses d'une horrible manière), la polygamie (chez les Arushas, par exemple, l'homme a traditionnellement trois épouses qui vivent toutes sous le même toit) et les chiffres du divorce. Flotea est d'avis qu'une fois marié, il n'est pas question de se séparer, même si on tombe amoureux d'un autre. D'un autre côté Flotea ne semble pas considérer l'amour comme une chose si cruciale dans l'existence – pour elle, il est plus important d'avoir une *peaceful life*, de l'argent à soi et la liberté.

Mzungu

Flotea fait ses courses chez une femme du village qui tient un étal de fruits et légumes devant sa maison. Les enfants me dévisagent avec curiosité et me font au revoir de la main avec ces mots *bye bye, mzungu,* « face blanche ». Et je vais devoir m'y faire. En voiture avec Olli, chaque passant nous montre du doigt ou s'écrie *mzungu ! mzungu !*, comme pour donner l'alerte, et je ne sais pas toujours si ces exclamations relèvent de la curiosité bien intentionnée ou de l'hostilité. Au village, Olli est aussi appelé *Papa Michell* et Flotea *Mama Michell,* car il est poli d'appeler par le nom de leurs enfants ceux qui ont la chance d'en avoir.

Michell commence à se remettre de son choc *mzungu.* À mon arrivée, la petite rasait les murs, l'air sidéré, sans piper mot, mais nous sommes maintenant en bonne voie de devenir amies grâce à l'album des Moumines que j'ai apporté. Nous partageons aussi le même régime : au petit déjeuner, après les œufs au plat et la saucisse, je déguste un bol du porridge que Michell avale chaque matin.

Kanga

Flotea m'a fait don d'un magnifique *kanga* orné de motifs floraux orange sur fond bleu. Il se compose de deux rectangles de coton, l'un s'utilise comme jupe et l'autre pourrait servir de haut s'il n'était pas si peu pratique au quotidien. Mama Junis porte souvent avec sa jupe *kanga* un chemisier à manches courtes, et Flotea un gilet en laine, vu qu'il fait si froid – pas plus de vingt degrés. Le *kanga* porte toujours une inscription, un proverbe par exemple, qui permet d'exprimer l'humeur du jour ou d'envoyer un message à destination de vos voisins ou de votre époux. Sur le mien il est inscrit *mungu hamtupi mja wake, Dieu vous bénisse.* Un autre ne serait pas de trop, où l'on pourrait lire : *Non aux moustiques,* ou bien *Je veux voir les lions* ou encore *Femme de quarante ans cherche le sens de sa vie.*

Chaîne du froid

En allant faire les courses, nous dépassons la cabane qui fait office d'abattoir du village, avec ses morceaux de viande mastoc. Flotea m'indique qu'il s'agit de son boucher – fort heureusement, j'étais déjà au courant. Je tente d'expliquer qu'en Finlande nous n'avons pas de boutique comme ça, que la viande est vendue sous forme de morceaux stériles débités dans des rayons réfrigérés. J'essaie de retrouver comment dire « chaîne du froid » en anglais.

Olli me raconte plus tard que la viande consommée lors des safaris en bivouac est transportée des jours durant en voiture sans aucune glacière et que personne n'en tombe malade pour autant. Je me demande comment cela est possible, et si toute cette histoire de chaîne du froid n'est qu'une fadaise occidentale.

Mtori

Kanga enroulé autour de ma taille, j'observe Flotea préparer un *mtori* pour le déjeuner, le plat traditionnel du peuple Chagga. Le ragoût, très goûteux, se compose de viande, de bananes et de carottes. Le *mtori* est un plat traditionnellement servi aux femmes qui viennent d'enfanter, afin qu'elles reprennent du poids, et il constitue une aide à la lactation. Lorsqu'une femme chagga donne naissance, elle doit se nourrir exclusivement de *mtori* pendant trois mois, sans lésiner sur la quantité. Durant cette période la femme ne quitte pas la maison.

Une fois qu'elle a, au bout de ces trois mois, le droit de mettre un pied dehors, elle a intérêt à être des plus dodues : dans le cas contraire, cela montrerait que son époux ne s'est pas bien occupé d'elle ou sinon, honte plus grande encore, qu'il n'avait pas de quoi. En cet honneur, les femmes de la famille et les amies sont invitées à la *mbesi,* la fête du bébé. Le mari n'y a pas sa place, mais il est tenu de fournir d'énormes quantités de nourriture et de bière que les vieilles femmes engloutissent à tire-larigot. À la naissance de Michell, Olli a dû, selon la tradition, tuer une chèvre de ses propres mains. Autrefois on offrait à la mère du lait et de la graisse de vache utilisée en cuisine, mais on donne aujourd'hui de l'argent, en petites coupures jetées en l'air en sorte que toute la maison se retrouve tapissée de billets.

À ce qu'il paraît, bien des femmes souhaiteraient n'avoir qu'un seul, voire deux enfants, mais les pauvres en ont facilement sept ou huit. L'avortement, illégal, est pratiqué clandestinement avec des remèdes traditionnels. La procédure douloureuse peut rendre malade pour une longue période, mais presque toutes les femmes l'ont déjà subie, certaines à de nombreuses reprises.

Kachumbari

Flotea prépare du *kachumbari,* une salade vinaigrée pimentée, composée de concombre, d'avocats, de tomates, de carottes et de *pili-pili,* accompagnée de frites maison, les *chips.* J'ai songé à la règle d'or serinée par tous les guides de voyage : en Afrique il ne faut, en aucune circonstance, consommer des crudités. Et j'en mange. Le *kachumbari* est divin et devient mon plat africain préféré.

Flotea prépare aussi de l'*ugal*, un porridge de maïs dense, à découper au couteau, qui se mange avec les doigts, trempé dans une sauce à la viande. Olli l'a en horreur, mais je trouve ça bon. Visiblement, Flotea a décidé de nous faire découvrir toutes les expériences culinaires tanzaniennes.

Au crépuscule, nous allons chercher le gigot de chèvre en *take-away* que je convoite depuis si longtemps. Dans la cabane érigée le long de la route d'Arusha, les cuisses grillées s'alignent. Nous en choisissons une, que le rôtisseur découpe avant d'y ajouter un pot de sauce pimentée et des bananes frites. Une fois rentrés, nous dévorons gloutonnement ce pur délice avec les doigts à même le plat commun.

Whatsapp

Flotea devient mon amie sur Facebook. Elle s'étonne que je n'aie pas Whatsapp, ce serait si chouette de s'envoyer des photos ! Non – je n'ai pas de smartphone, contrairement à elle – d'ailleurs je n'ai jamais entendu parler de cette application, je lui dis que nous n'avons pas de Whatsapp en Finlande, c'est sûrement un truc africain.

Je demande plus de vocabulaire swahili à Flotea et note les expressions cardinales dans mon carnet. *Asante sana*, merci. *Karibu*, bienvenue, je vous en prie. *Usiku mwema*, bonne nuit. *Lala salama*, fais de beaux rêves.

Quand je vais me coucher, je découvre que Flotea m'a envoyé un message sur Facebook : *Lala salama, Mia.*

Masaï des villes

Nous déjeunons avec Olli dans une cantine locale à Arusha. Des hommes portant le *shuka*, le tissu rouge à carreaux traditionnel, et des sandales en pneu récupéré flânent aux tables. Si l'image que je me faisais des masaï était à certains égards celle d'êtres sublimes, beaux et courageux, tels que Karen les décrit, ces Masaï des villes sont tout autre chose. Ils ont le regard trouble, leurs sandales sont usées jusqu'à la corde et les doudounes jetées sur leurs habits à carreaux rouges sont sales et élimées. Ils sont venus à Arusha vendre aux touristes la pierre précieuse locale, la tanzanite. Devant ce spectacle navrant, je me demande si tel est le destin de tous les peuples pastoraux chassés de leurs zones d'habitation traditionnelles. J'engloutis mon riz pilaf en vitesse à la table en plastique sans toucher au bout de viande osseux.

Salon de coiffure

À mon arrivée, Flotea arborait une jolie coiffure nattée, mais voici que Mama Junis, assise dans l'escalier, lui défait ses tresses en vue d'un soin capillaire. La réalisation d'une coiffure nattée compliquée coûte cher et prend toute la journée. Après cela, pas question de se laver les cheveux soi-même : il faut aller au salon. De même pour les défrisages : si vous vous faites un shampoing vous-mêmes, les cheveux refrisent, et tout est fichu. On se rend donc souvent chez la coiffeuse, on en trouve partout.

Au point du soir, nous partons pour le salon. Flotea quitte sa tenue d'intérieur, son *kanga*, pour un jean noir moulant, une jolie chemise, des ballerines vertes, une grosse montre dorée et des boucles d'oreilles, et s'asperge d'un peu du parfum que j'ai apporté. Au village de Moshono, nous empruntons la route d'Arusha. Quelle merveille de marcher sur le chemin poudré de sable rouge dans le soleil vespéral, calme et clément, au milieu de toute cette verdure ! Les écoliers me dévisagent et certains s'écrient *good morning*, voulant dire *evening*. Nous croisons des bus scolaires, des vaches, des chèvres, des poules, des motos.

Le salon de coiffure est isolé le long de la route d'Arusha. Nous sautons par-dessus la désespérante bande de boue bordant la voie pour grimper sur une terrasse blanche d'une propreté immaculée où nous troquons nos chaussures contre des sandales d'intérieur. La jeune fille postée à la porte me montre du doigt et s'écrie *mzungu !*, elle manque d'en crever de rire : les Blancs sont à coup sûr une vision des plus rares en pareil lieu. Le salon, compte tenu de l'environnement qui est le sien, est vraiment splendide et dernier cri, le sol brille et les coiffeuses arborent des ongles en gel flashy d'une longueur incroyable. Flotea me montre le baume qu'elle souhaite pour ses cheveux : *Hair mayonnaise, best treatment for hair.* Je m'attarde sur le seuil pour regarder les passants : la porte du salon donne directement sur le mont Meru qui s'est voilé d'une fine gaze nuageuse. La route est parcourue par des bus scolaires jaunes, des enfants en uniforme vert, des ouvriers et des mamas chargés de divers fardeaux, certaines portent sur leur tête une bassine en plastique à rebord bas, d'autres de gros régimes de bananes. Je tente de photographier les écoliers, mais ils repèrent ma face blanche à des kilomètres et passent devant moi en riant et en me montrant du doigt : je n'ose pas. Ici, il est en réalité impossible de venir en touriste : c'est vous qui vous retrouvez immédiatement l'objet des regards. La coiffeuse à la chevelure orange est en train de créer de fines nattes sur un fil à partir de cheveux pris sur un tas. Un jeune homme qui sent l'alcool, venu recharger son téléphone, est affalé sur un fauteuil réservé aux clients, son transistor déverse Dolly Parton, Rihanna et Tracy Chapman. La « mayonnaise » est appliquée sur les cheveux de Flotea, qu'on lisse ensuite à l'aide d'une sorte de sèche-cheveux à vapeur. Il est cinq heures et demie, le crépuscule approche.

L'obscurité est déjà tombée lorsque nous rentrons à l'aveuglette par la route pleine de nids-de-poule. Nous nous repérons grâce à l'éclairage des voitures et des motos, mais j'évite de justesse la collision avec une vache : elle est brun foncé dans la nuit noire, et n'a pas de phares.

Mr. Hauli

Lorsque j'accompagne Olli à Arusha pour régler des affaires, je me retrouve prise au cœur d'une série d'événements si absurdes qu'ils semblent tout droit sortis d'une enquête de *Mma Ramotswe.* Nous sommes à la recherche d'un certain Mr. Hauli qu'Olli a payé il y a des semaines pour qu'il raccorde le chantier à l'électricité. Sauf qu'il n'y a toujours pas le courant. Notre enquête révèle alors que l'homme n'est pas le moins du monde un employé de la compagnie nationale d'électricité de Tanzanie, mais un escroc qui, vêtu d'une combinaison de la Tanesco, joue les représentants de la compagnie pour en faire son beurre sans fournir aucun service. Après avoir poireauté pendant une éternité à la compagnie d'électricité, téléphoné au chef du chantier pour lui demander son aide, pris le Land Rover avec celui-ci et quelques comparses pour aller trouver Mr. Hauli (qui est paraît-il un homme dangereux, connu pour ses malhonnêtetés, les renforts sont donc nécessaires), on finit par retrouver sa trace. Au bout de ruelles défoncées, dans une cour boueuse pleine d'ordures amoncelées dotée d'un brasero, et où quelques guenilles séchent sur un fil, sa maison se dessine. Quelques enfants traînent à l'embrasure avec une épouse en *kanga* à la jolie coiffure nattée. Avec l'aide des trois baraqués entassés sur le plateau du Land Rover, nous ramenons notre escroc à la compagnie d'électricité où il tente, dès l'arrivée, de filer à l'anglaise, l'air de rien. Vite rattrapé, Mr. Hauli promet de se présenter le lendemain à neuf heures au bureau de la compagnie pour rendre l'argent. Nous refaisons donc la route au matin pour attendre Mr. Hauli quelques heures (à chaque appel il nous répond qu'il est « en route »). Ce dernier finit par se montrer avec les papiers de la compagnie d'électricité mais sans l'argent, qu'il part ensuite « chercher à la banque », sans jamais revenir. Ainsi je commence à comprendre ce que voulait dire Olli. Ici, on perd son temps et son énergie à régler les affaires pratiques.

Une semaine plus tard il n'y a toujours pas d'électricité, les ouvriers se sont fait la malle et le chef du chantier ne prend plus les appels. Olli enrage et s'arrache les cheveux – la maison ne sera jamais terminée, en tout cas pas à la date prévue en juin pour l'emménagement.

SPF 50

Il pleut à seaux. Il pleut depuis près d'une semaine et, même à l'intérieur, tout semble mouillé : les vêtements dans l'armoire, les pages des livres. Olli brandit une ceinture en cuir exhumée d'un tiroir : elle est entièrement moisie. L'humidité et le soleil rongent tout petit à petit. Les termites et les fourmis pharaonnes se chargent des dernières miettes. Mama Junis balaie les sols et aère les pièces autant qu'elle peut pour empêcher la ruine.

En dépit des pluies, je redoute tant le soleil équatorial que je m'enduis de crème à indice de protection maximal. Après une semaine en Afrique, je suis toujours aussi blanche qu'un cachet d'aspirine. Je crains que la savane ne me consume entièrement lorsque j'y accéderai enfin.

Supu

Olli propose que nous allions manger un bol de *supu* dans le voisinage. Après quelques pas dans une ruelle boueuse, nous atteignons une cabane devant laquelle un homme fait chauffer une marmite de bouillon. À la fenêtre sont pendus des bouts de viande couverts de mouches et l'homme me choisit un morceau cuit dans la marmite. La viande découpée en petits cubes est déposée dans un bol en aluminium et le bouillon est servi à part. Le repas coûte 1 500 shillings, moins d'un euro. Les hommes nous observent avec curiosité et nous invitent à prendre place à l'intérieur. Dans la minuscule pièce noire de mouches, je m'installe à une table crasseuse pour manger d'une main et chasser les mouches de l'autre. (Selon Olli, l'habitude de chasser les mouches est tellement ancrée chez les personnes âgées qu'elles se mettent automatiquement à agiter une main, même dans le restaurant le plus chic qui soit.) Je me dis que si j'avais voyagé en solo, j'aurais préféré crever de faim que de franchir la porte d'un boui-boui pareil.

La magie des dix jours

Dans le voyage, tout est étranger et effrayant au début – la nourriture, les maisonnettes, les gens, les animaux, les odeurs, les sons. Mais, au bout d'un moment, on s'y fait, l'organisme s'habitue, les yeux s'ouvrent et on commence à regarder au-delà de cette étrangeté et de cet effroi. C'est ce qui me pousse à faire de longs voyages. Je veux attendre de commencer à *voir*.

En général cela se produit autour du dixième jour.

Ce n'est pas encore le cas ici.

Safari for one

Olli me raconte les luxueux safaris sous tente qu'il a menés : ils me paraissent follement merveilleux. J'aurais souhaité l'accompagner dans les réserves naturelles, mais le projet de construction de la maison l'empêche de partir où que ce soit. Olli m'interdit formellement de me joindre à un groupe de *backpackers* venus des U.S., car j'y perdrais patience en deux secondes. L'absurde réalité commence à m'apparaître : il va me falloir découvrir la savane seule. Ou plutôt à deux, avec un guide.

Cela entraîne plusieurs conséquences inquiétantes : 1) L'excursion va me coûter les yeux de la tête, 2) ce sera un vrai défi pour une introvertie comme moi, en l'absence de groupe dans lequel me fondre discrètement, en outre 3) le guide sera, selon toute vraisemblance, un homme. Je vais donc passer plusieurs semaines dans la savane en tête-à-tête avec un homme de la région. Ça commence à faire tilt dans ma tête. Cela risque-t-il de poser problème ?

Olli ne comprend pas ma question.

Le programme de mon safari individuel se composera de douze jours dans les réserves naturelles, avec deux nuits à chaque étape : le parc national d'Arusha, Manyara, Seronera dans le Serengeti, Lobo et Ndutu et pour finir Tarangire – sans le cratère du Ngorongoro car les frais de péage par véhicule s'élèvent à 250 dollars pour une journée, ce qu'il serait absurde de débourser seule. Toutes les visites se feront en jeep, matin et soir. Voilà qui paraît bien, mais je suis déçue d'apprendre que je ne bivouaquerai pas – adieu l'authentique atmosphère blixenienne – car ce serait une organisation trop onéreuse pour une seule personne. Au lieu de cela, je passerai la nuit dans les lodges, les hébergements hôteliers des parcs. Mince alors, j'aurais tant voulu bivouaquer !

À ma surprise, Olli me confie avoir participé à son premier safari seulement à quarante ans. Jusqu'alors il avait exercé ses compétences de docteur en biologie et sciences de l'environnement dans des travaux tout différents, mais après avoir décroché le prix Finlandia Essais pour son livre sur les papillons, il avait décidé de réaliser le safari de ses rêves d'enfant – et y était resté. Il connaît aujourd'hui les parcs naturels de Tanzanie comme sa poche, pour leur avoir consacré d'innombrables ouvrages, et mène des safaris. Mais sa première nuit en Afrique, il l'avait passée dans une tente au Tarangire Safari Lodge, sous laquelle il avait cru mourir de peur, à ce qu'il dit.

Nous nous rendons à Arusha au bureau d'Andrew, avec qui Olli a l'habitude de travailler, pour discuter de mon safari. Le voyage va me coûter cher, bien plus que le budget prévu. Mais, bon sang, y a-t-il moyen de faire autrement, alors que c'est la raison même de ma venue ?

Je passe la soirée dans mon lit à ruminer ma triste situation financière, avec en guise de consolation, un divin *ndizi rosti* (de la banane grillée et salée) préparé par Flotea. Karen écrivait que « la vie de safari a quelque chose qui vous fait oublier tous les chagrins de la vie et vous donne, vingt-quatre heures sur vingt-quatre, l'impression d'avoir bu une demi-bouteille de champagne. » Cette ivresse champagnisée me fera-t-elle oublier le prix de ces merveilles ?

Lave-linge

J'ai besoin de vêtements propres pour le safari, nous nous mettons donc à la lessive – à la main car la machine est hors-jeu et Flotea n'a de toute manière aucune confiance dans l'efficacité de ces engins. Flotea emplit dans la cour trois bassines d'un peu d'eau froide et de poudre à laver et nous nous mettons à malaxer et rincer. Après trois heures à nous échiner, j'ai les mains rouges, brûlantes et cloquées, les épaules et le dos coincés d'être restée accroupie. Le quotidien de l'homme occidental serait un fiasco si sa vie tenait à la lessive à la force du poignet. Il se peut aussi que cette activité soit l'un des plus grands esclavages des jeunes filles de par le monde. Qui a le temps d'aller à l'école quand il faut s'occuper du linge de toute la famille ?

Crazy

Eutropia, une amie de Flotea et Olli, nous a invités à manger. Tout apprêtés, nous partons en voiture. La maison à moitié construite d'Eutropia est située à flanc de colline et offre un point de vue splendide – nous avançons le plus loin possible sur des chemins villageois cahoteux et terminons en grimpant à pied un raidillon charretier qui passe devant de simples huttes en terre aux cours remplies d'enfants en haillons, de lessive mise à sécher et de chiens errants.

Eutropia travaillait dans un lodge de la réserve naturelle avant de quitter son poste pour ouvrir sa propre boutique de décoration intérieure et de se lancer en même temps dans la construction de sa maison. Le salon a belle allure avec son canapé et sa table en rotin drapée d'une peau de vache, mais l'habitation ne dispose pas encore de l'eau courante, de l'électricité ni d'un réfrigérateur, et l'espace ouvert qui fait office de cuisine est plein d'énormes bassines d'eau. La sœur et la mère d'Eutropia vivent sous le même toit, et la vieille femme chagga, déjà dure d'oreille, est assise sur le canapé sans rien dire, dans sa plus belle mise : elle a revêtu, avec son *kanga* coloré, une veste de tailleur frangée et un foulard à fleurs. Eutropia nous a préparé un ragoût *mchanyato* et nous sert de la bière. Nos hôtesses ont déjà mangé plus tôt. Par la fenêtre se découvre une vue grandiose sur la vallée et la stéréo alimentée par panneaux solaires diffuse *Crazy* de Patsy Cline.

Nous redescendons à travers les villages baignés par le soleil du soir, contournant les poules et les chèvres dans la boue tortueuse. En l'honneur de la fête des mères, nous faisons un crochet par le restaurant en terrasse du splendide hôtel Meru. Le contraste entre les huttes en terre et l'hôtel aux façades vitrées ne pourrait être plus flagrant. Des contrôles de sécurité sont effectués au portail et le bas de caisse des voitures est examiné au miroir télescopique. Le jardin de l'hôtel est immense, il comporte une pelouse bordée de palmiers et un restaurant sophistiqué avec un bar de piscine. Sur la terrasse, on retrouve des locaux fortunés et des « faces blanches » qui font le compte rendu de leur safari via Skype à l'autre bout du monde. Quelqu'un est encore allongé au bord de la piscine, un cocktail à la main. Nous commandons de la glace à la fraise et du jus de litchi, pour lesquels nous déboursons l'équivalent d'une semaine de salaire de la vendeuse de la boutique d'Eutropia.

Champ de mines

Oui, je commence à entrevoir les différentes réalités qui se côtoient ici. Il y a la vie des locaux et il y a celle des Blancs. Il y a la vie des pauvres, et celle des riches. Il y a les villes chaotiques, les villages de campagne pauvres, il y a les problèmes liés à la pauvreté, à l'hygiène, à la santé, à la petite délinquance, à la corruption et à l'insécurité. Il y a les zones pour les riches, entourées de murs, sécurisées par des contrôles, au cœur de la pauvreté. Et puis ailleurs il y a le monde des reportages animaliers, de la nature intacte et des animaux sauvages, cette Afrique qui fait rêver, où l'on traîne les touristes. Ce monde, les locaux ne le voient jamais.

Je me rends compte aussi qu'il n'est pas facile de trouver ma place dans ce schéma. Ici je suis à la fois une « riche » blanche (ce que je ne suis pas du tout en Finlande) qui attire l'attention de tout le monde, et pas nécessairement de manière positive. Je suis cruellement consciente de ce qui me distingue des gens d'ici : ma couleur de peau, mes vêtements, mon portefeuille, ma conception de l'hygiène, mes rêves de safari, mon absurde projet Karen Blixen. Je m'intéresse à tout ce que je regarde, je veux tout voir et tout comprendre, mais comment le pourrais-je ? Même prendre des photos ne me semble pas légitime. Ai-je même le droit d'écrire à ce sujet, et si oui, comment ? Je veux écrire sur ce que ressent une femme finlandaise de quarante ans lorsqu'elle arrive en Afrique, inexpérimentée, sur les traces de Karen Blixen, mais j'ignore si je vais pouvoir m'en tirer proprement, sans verser dans l'*exotisation* si décriée (tout m'est exotique) ou le *regard colonial* (je suis indéniablement blanche et issue du monde occidental, et je ne saurais prétendre comprendre la culture locale). Mais il me faut bien écrire, bon an mal an, puisque je suis partie faire ce voyage. Corrigeant mon texte, je ne cesse de censurer mes formulations, avant d'en rétablir certaines. Puis-je dire « Noir » – puisque certes je suis appelée « face blanche » ici ? Puis-je écrire à propos de cet électricien malhonnête ou est-ce du racisme ? Faudrait-il faire semblant de ne pas accorder un regard à la pauvreté ou une pensée à la peur de la diarrhée et des amibes ? (Comme la fois où j'ai été incapable de manger le merveilleux épi de maïs grillé au goût de pop-corn acheté par Flotea au bord de la route après avoir vu la vieille femme affairée à même le sol boueux en train de frotter à pleine main la surface de l'épi pour le saler.) Est-il permis de tout regarder de l'œil d'une personne extérieure et étrangère ? Me fera-t-on même crédit d'*essayer* simplement de comprendre ?

Lorsque j'ai écrit sur le Japon dans mon premier livre, je n'ai absolument pas pensé à ce genre de choses, je notais ce qui me venait en tête, sans rien censurer ou sans rien passer au crible du politiquement correct, mais, écrivant sur l'Afrique, j'ai l'impression de me déplacer en terrain miné.

Cela va probablement se passer comme ça : malgré toutes les précautions que je pourrais prendre, je vais me faire sauter sur une mine.

F

Nous retournons finalement conclure l'affaire avec Andrew pour mon projet de safari. Derrière le bureau sont assises ses deux magnifiques filles. Je tends à l'une d'elles le sac de congélation où j'ai fourré toutes mes économies du compte Karen Blixen – c'est de la folie, mais il semble que je place effectivement le budget prévu pour deux mois de vie sur une excursion de deux semaines.

Mon guide et futur compagnon de voyage est présent, c'est un homme chagga d'une trentaine d'années au sourire sympathique. C'est donc avec ce Fazal que je vais passer douze jours et nuits dans la savane, hors de portée de la civilisation, d'Internet et des réseaux téléphoniques.

Le compagnon africain de Karen prédominant, celui avec qui elle a passé dix-huit ans dans sa ferme, en tête-à-tête le plus souvent, s'appelait Fara.

F – ça doit être bon signe.

[Lettre de Karen]

6 avril 1918. Ma très chère maman [...] Hier j'ai participé à un repas très plaisant au [club] Muthaiga de Nairobi. [...] Nous n'étions que 4, avec la fille de l'ancien gouverneur et quelqu'un d'extraordinairement *charming* dont j'avais beaucoup entendu parler auparavant mais que je n'avais encore jamais rencontré, Dennis Finch-Hattan...

Karen rencontra Denys Finch Hatton pour la première fois en avril 1918, peu avant son trente-troisième anniversaire. Denys, âgé de trente-deux ans, était un chasseur de gros gibier, britannique, aristocrate, qui organisait des safaris pour les VIP, dont la famille royale d'Angleterre. Il était grand, mince, sophistiqué et à ce qu'on disait « d'une beauté ravageuse » – quant à moi, je ne vois sur les photos qu'un homme ordinaire dégarni, mais son charisme ne passait peut-être pas sur pellicule. Lorsque Karen et Denys se retrouvèrent lors d'une partie de chasse un mois plus tard (la compagnie abattit trente antilopes, deux chacals et un léopard), Karen fut totalement transportée. Denys resta pour le dîner et la nuit, et Karen le conduisit le lendemain à Nairobi.

« [...] ce n'est pas souvent que l'on rencontre un être pour lequel on ressent une sympathie aussi spontanée et avec lequel on s'entend aussi bien, et comme l'intelligence naturelle est une chose magnifique ! » écrivit-elle à sa mère.

Karen avait l'impression d'avoir enfin rencontré l'homme de sa vie et, pour asticoter Bror, elle avoua diligemment que la seule chose dont elle se préoccupait en ce monde était de revoir Finch Hatton. Denys était l'incarnation de ce à quoi elle aspirait chez un homme, et elle s'estimait chanceuse d'avoir découvert un tel trésor « sur ses vieux jours ». Denys avait confiance en lui, il était intelligent et cultivé, et doté d'un goût excellent en art. Il passait Stravinsky sur son gramophone et citait de mémoire Shakespeare, les classiques grecs et les poètes célèbres. Lorsque quelqu'un au club Muthaiga cherchait à s'adjoindre un chasseur blanc, on lui disait : il vous faut le meilleur, mon vieux, prenez Blixen si vous pouvez, ou Finch Hatton. Les safaris de Denys proposaient les services de cuisiniers émérites, des draps repassés, des verres en cristal, d'excellents vins et bien entendu un gramophone. Au dîner, servi à la lueur des lampes à pétrole à 19 h 30 précises, on se restaurait de soupe, de gibier frais chassé et de pain pétri le matin même. (Lorsqu'il organisa en 1928 un safari pour le prince de Galles, on faisait en outre un arrêt chaque après-midi à 16 heures pour le thé.) Denys semblait de plus disposer d'un sens de l'humour qui ne laissait pas à désirer. Il était capable de quitter l'Afrique pour Londres juste pour écouter une représentation à l'opéra et repartir le lendemain matin sans avoir salué un seul membre de sa famille. (Cela dit, la traversée aérienne s'effectuait à l'époque en six jours, il se peut donc que l'anecdote soit apocryphe.) On raconte aussi qu'un ami lui expédia de

Londres un télégramme pour lui demander s'il connaissait les adresses de untel et untel, et une fois le coureur à pied lui ayant transmis le message, au bout de plusieurs semaines, dans la région reculée où il faisait un safari, Denys renvoya le coureur avec cette réponse : « Je les connais. » Se souciant comme d'une guigne de ce que pensaient les autres et faisant toujours exactement ce qu'il voulait, il allait sans dire que ce n'était pas le genre à se marier. Mais il jouissait d'une immense faveur partout où il se montrait. Même Bror était fier de « la haute volée » de celui dont s'était entichée son épouse et il le présentait à tous en faisant précéder son nom de la mention « mon bon ami et amant de ma femme ». Denys était si précieux pour Karen qu'elle en parle à peine dans ses livres. Selon d'autres sources, Denys est affublé d'une épithète ramenant les choses au ras des pâquerettes : *play-boy*.

En février 1919 Karen, folle de bonheur, écrivit à sa mère : « Le dimanche qui a suivi les courses nous donnions une chasse ici [...]. Finch-Hatton avait de la fièvre, aussi est-il resté ici et il y est encore, ce qui est extrêmement agréable pour moi ; je ne crois pas avoir jamais rencontré un être aussi intelligent et, ici, c'est quelque chose de très appréciable... Il faut que je m'arrête car je dois sortir avec Denys. De grosses averses continuent de menacer [...]. »

En août 1919, les Blixen (oui, ils étaient encore mariés) partirent se revigorer dans le Londres et le Paris d'après-guerre – le premier conflit mondial s'était enfin achevé en novembre 1918. Ils achetèrent du cristal, burent du champagne, commandèrent des tenues de soirée et des chaussures avec les peaux de serpent qu'ils avaient rapportées – puisqu'il paraissait qu'on ne trouvait rien qui fût à la mode à Nairobi. « L'importance que les vêtements peuvent avoir est inconcevable, écrivit Karen. Je leur en accorde trop peut-être, mais nulle calamité – maladie, pauvreté, solitude ou autre – ne m'angoisse plus que de n'avoir rien à me mettre. »

Au Danemark, Karen fut anéantie par l'épuisement, celui qui vous atteint lorsque vous n'avez soudain plus besoin d'être responsable de quoi que ce soit, mais pouvez vous contenter de rester couché et de manger les petits plats que vous prépare votre mère. Elle passa une année complète à Rungstedlund. On traita à nouveau sa syphilis et elle contracta, en sus, la grippe espagnole et une septicémie. L'avenir de la plantation de café était sur la sellette, ce qui désespérait Karen. Bror rentra en Afrique pour affaires dès mars 1920, dans l'espoir d'obtenir un prêt pour la ferme. Karen ne regagna Mombasa qu'au premier janvier 1921.

Au domicile conjugal l'attendait un effroyable ravage. Bror avait mené une vie complètement déchaînée. Il avait vendu et mis au clou les meubles et l'argenterie de Karen, s'était exercé au tir en utilisant les porcelaines et la cristallerie comme cibles, avait organisé des orgies et transporté le mobilier de la salle à manger au sommet d'une colline du Ngong pour donner un dîner exotique. La maison avait été occupée par toutes sortes de gens plus ou moins louches et de nombreuses affaires avaient été détruites. La situation financière était, en outre, catastrophique. Au printemps, le chef de la compagnie, Aage Westenholz, l'oncle maternel de Karen, fit le voyage au Kenya : les actionnaires et les membres de la famille avaient l'intention de vendre la ferme, qui était un gouffre. Karen brûlait pourtant de continuer et, dans ses discours enflammés, exagérait légèrement ses compétences, prétendant ainsi être la seule à savoir comment amender les caféiers ou soigner les brûlures des fermiers. En juin 1921 il fut donc conclu que Karen prendrait la tête de la ferme à la condition que Bror, qui avait prouvé sa complète irresponsabilité, n'ait plus rien à voir avec la culture du café ou l'entreprise The Karen Coffee Company.

Bror quitta définitivement la plantation. La famille de Karen exerça des pressions pour que celle-ci divorce, mais elle refusa. Pourquoi donc ? Bror l'avait trompée, lui avait transmis la syphilis, avait détruit son patrimoine et, pour couronner le tout, Karen était éprise de Denys. Mais Bror avait, des années durant, été l'être humain dont elle était le plus proche, et en tant que femme divorcée elle perdrait non seulement sa position sociale et son titre de baronne, mais aussi, paradoxalement, la liberté d'être avec Denys. Ce fut un contrecoup très dur pour elle lorsque Bror finit par demander le divorce. Celui-ci entendait épouser une « lady anglaise » prête à l'aider financièrement. Le divorce fut prononcé en janvier 1922. Karen avait trente-six ans, elle avait été mariée pendant huit ans.

« Les temps sont durs, bien plus durs que lorsque j'étais malade », écrivait Karen. Je sais bien, Karen, combien il est difficile de se séparer, même lorsque le couple va mal. La personne la plus déplaisante devient si proche, les deux vies s'enlacent si étroitement l'une à l'autre, telles les racines d'un arbre, qu'on a l'impression de s'arracher soi-même à sa propre vie.

*

[Lettre de Karen]

Janvier 1923. Ma très chère maman [...] Je donnerais volontiers deux conseils à toutes les jeunes femmes :

coupez-vous les cheveux et apprenez à conduire une automobile. Ces deux choses-là changent le cours de l'existence. Les cheveux longs ont vraiment été une forme d'esclavage tout au long des millénaires qu'a duré l'histoire ; avec une crinière que l'on peut coiffer en une minute et à travers laquelle le vent peut souffler, on se sent soudain plus libre que les mots ne peuvent l'exprimer. Et, étant donné qu'ici on ne porte pas de corset, on est vraiment en mesure de se mouvoir à l'égal des hommes. Si cela m'allait, je porterais des pantalons, ici, des *shorts* comme en portent beaucoup de dames ; mais, malheureusement, je n'ai pas les jambes ni le courage moral qu'il faut...

1er avril 1923. Ma chère maman [...] Il n'y a aucune raison, non plus, pour que tu me plaignes parce que je suis seule. Tout d'abord, je ne suis pas seule [...]. Ici, actuellement, avec mes boys et mes chiens et mes blancs, je me trouve dans des conditions de vie qui se sont formées naturellement autour de moi et que j'ai créées moi-même ; elles me conviennent et me rendent heureuse...

Ne crois pas non plus que je désire « du calme », comme tu le dis. [...] La solitude ou la maladie, par exemple, ne t'en soucie pas en ce qui me concerne ; pour moi, elles ne comptent pas.

28 mai 1923. Ma chère maman [...] Vous ririez de moi si vous pouviez me voir dans mes habits de temps de pluie, - en ce moment je porte presque constamment des pantalons kaki et une sorte de blouse qui me descendent jusqu'aux genoux, j'ai les jambes nues et des sabots aux pieds ; avec mes cheveux courts, je crois que je ressemble à Tolstoï - mis à part la barbe. J'ai également appris à labourer, aussi n'aurais-je rien à envier à Tolstoï sur un tableau...

22 juillet 1923. Ma chère maman [...] Je t'écris ceci tandis que Lullu, ma petite antilope apprivoisée, est couchée sous mon bureau. Je l'ai depuis deux semaines, espérons qu'elle survive. [...] Malheureusement, de nombreux léopards rôdent autour de la maison en ce moment [...], c'est une sensation bien étrange de les entendre feuler la nuit autour de la maison, comme ils le faisaient il y a des millénaires...

2 août 1923. Ma chère Elle [...] Je crois que des temps magnifiques sont promis aux femmes et que les cent prochaines années vont leur apporter de nombreuses opportunités. [...] Lorsque les femmes deviendront de vraies personnes et que le monde s'ouvrira à elles, ce sera grandiose...

10 septembre 1923. Mon cher Tommy... Depuis que j'ai reçu la lettre de l'oncle Aage, l'odeur des roses et l'éclat de la pleine lune ont disparu de mon existence, ici, et je me sens tout à fait [...] sans force. [...] es-tu prêt à m'aider à prendre un nouveau départ dans la vie [...] ? [...] Je pourrais très bien me marier, telles que sont les choses ; mais je suis tout à fait décidée à ne pas me marier sinon par amour ou bien pour obtenir exactement le genre de fonctions qui me conviendrait. [...]

C'est une honte, la façon dont les filles sont élevées. Je suis absolument convaincue que, si j'avais été un garçon, avec exactement le même degré d'intelligence et les mêmes capacités, j'aurais fort bien été en mesure de me tirer d'affaire. Mais, même dans ces circonstances, je dois bien en être capable si seulement on veut bien m'aider au début.

24 février 1924. Mon cher Tommy [...] Je suis désolée de t'écrire des lettres toujours pleines de

jérémiades. Mais, d'un autre côté, je me dis que si je devais mourir bientôt, [...] tu aimerais peut-être bien que je t'aie écrit à temps. Il n'est pas certain que je meure ; mais le risque est plus grand que certains ne le pensent, chez nous.

Si j'avais cru que la vie de Karen en Afrique était tout en équilibre et harmonie, comme pourrait le laisser entendre la voix calme de la narratrice de *La Ferme africaine*, je me trompais. Ses lettres dévoilent une réalité bien différente. Karen était déprimée, angoissée, stressée, effrayée et souvent malade. Elle recevait de temps à autre la visite de Denys, de sa mère ou de son frère Thomas, et alors tout était merveilleux, mais elle passait de longues périodes seules, avec le fidèle Fara pour toute compagnie. Et la menace que la ferme soit vendue était sans cesse suspendue au-dessus de sa tête comme la lame d'une guillotine.

Il semble que Karen ait en effet passé les dix années suivantes dans un maelström émotionnel infernal qui l'entraînait dans les profondeurs du désespoir ou la propulsait dans un bonheur extatique, le tout dépendant entièrement de la présence ou non de Denys dans le paysage.

Celui-ci fut principalement absent pendant près de deux ans, mais chaque fois qu'il passait la voir, la dépression de Karen disparaissait d'un coup de baguette magique. En août 1923, Denys décida de renoncer à son bungalow et transféra ses affaires dans la maison de Karen au Ngong. À partir de ce moment il résida chez elle entre deux safaris, y séjournant une semaine ou deux, entre des mois d'absence. Karen fit construire une bibliothèque pour l'imposante collection de livres de Denys et celui-ci rapporta d'Europe des vins et des disques. Il mettait Schubert à plein volume sur son gramophone, portes grandes ouvertes, pour annoncer son arrivée. Le soir ils s'installaient devant la cheminée et Karen contait des histoires. Ils voulaient être enterrés ensemble au Ngong, sur un coteau bien précis, que l'on voyait depuis la ferme. Karen était au faîte de son bonheur.

Elle écrivit à son frère : « Denys Finch-Hatton séjourne ici depuis un certain temps et va sans doute rester encore une semaine, et j'ai vraiment été très heureuse ; j'ai été tellement heureuse que cela vaut la peine d'avoir connu toutes les souffrances que j'ai connues, d'avoir été malade, d'avoir eu tous ces *shauries* [affaires, choses qui causent des ennuis], afin de pouvoir vivre cette semaine. » Je comprends, Karen : quand on peut être avec cet homme miraculeux, le plus miraculeux de tous (quelle chance cela est), plus rien d'autre ne compte.

Mais elle écrivait aussi que son frère ne devait en aucun cas rapporter à d'autres l'effet que Denys avait sur elle : « Si, par exemple, je mourais et que tu te trouves plus tard à rencontrer Denys, il ne faut pas non plus que tu lui laisses entendre que je t'ai jamais écrit ou dit de telles choses [...]. »

Devant Denys, en effet, Karen jouait les cools. Les termes du contrat étaient rudes : pas d'engagements, pas d'obligations – Denys était heureux à la ferme, mais il n'y venait qu'à son gré. Il ne croyait pas au mariage, les déclarations d'amour l'angoissaient, quant aux moindres signes de dépendance... Karen savait que si elle lui montrait à quel point il comptait pour elle, Denys détecterait son désespoir avec le flair d'un animal de la savane et déguerpirait pour de bon. Alors elle s'adapta. Elle fit de la peur de l'engagement de Denys une vertu, allant jusqu'à rédiger une critique du mariage, faisant la louange de « l'amour à sens unique », et se mit à mépriser les amants qui ne font que se regarder dans le blanc des yeux et se dépossèdent mutuellement de leur vie propre.

Lorsque Denys était à la ferme, Karen se ravivait. Elle endossait le costume de la parfaite femme puissante, autonome, et de la compagne indépendante qui ne demande jamais combien de temps l'autre compte rester. Elle s'adaptait au rythme des journées de Denys, se levait tôt pour l'accompagner à la chasse, mais l'exaltation lui ravissait le sommeil et il lui fallait peut-être mâcher du *miraa*, du khat énergisant, au réveil pour tenir la distance... Et une fois Denys parti, elle s'effondrait et passait des semaines alitée, malade et déprimée.

*

[Lettre de Karen]

3 août 1924. Très cher Tommy [...] Ces derniers mois, depuis que Denys est parti, je me suis sentie affreusement déprimée, [...] « malheureuse comme les pierres » [...]. J'ai eu le sentiment qu'il était totalement absurde et dément que j'existe, de façon générale, et, de façon plus particulière, que je sois ici en train de peindre, que je me lève le matin, etc. [...] À la vérité, j'aimerais bien me marier et je suis lasse d'être toujours toute seule. [...] Il me semble que je suis liée pour l'éternité à Denys, vouée à aimer le sol qu'il foule, à être indiciblement heureuse lorsqu'il est ici et à souffrir bien plus que la mort lorsqu'il s'en va...

Karen, lorsqu'elle était seule, réfléchissait aussi à son avenir. Qu'allait-elle faire si la ferme était vendue ? Aurait-elle encore le temps, « à son âge » de se former à un autre métier ? Elle pourrait toujours voyager, aller en

Chine par exemple, étudier l'art à Rome ou Florence, peut-être ouvrir un petit hôtel pour les Africains à Marseille ou Djibouti, ou encore « faire un très beau mariage » (Denys n'était, hélas, pas une option). Ou devrait-elle plutôt se former dans les cuisines royales du Danemark ?

Karen avait trente-huit ans et sa vie lui semblait à un point de bascule. « Il me faut *absolument* du changement. Et puis je veux, d'une façon générale, essayer d'être fixée en ce qui concerne mon avenir, – savoir si je vais rester ici ou bien si je vais entreprendre quelque chose de tout différent », écrivit-elle. Il paraît incroyable que Karen n'ait pas encore su quelle était sa vocation. Elle n'avait pas la moindre idée qu'elle deviendrait une écrivaine de renommée mondiale.

Le divorce avec Bror fut officiellement entériné en janvier 1925, et en mars Karen partit pour l'Europe. « Je me réjouis plus que je ne saurais le dire de *tout* ce qui m'attend, écrivait-elle à sa mère, acheter des vêtements à Paris, aller à nouveau voir des tableaux et entendre de la musique, la nature de chez nous, manger des fruits, du pain de seigle et des crevettes, – et ne voudrais-tu pas te procurer un *véritable fromage de chèvre norvégien* pour quand j'arriverai ? Cela fait bien longtemps que j'en rêve... »

Mais une fois au Danemark, Karen fut désespérée. Son avenir en Afrique était incertain, Denys ne se montrait qu'occasionnellement, et tout devenait si pénible lorsqu'on était seule. Karen proclamait à qui voulait l'entendre qu'elle détestait l'Afrique et se proposa même de rester définitivement au Danemark. C'eût naturellement été fou de rentrer pour de bon chez sa mère à Rungstedlund – elle allait fêter ses quarante ans au printemps –, mais c'était tentant. Installée dans le grenier, elle n'aurait plus d'efforts à fournir, tout serait aussi simple et agréable qu'une promenade dans le jardin ! Karen voyait sa vie comme une tentative épuisante de grimper une montagne escarpée pour atteindre une potentielle grandeur personnelle, quelque chose qu'elle pourrait être, et elle enviait presque ses sœurs à qui le quotidien bien ordinaire semblait suffire.

Oui, Karen. Faut-il tout le temps se lancer dans des défis difficiles et effrayants ? Pourquoi ne pas rester couchée dans le grenier de ses parents et regarder des documentaires animaliers ?

[LETTRE DE KAREN]

14 février 1918. Ma très chère maman [...] la vie de safari a quelque chose qui vous fait oublier tous les chagrins de la vie [...], on est pénétré de la reconnaissance la plus profonde pour le fait de vivre. [...] on ne se sent pleinement libre que lorsque l'on peut marcher dans la direction que l'on veut à travers les plaines, atteindre le fleuve au coucher du soleil et établir son camp en sachant que, le lendemain soir, on peut s'endormir sous d'autres arbres, avec une autre vue devant soi.

Premier jour de safari. Fazal vient me chercher à dix heures du matin avec un Toyota Land Cruiser rallongé, couleur foin : une voiture énorme pouvant accueillir jusqu'à six passagers à l'arrière. Nous avions expressément évoqué le fait de ne pas prendre un char pareil pour voyager à deux, mais voilà ce qu'il en est. Je grimpe à l'avant, tandis qu'Olli, Flotea et Michell nous font au revoir de la main dans la cour.

Nous prenons la direction du parc national d'Arusha, et je me lance dans une petite interview. Fazal a trente-quatre ans et travaille comme chauffeur-accompagnateur depuis quatorze ans. Il a étudié à l'institut Wildlife de Tanzanie qui dispense une formation en biologie animale et végétale, savoir environnemental, géologie, connaissance culturelle, psychologie de la clientèle et management, et il préside maintenant le syndicat des guides de Tanzanie. Il adore partir sur le terrain. C'est manifestement quelqu'un qui veut aller de l'avant et il me confie qu'il projette d'écrire un livre. Il voudrait publier un recueil d'histoires de safari et m'interroge dans les moindres détails sur le processus éditorial : la rédaction, l'édition, la distribution et la promotion. Il semble ne pas être très au fait que c'est en général l'auteur de l'ouvrage qui écrit lui-même – et non quelqu'un qui en serait chargé à la maison d'édition, et que la toute première chose à faire pour écrire un livre, c'est de se mettre à écrire. (Ce n'est que plus tard que je songe à la coutume en vigueur à l'époque coloniale : on faisait rédiger ses lettres par un écrivain professionnel. Je crois mieux comprendre ce qu'il voulait dire.) Fazal tombe aussi des nues en apprenant que je n'ai pas d'avocat pour m'assurer que l'éditeur ne me trompe pas sur le chiffre des ventes et n'en profite pas pour s'adjuger une part de mon argent. « Tu lui fais *confiance* ? » s'exclame-t-il comme s'il s'agissait de la chose la plus incroyable qu'il ait jamais entendue.

Il pleut lorsque nous nous présentons à l'entrée du parc national d'Arusha. Les seuls à attendre sont un couple de jeunes Américains qui mâchent du chewing-gum. Ils sont venus à vélo et comptent visiter le parc en taxi. Fazal les en décourage d'un geste : un taxi ordinaire ne pourra rien pour vous. Le téléphone sonne, c'est le chauffeur de taxi, et la jeune femme se met à piailler en se lançant dans une minidanse de la joie, et je me dis que, Dieu merci, je suis l'unique passagère de ma voiture.

Le parc national d'Arusha offre un magnifique paysage de collines verdoyantes. À peine entré, se déploie une prairie paradisiaque où paissent des zèbres, des guibs harnachés et des phacochères. Il pleut doucement – tout n'est que verdure humide et paix, seul nous accompagne le chant des oiseaux lorsque nous traversons la forêt de montagne toujours verte. En chemin pour rejoindre un point de vue, notre véhicule s'embourbe dès la première pente raide. Tandis que Fazal nous fait avancer et reculer pendant ce qui me semble une éternité, je songe aux touristes et au fait que, moi en tout cas, je serais bien incapable de pousser la voiture, les deux pieds dans la gadoue. Mais nous repartons et pique-niquons au bord du cratère Ngurdoto : la boîte en carton dont m'a munie Faizal contient une cuisse de poulet emballée dans du film alimentaire, une pomme, des chips, du jus de fruit et un petit pain. Dans la caldeira en contrebas se distingue un troupeau de buffles, tout est couvert de papillons et de dattiers sauvages, des *mkindu*. Le temps s'est levé et le jeu de l'ombre et de la lumière donne un aspect onirique au cratère effondré.

À l'orée du soir, nous stoppons sur un replat d'où le spectacle est à couper le souffle : au premier plan, le Kilimandjaro dans un écrin de nuages, à l'arrière le mont Meru baigné par le soleil couchant, en dessous les lacs Momella et leurs zones herbeuses accueillant des girafes, un paysage de collines verdoyantes qui s'étend à perte de vue à 360 degrés. L'autre versant du volcan Meru s'est effondré, ce qui lui donne l'air bizarrement plat et concave, on dirait un décor de théâtre, mais celui qui voudrait grimper au sommet, à quatre kilomètres et demi d'altitude, en aurait pour quatre jours, à ce qu'il paraît. Un alpiniste se verrait flanqué de six porteurs, douze en cas d'ascension de luxe. Une telle expédition pour quatre, cela ferait déjà cinquante sherpas transbahutant les tentes, la nourriture, l'eau, les toilettes et les vêtements.

Nous atteignons notre gîte dans la soirée, le Momella Lodge, posé en bordure d'une savane vert émeraude. *Hatari* de Howard Hawks y a été tourné en 1962, ce dont témoignent les photos affichées à la réception. Dans ce film, John Wayne capture des rhinocéros et des girafes pour le compte de zoos et le son de nombreuses scènes de poursuite a dû être refait en postproduction parce que, sur les enregistrements directs, on n'entendait que les bordées de jurons proférées par la star dont les nerfs lâchaient. Les lieux baignent dans une atmosphère irréelle appartenant au passé. Tout est désert, nous sommes en basse saison, j'apprends que je suis la seule hôte. Il devrait y avoir l'électricité pendant quelques heures ce soir et on me recommande de faire couler la douche pendant au moins un quart d'heure avant d'espérer avoir de l'eau chaude. Olli m'a déconseillé la piscine où les hippopotames viennent faire un saut de temps à autre. Des mille-pattes noirs et poilus rampent sur le sol de ma chambre et je redoute déjà ce que le dîner promet – j'espère en tout cas que ce ne sera pas une intoxication alimentaire. Comme en guise de compensation, je découvre sur mon lit à moustiquaire des fleurs de bougainvillée disposées en forme de cœur.

Déballant mes affaires, je songe à nouveau à la quantité ridicule de vêtements, de produits de beauté et autres fanfreluches que j'ai traînée dans la savane. Ma valise déborde de guides de voyage, de journaux de bord, de lampes frontales, de jumelles, de chargeurs, de cacahuètes salées, de chips, de bouteilles d'eau, de crèmes solaires, de crèmes de nuit et contour des yeux, d'antipaludéens, d'antidiarrhéiques, d'antidouleurs, de somnifères, de lunettes de rechange, d'antibiotiques de secours, de piles supplémentaires et bien évidemment de monceaux de vêtements beiges et vert kaki, casquettes, treillis, robes et chemises de safari en toile solide (pas de ces accoutrements fins et fragiles et en aucun cas de baskets rouges qui vous feraient repérer par les animaux). Mais ainsi qu'Olli l'a généreusement formulé : trimballer du barda procure un sentiment de sécurité. Peut-être que je pourrais asséner un bon coup de vanity case sur la tête du buffle en colère que j'aurais la malchance de croiser ?

Quoi qu'il en soit, cet endroit est merveilleux. Je vois la savane par la fenêtre de mon chalet, le Kilimandjaro qui se devine dans le couchant – celui même que voyait parfois Karen par temps clair depuis sa ferme. Le soir tombe et les cosmos brillent sous la pleine lune. La savane stridule, les insectes s'éveillent. Les buffles sont là, dans l'obscurité, un orage gronde au Kilimandjaro. Je dîne en tête-à-tête avec Fazal dans l'immense salle du restaurant désert.

Au matin il pleut à verse, mais nous prenons tout de même la voiture pour visiter le parc. Ni l'une ni l'autre des montagnes n'est visible – elles se sont évanouies comme un rêve pendant la nuit – et lorsque nous franchissons les trous d'eau qui ont envahi la route, je me demande si les touristes en taxi sont encore dans les parages, embourbés dans quelque fondrière. Il règne partout une luxuriance extraordinaire, le paysage se détache en vert presque fluorescent sur le ciel violet foncé. Hemingway songeait peut-être à cela en donnant pour titre à son récit *Les vertes collines d'Afrique.*

Nous traversons par moments une prairie vierge, sans la plus petite route visible, mais Fazal paraît savoir qu'il y en a une. Nous ne croisons pas d'autres humains, mais force girafes, zèbres, cobes à croissant et dik-diks. Les buffles posent des regards muets sur nous. Fazal me briefe sur les braconniers qui posent d'énormes problèmes – un buffle représente quelques quintaux de viande qui, vendue comme du bœuf, peut rapporter un million de shillings, soit près de cinq cents euros. La tentation est grande, même face à la menace de la prison à perpétuité. Des troupeaux de babouins encombrent le chemin, les grands mâles nous scrutent attentivement comme pour s'assurer qu'ils sont en sécurité. L'odeur est puissante, ils poussent des grognements étouffés en disparaissant dans les broussailles, on n'entend plus alors que le son des feuilles arrachées et mastiquées. Les singes bleus ont une drôle de tête, une longue queue, leur fourrure semble avoir été crêpée au fer, nous apercevons des guérézas noirs et blancs avec leurs longues franges de poils. La rive opposée du lac Momella est occupée par des flamants roses. Le sol est d'origine volcanique, les eaux fluorées dévalant des pentes font brunir tant les oiseaux que les dents des habitants.

Nous nous arrêtons dans les herbages bordant le lac pour regarder deux girafes qui enroulent leurs cous l'un à l'autre. Le silence règne, seuls les oiseaux pépient au loin. Les girafes arquent soudain leur long cou, décrivant des mouvements serpentins hypnotiques, l'une répondant à l'autre, comme si elle pressentait ses gestes. Le spectacle est émouvant, telle une danse mystique muette.

Nous aussi, dans ce tout-terrain, pratiquons une sorte de danse des ombres à moitié muette, qui n'a toutefois rien d'émouvant ou de mystique.

Fazal est très sympathique, joyeux, poli et serviable, et tente d'anticiper mes besoins. Lorsque nous nous arrêtons pour regarder les animaux, il sait à mon seul changement de posture qu'il faut repartir (mieux vaut ne pas bouger d'un pouce si je veux rester plus longtemps). Si je sors mon stylo pour écrire au milieu des cahots, il stoppe et quand je repose mon crayon il redémarre. Au moindre mouvement brusque, il me demande si tout va bien (oui). Il retire les bestioles de mes vêtements, chasse les mouches tsé-tsé de ma peau, me rappelle par intervalle qu'il faut boire de l'eau, faire attention au soleil et mettre de la crème, même s'il y a des nuages. Il me demande régulièrement si j'ai besoin d'aller aux toilettes, et si tel n'est pas le cas il me fait remarquer que je n'ai pas assez bu et me tend une nouvelle bouteille. Il a aussi l'intention, m'informe-t-il, de m'indiquer le soir quelle tenue porter le lendemain (pantalon ou short, sandales ou chaussures fermées) et me fait aussitôt savoir si je n'ai pas mon chapeau lorsque nous roulons le toit ouvert. Le bien-être du client est ce qui compte le plus à ses yeux.

J'ai un peu pitié de lui : se retrouver coincé avec une introvertie aussi peu loquace que moi pendant deux semaines ! Je me demande si un chapitre de ses cours de psychologie de la clientèle était consacré aux nordiques taciturnes qui ne passent pas leur temps à monter dans les aigus en s'écriant *oh wow, that's amazing,* bien qu'ils soient impressionnés (pour le dire tout net : émus aux larmes). Fazal me demande encore de temps en temps si je suis O.K. – oui, oui, oui, même si je ne suis pas du genre à le crier sur tous les toits. « Mais comment tu peux écrire des histoires, alors ? me demande-t-il. Tu dois être comme mon ex : quand on passait un moment ensemble, elle restait assise sans décrocher un mot et ensuite elle me notait sur des papiers ce qu'elle avait à me dire. »

Touché *. C'est exactement ça.

Nous quittons Momella Lodge dans la matinée, par un temps froid et pluvieux. Nous avons une longue route à faire avant d'atteindre notre prochaine étape, le parc national de Manyara, et il nous faudra passer par Arusha. Le syndicat des guides de Tanzanie, dont Fazal est le président, organise un séminaire et celui-ci me demande si nous pouvons faire un crochet rapide. Parce que tout ce qui s'écarte de l'ordinaire constitue un *matériau* potentiel, je ne refuse pas, bien que la proposition me semble un peu étrange.

La réunion a lieu dans un ancien hôtel défraîchi. Sur place, il y a environ deux cents guides, tous des hommes, à deux exceptions près. La discussion a déjà démarré, les hommes se succèdent au micro, ils lèvent le poing par moments et crient des slogans en chœur exactement comme dans une réunion évangélique. On me propose de m'asseoir à la table sur l'estrade qui fait face à la salle, mais, intimidée par ces deux cents paires d'yeux masculins qui me scrutent avec curiosité, je demande si je peux plutôt prendre place au dernier rang. Je n'ai pas la moindre idée du contenu des prises de parole en swahili, mais, au ton, il doit s'agir de défendre les droits des guides et de renforcer leur fierté d'exercer ce métier. Au bout d'un moment, Fazal prend le micro et

* En français dans le texte. (N.d.T.)

je l'entends me présenter en swahili. Tout le monde se retourne vers moi avec intérêt, mais, paniquée, je ne parviens qu'à articuler *hi*, en anglais. Deux cents hommes applaudissent et poussent des vivats à cette déclaration brillante.

Maggie, une des deux femmes présentes, me traduit ce qui se dit. Ils parlent de leurs expériences avec les clients, de la manière dont les agences traitent leurs guides – ils ont le sentiment d'occuper une position cruciale : ce sont eux qui connaissent les parcs et sont au contact quotidien des touristes, mais nombre de leurs employeurs les traitent mal et se fichent comme d'une guigne de la protection de la nature et de l'état des réserves. D'un autre côté, à ce qu'il paraît, les clients s'attendent à trouver le même confort que chez eux pendant le safari – des routes asphaltées, de l'eau courante, de l'électricité – et comme ce n'est pas le cas, ils se plaignent à l'agence et le guide responsable de ces retours négatifs se fait virer.

Maggie m'apprend aussi que, dans toute la Tanzanie, il n'y a que deux femmes guides, elle et sa sœur. Elle le déplore car les femmes seraient parfaites pour ce métier – elles qui sont des leaders naturelles, douées d'une capacité intuitive de s'occuper de leur famille, et un groupe de client, c'est comme une famille dont la guide est la mère, la médecin et l'amie durant le safari. Maggie pense aussi qu'une femme comprendrait mieux qu'un homme les nuances entre la proximité et la distance et aurait une meilleure lecture des tensions psychologiques.

Maggie a manifestement le caractère de feu d'une énergique suffragette et revendique que les filles puissent être mieux scolarisées en Tanzanie. Elle m'explique que leur éducation se fait en pointillé au gré des aléas de la vie féminine : elles manquent l'école environ cinq jours par mois à cause de leurs règles, faute de pouvoir se procurer des protections hygiéniques dignes de ce nom (feuilles de maïs et bouts de tissu en font office) ou de pouvoir se laver dans l'enceinte des établissements d'enseignement. Sur une année scolaire, les cours manqués s'accumulent et les filles sont toujours en retard sur les garçons. Maggie dirige en fait une organisation de bénévoles qu'elle a fondée : la Dare Women's Foundation prodigue aux jeunes filles des notions d'hygiène, leur fournit des protections périodiques, leur donne des conseils diététiques, les sensibilise à la préservation de la nature et emmène des groupes d'orphelins visiter les parcs nationaux – les locaux n'en ayant la plupart du temps pas les moyens.

Je suis bouleversée de réaliser que l'amélioration du niveau d'éducation des femmes dépend de choses aussi basiques que cela : des serviettes hygiéniques.

Quelqu'un vient m'annoncer que Fazal et moi serons invités à déjeuner à l'issue de la réunion parce que, me fait-on savoir, « tout le monde vous adore », ce qui est sans le moindre doute une exagération, mais donne une bonne image de la cordialité ambiante : chaque guide que je croise me salue, se présente, m'accueille chaleureusement et, le sourire aux lèvres, me souhaite un bon voyage. Mais je ne peux m'empêcher de ruminer sur le temps que tout cela va prendre – Olli serait déjà en train de s'arracher les cheveux s'il savait que la cliente qui a déboursé un gros rouleau de billets d'un coup se retrouve en pleine réunion syndicale à l'heure où les pneus du quatre-quatre devraient tourner à toute vitesse pour aller voir les lions. Fazal a quant à lui décidé de rentabiliser l'occasion au maximum : cela fait déjà une demi-heure qu'il harangue l'auditoire, et il a dû complètement oublier ma présence.

Au déjeuner, il y a du poisson farci servi entier avec du riz. Maggie et sa sœur mangent avec les doigts : elles prélèvent habilement un morceau de chair et en forment une boulette à l'aide du riz. L'assiette de Fazal n'arrive pas, mais il mange dans la mienne – en ce troisième jour de safari, nous avons déjà des habitudes de vieux couple.

Sur la route de Manyara, la magie du dixième jour opère enfin : je commence à voir. Les cabanes concentrées en bordure de route, qui avaient l'air si effrayant au début, ne sont plus seulement des grappes de tôle enchevêtrées, mais je vois qu'elles grouillent d'activité. Chacun monte son affaire, et vous y trouverez tout ce que vous voudrez : des papeteries (*Perfect Stationery*) proposant des services de copie, impression et rédaction, des boutiques de téléphonie et des dizaines de points de ventes de cartes prépayées, des coiffeurs à foison (*Hair Cutz, Brotherhood Hair Cutting Saloon*), des pharmacies (*Hope Medics*), des magasins de cosmétiques (*Young Star Cosmetics*), des épiceries (*Blessing Supermarket*) et des marchands de vêtements. Dans un village, nous passons devant l'ambulant *Mr. Barack Obama Mobile Shop*, des magasins de pièces détachées (*Perfect Motors*), des garages et des magasins de matériaux, et si vous voyez un panneau portant la mention *fundi*, cela signifie qu'il y a de la main-d'œuvre disponible.

Des maisons à moitié construites se dressent un peu partout, certaines se résumant à quatre murs de briques fantomatiques. Les plus pauvres, à ce qu'il paraît, se font une habitation en terre et branchages qu'il est possible de se procurer dans les bois, et avec l'aide d'un voisin la construction vous prendra une semaine. Mais le jour où vous avez de l'argent, vous passez à la brique et au ciment – les délais se rallongent, car vous serez sans aucun doute à court par moments, mais les travaux reprendront à chaque nouvelle rentrée. Difficile de dire devant ces squelettes gris si les maisons seront un jour terminées ou si l'argent s'est définitivement tari.

Nous entrons enfin sur les steppes masaï et roulons cent vingt kilomètres en ligne droite à travers un plateau vert, nu. Face à nous, encadré par une brume légère, se devine le bord de la vallée du Grand Rift. Le spectacle est féerique.

Le peuple masaï vit ici selon sa culture traditionnelle. Il n'y a aucune habitation en dur, mais on voit de temps à autre des garçons avec leur bâton qui font paître chèvres et vaches. Le bétail est tout pour ces bergers : ils en font commerce, dorment dans leurs peaux, se nourrissent de leur lait et de leur sang. La taille du troupeau, le nombre d'épouses, et d'enfants qui vont avec, indiquent le niveau de richesse d'un Masaï. Un riche pourra avoir deux mille vaches (une tête coûte un million de shillings, soit cinq cents euros) tandis que celui qui n'en possède que cinquante sera considéré comme pauvre. Nous dépassons des camps masaï enclos dans des barrières de branches, les *manyatta* avec leurs habitations rondes en bouse de vache. Des hommes tenant réunion se sont rassemblés à l'ombre des arbres. Les guerriers sont enveloppés dans le *shuka* à carreaux rouge, les femmes, les enfants et les garçons non circoncis portent du tissu à carreaux bleu. Les guerriers enduisent traditionnellement leur peau, leurs cheveux et leur cape en cuir de vache d'ocre rouge pour effrayer leurs ennemis, c'est-à-dire les bêtes sauvages. Paré de rouge sang, le Masaï est puissant, fort, et signifie le danger.

Nous nous arrêtons un moment sur la place des échanges et Fazal me recommande de ranger mon appareil, les Masaï n'aiment pas être photographiés. L'aire poussiéreuse accueille des gens par centaines, qui ont franchi à pied des dizaines de kilomètres, voire davantage, des jeunes et de très vieux, hommes et femmes, la bouche édentée, les yeux jaunes et s'appuyant sur une canne. Ce n'est pas un spectacle organisé pour les touristes. Les femmes à la tête rasée se retournent, elles portent leur bébé dans leur dos, des boucles et des piercings géants étirent le lobe de leurs oreilles. Leurs regards fiers ont un effet miroir : face à eux, je ne vois que ma blancheur, ma richesse supposée, mes yeux de touriste stupidement écarquillés. Je suis d'un autre monde, et le monde d'où je viens n'a pour elles strictement aucun intérêt.

Juste avant l'entrée du parc de Manyara, nous faisons une étape au village de Mto wa Mbu – son nom veut dire « le ruisseau aux moustiques », et dans cette zone infestée par la malaria, je n'imagine pas appellation moins attirante. Un guide que Fazal connaît veut me présenter les lieux et les activités touristiques. Je lui emboîte docilement le pas pour aller voir un sculpteur sur bois qui fabrique des animaux en ébène, en acajou, en bois de rose et en teck. Quelques écoliers nous suivent en pouffant quand nous traversons une bananeraie. Le guide m'indique qu'il existe, rien qu'ici, une trentaine d'espèces de bananes : les bananes pour la soupe, les bananes fruits sucrées et des variétés utilisées pour la fabrication de la bière. Des arbres à quinine bordent le chemin, on utilise leurs feuilles pour le traitement du palud. La lessive sèche près des habitations, des enfants se montrent dans l'embrasure des portes. Chaque famille possède une chèvre et une vache, ce sont comme leurs banques : si un malheur arrive, on peut toujours vendre la chèvre. Nous finissons par visiter une petite brasserie et bar à bière de banane. Trois femmes sont assises dans la minuscule cabane autour d'une *mbege*, une bassine en plastique. Elles y boivent à tour de rôle et quand le récipient est vide, la suivante paie sa tournée. La boisson ressemble à un affreux brouet épais brunâtre et je suis déjà en train de chercher fébrilement un prétexte pour ne pas avoir à y goûter. Heureusement, le guide déclare qu'il ne me faut en aucun cas y toucher, ce serait la maladie assurée. Les mamas acceptent tout de même que je les prenne en photo et brandissent leur seau de bière avec fierté.

Nous n'atteignons notre gîte, l'hôtel Manyara, que sur le coup des six heures du soir. Je meurs de faim. L'endroit est sublime : posé au bord du Grand Rift, l'hôtel offre une vue irréelle sur le parc national qui se déploie en contrebas. Olli m'a fait jurer d'exiger d'être logée, quel que soit le prix, dans une des chambres numérotées entre 48 et 56. On m'a réservé la 12 et quand je demande à changer, on me monte d'un étage, à la 24, qui a certes une vue sympathique sur la piscine et le jardin équipé de chaises longues. Je lance d'une petite voix le numéro 48, mais cette partie du bâtiment n'est, à ce qu'on me répond, pas ouverte en basse saison : dépourvue d'eau, il serait impossible d'y offrir un service « au niveau standard ». J'obtiens tout de même de voir la chambre. Elle est couverte de toiles d'araignées et de poussière, mais le spectacle me coupe le souffle. Depuis le lit, la baignoire et le balcon, le regard porte sans rencontrer le plus petit obstacle jusque dans la vallée, survole à perte de vue la forêt verdoyante de Manyara alimentée par les eaux souterraines. À mon étonnement, Fazal insiste auprès du personnel. Il est finalement décidé que le ménage sera fait et de l'eau chaude apportée à une certaine heure. J'ai honte.

Mon malaise ne fait que croître lorsque j'apprends que le règlement de l'hôtel interdit à Fazal de dîner avec moi – aucun hébergement n'est même mis à disposition des chauffeurs-guides, il lui faudra refaire une demi-heure de route jusqu'au dernier village où nous sommes passés. Fazal se plaint qu'il n'y trouvera rien de correct pour le petit déjeuner. L'auberge du coin s'avérant trop crasseuse pour ses standards, il devra aller encore plus loin.

Je ne sais que penser. Cet hôtel, propriété de l'État tanzanien, refuse que des guides locaux soient vus dans son restaurant, mais cela ne poserait sûrement aucun problème si le guide était finlandais. Aurais-je pu, en tant que cliente, exiger qu'on nous traite autrement, puisque j'ai exigé d'avoir la vue et de faire trotter le personnel pour qu'on m'apporte mon eau chaude ? J'ai honte de profiter de ma suite et de mon buffet royal pour le dîner, donné au son des tambours africains. J'ai honte de manière générale de me trouver derrière les grilles de cette zone hôtelière bien entretenue qui encage le plus beau point de vue de la région hors d'atteinte de la population – de ceux qui vivent dans des maisons en terre sans fenêtres et sans électricité juste de l'autre côté de la barrière. Je me sens tellement honteuse que, même s'il ne sort pas la première goutte d'eau chaude de ma douche, en dépit des efforts déployés par le personnel, je prétends que c'est le cas.

Je me demande si Karen a jamais eu honte, assise dans ses beaux atours au cœur de sa maison joliment décorée. Ou bien la culpabilité n'avait-elle pas encore cours à l'époque coloniale ?

Au coucher du soleil je suis pourtant installée sur le balcon surplombant le Grand Rift et, quoi que j'en aie, mon cœur bondit hors de ma poitrine. Crénom, je suis là, en pleine Afrique sauvage. Comment ai-je fait pour me retrouver dans un endroit pareil ? L'obscurité s'étant faite, une pleine lune orange, énorme, se lève. Les chauves-souris tourbillonnent dans le couloir menant à ma chambre, les grillons crépitent. Les voix lointaines des bêtes nocturnes résonnent dans la vallée.

Le matin n'a rien d'épatant. La veille au soir, j'ai commencé à avoir mal à la tête et je n'arrivais pas à dormir – j'ai scruté la lune orange et le lever du soleil qui s'annonçait, laissant ouverts les rideaux de ma divine chambre, par ailleurs envahie de moustiques. Pour la première fois j'ai le ventre dérangé – comment se peut-il que j'aie survécu deux semaines à Dieu sait quelles soupes aux mouches et que ce soit le buffet de cet hôtel de luxe qui mette mon organisme à rude épreuve ? Nous sommes censés partir de bon matin visiter le parc de Manyara en voiture, comme l'indique le plan dressé par Olli. Je dois donc trouver un moyen, même si c'est à coups de médicaments.

Je me plains de ma migraine auprès de Fazal et il rétorque que mon mutisme est à blâmer, car je retiens en moi tout ce que j'éprouve. Tiens donc. Je ne crois pas que parler servirait à quoi que ce soit : l'expérience m'a montré que la migraine frappe lorsque je suis exposée à trop de nouveautés d'un coup, et si trop d'événements se concentrent en une journée (comme cela est courant en voyage), je devrais passer la suivante à les digérer au fond d'un lit. Mais Fazal n'a pas tort sur un point : je suis capable de passer une heure en voiture sans décrocher un mot – et qu'est-ce que ça peut faire, d'ailleurs ?

Nous descendons dans la forêt irriguée par les eaux souterraines, mon gîte n'est plus qu'un point blanc au bord de la haute falaise. Fazal repère tantôt des éléphants sur un coteau boisé, tantôt des babouins et des varans à une distance telle que je ne les distingue pas, même à la jumelle. C'est une question d'expertise professionnelle : moi aussi je suis capable de repérer à cent mètres une espace surnuméraire quand je corrige un texte. Finalement, ce n'est pas si bizarre de voyager seule avec mon guide. Au bout de quelques jours, j'ai un peu l'impression de faire route avec un copain, le copain parfait qui sait déjà tout d'avance, s'occupe des réservations et du programme, parle la langue du coin et avec qui je n'ai pas à négocier les tours de conduite. Les seuls désaccords possibles sont dus aux écarts entre le niveau de sociabilité de chacun.

La fraîcheur du matin s'est envolée. Le soleil brille à travers un voile de nuages, tout stridule et bruisse de chants d'oiseaux. Le marais aux hippopotames est occupé par quelques individus à la gueule béante, un autre est encore à la recherche de sa pitance et traverse les herbages, un oiseau blanc sur le dos. Quatre éléphants marchent au bord du chemin. La prairie diffuse une odeur enivrante, aromatique. Sur le lac, des pélicans et des marabouts, à l'horizon une masse énorme de flamants roses. On dirait un rêve ou un mirage. Ils se déplacent en file, le bec dans l'eau, posant le pied en rythme comme des danseurs classiques, en suivant une chorégraphie précise – il ne manque plus que la musique de Tchaïkovski. L'endroit où nous déjeunons, en pente, donne sur le lac Manyara. Ses rivages brumeux et paradisiaques sont compartimentés par des rangées de zèbres, de buffles, de girafes se déplaçant seules avec fierté et de gnous qui galopent la nuque baissée. Est-ce bien réel ?

Un endroit pareil, posé au bord du Grand Rift, vous fait réfléchir à la planète, à la mesure des choses. Ce qui a de l'importance, ce qui n'en a pas, l'immense diversité de la nature, le récit de la Création – cette sphère incroyable qui file dans l'univers, et nous, à sa surface. Ce spectacle est tout simplement incompréhensible. Je comprendrais quelque chose, moi, à ces girafes, ces éléphants, ces zèbres, tous ces animaux sauvages qui vivent leur vie ici sans avoir rien à faire de nous ? La danse des flamants roses, en tout cas, non.

J'observe les touristes qui passent la tête par le toit des jeeps que nous croisons, ils ont l'air ridicule, un peu effrayé, pas à leur place en quelque sorte. Voilà donc de quoi j'ai l'air : complètement débile. Nous passons de girafe en girafe et l'appareil crépite – *wow, wonderful, a-ma-zing* – et les voyageurs en série peuvent rayer une ligne supplémentaire sur la liste des cent endroits à visiter avant leur mort. En les regardant, je songe que je n'ai qu'une seule envie, me cacher parmi les girafes sur ce rivage paradisiaque et y rester, me fondre mystérieusement dans ce tout. Mais je sais que c'est impossible. Si vous venez ici pour avoir une expérience primordiale, établir un contact avec quelque chose d'ancestral, vous le ferez – mais derrière une vitre. Vous ne pouvez participer. Vous ne pouvez que regarder.

J'essaie de regarder aussi pleinement que je peux.

Allongée la nuit sur mon lit avec vue, je pense à Karen et au bonheur sans bornes qu'elle a éprouvé dans ces paysages sauvages. Des photos d'elles, vieilles d'un siècle, défilent dans ma tête, elles se mélangent aux paysages que j'ai vus aujourd'hui.

Ma préférée montre la jeune Karen attablée pendant un safari. Elle porte un chemisier simple, un foulard noué autour du cou et un chapeau de feutre – le dîner va être servi, une assiette et une fourchette sont posées sur la table. Karen sourit, à Bror peut-être. Elle semble libre et heureuse, légère en quelque sorte, comme si elle se trouvait *exactement là où elle le devait.*

Il existe d'autres clichés merveilleux : Karen, toute de blanc vêtue et arborant un collier de perles, donne le biberon à Lullu l'antilope qui vit dans la maison et dort parfois sous le bureau lorsque Karen rédige sa correspondance.

Karen est à table et fume, une chouette apprivoisée posée sur son épaule.

Karen, en tenue de cavalière, monte Rouge, son cheval, deux lévriers écossais près d'elle. Ils vont partir galoper dans la savane où les chiens disperseront les troupeaux de buffles sur la plaine herbeuse.

Karen est à l'entrée de sa maison, portant une brassée de lys blancs aussi grands qu'elle.

Il existe aussi une photo où Karen et Denys sont assis dans l'herbe avec un panier à pique-nique. Ils n'ont pas du tout l'air amoureux : ils ne sont pas tournés vers l'objectif et ne se regardent pas non plus l'un l'autre.

[Lettre de Karen]

4 juillet 1926. Chère Tante Bess [...] Maman m'écrit qu'elle envisage de consacrer l'argent de son voyage à me faire venir en Europe. [...] je te le dis d'entrée de jeu, il est hors de question que je revienne avant le printemps 1928. En partie parce que les choses ne se passent pas au mieux en mon absence, et en partie parce que je ne veux pas découper ma vie en trop petits segments. Outre le temps considérable que prennent les préparatifs et le voyage en lui-même [...] il faudra encore [...] trois ou quatre mois pour me réadapter à la situation et aux conditions qui règnent ici. J'ai l'impression que je commence à peine à me sentir chez moi depuis mon dernier retour.

7 novembre 1926. Ma très chère maman [...] Une cigogne ! [...] Elle n'est absolument pas sauvage, elle se promène dans la véranda, elle vient quand on l'appelle [...]. Je lui donne à manger des [grenouilles] que mes totos apportent dans des seaux, à 3 cents pièce [...]. Lullu lui tient compagnie [...]. Je crois maintenant que j'ai un certain don en ce qui concerne les bêtes sauvages, – te rappelles-tu avec quelle rapidité la chouette s'est apprivoisée elle aussi ? C'est

certainement pour cette raison que je m'entends bien avec les natives, - et également ce qui m'inspire ma crainte du mariage, si tu comprends ce que je veux dire ! Je ne me soucie pas de capturer ou d'enfermer quoi que ce soit [...], et ils s'en aperçoivent bien.

Karen regagna l'Afrique en février 1926, après huit mois au Danemark. Elle était seule et déprimée, et il lui semblait qu'elle ne parviendrait jamais à se débarrasser de sa dépression, de sa fatigue et de son désespoir eu égard à l'avenir. Elle essaya de se ressaisir grâce à la peinture et à l'écriture, mais elle ne parvenait pas à se concentrer. Elle n'avait plus la force de rien. En outre, la famine sévissait sur le plateau, un troupeau de singes installé sur les terres de la ferme avait dévasté les champs de maïs et, nouvelle calamité, la fièvre bilieuse hémoglobinurique avait emporté parmi d'autres Abdullai, un garçon pour qui Karen avait beaucoup d'affection. Celle-ci soignait les malades à la ferme et effectuait des visites à domicile en cas d'urgence, sa réputation de médecin capable de miracles en fut accrue d'autant.

Denys revint en mars, pour deux semaines seulement, car il avait ensuite l'intention de rejoindre l'Angleterre. Karen s'efforçait de profiter de ces moments, mais ne cessait de songer que son séjour n'allait plus durer que cinq jours, ce dîner que deux heures – après quoi Denys serait reparti et elle retomberait dans un gouffre noir. Karen écrivit à son frère un télégramme et une lettre désespérés, qu'elle n'envoya pas. Le télégramme contenait ces mots : « Veux-tu m'aider à rentrer en Europe, je vais mourir si je reste ici. » Sa lettre disait : « Il faut *absolument* que j'écrive, et je ne connais personne d'autre que toi à qui je puisse écrire. [...] Être réduite au silence [...] cela donne l'impression d'être enterrée vivante et il faut que tu penses à moi comme si je gisais au fond des ténèbres avec le poids de la terre entière reposant sur ma poitrine, et me pardonnes ce cri. » Karen confiait ses pensées suicidaires. Et si elle ne passait pas à l'acte, que faire ? « Ah, crois-tu, mon cher Tommy, crois-tu que je puisse encore « devenir quelque chose » et que je n'aie pas encore gâché toutes mes chances dans la vie pendant qu'il en était encore temps ? »

En mai, la tempête émotionnelle que traversait Karen prit une forme nouvelle : elle crut être enceinte. Elle désirait ardemment avoir un enfant et envoya aussitôt un télégramme à Denys en Angleterre, en évoquant le potentiel bébé sous le nom de code Daniel. La réponse de Denys fut brève : « Je t'engage à annuler la venue de Daniel. » Il envoya le télégramme suivant à la suite de la réponse de Karen : « Fais comme tu veux pour Daniel je l'accueillerais si le compagnonnage était possible mais il ne l'est pas stop » Réponse de Karen : « Merci de ton message je ne demandais pas ton aide juste ton accord Tania. »

Ce fut la dernière grossesse de Karen, qui fit selon toute vraisemblance une fausse couche, comme les fois précédentes. Elle n'écrivit plus un mot à Denys de tout l'été.

À quarante et un ans, Karen n'était pas mariée, elle avait la syphilis et elle se retrouvait désargentée. Amoureuse d'un homme qui refusait de s'engager, elle aurait voulu un enfant pour donner un sens à sa vie, mais cela non plus ne se réalisa pas. Elle touchait le fin fond. À l'automne, elle écrivit à son frère une lettre de dix-sept pages, dans laquelle elle tirait les conclusions de son examen introspectif. Le bonheur « normal » n'était certainement pas pour elle. Il lui fallait assumer son destin, prendre

« la même direction » que son aimé, se défaire de toute volonté de posséder, même si la solitude lui pesait. Elle allait se consacrer à l'éducation des enfants de la ferme, elle penserait à Denys comme à un vieil ami fidèle et à elle-même comme une femme plus âgée, avisée, vivant seule, douée de la force d'âme d'une nonne.

Karen se faisait peut-être une raison, elle cherchait peut-être à se contenter de ce qu'elle avait. Mais quelle femme de quarante ans, sans mari et sans enfants, pourrait faire autrement que bâtir sa vie avec les cartes qu'elle tenait en main ? « La question, ce ne sont pas quelles cartes tu as en main, mais comment tu les joues », écrivit Karen. Elle avait deux options : continuer de déplorer sa destinée – ou se dire que ses cartes étaient une clé vers une chance singulière, magnifique, que nous n'aurions jamais obtenue autrement, ni elle ni moi, et vivre en conséquence.

*

[Lettre, non envoyée]

Je te le dis simplement, chère Karen, je suis moi aussi tombée amoureuse de Denys, cet homme charismatique, solaire, absent, qui allait et venait selon son bon plaisir. Lui qui, lorsqu'il repartait, n'annonçait jamais où il se rendait, ni quand il reviendrait, pas plus qu'il ne s'excusait. Qui disait « dommage qu'il me faille partir je préférerais tellement rester auprès de toi », mais qui se levait, gagnait l'entrée, mettait son manteau et disait « je suis parti ». Et malgré tout, cet homme, Denys, avait le pouvoir de rallumer la lumière dans nos pièces intérieures à chaque retour. J'avais toujours l'impression de me trouver exactement où je devais. Toujours, bien que je sache qu'il aurait bientôt tourné les talons.

Denys, tu peux l'attendre, longtemps, mais quand il n'est plus, chère Karen, quand il a entièrement disparu, il nous faut initier quelque chose d'entièrement nouveau. Écrire, voyager, réfléchir à ce que nous voulons faire des quelques moments de notre existence.

Et que nous soyons enfin déliées de l'attente, celle de Denys ou de qui que ce soit, est un présent.

*

Et voyez : les années suivantes lui furent heureuses.

[Lettre de Karen]

13 juillet 1927. Ma chère Tante Bess [...] je pense que la plupart des gens seraient plus heureux [...] en faisant le tour des foires pour montrer un singe, à condition de pouvoir y recueillir des expériences et ressentir de nouvelles impressions, qu'en restant chez eux avec un revenu assuré, dans une maison assurée, où chaque jour est semblable au précédent. [...] Mais je crois que, de façon inconsciente, la plupart d'entre eux sentent bien que l'âme et l'esprit se nourrissent plus de danger, d'espoir insensé et du fait de tout mettre en jeu, que d'une existence paisible et assurée [...].

11 novembre 1928. Ma chère maman [...] Samedi [...]. Après dîner, je suis allée en ville danser au Muthaiga ; Denys n'a pas voulu venir et j'avais l'intention de rentrer de bonne heure mais, quand on est au Muthaiga, ce n'est jamais possible et je ne suis pas rentrée avant cinq heures et demie. Lady Delamere s'est conduite de façon vraiment inqualifiable lors du souper, m'a-t-il semblé, elle s'est mise à lancer de gros morceaux de pain sur le prince de Galles et l'un de ceux-ci m'a touchée à l'œil [...], de sorte que j'ai aujourd'hui l'œil poché [...].

C'est au cours de ces années que Karen fit ses rencontres les plus marquantes avec les lions. Celles-ci représentaient des expériences métaphoriques majeures et un matériel littéraire dont elle se servirait plus tard, mais je ne sais vraiment pas quoi penser de ces épisodes. J'ai peine à lire comment Karen et Denys, le matin du nouvel an 1928, tombent sur « une grosse bête absolument magnifique, à la crinière noire », le plus beau lion qu'ils aient jamais vu, comment ils décident « qu'il le [leur] fallait absolument », puis, l'animal une fois abattu et dépouillé, prennent « très fiers [d'eux] » le petit déjeuner et boivent une bouteille de vin rouge. « Je ne crois pas avoir jamais passé une plus merveilleuse matinée de nouvel an », écrivit-elle, enchantée, à sa mère.

Une seconde anecdote, qui fut d'une importance supérieure aux yeux de Karen, m'est encore plus pénible. Un jour d'avril de la même année, le contremaître de la ferme vint annoncer que deux lions pourchassaient les bœufs et demanda l'autorisation de les empoisonner. Karen le lui interdit, « par amour du sport ». Karen et Denys emportèrent la carcasse d'un bœuf sur une colline où elle servirait d'appât. Quand ils retournèrent voir dans la soirée, le halo de lumière diffusé par la torche électrique de Karen révéla la présence d'un animal « d'une taille presque surnaturelle », et bientôt d'un deuxième. Le danger était mortel, mais Denys parvint à les abattre tous deux. Puis ils les dépouillèrent et rentrèrent, « sortant tout droit du monde de l'aventure », et débouchèrent, excités, une bouteille de champagne. « C'étaient deux jeunes mâles, tous deux avec un peu de noir dans la crinière et de très grosses pattes ; ils étaient magnifiques à voir, même après la mort, et je n'oublierai jamais leur image alors qu'ils étaient encore vivants et qu'ils se déplaçaient au milieu de la nuit noire », écrivit-elle.

À la suite de cet épisode, les gens du crû se mirent à appeler Karen « très honorable lionne », tout cela confortant Karen, âgée de quarante-trois ans, dans le choix qu'elle avait fait entre « la vie de famille et les lions » : sa vocation, c'étaient les lions. Elle écrivit à la Tante Bess que le contremaître serait allé abattre les animaux lui-même s'il n'avait songé qu'il était marié avec un enfant et un second en route, et décidé que le risque ne valait pas la peine d'être couru. « Je le comprends parfaitement, avait dit Karen, Denys Finch-Hatton et moi pouvons nous en charger. » « Eh bien, avait-elle ensuite annoncé à Denys, allons risquer nos vies puisqu'elles ne valent rien. » Karen écrivit encore à la Tante Bess : « J'en suis arrivée à la conclusion que c'est une question de choix et que les personnes qui prévoient de se marier du moins devraient savoir trancher entre les lions et la vie de famille. [...] La principale valeur de ma vie, si toutefois elle en possède une, provient de ce que j'abats des lions. Elle s'appuie aussi sur le fait que je peux vivre librement et faire ce que je veux de mon existence. Il y a beaucoup de gens comme moi dans notre monde, et ils ont à mon avis un droit égal à celui des familles de poursuivre leur existence et d'avoir leur place. »

Certes, Karen, je saisis la métaphore. Mais ici, dans les plaines paradisiaques de Manyara, je ne parviens pas le moins du monde à comprendre comment tuer des animaux soit si grandiose qu'on ait envie de déboucher une bouteille de champagne.

Les choses étaient peut-être différentes, il y a un siècle. On ne pouvait pas faire plus à la mode que la chasse à l'époque – la frénésie avait été initiée par l'ancien président des États-Unis d'Amérique, Théodore Roosevelt : au cours de son safari de neuf mois réalisé en 1909, un total vertigineux de 11 000 animaux fut abattu. Après cela, un flot de riches touristes se déversa sur l'Afrique de l'Est. Ils tuèrent tant d'animaux sauvages que dans les années 1920 l'ensemble des diverses espèces occupant la région des plateaux était menacé d'extinction.

Karen avait donc contracté le virus de la chasse lors du safari de lune de miel avec Bror en 1914. Si elle n'avait auparavant pas vraiment saisi l'idée de cette pratique, c'était maintenant l'euphorie : abattre les animaux, traîner les carcasses, les dépouiller et les découper, s'extasier devant les peaux, les fourrures et les cornes – tous deux donnaient l'impression d'être victimes d'une addiction au jeu. Plus la bête était grosse et belle, plus le tireur engrangeait de points. Karen écrivait en 1914 : « Je ne crois pas qu'un être normal puisse se trouver dans un pays où il y a des lions sans mettre son adresse à l'épreuve. » Les photographier, en revanche, c'était « une agréable rencontre platonique » – il n'y était pas question de vie et de mort, cela n'avait donc pas d'intérêt.

Quand je pense à Karen la nuit, des images dérangeantes se bousculent dans ma tête, celles où elle pose avec des lions.

Karen et Bror, le fusil à la main, deux lionnes gisant à leurs pieds, qui semblent faire la sieste au midi d'une journée torride. Elles sont mortes pourtant. Karen a l'air content.

Six peaux de lion et trois de léopard tendues sur la toile d'une tente. Devant l'entrée, Karen, avec à ses pieds un léopard, pas encore dépouillé, mort.

Karen et sa voisine Ingrid avec le zèbre qu'elles ont abattu. Elles portent des jupes confortables, des chapeaux à bord et un fusil, elles sont parties avec les chiens pour la promenade du dimanche, la savane herbeuse se déploie à perte de vue à l'arrière-plan.

Karen affiche un immense sourire juste après avoir abattu un léopard.

*

[LETTRE ÉCRITE SUR UN PAPIER À EN-TÊTE DE L'HÔTEL MANYARA]

Ma chère Karen,

Autant je t'admire, autant il m'est difficile de regarder les photos où tu poses, triomphale, au milieu des cadavres de lions. Ne m'en envoie plus, s'il te plaît.

Ta M

*

À l'automne 1928, le prince de Galles, le futur Édouard VIII, effectuait une tournée en Afrique de l'Est. Denys fut sollicité pour lui organiser un safari. Lors d'un royal dîner, le prince s'invita à la table de Karen, dans sa ferme, où il souhaitait aussi voir une *ngoma*, une représentation de danse traditionnelle. Karen était en plein stress : elle ne disposait que de quelques jours pour élaborer le menu, inviter « des dames » et convaincre les chefs d'envoyer leurs soldats pour la *ngoma*.

La soirée fut réussie. Le 9 novembre 1928, le dîner royal servi chez Karen s'ouvrit par le fameux « bouillon de moelle » de Kamante, le cuisinier de Karen, suivi de « poisson de Mombassa, genre turbot, à la sauce hollandaise » et de « perdrix avec des petits pois, de la laitue, des tomates avec des macaronis en salade et de la sauce à la crème et aux truffes, – des croustades de champignons, une sorte de savarin et des fruits (fraises et grenadilles) ». Karen et Denys étaient assis chacun à un bout de la table (comme l'indique le plan de table dessiné par Karen dans sa lettre à sa mère). Après le dîner, la compagnie assista à la *ngoma*, un spectacle magnifique, exaltant, où les Kikuyus, le corps enduit de craie rouge, coiffés de plumes d'autruche et portant des jambières en cuir de singe, dansaient furieusement au son de percussions hypnotiques, à la lumière des feux de camp.

Plus tard je verrai un film documentant le safari du prince de Galles : il est là, avec ses deux guides, Denys et Bror. Denys, grand, maigre, semble mal dégrossi, et porte un affreux chapeau de fermier, mais il gagne des points dans mon estime quand j'apprends qu'il rédigea un appel à mettre fin à la chasse incontrôlée en Afrique de l'Est. Avec le soutien du prince Édouard, il mena campagne en Angleterre contre la chasse véhiculée en automobile (il haïssait cette méthode plus que tout car elle permettait même à un touriste américain piètre tireur d'abattre une vingtaine de lions par jour) et la chasse finit par être interdite dans le Serengeti. La nouvelle mode fut aux safaris photographiques initiée par le prince Édouard.

Karen aussi s'attendrit sur le tard. Elle écrivit ainsi, à l'âge de soixante-quinze ans, dans *Ombres sur la prairie* : « Au début de mon séjour en Afrique, je n'avais ni cesse ni repos avant de posséder un beau spécimen de chaque espèce de gibier. Mais pendant les dix dernières années je ne tirai pas un seul coup de fusil qui ne fût destiné à la nourriture de mes gens. La chasse dans le seul but de vivre quelques heures de fiévreuse excitation me paraissait déraisonnable, voire laide et vulgaire. […] Mais je ne résistais pas à ma passion pour la chasse au lion et j'ai tué mon dernier lion très peu de temps avant de quitter l'Afrique. »

Au matin, nous prenons la direction des lions : il faut compter une journée de route de Manyara au Serengeti. Sur le plateau, le temps est au brouillard et à la fraîcheur. Nous traversons Karatu, la dernière « ville » avant la fin de la civilisation – un agrégat de cabanes couvert de sable rouge et de poussière en bordure de la route, qui ne me donne aucune envie d'en découvrir davantage. Lors d'un arrêt pour faire le plein, un petit garçon vient frapper à ma vitre et me demande des dollars pour son uniforme d'écolier, ou pour le déjeuner, ou au moins pour un thé – tous les riches touristes en safari passent par ici, ce qui explique la présence de ces habitations.

Nous longeons le cratère du Ngorongoro et marquons un arrêt à un point de vue. Le cratère, lieu sacré pour les Masaïs, est féerique, on dirait un royaume sorti d'un rêve d'Hayao Miyazaki. Olli m'a dit qu'il en avait assez de « ce satané cratère » – où il ne se passe rien, à l'en croire –, mais aux yeux du touriste épisodique, c'est le paradis sur terre. Nous descendons la pente jusqu'à une vallée onduleuse. Le sol est jaune de fleurs, parsemé de manyatta masaïs et d'énormes troupeaux de bétail.

Soudain, le paysage devient aride, un désert sans la moindre bosse, et la température augmente d'une vingtaine de degrés : cette route en ligne droite nous mènera sur plus de cent kilomètres jusqu'à notre auberge du Serengeti. Ici se trouvent les gorges d'Olduvaï, le berceau de l'humanité, que peuplaient nos ancêtres *Homo habilis* et *Homo erectus* il y a plus d'un million d'années, mais ces espaces désolés n'ont rien d'un éden. La sécheresse est âpre, il règne une chaleur assommante et l'air est gris de poussière. Les buissons épineux bordant la route sont entièrement poudrés de blanc, chaque véhicule soulève un nuage sur des hectomètres et bientôt les sédiments de l'Olduvaï recouvrent tout dans notre voiture. La piste est tout du long de la tôle ondulée et Fazal pousse la voiture à fond. Nous sommes secoués sans répit et je comprends maintenant ce qu'il entendait ce matin par « ça va être rude ». Je me couvre la bouche et le nez de mon foulard pour pouvoir respirer un tant soit peu – nous sommes obligés de laisser la fenêtre ouverte, avec la poussière qui s'engouffre, afin de supporter la chaleur. Nous croisons de temps à autre des femmes masaïs assises sous un arbre solitaire et je me demande comment les gens font pour vivre ici : il ne doit pas y avoir d'eau à des dizaines de kilomètres à la ronde.

Nous atteignons enfin Seronera avant la nuit, le centre du Serengeti. Je me sens mal, je souffre de déshydratation et d'un coup de chaud alors qu'il me semble que j'ai passé mon temps à boire. La chaleur est étrange. Moi qui d'habitude transpire avec l'abondance d'une chute d'eau, j'ai aujourd'hui la peau sèche et brûlante comme si j'avais la fièvre. La fournaise, le vent pulvérulent et la terre desséchée ont absorbé goulûment toute l'humidité émanant de moi à leurs propres fins. Je gis, tremblante ruine humaine, dans ma chambre du Seronera Wildlife Lodge, j'emmagasine des litres d'eau, je croque des biscuits salés et, désespérée, je vais jusqu'à boire des sels de réhydratation dilués dans de l'eau, administrés en cas de diarrhée aiguë. Je n'ai même pas la force de regarder la savane qui se déploie devant ma fenêtre ni d'écouter l'obscurité où les hyènes commencent leurs jacasseries criardes. Le Serengeti ne fait pas de cadeaux.

Le matin approchant, j'ai plus ou moins retrouvé forme humaine et nous partons dans la grisaille sur le coup de six heures. J'apprends que les pluies ont cessé plus tôt que d'habitude cette année, les grands troupeaux de gnous sont déjà partis pour le nord. Leur migration est l'un des plus grands mystères de ces régions : ils se déplacent par millions à la recherche de la pluie et de l'herbe verte, accomplissant un immense périple circulaire du Serengeti méridional jusqu'au Masaï Mara du Kenya. Il se pourrait qu'il en reste à Kirawira, dans le nord-ouest du Serengeti, mais c'est à au moins deux ou trois heures de route. Nous piquons tout de même dans cette direction et ne tardons pas à tomber sur un troupeau qui traverse la rivière Grumeti. Les gnous se déversent en flux continu en sortant du petit bois qui pousse sur la rive d'en face, ils vont par dizaines, centaines, des zèbres et même des babouins se mêlent à eux – tous dans la même direction déterminée, peut-être Kirawira. Un gnou gît un peu à l'écart, dans un repli asséché de la rivière ; non loin de la carcasse, un faon est perdu, seul.

Nous stoppons au milieu du troupeau et, installés sur le toit, dégustons le contenu de nos paniers de petit déjeuner préparés par l'hôtel. Les gnous mugissent en rythme, leurs grognements forment autour de nous un tapis sonore continu et comique. Je me demande si leurs vocalisations sans fin, qui paraissent écervelées, dérangent jamais les silencieux zèbres qui les accompagnent. Pour la première fois du voyage, je vais faire pipi derrière la voiture, sous les regards scrutateurs de centaines de gnous.

Après le petit déjeuner, un couple d'Américains d'un certain âge fait son apparition en Land Rover. « *Wha-aat, are you all alone in that bii-iig caar?* » me hurle l'homme par le toit ouvrant de sa voiture. « *She's not alone, I'm here too* », marmonne Fazal, désagréable, et plus tard il s'exclamera : qu'est-ce qu'ils en savent, nous pourrions être mariés ! Je comprends que cela l'irrite – comme si les guides constituaient une domesticité invisible dont l'existence ne saurait être digne d'attention, et telle est bien l'impression que l'on souhaite donner dans les hôtels.

C'est pour moi l'occasion d'apprendre pourquoi je suis transportée dans cet énorme tout-terrain rallongé tandis que les amerloques s'entassent dans un véhicule deux fois plus petit. Selon Fazal, de nombreuses voyageuses solitaires souhaitent avoir leur « espace privé » et refusent de se retrouver en tête à tête à l'étroit avec un chauffeur, et surtout pas à l'avant. Ce qui m'est offert, c'est cette possibilité de prendre mes distances. Il ne m'est même pas venu à l'idée de m'asseoir à l'arrière – ça paraissait idiot et il faudrait crier pour s'entendre.

Nous semons les Yankees et traçons au milieu d'une longue prairie vierge qui ondule, toute jaune, en direction du nord. Il se pourrait que nous voyions des guépards, à ce qu'il paraît. C'est un léopard que nous découvrons. Il se repose dans les branchages d'un acacia faux-gommier. Il nous fixe de ses yeux jaunes et ne fuit pas, bien que nous nous rapprochions lentement.

Midi est passé lorsque nous regagnons le lodge pour déjeuner, la suite de la journée sera consacrée au repos.

Je suis à bout de forces et nauséeuse et je crois que Fazal est un peu malade. J'avais l'espoir ridicule de pouvoir me reconnecter à Internet après un break de six jours, mais on dirait bien que la salle pourvue de quinze ordinateurs mis à la disposition des clients est fermée pendant la basse saison. (Évidemment.) La fatigue me pousse au bord de la crise de nerfs. C'est un droit fondamental que de pouvoir accéder à Internet en plein milieu du Serengeti ! Après une série honteuse d'exigences, d'arrangements et de problèmes techniques, je pénètre enfin dans le cyberespace sur l'ordinateur portable d'un sympathique cuisinier indien.

La connexion momentanée avec la civilisation ne tient qu'au bout d'un cordon ombilical intermittent, fin comme une toile d'araignée. Je parviens à lire quelques e-mails, et retombe dans une déprime écœurée qui ressemble à la nostalgie, mais provient sûrement de mes problèmes gastriques et de la déshydratation. Je m'efforce de rédiger un statut Facebook extatique avant d'aller m'effondrer sur mon lit.

Je me demande ce qui, dans le Serengeti, vous anéantit ainsi. La touffeur, la poussière, l'infinie sécheresse des plaines, le soleil assommant auquel il est impossible d'échapper – c'est clair comme de l'eau de roche : laissée seule vingt-quatre heures ici, je mourrais. Si je ne faisais pas le repas d'un lion, je succomberais à la chaleur et à la soif, et nul ne s'en soucierait. Les troupeaux de gnous passeraient sans me voir, les vautours fouilleraient mes restes, il n'y aurait plus enfin que mes os blanchis, détail microscopique à l'horizon ininterrompu de la plaine.

Le Serengeti fait penser au caractère fugace, fragile et nu de la vie. Tout ce que nous mettons au service de notre existence – le travail, l'argent, le succès, les vêtements, les affaires, la technique, les verrous, les assurances, les réseaux de communication, les statuts Facebook – est absolument dénué d'importance ici. Le Serengeti priorise et les priorités sont l'ombre et l'eau. Je n'ai d'ailleurs pensé à rien d'autre ces derniers jours.

Je commence aussi à comprendre la folie de l'Afrique – que vous deveniez fou de soleil, de chaleur, de ces conditions, que vous commenciez à perdre les pédales, à avoir des visions et un comportement bizarre. Quand vous vient le sentiment que vous ne repartirez jamais d'ici, que le reste du monde a cessé d'exister.

Je pense au premier lion que nous avons vu hier : un mâle qui marchait sous la fenêtre ouverte de la voiture, si près que j'entendais ses ahanements. J'étais assise sans bouger et je me souvenais des mots de Karen pour décrire l'économie admirable de cet animal, de son corps incroyable où rien ne se perdait. Je comprends peut-être mieux, maintenant, ceux qui les abattaient il y a un siècle. En face-à-face avec un lion, l'un des deux est voué à mourir. Avaient-ils finalement d'autre choix s'ils voulaient rester en vie ?

[Lettre de Karen]

23 octobre 1918. Ma très chère maman, je suis honteuse de ne pas avoir écrit depuis si longtemps mais j'ai été malade la plupart du temps. Comme vous le savez par mon télégramme, j'ai eu une septicémie après ma chute de mule [...] j'ai été prise d'une forte fièvre [...] le docteur [...] m'a immédiatement chloroformée [...] m'a ouvert toute la jambe entre le genou et la hanche et a retiré toute une quantité de *dead flesh* [...]. [...] Ici la grippe espagnole fait d'horribles ravages ; la semaine dernière 22 personnes sont mortes. [...] Il y a également beaucoup de variole [...].

14 janvier 1919. Ma chère maman [...] Ma jambe n'est toujours pas guérie, bien que cinq mois se soient écoulés. [...] Autrement je suis en parfaite santé [...] je prends de l'arsenic, cela fait des miracles.

4 décembre 1920. Ma chère maman [...] je vomis tout le temps et j'ai des vertiges mais je ne sais pas si c'est une sorte d'empoisonnement [...].

6 mai 1923. Ma chère maman [...] Je ne vais toujours pas bien depuis un bon moment. Je suis allée

voir le jeune Dr Anderson à Nairobi, il est nouveau, il pense que j'ai la malaria [...].

4 mai 1926. Ma chère maman [...] Je suis bien ennuyée d'avoir à nouveau dû garder la chambre et, de façon plus générale, de ne pas être en bonne santé [...]. Je ne puis dire que je sois véritablement malade mais je suis extrêmement fatiguée et bonne à rien. Je ne me suis jamais encore sentie comme cela ; j'ai l'impression qu'il est bien trop pénible de vivre, de façon générale, et je ne sais pas comment tout cela va tourner. Mis à part la période pendant laquelle Denys était ici, je me suis sentie dans cet état depuis mon départ de la maison...

Ah, cette sempiternelle faiblesse physique, quand même ! Une constitution un peu plus solide conviendrait mieux à une exploratrice. Pourvu qu'un nouvel environnement ne mette pas à chaque fois mon organisme en état de choc, et ne m'oblige par moments à rester couchée sous le coup d'une migraine, d'une indisposition, de l'épuisement, de l'insomnie, de la tension, de problèmes gastriques, de la déshydratation, d'un coup de chaleur ou de l'hypoglycémie. Le soir, je suis si fatiguée que j'ai à peine la force d'ouvrir ma valise – à peine celle d'en tirer une frusque quelconque, un tee-shirt propre ou autre. La faiblesse, très chère !

Si j'avais eu dans l'idée que Karen était d'une constitution énergique, saine et forte, je me trompais. En réalité, elle était sans cesse malade. Elle supportait mal la chaleur, elle avait des crises de paludisme, des insolations, des blessures gangrenées et des malaises. Elle souffrait de vomissements, de vertiges et de symptômes d'empoisonnement. Elle était souvent obligée de se rendre à l'hôpital à cause de douleurs intenses, inexplicables, ressemblant à une rage de dents lancinante logée dans les talons, les mains ou les oreilles. Elle se plaignait de perdre ses cheveux par poignées et commença à porter un turban.

Karen était en outre dépressive et, plus tard, fit des crises d'angoisse. Cela était-il dû à la syphilis, à Denys, à ses difficultés financières permanentes, à la pression exercée par la menace de vendre la ferme, à la solitude ou n'était-ce que l'effet de sa personnalité versatile ? L'angoisse pouvait la terrasser pendant des semaines. Des semaines, des mois, des années. Karen passa des années alitée !

Au début j'étais presque en colère contre elle – voilà bien une femme exemplaire ! Mais, allongée, nauséeuse, avec ma batterie de médicaments, en plein cœur de l'aride Serengeti j'ai peine à imaginer ce que cela représentait de tomber malade il y a un siècle dans des conditions pareilles. Je songe que, en dépit de cela, Karen a tenu bon en Afrique pendant presque dix-huit ans et qu'elle a résisté pendant plus d'une année parfois avant de pouvoir voir un médecin en Europe.

La majorité des mystérieux symptômes de Karen s'expliquait, vraisemblablement, par les progrès de la syphilis, qui était loin d'avoir été guérie en 1925. Son dossier médical ne laisse aucun doute : au moment de la contamination éruption cutanée et forte fièvre, faciles à confondre avec les symptômes du paludisme (*check*), lors de la deuxième phase perte d'appétit, insomnie, nausées, maux de tête, douleurs brutales apparaissant à des endroits inhabituels, douleurs osseuses, articulaires, dans les mains et les pieds, problèmes intestinaux, inflammations oculaires, perte de cheveux, sensation d'avoir été empoisonnée (*check, check, check*). Par moments les symptômes refluent, mais le mal laisse des atteintes sur les organes internes, le cerveau, les nerfs, les os et les articulations... Puis des symptômes bizarres réapparaissent, le patient semble hypocondriaque ou névrosé (*check*).

La syphilis était très répandue dans l'Europe et l'Afrique de la fin du XIXe siècle, mais aussi tabou que le VIH aujourd'hui : on n'en parlait pas et on ne la mentionnait dans ses journaux intimes que de manière cryptique. La maladie était très contagieuse durant les deux premières années et condamnait le porteur non seulement à la solitude, mais aussi à des souffrances physiques sans fin, car les effets secondaires de l'arsenic et du mercure étaient presque pires que le mal lui-même. Le bon côté des choses, c'est qu'au bout de deux ans le risque de contaminer les autres baissait drastiquement, jusqu'à le patient ne soit plus du tout contagieux au bout de sept ans. Songeant donc à la vie intime de Karen et Denys, me demandant même comment elle fut possible, c'est l'explication qui s'impose.

En me renseignant sur les horreurs de cette maladie, j'en viens à considérer sous un autre angle les années de solitude que Karen a connues en Afrique. Son désespoir, sa dépression, ses montagnes russes émotionnelles, ses accès de joie hystériques et les abîmes de sa tristesse étaient en partie dus à la syphilis – pas uniquement à Denys. Le simple fait de penser à sa maladie devait être dévastateur, capable de la clouer au lit pendant des jours entiers.

La syphilis revêtait aussi un éclat paradoxal. C'était le mal des héros et des artistes, toutes les personnalités majeures l'avaient contractée, de Christophe Colomb à Beethoven, de Nietzsche à Baudelaire et d'Oscar Wilde à Vincent Van Gogh. En 1926, Karen écrivit à son frère : « Si ce n'était pas aussi abominable à dire, je pourrais par exemple soutenir que [...] je trouve que cela a valu la peine d'avoir la syphilis pour devenir "baronne". » Et plus tard, elle alla jusqu'à croire que la maladie l'avait conduite sur le chemin de l'écriture : « Je vendis mon âme au diable et il s'engagea en retour à ce que tout ce que je vivrais dès lors se transformât en récit. »

Il se peut toutefois aussi que les maux de Karen n'aient pas été dus à la syphilis, mais au fait qu'elle était constamment intoxiquée, qu'elle s'est soignée pendant des années à la manière de l'époque : à l'aide d'une petite goutte d'arsenic.

Je me lève de bon matin pour la visite des parcs prévue aujourd'hui, mais la jeune réceptionniste m'apprend que Fazal est malade et a été emmené à l'hôpital. Quoi ?! Il s'était certes plaint la veille de son ventre, mais je n'avais pas idée que la situation fût si grave. Et à quel hôpital d'ailleurs ? Avant de retrouver la civilisation, la route est encore longue. La jeune femme l'ignore. Un technicien qui travaille ici est censé m'emmener faire un tour dans la matinée, le reste, nous le saurons plus tard.

J'en suis heureusement à mon septième jour de safari, je ne m'émeus donc pas si aisément. Les choses vont s'arranger, sans aucun doute, et si je dois terminer mes jours dans la savane, j'y suis préparée.

Pendant que Fazal est à l'hôpital, on m'envoie avec le jeune technicien sur la plaine herbeuse infinie, qui est exactement de la même couleur qu'un lion. Le silence règne dans l'habitacle, j'écoute les herbes crisser dans le vent. Une file sans fin de zèbres avance dans la lumière jaune matinale vers le point d'eau, guidée par l'ouvreur de tête. Nous voyons un couple de chacals, des phacochères paissant à genoux, des hyènes souriant, les commissures ensanglantées au retour de la curée, des impalas courant la queue dressée. Nous observons à la jumelle des guépards assis dans la savane jaune à une telle distance que leur crâne rond sortant des herbes se distingue à peine, et nous attendons vainement qu'ils se mettent à chasser le troupeau de gazelles de Thomson dissimulé non loin de là. Un léopard tente d'attraper des impalas en rampant au milieu des herbes, mais comme il est lui-même pourchassé par un troupeau d'une dizaine de véhicules touristiques, cela ne donne rien.

Retour à l'hôtel pour le déjeuner. Après le repas, un gros babouin déboule dans la salle du restaurant vide et vole une brassée de petits pains tout frais. La nature fait irruption partout, reste à se mettre au diapason du mieux possible.

Fazal revient dans l'après-midi. Son intoxication alimentaire l'a fait vomir toute la nuit. Il a passé la fin de matinée dans la clinique du lodge pour être sûr que ce n'était rien de plus grave. « Les portables passent ici et on peut rejoindre la ville avec un petit avion » m'annonce-t-il. On ne trouverait pas un tel luxe à Lobo, à la frontière nord du Serengeti, notre prochaine étape.

Personne ne se risque dans le désert de Lobo à la basse saison : je suis la seule touriste. Ma chambre donne directement sur la savane, mais le lodge est ingénieusement construit sur un *kopje*, une grosse formation rocheuse. Ce *kopje* est aussi l'endroit où les léopards viennent se reproduire depuis la nuit des temps, il est interdit de s'y promener après le coucher du soleil. Les léopards se mettent alors en chasse de babouins et de damans des rochers, il leur arrive même de grimper les escaliers du restaurant et il y a quelques mois des léopardeaux sont venus jouer dans la piscine. Le directeur de l'hôtel me fait jurer de ne pas me rendre seule au point de vue et insiste pour m'escorter au sommet du *kopje*, même si je ne suis pas certaine que cet Indien rondelet en costume à carreaux et une bière à la main soit apte à me défendre en cas de menace léopardine.

Entre le coucher du soleil et le dîner, je dispose d'une demi-heure pour prendre une douche chaude. Je suis en train de me sécher les cheveux quand l'électricité coupe. Rien que de très ordinaire, j'attends donc dans le noir que la lumière se rallume, sèche-cheveux en main. Comme rien ne se produit, je réalise que les plombs ont dû sauter dans ma chambre. La lumière ne va pas se rallumer, car personne ne sait qu'elle s'est éteinte.

Je me demande ce que je vais pouvoir faire, nom d'un chien. Je suis nue, il fait noir comme dans une tombe (en Afrique quand il fait noir, l'obscurité est totale). Je n'ai pas la moindre idée d'où se trouve ma lampe de poche. Je me demande si je dois ouvrir la porte de ma chambre – un peu de lumière rentrerait peut-être par le couloir, je pourrais trouver quelque chose à me mettre –, mais on m'a dûment mise en garde contre les babouins sans vergogne qui rôdent et s'attaqueront à ma chambre s'ils détectent la moindre odeur de nourriture (j'ai un sachet de biscuits salés et de fruits quelque part). La dernière chose dont j'aie besoin c'est d'une attaque de babouin, qui ne me laisserait d'autre choix que de me ruer (toute) nue hors de ma chambre pour appeler à l'aide. Je trébuche, affolée, dans la chambre enténébrée (mais comment peut-il faire aussi noir ?) jusqu'au téléphone fixe, mais la ligne est muette (évidemment) et de toute façon je ne verrais pas le numéro de la réception noté à côté. Après avoir exploré les lieux à quatre pattes pendant une éternité, je finis par retrouver mon portable. Grâce à l'écran lumineux, je parviens à localiser mes vêtements et ma lampe frontale que j'avais placée dans le tiroir de la table de nuit en cas d'urgence. Purée…

J'arrive enfin au dîner, servi dans une salle magnifique, immense, bruissant de vide. Livrés aux bons soins de serveurs en gants blancs, nous sommes seuls, Fazal et moi.

*

[LETTRE DE KAREN]

5 février 1928. Ma chère maman […] Tout ce qui touche aux safaris me plaît infiniment, même de partir dans l'air clair et froid de la nuit […].

Le départ est fixé à six heures du matin. Les balades en voiture dès potron-minet sont les meilleures : il fait encore frais, la lumière rasante est magnifique, et on a l'impression de surprendre les animaux dans l'intimité du réveil. Au crépuscule, des hyènes au ventre rebondi marchent sans bruit, elles rentrent de leur festin nocturne. Le jour croissant, nous voyons une famille d'éléphants prendre son petit déjeuner, nous remontons la trace d'un lion dans le sable et prenons notre collation matinale sur le toit en contemplant des lionceaux qui s'activent dans les herbes.

Un peu plus loin nous rencontrons deux lions en lune de miel. Ils se reposent, détendus, puis la femelle se met debout et vient s'allonger près du mâle, et celui-ci se lève pour accomplir son devoir. Au moment crucial il pousse un rugissement et mord la nuque de la femelle, puis celle-ci se laisse rouler sur le côté et caresse un peu le mâle avec sa patte. Cela semble idyllique mais en réalité il faut près de quatre cents accouplements avant que la femelle n'ovule. Les lions font donc cela pendant une semaine sans interruption, jour et nuit, tous les quarts d'heure, sans boire ni manger, toujours plus près du crépuscule, épuisés d'amour.

À la quatrième reprise, nous sommes toujours assis dans la voiture auprès des lions. Il est dix heures, nous avons roulé sans nous presser pendant quatre heures. Je me dis : et si c'était la seule chose dont je me souvienne de tout ce voyage ? L'herbe jaune couchée par le vent, les collines vertes du Lobo au loin, deux lions occupés à la longue tâche qui perpétue la vie. Moi, le tout-terrain, le *shuka* masaï qui protège le tableau de bord, et posés dessus mes jumelles, mon appareil photo, mon carnet, ma bouteille d'eau. Fazal lit un livre derrière le volant. Je suis tombée amoureuse du Lobo. Vert, joliment vallonné, plus frais et clément que les plaines sèches de Seronera. Et plus privé : il n'y a personne ici. Je me mets debout par le toit ouvrant et Fazal me prend en photo. Avec ma casquette aux motifs treillis, mes lunettes de soleil et mon foulard blanc, je ressemble, à l'en croire, à une jeune talibane. Ne manque que le fusil.

Reprenant notre périple, nous tombons sur l'Eden absolu. Une verte prairie onduleuse où des centaines de zèbres sont en train de paître. Je prends des dizaines de photos, mais aucune ne parvient à capturer plus qu'un pâle fantôme de cette atmosphère : le spectacle paradisiaque est partout, à perte de vue à 360 degrés, et au milieu il n'y a que nous.

Je songe comme Akseli Gallen-Kallela entrant dans la savane africaine en 1909 : *Une fois que je suis parvenu ici, le temps s'est arrêté.*

Nous rentrons déjeuner au lodge après un tour de sept heures. Dans une tentative pour rafraîchir quelque peu mon apparence au déjeuner, je mets du gloss couleur melon. « *What happened to your mouth* ? » me demande Fazal, inquiet. « *Oh I think something bit me* » réponds-je. Un incroyable menu de cinq plats nous est servi et nous finissons aussi repus que les hyènes croisées ce matin.

Je passe l'après-midi sur la terrasse avec vue. J'observe la savane, l'herbe jaune tirant sur le vert ondoie sous le vent, on dirait que le souffle de l'air court sur la plaine, ou des milliers de serpents.

Je songe à Fazal : c'est une chose singulière de se retrouver seul à seul avec un inconnu, comme aujourd'hui encore où nous avons attendu dans la savane que les lions qui faisaient la sieste sous un arbre partent à la chasse des zèbres à l'approche. Fazal lisait un livre, je regardais au loin, il n'y avait pas un bruit et l'ambiance, au cœur de ces immensités ouvertes, était des plus intimes. Je me disais que c'est une chance que Fazal ne soit pas du tout mon genre, car je ne voudrais pas me retrouver dans une situation ambiguë. Lui est tellement professionnel et il a passé tant de temps avec des touristes rougeauds, suants et imbéciles engoncés sous leur chapeau de soleil qu'il ne pense sûrement à rien.

Je voudrais ne jamais quitter la verdeur du Lobo, mais il le faut. Nous partons pour une journée de route à travers le Serengeti crépitant de chaleur en direction de Ndutu, en zone sud. Nous nous arrêtons pour le déjeuner au centre d'information où Fazal discute avec un ami qui propose aux touristes des tours en montgolfière. (Son ami est d'une beauté renversante. Dieu merci, je ne voyage pas avec un gars comme ça.) Un camion bourré de jeunes amerloques bruyants est stationné sur le parking et quand ils en descendent, un rasta à lunettes de soleil se met à tambouriner à la cool sur la roue de secours. Fazal dit qu'il a entendu un couple me dépasser en se demandant comment je pouvais voyager seule, jusqu'à ce que l'un fasse taire l'autre en voyant Fazal : « *Watch out, there comes the husband.* » Grands Dieux, vivement que nous quittions la compagnie des humains !

J'ai mal à la gorge en arrivant au Ndutu Safari Lodge où nous allons dormir. Ma petite maison au toit de chaume posée au bout d'un chemin empierré brille dans le soleil du soir. Tout montre que cet endroit est détenu par des Européens : tout répond parfaitement à la conception que se font les Blancs de l'Afrique blixenienne de leurs rêves, et en sus tout y est écologique – l'eau potable même est de l'eau de pluie récoltée, filtrée et purifiée. Les propriétaires ne dépareraient pas au milieu de mes héroïnes nocturnes. L'une d'elles est hollandaise. Aadje Geertsema est une femme d'environ soixante-dix ans à l'air joyeux. Elle est arrivée ici dans les années 1970 pour étudier les servals dans le cratère du Ngorongoro. Elle mentionne entre parenthèses qu'elle y a passé trois ans seule à vivre dans sa voiture, sans voir d'autres humains, sauf lorsqu'elle allait se ravitailler chez Margaret Gibb, avec qui elle a acheté plus tard le camp de Ndutu, qui ne payait plus de mine.

Avant le dîner je reste un moment près du feu pour observer le ciel étoilé qui s'étend dans l'obscurité. Il paraît que des dik-diks s'approchent de temps en temps et je m'attends presque à voir surgir Lullu, la petite antilope de Karen.

Nous sommes encore en train de rouler au crépuscule, quand nous découvrons un lion, un mâle solitaire, au beau milieu de la plaine. Avec une série de rugissements longs et complexes, il signale la maîtrise de son territoire. Ses vocalisations commencent par des grognements graves et brefs, mais lorsqu'elles atteignent leur plein volume, métalliques, je porte la main à ma gorge, le corps traversé de frissons. Le lion a braqué ses yeux jaunes droit sur nous, et quand je le regarde à la jumelle, mon sang se glace. La tête et la gueule formidables, la crinière brun foncé, le corps musclé, exactement comme le décrivait Karen. Il rugit de toute sa puissante anatomie, une série effrayante de sons remonte des profondeurs de son être comme un séisme à travers terre ou le grondement du tonnerre – tout son organisme massif projette son énergie dans sa voix plus grave que grave, qui ne laisse pas un pouce de terrain indemne et porte à des kilomètres dans la savane.

J'ai le sentiment de ne jamais avoir entendu un lion rugir avant cela, alors qu'on aurait pu croire que des milliers de documentaires animaliers et la mascotte de la Metro-Goldwyn-Mayer avaient implanté ce son dans ma phonothèque inconsciente. Je songe à ce que disait Karen : le rugissement du lion au loin n'est pas un son, bien plutôt *la vibration profonde de l'air.* Olli me dira plus tard qu'il se situe à une fréquence étrange, basse, que tous les appareils ne sont pas capables de détecter. Il a lui-même tenté de l'enregistrer de nombreuses fois, mais la bande sonore n'a conservé que le pépiement des oiseaux.

Nous longeons le lac Ndutu et croisons un couple de chiens oreillards qui fait sa toilette matinale près de l'entrée de son terrier. Sur les rives, des carcasses de petits gnous – ils ignoraient que les eaux étaient toxiques en cas d'ingestion massive. Nous voyons une famille d'éléphants qui arrachent avec leurs trompes des fleurs jaunes dans la prairie. Nous découvrons des girafes venant se désaltérer à un petit point d'eau – elles écartent à tour de rôle leurs longues pattes de devant pour atteindre ce trait bleu dessiné sur la plaine sèche. L'étendue herbeuse est parsemée de crânes d'antilope. Des bousiers sacrés font rouler leurs boules. Le matin est d'une fraîcheur tonifiante, un bon vent souffle.

Nous finissons par découvrir trois guépards allongés au soleil et Fazal déballe notre petit déjeuner. Il annonce qu'il a pris une décision unilatérale, parce que j'ai dit hier que c'était mon repas favori de la journée. Il va me falloir débourser six dollars pour ce « panier spécial » pour lequel les cuisiniers de Ndutu se sont levés à quatre heures du matin afin de cuire les petits pains. « J'espère que tu ne vas pas te fâcher », me dit Fazal.

Non. Bien au contraire : je suis muette de bonheur. Sur le tissu à carreaux rouges déplié sur le toit apparaissent assiettes, fourchettes, couteaux, serviettes en tissu, tasses à thé en métal, un thermos, puis du bacon, des œufs durs, un panier de cake à la banane tout frais et des pancakes, et aussi du yaourt, de la salade de fruits, du beurre, de la marmelade, du miel et du jus d'orange – tout cela au milieu des guépards, dans la lumière rasante du soleil levant, avec le chœur des oiseaux en fond sonore. J'ai la gorge nouée par l'émotion. Fazal me prévient que les guépards aiment parfois sauter sur le toit des voitures pour observer les environs. Je ne sais pas ce qui arriverait alors, mais je m'en fiche.

Nous finissons par quitter Ndutu et le Serengeti. Il nous faut accomplir un long trajet jusqu'au parc national de Tarangire. Sur la pénible tôle ondulée du désert sec et brûlant d'Olduvaï nous croisons de nombreux convois en panne – certains changent une roue, d'autres tentent de réparer le moteur, certains attendent des pièces de rechange. Notre voyage se rallonge à mesure que Fazal stoppe pour proposer son assistance à chaque conducteur coincé au bord de la route : il aide les uns à redémarrer, il donne aux autres la fin de nos lunch-boxes et des bouteilles d'eau. Je comprends. Si j'étais coincée dans cette plaine infernale, j'espérerais vraiment que quelqu'un s'arrête. Survivre à la traversée d'Olduvaï exige un look de terroriste et les tripes d'un combattant de la Guerre d'Hiver.

Lors d'une nouvelle pause pour nous enquérir de l'état d'un convoi, une jeune Masaï, un bébé sur le dos, accourt à notre rencontre. Elle veut nous vendre des bracelets où s'entrelacent des perles colorées et des lames de métal. Quand elle s'aperçoit que je voyage seule, elle se réjouit tant qu'elle m'en offre un. « Je l'adore ! » s'écrie-t-elle en swahili, comme me le traduit Fazal, et saute à pieds joints d'enthousiasme avant de repartir en courant.

Tarangire, mon dernier jour de safari. Devant ma chambre, qui est à moitié une tente, se déploie une belle vue sur l'endroit où les animaux s'abreuvent dans la vallée en contrebas. Je pense que j'ai atteint le bout de mon voyage. Mais lorsque nous pénétrons en voiture dans la verdure silencieuse, rafraîchissante de Tarangire, je me rends compte que ces douze jours dans la savane constituent un sacré voyage introspectif. D'abord avoir peur, puis me détendre pour finalement me voir inéluctablement confrontée à mon être plus profond.

Tandis que nous passons devant des baobabs sans âge, Fazal revient sur mon mutisme, ce qui commence à me taper sur les nerfs, vu que ces douze derniers jours j'ai redoublé d'efforts pour être aussi volubile que possible, nom d'un chien ! Il faudrait que je sois sa demoiselle de compagnie, c'est ça ?

Il s'avère qu'il a dû à plusieurs reprises expliquer aux gens mon « manque de parole » et ma « bizarrerie ». Garder le silence est perçu comme une impolitesse et si je ne passe pas tout mon temps à l'ouvrir, on va croire que je ne suis pas contente. Si je reste assise à écrire, on va penser que je rédige une plainte ! Ainsi Fazal avait-il prévenu d'avance le *ranger* du parc d'Arusha pour qu'il ne s'étonne pas, lors de notre promenade aux chutes d'eau, que je ne dise pas grand-chose. Plus tard l'homme l'avait remercié, sinon il aurait cru que la sortie était ratée, et il avait été carrément étonné que je lui donne un pourboire. Mais bon sang, qu'est-ce que j'aurais pu lui dire, à ce garde-chasse qui lui-même ne décrochait pas un mot, il avançait juste à grands pas devant moi avec son fusil !

Je suis absolument mortifiée. Je sais bien que je ne fais pas partie des plus doués socialement, surtout pas avec des inconnus, mais là, c'est trop.

Et ce n'est pas tout. J'étais si contente que tout se passe avec professionnalisme et en toute camaraderie, mais voilà que Fazal gâche tout et se met – bon sang de bois – à me faire l'article. J'en crois à peine mes oreilles.

Nous avons certes déjà abordé le sujet des relations entre les personnes, mais nous en étions restés à un niveau plutôt général, à mon sens – le fait est que si vous passez douze jours en voiture avec quelqu'un, les sujets de discussion ont fatalement tendance à déborder l'écotype de la savane que vous avez à portée de main, et à devenir plus personnels. Je sais que Fazal est divorcé et vit avec sa fille de quatre ans. Je sais qu'il voudrait adopter d'autres enfants, au moins deux. Je sais qu'il est devenu ami avec de nombreux clients et qu'il a l'idée de venir les voir en Suède et au Danemark. De même je lui ai raconté toutes sortes de choses sur ma vie – mon travail, mes pérégrinations, ma situation familiale. Mais là, ses questions prennent un autre tour : est-ce que tu pourrais imaginer être un jour en couple avec un étranger ? Quelles qualités espères-tu de l'homme de tes rêves ? Et s'il t'invitait à dîner, quel genre de restaurant te plairait le plus – en général, je veux dire, en théorie ? Est-ce que tu te vois vivre un jour en Afrique ? Quel niveau de vie serait suffisant pour toi ? Et d'ailleurs, désolé de le dire comme ça, mais tu fais dix ans de moins que ton âge, comment c'est possible ?

Je n'arrive pas à y croire. Premièrement : pendant deux semaines j'ai arboré exactement la dégaine de Blanche d'âge moyen suante et ramollo que je suis, pour éviter ce genre d'imbroglio. Deuxièmement, ça me donne un tel coup sur la tête que je vais rester définitivement muette. Mais le dernier jour, on joue toute sa mise, c'est ça ? Faa-zaa-aalll, *fais pas ça* !

J'essaie de répondre aux questions théoriques de la manière la plus diplomatique possible.

« Tu vois, douze jours dans la même voiture, c'est long. J'espère que nous pourrons rester amis, des amis professionnels. »

« Tu ne pourrais pas laisser tomber ce qualificatif ? »

« Non, parce que je crois que nous avons une conception différente de l'amitié. »

« Tu ne me laisses pas beaucoup de marge », se plaint Fazal.

Mais il ne lâche pas l'affaire.

« Je me demande où je pourrais encore t'emmener. Pas en boîte, tu n'aimerais pas. Dans le parc national d'Arusha peut-être ? Il y a un chalet réservé au personnel avec une vue splendide sur le Kilimandjaro, on pourrait y dormir. »

Compte là-dessus. Merde, zut et re-zut.

Pourquoi tout fiche en l'air, tout ce beau schéma littéraire Karen-Farah, cette histoire d'hommes de confiance au prénom commençant par F, dont il ne sait évidemment rien ? Est-ce qu'on est toujours obligé d'essayer ? Pourquoi même commencer ce jeu imbécile ?

Fazal n'arrête pas de parler et moi je reste muette, comme à mon habitude, paraît-il.

Il m'annonce sans détour qu'il a gardé les roucoulades – ou la « discussion sur l'amitié » pour reprendre son expression – sciemment pour le dernier jour. À ce qu'il dit, il arrive souvent que les femmes qui font un safari toutes seules soient à un moment prises d'une irrépressible euphorie – l'expérience est si énorme, dévorante, et le reste du monde est si éloigné, qu'elles ont l'impression qu'il serait bon d'élargir l'expérience grâce au sexe et il paraît que de nombreux guides se saisissent de l'occasion, au nom du service rendu aux clients.

Je regarde fixement par la fenêtre et je ne dis pas un mot de mes errements à Lobo, comment au cœur de cette savane paradisiaque j'avais pensé au sexe, c'est visiblement le summum du cliché et cela répond à un conditionnement biologique.

Fazal poursuit : malheureusement ces sentiments et ces idées sont un peu les mêmes qu'à trois heures du matin en boîte de nuit après avoir bien bu. Le lendemain, elles ne vous semblent plus si bonnes. *Lui*, à l'en croire, il ne tirerait *jamais* avantage de la situation lors d'un safari, mais il trouve normal de tâter le terrain le dernier jour, la fin du voyage approchant. Qui sait où cette amitié pourrait nous emmener, demande-t-il.

Je n'ai pas voulu lui dire ce que je savais déjà : il n'est pas mon genre, je ne cherche personne, et rien ne fera changer ça.

Quand je gagne enfin ma tente à la nuit, je fonds en larmes. Je pleure douze jours de fatigue, la fin de ce merveilleux voyage, je pleure sur le fait que cette nuit étoilée en Afrique m'aurait offert quelque chose dont je n'avais même pas envie. Je pleure de ne pas savoir vivre cette vie, d'être prisonnière de moi-même d'une façon insupportable, de ne pas arriver à tirer tout ce que je pourrais des choses. Je pleure de ne comprendre que maintenant que c'était ma dernière soirée dans la savane, hors de portée de la civilisation, dans cet endroit dont j'ai toujours rêvé. Aurais-je pu mieux l'utiliser ? Peut-être pas. Mais je sais que deux semaines loin du monde confrontent une personne à elle-même et la font s'attacher à l'unique humain en sa compagnie.

C'est le dernier matin. À travers la moustiquaire de mon lit, je regarde le soleil raser la verte savane aux acacias de Tarangire. Je me dis que, bon sang, je ne suis pas la femme que je voudrais être, mais que Karen ne l'était pas davantage.

[Lettre de Karen]

5 septembre 1926. Mon cher Tommy [...] il m'est apparu que ce qui me rendait la vie si difficile c'était le fait que j'étais si pauvre. C'est assez mesquin de dire cela et j'ai mis un certain temps à admettre véritablement qu'il en était bien ainsi [...]. J'accepterais volontiers de perdre une jambe contre un revenu de 5000 £ par an [...] parce que je crois que je pourrais être moi-même avec une jambe en moins, alors qu'il me paraîtrait extraordinairement difficile d'être moi-même sans argent. [...] Est-il plus blâmable de reconnaître que l'on souffre de la pauvreté que de la solitude ou de l'angoisse ?

13 septembre 1928. Ma chère Ellen [...] ma longue vie m'a convaincue que le bonheur ne dépend pas des circonstances extérieures mais que c'est bien plutôt un *state of mind* [...]. En vieillissant on apprend à distinguer ceux des phénomènes de moindre importance qui, dans la vie, sont nécessaires pour que l'on puisse être soi-même, et à en faire le tri. Je sais, par exemple, qu'il ne faut pas que je sois grosse, même si je devais pour cela endurer les tortures de la faim, celles-ci sont préférables car le contraire *cramps my*

style. Je sais aussi [...] que je suis une snob de la plus belle espèce et que, si je ne puis vivre au contact de l'aristocratie ou de l'intelligentsia il faut que je descende jusqu'au prolétariat, ou bien jusqu'aux natives, qui, ici, en tiennent lieu, car je ne puis vivre parmi la classe moyenne.

Dès les premiers mètres de ma lecture, je suis prise d'un sentiment désagréable : Karen était-elle aussi exemplaire que je le croyais ? Dans *La Ferme africaine*, on entend parler une femme calme, courageuse et avisée, mais sa correspondance et sa biographie dévoilent une personnalité bien différente. Son affectation et sa théâtralité sont mentionnées dans de nombreuses sources. Sa relation avec Denys était sans espoir. Ses humeurs étaient, pour le moins, changeantes. Sa passion pour la chasse, effarante. Et puis il y a les lettres qui mettent au jour les différentes versions des événements qu'elle pouvait raconter à ses divers correspondants, et ses mensonges même. Et si vous interrogez un écrivain africain contemporain, l'attitude de Karen par rapport à la colonisation n'est pas sans susciter de critiques. Est-ce vraiment à elle qu'il me faudrait songer la nuit ?

Les lecteurs de Karen Blixen connaissent cette femme sûre d'elle, sage, capable et juste, qui accueille avec le sourire du Bouddha et un sens de l'humour cordial tout ce que la vie lui apporte.

Mais il est d'autres Karen.

Les lettres à son frère Thomas montrent une Karen sans filtre : une femme indécise, malade et déprimée dont la vie émotionnelle est un tourbillon de hauts et de bas, une femme toujours en proie à une peur – de manquer d'argent, de perdre la ferme, de perdre son aimé, de voyager seule, d'habiter seule, peur de sa propre faiblesse. Cette femme faisait des crises d'angoisse et voulait mourir. Le monde de cette Karen était entièrement dépendant de Denys : quand il était là, elle plongeait dans un bonheur extatique, en son absence elle restait prostrée au fond de son lit.

Dans les lettres à sa mère elle est la drôle et vive Karen dont les problèmes sont somme toute minimes et passagers. Elle embellit son mariage, minimise ses maladies et va jusqu'à mentir à ce sujet (« *juste une petite insolation* » !), plantant un décor riant et jovial. Mais d'un autre côté – qui n'en ferait pas autant ?

Ensuite il y a la Karen des biographies : personnage contradictoire, carrément désagréable, égocentré, capricieux et affecté. La liste des points négatifs comporte sept péchés capitaux, et même plus :

1) Karen était orgueilleuse et ambitieuse.

2) Karen était instable – tantôt parfaitement désespérée, tantôt extatique – et facilement déprimée. Elle interprétait tous les oublis et négligences du personnel comme une atteinte à son encontre, se sentait offensée et rejetée à leurs manquements.

3) Karen imposait toujours sa volonté car personne n'osait lui résister. Les gens la craignaient : « On avait l'impression qu'elle pourrait descendre quelqu'un d'un coup. »

4) Karen jouait toujours un rôle. Devant ses amis elle était ouverte et détendue, mais si un étranger se montrait elle pouvait se mettre à parler avec affectation et froideur. Lorsqu'elle cherchait à faire impression, elle surjouait la séduction et la prétention d'une femme du monde. Son « intellectualité » et son « intensité insensée » rendaient les hommes nerveux, à l'en croire. Avec

ceux qu'elle considérait comme quantité négligeable, elle était un iceberg, et n'avait pas plus de tendresse pour les enfants, mais elles les « jaugeait comme un romanichel pour voir ce qu'elle pourrait en tirer sans se fatiguer ».

5) Karen mentait et racontait des histoires. Tantôt sur son âge, tantôt sur le rang de ceux qui la fréquentaient, elle s'attribuait parfois les mérites d'autrui, prétendant par exemple avoir un abattu un lion que Denys avait tué. Dans ses livres elle faisait prendre meilleure tournure aux événements. Prenez par exemple *La Ferme africaine*. Karen, courageuse et calme, partait seule à cheval dans la savane avec ses chiens. Mais il ne faudrait pas oublier ce que raconte son frère Thomas : elle était incapable de se jucher par ses propres moyens sur le dos de sa monture et se mettait en fureur si les boys appelés sur place ne parvenaient pas à maintenir l'animal immobile.

6) Karen était égoïste. À la mort de sa sœur Ea, elle exigea que sa mère vînt en Afrique et ne comprenait pas du tout que celle-ci pût juger plus important de s'occuper de la fillette qu'Ea laissait derrière elle. Karen jugeait que sa nièce aurait des années à passer en compagnie de sa grand-mère ; mais pas elle.

7) Karen était une snob. Elle voulait se distinguer, et aurait ardemment souhaité être riche. Dans certains cercles elle devint fameuse pour sa manière outrancière de se vêtir et le fait qu'elle tirait elle-même les animaux qui finiraient en fourrure sur son dos.

8) Une source prétend même que Karen n'avait pas contracté la syphilis par l'intermédiaire de Bror, mais qu'elle l'avait déjà attrapée à Paris.

Une mégère malcommode. La compagne du diable. Une écrivaine mythique. Ou la courageuse et calme Karen ? En tout cas, elle savait vendre son image.

Après avoir lu sa biographie, je suis déboussolée, carrément en colère contre Karen : était-elle une garce lunatique ? Mais en relisant ses lettres d'Afrique, j'ai l'impression que sa biographe, Judith Thurman, a noirci le tableau. Elle a sélectionné chaque phrase écrite dans un moment de faiblesse, l'a sortie de son contexte et a fait de Karen un vrai repoussoir – or en lisant les lettres dans leur intégralité, les phrases en question reprennent leur dimension humaine, compréhensible. Bon sang, Judith, va donc t'installer en Afrique, toute seule, sans le sou et malade pendant dix-huit ans, communique uniquement par lettres auxquelles tu recevras des réponses des semaines et des mois plus tard, et on verra alors si tu auras des moments de faiblesse, d'égoïsme, de dépression et de désespoir te donnant l'impression d'être l'unique personne sur terre et que nul ne te vient en aide ! Karen était certainement possessive, égoïste et instable. Certainement voulait-elle dissimuler sa faiblesse par tous les moyens. Et nous tous, n'est-ce pas ce que nous voudrions aussi ?

Relisant après cela *La Ferme africaine*, tout me paraît différent. En incipit sublime, Karen a noté une citation d'Hérodote : « monter à cheval, tirer à l'arc et dire la vérité ». Je sais maintenant que le livre offre un concentré littéraire, voire fictif de la réalité. « Quand les temps sont durs à la ferme » : telle est la formule dont use Karen en passant, comme si les difficultés n'étaient qu'un point secondaire dans une histoire heureuse, alors que cela signifie en réalité une bataille désespérée de dix-huit ans pour faire pousser du café sous un climat défavorable, une lutte contre les mois de sécheresse qui vous mettent les nerfs à vif, contre les criquets, l'impécuniosité, la solitude, les maladies, les conflits personnels, les fausses couches et la menace incessante que tout finisse.

Dans le même temps, cette Afrique est pourtant un paradis perdu, une image idéale parfaite de ce qui aurait pu être et qui fut parfois peut-être. Cette Karen-là n'a pas peur, elle ne reste pas couchée pendant des semaines à pleurer au fond de son lit. Cette Karen est avisée et courageuse. Cette Karen s'est relevée de ses échecs et contemple la vie avec tranquillité, comme depuis les airs – comme dans l'avion de Denys, de si loin que même la souffrance devient belle. C'est cette Karen-ci à qui je pense la nuit et que je suis partie admirer jusqu'en Afrique.

Et peut-être est-ce aussi la Karen à qui Karen songeait la nuit. Son *moi exemplaire*, l'idéal auquel elle aura aspiré toute sa vie, sans jamais l'atteindre. Cette personnalité géniale dont nous rêvons tous.

Missing in Action

Retour dans la chambre d'amis d'Olli et Flotea. Je suis épuisée et en proie à une mélancolie insupportable. Ici tout est pareil : rien n'a bougé sur le chantier, l'électricité n'a toujours pas été raccordée. Flotea a de nouvelles tresses, tirant sur le roux, qui suivent joliment la forme de sa tête. Mais je suis encore ailleurs, dans un autre univers dont je n'ai aucune envie de revenir. Olli comprend mes sentiments. Il me montre, pour me consoler, son trésor : une pelote de déjection de lion, qu'il a achetée à des Masaïs il y a des années de cela. Elle est étonnante, de la taille d'une balle de golf, une boule de poils marron très compacte que le vent de la savane a rendue parfaitement ronde. Je la hume avec nostalgie, elle renferme le parfum de l'antique nature sauvage.

Olli s'enquiert de comment s'est passé mon voyage, quels ont été les meilleurs moments. J'essaie de raconter, mais tout me semble avoir été un rêve. Je ne parviens même pas à rendre compte du moment cardinal, ni de la manière dont il s'est gravé dans mon esprit : lorsque nous nous sommes arrêtés au milieu de la savane herbeuse infinie, sur la route de Ndutu au Ngorongoro, nous sommes descendus de voiture et avons marché si loin que le véhicule n'était plus qu'un petit point à l'horizon. Il n'y avait plus en ce monde, à perte de vue, que nous, le vent silencieux, les zèbres, les antilopes, les chacals couchés quelque part, et au fond le mont Ngorongoro embrumé où le temps s'est arrêté. Sur la photo je ne suis plus qu'une minuscule créature au milieu d'une mer herbeuse étalée dans toutes les directions jusqu'à l'horizon.

Cet instant, au troisième jour avant la fin. L'humain microscopique. L'idée rafraîchissante que je ne suis dans ce paysage qu'un tout petit détail voué à disparaître.

J'avais pensé consacrer la dernière semaine de mon voyage au Kenya, mais le pays a de nouveau été frappé par des attentats terroristes et l'envie est passée. Je lis que les États-Unis ont interdit à leurs ressortissants de s'y rendre, les Britanniques ont évacué leurs touristes et annulé les vols, et l'ambassade de Finlande au Kenya appelle les voyageurs à faire preuve de la plus grande prudence, car le risque de nouvelles attaques et d'enlèvements est élevé. J'angoisse. Je décide de raccourcir mon voyage à Nairobi de quelques jours et de rester un peu plus longtemps ici.

Au bout d'un temps, à force d'écouter mes histoires de safari, je vois qu'Olli commence à être tenté de vadrouiller et je me demande si je ne vais tout de même pas lui faire miroiter, discrètement, l'idée que nous pourrions partir quelques jours, puisqu'on a le temps finalement. Le lendemain de mon retour, il se met à calculer, juste pour s'amuser, combien nous coûteraient quelques nuits dans le parc national de Mkomazi. Nous partirions avec un cuisinier et un mécanicien, des tentes, cent cinquante litres d'eau, de la nourriture et peut-être même une petite douche de bivouac. Trois nuits et quatre jours en comptant l'essence, l'entrée du parc, les hommes, leur paie et leur nourriture nous reviendraient à 800 dollars, soit 600 euros. Ai-je encore de quoi dans ma caisse de voyage ? Il me reste quelques heures pour réfléchir, le départ devrait se faire après-demain. Oh la la ! Vais-je enfin faire un safari sous tente en mode karenien ?

Mon ambition de camper sous la tente n'est pas nouvelle, mais je dois avouer que, maintenant que l'occasion se présente, j'ai les chocottes. Je n'ai rien d'une aventurière et pour ainsi dire pas d'expérience de bivouac. Il n'y aura pas des tonnes d'animaux à Mkomazi, inutile donc de les redouter, mais il fera chaud, peut-être même plus que dans le Serengeti, où lutter contre la déshydratation était un boulot à temps plein. Quant aux toilettes... Olli ne les mentionne nulle part dans sa liste et je n'ose pas l'interroger. Je sais me cacher dans un buisson pour faire pipi, certes, mais sur quatre jours, il y aura plus que cela à faire. Je voudrais vraiment savoir si Karen disposait de quelque système portatif lors de ses safaris, d'un pot de chambre par exemple – ça m'agace qu'elle n'en dise rien dans ses lettres. Et vous, les biographes, c'est justement ce genre de détails de base que l'on voudrait connaître ! Comment faisaient-ils pour aller aux toilettes !

Olli confirme mes doutes : il n'y aura pas de toilettes. Juste une pelle, à emmener dans les buissons. Mais c'est maintenant le cadet de mes soucis. Olli a annoncé qu'on ne voyait pas beaucoup d'animaux à Mkomazi, et j'en avais déduit qu'il n'y en avait pas. Or, c'est surtout que l'endroit est tellement sauvage et vierge qu'ils ne se montrent pas aux humains. À Mkomazi, un éléphant peut se mettre à charger à cent mètres parce qu'il se sent menacé. Dans le Serengeti, les lions sont habitués aux jeeps des touristes, mais Olli n'en a jamais vu un seul à Mkomazi même si on les entend copieusement rugir pendant la nuit. Les lions sont d'ailleurs les mêmes qu'à Tsavo au Kenya, de l'autre côté de la frontière. « Ce sont les fameux mangeurs d'homme de Tsavo », dit-il joyeusement. Ceux que mentionnait Karen dans ses lettres sous ce vocable glaçant : *The Man-eaters of Tsavo.* « Oui, on raconte des histoires de campeurs traînés hors de leur tente et dévorés par un lion, mais ce sont des bêtises », m'assure Olli. « Dans tous ces cas, la fermeture Éclair de la tente était restée ouverte ou la personne avait sorti la tête ! Nous, on ne craint rien. Mê-ê-ême aller faire son petit pipi la nuit, ça devrait être O.K. » Ah non, mais oui, bon sang mais c'est bien sûr. Comment oserais-je y aller ? Reste à me persuader qu'ainsi je serai au plus près des conditions qu'a connues Karen il y a un siècle. Pas de lodges, pas d'animaux habitués aux touristes, pas d'autre repli que la voiture – et à l'époque ils n'avaient même pas cela.

Je confie ma trouille à Olli. Il réplique que la peur fait partie de l'échelle émotionnelle humaine, mais qu'un occidental ne sait généralement pas à quoi cela ressemble. En revanche, dans les villes d'Afrique ou allongé dans la savane, on sait ce que c'est de craindre pour sa vie. La seule chose, c'est de voir si on est capable de la contrôler ou pas. Lui, à l'en croire, ce n'est pas dans la nature qu'il éprouve de la peur, mais à Arusha, où il s'est fait braquer tellement de fois.

J'ignore si Karen avait peur pendant ses safaris. Je n'ai pas le souvenir qu'elle en ait jamais fait état dans ses lettres. Mais peut-être qu'avec Bror et Denys elle ne pouvait rien éprouver de tel. Peut-être qu'on ne ressent pas la peur quand on voyage avec l'homme qu'on adore, en qui on a une entière confiance.

Olli se lance dans les préparatifs. Il passe rapidement la voiture en revue avec le mécano et planifie les courses avec le cuisinier. Il charge les tentes, le mess, les tapis de sol, les sacs de couchage, les chaises pliantes, la vaisselle, la popote, les bassines, les lampes, l'eau potable, les roues de secours, le cric, les outils. Je fais ma lessive dans un seau et prépare mes affaires. Ma situation gastrique, qui laisse à désirer depuis quelques jours, ne s'arrange pas et j'accepte de prendre les antibiotiques proposés par Olli – il faut que les choses soient sous contrôle avant demain matin. Le traitement me fatigue et me rend vaseuse, mais je me dis que, vu les conditions, peu importent les cochonneries qu'il me faudra ingurgiter, tant que je reste peu ou prou en vie.

Au petit matin Flotea nous envoie sur la route après un petit déjeuner substantiel. Elle nous souhaite bon voyage et déclare que jamais au grand jamais elle n'ira camper dans la savane. Elle a, à l'en croire, une peur mortelle des lions.

Moi, je pense juste que *tout ce qui touche aux safaris me plaît infiniment.*

L'aire de campement de Dindera, dans le parc national de Mkomazi, est située sur un promontoire au sommet d'une colline. La vue donne sur la savane verte en contrebas et un petit lac couvert de nymphéas. Il y a des nuages, mais par temps clair on distinguerait le sommet du Kilimandjaro entre les montagnes. Nous avons appris à l'entrée du parc que nous étions les seuls visiteurs de toute la région. Il faut dire que nous ne sommes pas en des lieux très courus des touristes : on n'en compte qu'une poignée chaque année. La zone est sauvage et intacte, peut-être un peu pareille à ce qu'étaient les savanes d'Afrique un siècle plus tôt. Il n'y a aucun moyen de communication avec le monde extérieur, il faut emporter tout ce dont on pourrait avoir besoin.

Au campement, Alois, le cuisinier courtaud, membre du peuple Pare, étale aussitôt ses ustensiles sur le promontoire en pierre. Il allume le charbon de bois et met l'eau à bouillir pour le thé, il épluche des légumes et trempe des cuisses de poulet dans la marinade. Il s'avère qu'Alois avait compris que nous partions pour deux nuits et a donc fait des provisions pour trois jours et non quatre. Névrosée du taux de sucre dans le sang comme je le suis, je me sens déjà à deux doigts de la crise de nerfs – je nous vois prendre notre dernier dîner composé d'un œuf et d'une petite tasse d'eau, ou bien irons-nous jusqu'à chasser l'antilope comme le faisait Karen ? Après un petit moment de réflexion, le cuisinier annonce que nous ne manquerons de rien. En revanche il déplore la maigreur générale du budget de bouche – lui qui a l'habitude de travailler avec une clientèle de luxe pour laquelle il n'y a pas lieu de radiner sur la matière première. En plus, il trouve l'excursion trop courte : ses talents et l'étendue de son répertoire ne se verraient faire justice qu'à l'occasion d'un safari de dix jours. Alois qualifie le nôtre de *budget luxurious* et en goûtant sa cuisine, je comprends ce qu'il entend par là.

D'un point de vue finlandais, payer un cuisinier pour une excursion sous tente semble parfaitement exagéré, mais il semble que ce soit ici la norme. On ne fait pas réchauffer sa boîte de fayots sur un camping-gaz, et au cours de ses seize années de travail, Olli a toujours été accompagné d'un cuisinier. Il lui est même arrivé de passer, à ce qu'il paraît, sept semaines en pleine nature, sans douche et sans toilettes, mais jamais en faisant l'impasse sur le menu entrée-plat-dessert. Je le comprends :

si vous êtes là pour bosser, ce serait une perte de temps et d'énergie de devoir faire la cuisine. Surtout quand la main-d'œuvre est si bon marché : le cuisinier et le mécanicien sont payés 20 000 shillings par jour, soit moins de dix euros.

Si un Nordique près de ses sous pourrait économiser sur le cuisinier, la présence du mécanicien, elle, est requise pour la survie de tous. Nous ne quittons jamais le camp, même pour un petit tour, sans Max le mécano et un jerricane d'eau de cinq litres minimum. En cas de panne – ce qui n'est pas rare vu les conditions – il est inutile d'espérer une quelconque assistance extérieure. Les téléphones ne passent pas et il n'y a personne à des dizaines de kilomètres à la ronde. La température quotidienne monte largement à plus de trente degrés, vous ne tiendrez pas longtemps dans votre guimbarde en rade et, à pinces, vous n'arriverez nulle part.

Olli et Max montent les tentes. Le mess est une simple toile abritant la table nappée, les chaises, les carafes de jus et de thé. Les hommes dorment ensemble, Olli s'est aménagé un tube en moustiquaire pour une personne, où il peut admirer le ciel étoilé toute la nuit – un machin tellement ouvert qu'aucun de ses assistants ne consentira jamais à en profiter, précise-t-il. Avant le départ Olli m'a demandé si cela me dirait aussi, mais j'ai répondu que je souhaitais le système le plus rigide et le tissu le plus épais possible. Ils me montent donc une tente Fjällräven pour quatre à double toit. Pas de quoi retenir un troupeau d'éléphants qui déciderait de me piétiner, mais cela donne une impression plus sécurisante que d'être allongée dans un tube transparent.

Voilà tout pour le confort. Une serviette est accrochée à une branche, une bassine avec un peu d'eau posée en-dessous. Sur un caillou devant ma tente, un rouleau de papier pour aller dans les buissons. Olli me présente aussi les toilettes proprement dites : un socle en béton au milieu des herbes à quelque distance, avec un trou surmonté d'une grosse pierre. Il est toujours possible de se faire un siège avec les cailloux qu'on trouve alentour, à l'en croire.

Nous partons faire un petit tour avant le coucher du soleil – nous essayons, pour reprendre les mots d'Olli, de rallier le plus beau point de vue de Tanzanie, mais nous n'en verrons pas la couleur : la rivière est en crue et la route coupée. Nous laissons Alois seul au camp pour faire la cuisine, bien qu'il montre quelque répugnance à se défaire de la sécurité apportée par la présence de la voiture – si un lion lui rendait visite, son unique, et mince, chance serait de grimper dans l'arbre près du foyer. Mais le dîner qu'il a préparé est fantastique. Le soleil se couche vers dix-huit heures trente, ensuite il fait noir comme dans un four. Le son des grillons et des grenouilles est assourdissant. Nous sommes installés au mess, sous la lumière tamisée d'une petite lampe tempête, et Alois apporte en entrée un bouillon de poireau et coriandre servi dans des petits bols en métal avec du pain. En plat de résistance, une énorme poêlée de tilapia, de pommes de terre à la coriandre, une divine salade *kachumbari* et un mélange de haricots verts et carottes revenus dans du beurre. En dessert, des tranches d'ananas sucré. J'apprends plus tard que c'est sur ce point qu'étaient intervenues les plaintes d'Alois sur le budget nourriture : Olli avait barré de sa liste tout ce qu'il considérait « ridicule », la mousse au chocolat par exemple. « Non, mais on ne va pas se taper de la *mousse au chocolat* au milieu des buissons ! » avait-il éclaté. « Tu en aurais voulu, toi ? » me demande-t-il maintenant.

Il n'est sans doute même pas huit heures, mais nous nous sommes retirés dans nos tentes et j'écris à la lumière de ma lampe frontale – dans ce noir, je n'aurais de toute façon rien d'autre à faire. Je mets ma tenue de nuit et m'allonge en sueur sur mon sac de couchage. Il paraît que la température peut fraîchir pendant la nuit au point de vous donner envie d'entrer dans votre duvet. J'entends les bâillements d'Olli, les conversations à voix basse. La tente me confère un étonnant sentiment de sécurité. Je m'y sens comme dans un utérus, au milieu de tout et pourtant dans mon propre abri (imaginaire).

Vers une heure du matin on commence à entendre un lion rugir – ce grondement terrestre grave, métallique, qui vous glace les sangs. Il semble provenir de loin, de la plaine en contrebas. Le mâle quadrille son territoire toute la nuit et ses rugissements en plusieurs étapes se font entendre tous les quarts d'heure jusqu'au matin, il se déplace peu à peu d'est en ouest en contournant notre promontoire. Je ne ferme pas l'œil de la nuit et n'ose même pas aller faire pipi. En outre la tente est pleine de tiques, la bataille est sans fin.

Il s'avère au matin que nous sommes dans la pire saison pour les tiques à Mkomazi. Notre traversée jusqu'aux toilettes au milieu des herbes qui nous montent à la taille fait son effet : les acariens accrochés à mes vêtements sont entrés dans ma tente. Olli m'annonce qu'il a déjà attrapé deux fois la fièvre à tiques ici et qu'il a fini par trouver un antibiotique pour se soigner en Finlande, « mais on n'en fabrique plus ». Je me console en apprenant que, apparemment, les tiques ne piquent pas dès qu'elles s'accrochent mais commencent par se cacher un jour ou deux sur la peau : en les retirant à temps, il ne devrait pas y avoir de danger.

À cinq heures du matin Alois allume le feu pour le petit déjeuner. Olli non plus n'a pas dormi à cause du lion et des tiques. Il s'éloigne dans le crépuscule en direction de la colline des toilettes en grognant et en claquant des mains car il a entendu le feulement d'un léopard sur le coteau pendant la nuit. L'idée de ce léopard fait passer illico mon besoin pressant – ça m'ira très bien de faire ma petite affaire sur un grand chemin.

Le lever du soleil est grandiose. Les montagnes à l'est baignent dans un éclat rouge orangé, le sommet des montagnes à l'ouest est nimbé de brouillard, on dirait qu'elles sont couvertes d'une fourrure blanche toute douce ou d'une couche de moisissure géante. Depuis le feu de camp on devine le sommet du Kilimandjaro. Alois nous fait une omelette aux légumes, des saucisses et des tomates rôties, des toasts, de l'avocat et des fruits tranchés. Si nous sommes destinés à survivre, nous ne mourrons pas de faim.

Le ciel est à moitié couvert, il fait déjà une chaleur humide. Nous levons le camp et partons à huit heures. Le paysage vert et fleuri de Dindera laisse bientôt place à un désert aride de sable rouge, où les acacias et les épineux impénétrables ont des reflets gris et argentés. Nous voyons des petits koudous, des bubales roux, des magnifiques oryx gazelle aux cornes droites et des gérénuks qui, avec leur long cou, se nourrissent des feuilles à la cime des arbres, debout sur leurs pattes arrière, les sabots avant appuyés contre le tronc. Nombre de ces espèces sont endémiques à Mkomazi et ne se rencontrent nulle part ailleurs en Tanzanie.

Nous sommes en route pour Maore, juste à la frontière du Kenya, que nous atteindrons après plusieurs heures de route, mais nous faisons un détour par Kisima pour remplir les bidons d'eau et voir si Tony, un ami d'Olli, s'y trouve. Il est là, et des gardes armés de kalachnikovs nous invitent à franchir le portail et gravir la colline au sommet de laquelle se profile une maison en pierre qui se fond dans le décor, probablement la seule à la ronde.

À près de soixante-dix ans, Tony Fitzjohn est un furieux. Jeune homme, il a travaillé pendant dix-huit ans avec George Adamson au Kenya, avec qui il vivait au milieu des lions sauvages dans des conditions rustiques dans la réserve de Kora. Georges Adamson était une légende, un homme qui avait voué sa vie à la protection des lions et, entre autres, réintroduisait dans la nature des individus élevés en captivité. Sa femme, Joy Adamson, a écrit la fameuse histoire de la lionne Elsa. Tony, qui avait eu une vie peu claire et traînait ses guêtres en Afrique, était âgé de vingt-six ans lorsque, en 1971, il devint l'assistant de George, son prédécesseur ayant été emporté par un lion. Sur des photos irréelles, le beau jeune homme qui pose, torse nu, en train de lutter avec un fauve, ressemble à Tarzan.

Les conditions politiques s'échauffant au Kenya, après l'assassinat de George Adamson en 1989 par des braconniers (son épouse Joy avait elle-même été assassinée près d'une dizaine d'années auparavant), Tony devint aussi *persona non grata* et dut quitter le pays. Il s'installa en Tanzanie dans la réserve de Mkomazi qui était alors dans un état déplorable et commença à développer la zone pour initier un projet visant à revitaliser une espèce locale de chien des savanes presque éteinte. Plus tard il fit construire une zone clôturée pour protéger les rhinocéros, tellement grande qu'elle renferme une montagne entière. Les premiers rhinocéros menacés furent apportés d'Afrique du Sud en avion et le groupe compte aujourd'hui environ vingt-cinq individus. Sur la réserve se trouve un centre d'enseignement où les enfants peuvent découvrir ces animaux et sont sensibilisés à la protection de la nature. Près d'un point d'eau, une cagna souterraine a été aménagée pour pouvoir les observer. L'homme a accompli ce travail colossal presque seul, avec la persévérance incroyable et la volonté de fer dont vous aurez vraiment besoin pour promouvoir la protection de la nature et vous battre avec des problèmes éternels tels la corruption, le braconnage et le pâturage illégal. C'est en grande partie grâce à ses vingt années de travail que Mkomazi a fini par obtenir le statut de parc national en 2008. Aujourd'hui Tony a une cinquantaine d'employés locaux avec lesquels il est en contact radio en ce moment même : de temps en temps il donne des instructions en swahili d'une voix grave, basse, à laquelle vous n'avez aucune envie de résister.

Tony est un défenseur des animaux de tout son être, mais il n'a rien d'un flatteur bienveillant. Il est connu pour son caractère emporté et sa franchise, et les locaux le craignent ou le détestent. Quand Olli s'est montré pour la première fois sur les terres de Tony il y a des années de cela, il a été reçu par un *fuck off, now* ! à l'effet renforcé par la présence d'un garde armé d'un fusil. Tony a une aversion toute spéciale envers les chercheurs qui débarquent, munis de leurs théories, sans rien comprendre aux conditions pratiques ; les universitaires n'ont donc pas droit de cité ici, c'est Tony qui décide. *I don't do people,* proclame-t-il, mais il admet s'être assagi et, selon ses dires, « ne boit plus, ne vole plus, ne prend plus de drogues et ne bat plus sa femme ». Il ne peut toujours pas tolérer les importuns ou les visiteurs excédentaires : Alois et Max sont forcés d'attendre dans la voiture tout le temps que dure notre visite. Tony sait qu'on le hait et ne veut pas que les gens d'ici voient comment il vit. Il s'est peut-être trop impliqué : la protection de la nature n'est pas exactement toujours en faveur auprès des gens qui sont chassés de la réserve, surtout si c'est un *mzungu* acariâtre qui est à la manœuvre. C'est peut-être ce qui rend Tony si fier de sa fondation pour éduquer les enfants à la protection de la nature.

Mais Tony est véritablement charismatique : son humour est noir comme la tombe et je pourrais presque jurer qu'il flirte avec moi. *Who's she,* lance-t-il sans m'accorder un regard à notre arrivée, et sans me pointer de son fusil. Lorsque Olli fait ensuite référence à moi en répétant les mots *she* ou *that lady,* Tony lui fait remarquer « tu pourrais l'appeler par son nom, elle s'appelle Mia ». *We have to treat her nicely, then she will feel comfortable and we can boil and eat her later,* déclare-t-il avec une grimace diabolique. Quand je lui demande si je peux lui acheter *Born Wild,* son autobiographie écrite il y a quelques années, qu'Olli a commencé à traduire mais qui n'a pas encore trouvé d'éditeur en Finlande, il siffle *do I look like a bookseller to you ?* Il grogne tout de même dans son talkie-walkie de lui apporter un exemplaire et me le dédicace. *For Mia (Missing in Action?). If you don't get my book published in Finnish, I want this back!* Quand Olli glisse que j'ai sûrement obtenu aujourd'hui de quoi écrire « un chapitre sympa » de mon livre, c'est là que Tony s'enflamme. *I don't need any nice chapter !* crache-t-il. Je lui promets de ne rien écrire de sympa.

Tony nous témoigne une hospitalité rare et nous invite à rester déjeuner, il nous emmène d'abord faire un tour dans la réserve des rhinocéros. Il conduit sa jeep décapotable comme un cinglé, c'est à peine si, à l'arrière, je ne suis pas éjectée la tête la première dans un acacia épineux. J'avais commencé par un peu regretter d'apprendre que l'avion de Tony est en réparation à Nairobi, sinon j'aurais pu bénéficier d'une petite démonstration à la Karen Blixen, mais quand Olli me dit que le pilotage de Tony est encore plus sportif que sa conduite – il peut faire basculer l'avion la tête à l'envers à dix mètres du sol – je n'ai plus aucun regret. Olli pense que si ce ne sont pas les gens d'ici qui finissent par avoir la peau de Tony, celui-ci se tuera dans un accident d'avion.

Tony possède, au sommet d'une colline avec une vue à couper le souffle, une charmante maison en pierre nichée ni vu ni connu dans le paysage, où il vit avec sa femme Lucy et ses quatre enfants. Ses adolescentes sont en internat en Angleterre, son fils de dix-huit ans veut y entrer à l'université et sa femme rend visite en ce moment même aux enfants. Plutôt que de nous parler des membres de sa famille, Tony nous présente à l'éléphanteau de deux ans qui est chez eux depuis l'âge d'une semaine. Une nuit, orphelin, il était apparu à la cabane du garde, l'avait réveillé et avait demandé de l'aide. L'animal à qui la terre rouge confère une teinte de bronze, reste réservé avec moi et Olli, mais nous laisse le caresser. Les années précédentes nous aurions pu aussi faire la connaissance de Jipe, le lion de Tony, pour un *high five* bien plus effrayant.

Nous déjeunons sous une grande tente de mess sur la terrasse avec vue. *Use your hands, Mia,* m'enjoint Tony. Il ronge des cuisses de poulet grillées apportées de la cuisine et se lèche les doigts entre deux. Les restes sont jetés aux mangoustes qui font le guet et se jettent gloutonnement sur les os presque aussi grands qu'elles. Après le repas, Tony annonce sans détour qu'il va faire la sieste. « Allez voir les lycaons en partant et repassez après-demain au retour. »

Puis il s'éclipse en parlant dans son talkie-walkie.

Nous établissons notre camp dans la soirée à Maore, au beau milieu de la savane, à l'ombre d'un grand arbre. Olli m'accompagne pour une promenade à pied jusqu'au lac tout proche avant le coucher du soleil. Tandis qu'il décrypte les traces d'animaux sur la route – ici de zèbre, là de buffle, là une trace de lion toute fraîche – je tente de garder les yeux sur l'horizon et de respirer calmement. Sans la protection de la voiture, je me sens soudain étrangement nue.

Nous allons nous coucher tout de suite après le dîner. Le ciel nocturne s'étire au-dessus de nous avec ses brouillards d'étoiles, sa voie lactée et ses ourses la tête en bas. Étonnamment je n'ai pas du tout peur. Je plonge immédiatement dans les abysses et dort comme une souche. Pas de tiques, pas de lion rugissant, rien. Il est maintenant sept heures, les nuages s'effilochent, le soleil s'est levé. Olli prédit que la journée sera chaude.

Ce matin je n'ai fait que me débarbouiller la frimousse dans la bassine, hier soir j'ai rincé mes bras rouges de poussière. Demain matin il va falloir que je me lave au moins les cheveux. Je change chaque jour de tee-shirt, de chaussettes et de sous-vêtements, mais je commence tout de même à sentir, même si, comme me l'assure Olli, personne ne remarque les odeurs corporelles dans le vent de la savane. On fait par intervalle le point sur l'état intestinal de tous les membres du convoi – cela semble une obligation vu les conditions – et Olli, endossant son rôle de biologiste et de spécialiste en médecine, me pose sans cesse des questions complémentaires. Chaque fois que je m'éloigne en direction d'un buisson avec un rouleau de papier toilette il me demande si j'ai besoin de la pelle. Non. Mon ventre est frappé d'une paralysie psychosomatique d'origine léopardine.

Nous partons avant huit heures pour le tour du matin et roulons jusqu'à la lointaine colline de Kamakota. Alois reste au camp, Max conduit, je me tiens debout par l'ouverture et Olli est assis à sa place préférée, sur le toit. Les buissons épineux et les tronçons d'acacia brillent au soleil comme s'ils avaient été passés à la feuille d'argent. La terre est de la latérite chargée en oxyde de fer aux teintes orange, rouille, même fuchsia, un rayonnement de couleurs intense à en faire mal aux yeux. Le paysage a des airs fantomatiques sortis tout droit d'un film d'épouvante ou d'un monde de science-fiction post-apocalyptique. Je commence à comprendre d'où Mkomazi tire son nom : « pas d'eau. »

Nous voyons par moments de gros oiseaux, des messagers sagittaires, des spatules blanches, des pintades vulturines et des bucorves du sud, que m'indique Olli. Nous voyons des animaux prendre la fuite comme un seul homme – élands, girafes, zèbres, phacochères, tous du même rouge orangé qui couvre le sol. L'autruche noire et blanche est ici noire et orange, le phacochère qui court la queue en l'air est orange, les zèbres ont des rayures orange, les girafes semblent avoir été plongées dans un bain d'airain orange. Notre voiture a changé de couleur, comme nous-mêmes et nos affaires. Tout est couvert de poussière orange.

Nous faisons des arrêts pour prendre des photos et ramasser des bouts de bois rabougris, colorés par le feu et la terre rouge, rendus durs comme le béton à force de rouler dans la savane. À Kamakota nous sommes montés sur un énorme *kopje* avec une vue imposante de tous les côtés. La savane est partagée par une ligne droite qui file jusqu'à l'horizon. À droite la végétation est argentée et desséchée, à gauche verte et feuillue. C'est là que se sont arrêtées les pluies.

À notre retour au campement pour le déjeuner, la chaleur est déjà étouffante. Après le repas, Olli fait un somme dans l'herbe à l'ombre de l'arbre. Je feuillette les mémoires de Tony assise sur une chaise pliante. Joy Adamson apparaît dans le livre. Elle aussi avait « choisi les lions », à la manière de Karen. Je me souviens d'un documentaire prétendant que sa proximité avec la lionne Elsa s'expliquait parce qu'elle n'avait pas d'enfants. Je me demande pourquoi on envisage toujours comme une tragédie le fait qu'une femme n'ait pas d'enfants et analyse si souvent ses actions comme autant de tentatives de compenser cette absence de progéniture. Or le fait n'a pas nécessairement quoi que ce soit de tragique. Juste qu'en empruntant une voie on en laisse une autre de côté et que, si ne pas avoir d'enfants ferme quelques portes, cela en ouvre d'autres. Et d'ailleurs pourquoi n'évalue-t-on jamais de même les actions des hommes ? Je n'ai nulle part entendu dire que George Adamson eût voué sa vie aux lions parce qu'il n'avait pas eu d'enfants !

Ce matin je me suis gavée de vues splendides et suis restée trop longtemps exposée au soleil par le rafraîchissant toit ouvrant. J'ai mal à la tête et me sens nauséeuse. Je me force pourtant à participer à la balade de l'après-midi : la lumière du soir est la plus belle et nimbe les paysages d'or. Un aigle martial chasse le petit d'une outarde kori. Nous roulons le long de la frontière avec le Kenya qui ne se trouve qu'à quelques hectomètres de notre campement. Une bande de route défrichée marque la frontière et se prolonge en ligne droite à travers le terrain vallonné jusqu'à l'horizon. Je m'étais quelquefois étonnée du tracé des frontières sur les cartes d'Afrique, mais je comprends maintenant : il n'y a que du désert ou de la savane là où elles passent, et aucune raison qu'elles se tortillent.

De retour au campement, je me lave les cheveux. Nous n'avons pas assez d'eau pour une douche, mais une bassine suffit pour deux têtes, et je me sens revivifiée.

Afin d'alléger mon malaise, j'ai englouti un surplus d'eau dans la soirée, et en pleine nuit je me retrouve coincée. Je m'efforce de ne pas y penser, mais rien n'y fait : il faut que j'y aille. Je m'assois dans la tente, l'oreille aux aguets dans la pénombre : pas un bruit. Je descends le zip et scanne les alentours à la frontale, en cas de présence de mangeurs d'hommes du Tsavo, avec une minutie digne d'une guérillera. Puis je fais un pas dehors, à peine éloigné et baisse mon pantalon, je fais ma petite affaire aussi vite que possible, marche arrière, remontage du zip, je souffle un bon coup. J'ai le cœur battant.

Pas très glamour, je l'admets, mais il est question de vie et de mort en cette affaire.

Le matin blanchit, brumeux, il est d'une beauté incroyable. Nous sommes si près de l'océan Indien que l'humidité de la mer se condense en une abondante rosée. Les tentes et toutes nos affaires sont trempées, comme après une grosse pluie. La lumière rasante met aussi au jour toutes les toiles d'araignées déployées dans les herbes jaunes. Elles flottent sans bruit au vent comme des petites dentelles rondes qu'on aurait mises à sécher sur la paille.

C'est le dernier matin et la vie de bivouac me manque déjà. (Ma constipation léopardine s'est arrangée et je pourrais maintenant continuer l'aventure pendant une semaine.) Tout est brut et un peu compliqué, mais en même temps clair et détendu. Lors d'une excursion sous tente, on a, mystérieusement, plus de temps que dans les lodges où l'on court toujours derrière le dîner, l'électricité, l'eau et le coucher de soleil – il faut regarder l'heure à tout bout de champ pour avoir le temps de passer sous la douche, se sécher les cheveux, se maquiller, s'habiller pour le dîner et sortir sur la terrasse pour admirer le lever ou le coucher du soleil. Ici, on n'a rien à faire. Il suffit de s'asseoir sur sa chaise pliante pour regarder le paysage, lire ou écrire, les cheveux crasseux et accoutré de ce qu'on a, laisser le soleil se lever et se coucher, la lumière croître et décliner, la brume monter et s'effilocher, et puis d'aller manger sous la tente du mess quand le soir est tombé ou le matin arrivé. Tout est ici, juste autour de vous et vous êtes vous-même au milieu de tout. Au cours d'une excursion avec lodge, même en passant toute une journée dans la savane sans voir âme – humaine – qui vive, vous ferez, le soir, l'objet d'une intervention civilisationnelle. Ici rien ni personne ne s'interpose entre moi et la nature sauvage. Je comprends, Karen, ce bonheur-là.

De retour à la maison, je prends une douche et rince la couleur des animaux de Mkomazi. L'eau teint les carreaux en orange.

[Lettre de Karen]

21 septembre 1930. Ma chère maman [...] j'ai connu deux de mes plus belles journées car Denys est arrivé ici jeudi et reparti hier. [...] Hier, je suis montée en sa compagnie dans son aéroplane et je doute fort qu'il puisse exister pour moi un plus grand bonheur que de voler au-dessus du Ngong avec lui. [...] L'Afrique doit être vue du ciel, c'est certain ; de là-haut, on perçoit bien ses immenses distances et le jeu de l'ombre et de la lumière sur celles-ci. [...] Denys voulait essayer quelques manœuvres particulières et il s'est mis deux fois sur le côté, aussi n'ai-je pas été mécontente d'être attachée sur mon siège [...].

En mai 1930, Denys écrivit d'Angleterre qu'il cherchait à acquérir un avion qui pourrait atterrir sur la pelouse de Karen du côté des collines du Ngong, et en septembre il se posait avec son nouvel appareil. Il l'avait baptisé Nzige, le Criquet. Longeant la maison de Karen on trouve encore aujourd'hui un chemin appelé Nzige Road qui conduit à l'ancien terrain d'atterrissage. Lors de leur premier vol, Karen et Denys planèrent au-dessus des collines du Ngong, contemplèrent les caféiers, les maisons africaines et virent des troupeaux de zèbres et d'impalas qui s'emballaient à leur passage. Ils s'élevaient parfois dans les airs pour dix à quinze minutes seulement, à leur retour la théière était encore chaude, parfois ils volaient jusqu'au lac Natron, jusqu'à Naivasha ou suivaient la côte jusqu'à Takaungu où ils allaient passer le week-end. Denys prétendait qu'il n'avait fait l'acquisition du coucou que pour montrer l'Afrique vue du ciel à Karen. Quant à celle-ci, il lui semblait qu'elle *comprenait enfin tout.* Et à cette époque, avant les documentaires animaliers, voler était une expérience miraculeuse : ils voyaient toute l'étendue des plaines africaines pour la première fois.

*

[Lettre de Karen]

12 octobre 1930. Ma chère Ellen [...] [J'ai volé] presque chaque jour avec Denys [...] et j'arrive fort bien à m'imaginer, maintenant, comme cela doit être amusant d'être un ange.

Ce furent ses derniers moments de bonheur.

Jusqu'à présent je n'ai guetté Karen que de l'autre côté de la frontière et, à dire vrai, le Kenya n'a vraiment rien pour m'inciter à y aller. Je suis les informations en proie à une panique grandissante. En raison de la menace d'attentats terroristes à Nairobi, il faut éviter les centres commerciaux, les hôtels internationaux, les taxis, les bidonvilles, les rassemblements et les déplacements aux heures de pointe et le week-end. Que reste-t-il ? Le problème, c'est que mon vol retour pour la Finlande part de la capitale kenyane, quoi qu'il en soit.

Au retour de Mkomazi, je consacre mes derniers jours chez Olli et Flotea aux préparatifs. Je frotte ma lessive dans des seaux, mes vêtements sont si imprégnés de poussière de la savane que l'eau reste orange même au bout de trois rinçages. Je vais acheter des souvenirs avec Flotea et me procure quelques *kikoi*, des tissus en coton, que je paye sans doute le double de leur prix. Prisca, une amie de Flotea, m'apporte une robe qu'elle m'a choisie dans sa boutique – j'avais dit que je rêvais d'une robe simple en *kanga* de couleur discrète, mais Prisca a un goût bien plus ostensible, me voici donc la pantoise propriétaire d'une exubérante tenue de Mama Africa avec son foulard assorti. Flotea m'emmène au stand de retouches du coin. La couturière, qui travaille avec une machine à pédale, en aura pour une heure, pour un total de 1 000 shillings, soit 40 centimes d'euro.

Nous faisons une petite balade, avalons un *supu* au milieu d'un nuage de mouches et je note dans mon carnet les dernières photos que je n'ose prendre. Des femmes d'âges divers sont assises devant une maison en terre, elles portent toutes un *kanga* de couleur différente et un bonnet en laine, dans un ordonnancement sublimé par la lumière du soir. J'enregistre leurs visages sévères, couleur d'airain, dans mes archives mentales, où ils rejoignent de nombreux autres.

Dans la soirée je traîne en jupe *kanga* et tee-shirt sur le canapé. Nous regardons quelques documentaires sur l'Afrique tirés de la vaste collection d'Olli. Michell fait la folle, elle est de bonne humeur et me lance des *au revoir au revoir*. Flotea, en veste polaire et chaussettes en laine, prépare un thé au gingembre – cela aide à supporter le froid, paraît-il, car l'hiver approche. Je songe tout haut que si je n'avais pas acheté mon billet de retour, je pourrais très bien rester ici définitivement. Olli lance que nous pourrions alors retourner à Mkomazi. J'ai l'impression de faire partie de cette merveilleuse famille.

En outre, je n'aurais pas besoin de choisir entre les lions ou la vie de famille. Ici la famille, là-bas les lions.

Le dernier jour je me lève à cinq heures et demie. Flotea est déjà réveillée depuis quatre heures du matin et s'affaire à préparer du poulet et des frites pour mes six heures de car. J'essaie de lui dire qu'une cuisse serait suffisante, en aucun cas je ne vais prendre un poulet *entier*. Flotea pleure à chaudes larmes depuis hier soir, l'atmosphère n'est pas à la gaieté. Elle me demande une fois encore si je ne pourrais pas annuler mon retour et rester. Rester complètement. Je lui assure que c'est tout ce que je souhaite.

Ensuite Olli m'emmène à l'hôtel Impala d'Arusha d'où part le car pour Nairobi. Je suis la seule Blanche du minibus, mais si je m'attendais à faire un voyage bruyant et chaotique dans une guimbarde bourrée à craquer, je me trompais : pas un bruit de tout le voyage, et le bus est parfaitement ponctuel.

Au bout de deux heures nous stoppons à la frontière kenyane. Des dizaines de gens font la queue, ils veulent faire tamponner un bout de papier froissé, très fin, à la limite de se désagréger, qui est selon toute vraisemblance leur document d'identité. J'attends mon tour côté tanzanien, quand mon téléphone sonne. Il y a de la friture sur la ligne et j'entends une voix familière, de très loin : « Tu as reçu ta bourse, félicitations ! » hurle Olli dans le téléphone, tout excité par l'information qu'il a trouvée sur Internet. Puis je traverse jusqu'au Kenya.

Me voici donc dans un car au milieu d'une file ininterrompue de poids-lourds sur la trois voies pour Nairobi. Tout autour il y a des usines crachant une fumée noire, des camions stationnés sur le bas-côté sur des kilomètres, des garages automobiles et des dépôts. L'air est saturé de gaz d'échappement et d'étranges odeurs chimiques – je suis sidérée par ce déferlement d'une ampleur bien différente de ce qui se passe en Tanzanie.

Rien d'idyllique là-dedans. Mais il faut bien y aller si je veux définitivement trouver Karen.

Mon logement à Nairobi est situé loin du centre-ville, dans un quartier baptisé d'après Karen, à seulement quelques kilomètres de la maison de celle-ci. À part moi, la résidence est vide : tous les autres ont annulé leur voyage en raison des attentats et des restrictions de déplacements. Je me mets d'accord avec le réceptionniste pour qu'un chauffeur vienne me chercher demain matin (il ne serait pas prudent de prendre un taxi ordinaire, et il est hors de question de marcher) et je traîne mes affaires dans mon énorme chambre glaciale. Je dîne de côtes d'agneau coriaces dans un restaurant vide. C'est lugubre, mais que pouvais-je espérer pour un prix pareil – mes fonds ne sont pas suffisants pour assouvir mes rêveries blixeniennes, pour lesquelles il m'aurait fallu débourser trois cents à six cents euros par nuit. Pour couronner le tout, il fait un froid féroce et il pleut, la météo ne devrait pas changer pour les trois jours à venir.

Il me faut un moment pour réaliser.

Il pleut sur les collines du Ngong.

*

[TÉLÉGRAMME]

KAREN suis arrivée stop tout le quartier de Karen baptisé d'après toi stop Karen Road Karen Country Club Karen Blixen Coffee Garden Karen Shopping Center Karen Hospital Karen Police Station stop pas de terrain d'atterrissage Nzige stop terrain de golf à la place des caféiers stop arrive demain stop M

*

J'ai possédé une ferme en Afrique, au pied du Ngong.

Ma chère Karen, c'est ainsi que tu débutes ton histoire. Maintenant que je me tiens enfin dans le jardin de ta maison, tes phrases se mettent à défiler dans ma tête comme des visions. La voici, ta maison. Elle est plus petite et modeste que je l'imaginais, mais c'est elle : Mbogani. C'est donc ici que les bœufs traversaient la plaine le soir dans la poussière dorée du soleil couchant, comme tu l'écris. C'est de cette prairie que tu t'élevais dans les airs avec Denys, enveloppée dans ton blouson d'aviateur en peau de chèvre, pour survoler le Ngong bleuissant. Ici que tu chevauchais dans la forêt vierge qui commençait sur le domaine comme si tu pénétrais dans un fond de vieilles tapisseries. Ici que l'air matinal était clair comme du cristal, d'une fraîcheur si cinglante que tu avais l'impression d'être au fond de la mer. Non loin de là, les huttes pointues disposées en arcs-de-cercle des familles kikuyus qui vivaient sur la ferme. De là, en direction du sud, le monde des buffles, des antilopes et des lions, le royaume du gros gibier, qui donnait à la ferme un caractère particulier. Quelque chose comme le fait d'habiter à Versailles au temps du Grand Roi. Le soleil couché, toute une vie animale semble s'éveiller, et le glapissement des hyènes remontait jusqu'à la maison. Ici tu songeais être une partie de ce tout, comme si avec les arbres [tu] respirais le vent de la nuit. Et lors de la floraison des caféiers au début de la saison des pluies, c'était une vision sublime : un nuage de craie suspendu dans la brume au-dessus de mes six cents arpents.

Tu as posé la main sur la jeune pousse de cet énorme tulipier plus que centenaire, et tu t'es assise avec les gens de la ferme sur ce banc de pierre, le soir tu y fumais en contemplant les collines du Ngong que tu pouvais encore apercevoir, les arbres ne masquant pas la vue comme aujourd'hui. Kinanjui, le chef kikuyu, vêtu de cuir de singe, y prenait parfois place lui aussi, une coiffe en panse d'agneau sur la tête, ainsi que d'autres anciens venus décider de grandes et importantes affaires. Parle comme la pluie, te demandaient les Kikuyus pour que tu récites des poèmes, car les rimes ruisselaient à leurs oreilles.

Tu passais ici tes samedis après-midi, les moments les plus merveilleux qui fussent : il n'y aurait pas de courrier avant le lundi après-midi, ce qui te mettait à l'abri des mises en demeure. C'est ici que se montraient, entre deux expéditions en pleine nature, tant Denys que ton ami Berkeley Cole grâce à qui l'approvisionnement en vin et en tabac était un approvisionnement de grand style et, pour ce qui était des livres et des disques, [tes] amis les faisaient venir directement d'Angleterre. C'est d'ici que tu scrutais la ville au cours de tes nuits solitaires et le halo lumineux de Nairobi faisait danser la sarabande à tes pensées et réveillait irrésistiblement en [toi] le souvenir des grandes villes d'Europe.

Puis, au cours de tes nuits de solitude, lorsque les minutes tombaient une à une de l'horloge, il te semblait que la vie s'écoulait avec elles. Mais alors, même alors, tu ressentais la présence discrète et silencieuse des indigènes, dont l'existence se poursuivait parallèlement à la [tienne], mais sur un autre plan.

Je déambule sans hâte. J'apprends que l'on maintenait le poêle à bois actif jour et nuit, ce pour quoi – en raison de la chaleur et des risques d'incendie – la cuisine est située dans un second bâtiment raccordé par un couloir. Dans la pièce, un évier en acajou centenaire, une baratte mécanique, un moulin à viande de la marque Beatrice ainsi que les sèche-bas de Karen – en revanche pas de réfrigérateur, la nourriture était conservée dans un placard ordinaire. C'est ici que Kamante cuisinait pour les royales éminences et que les blancs d'œufs battus par lui au couteau de jardinier montaient comme des nuages d'été.

Le bureau de Karen s'ouvrait par des portes-fenêtres sur la cour et la terrasse. Sur un guéridon, le gramophone offert par Denys et devant la cheminée, une peau de léopard. Toute une cloison est occupée par une bibliothèque frappée aux initiales de Denys, surmontée de lanternes de bateau, une verte et une rouge, qui servaient à Karen pour communiquer avec les amis proches, tels Denys et Berkeley Cole. Sur la table de travail, une machine à écrire de la marque Corona : elle est toute petite, pas plus grande qu'un ultraportable d'aujourd'hui, sauf que l'imprimante, ce qui est bien pratique, est intégrée. J'imagine Karen au milieu de ses piles de papier en train de discuter d'écriture avec Kamante : Msabu, est-ce que tu crois que tu es capable d'écrire un livre ? demandait-il en montrant d'un air dubitatif les forts volumes reliés de cuir de la bibliothèque. Mais toi ce que tu écris, [...] rien ne se tient dans ton livre, il y en a un peu par-ci, un peu par-là. Quand les gens rentrent et oublient de fermer la porte, tout s'envole, tout tombe par terre et tu es très fâchée. Ça ne sera pas un bon livre.

Les époux Blixen avaient chacun leur chambre et Karen passait beaucoup de temps dans la sienne, je ne le sais que trop bien maintenant : tantôt malade, tantôt occupée par sa correspondance, tantôt plongée dans un de ses bons gros ouvrages, perles rares venues d'Europe, échouées dans cette pièce. Presque tout y est blanc : les armoires contre les murs, le lit et la coiffeuse sur laquelle Karen avait peut-être posé un bouquet de lys du jardin. Je l'imagine allongée dans sa chemise de nuit blanche : fatiguée, malade, déprimée, désespérée, mais heureuse aussi, parfois. C'est ici, plus que nulle part ailleurs, que se trouvait la Karen véritable et intime, cette héroïne que je désire connaître – pourrais-je encore percevoir quelque chose de sa présence, un parfum peut-être ? Je m'imagine allongée à sa place – tournée sur le côté droit je verrais le jardin, sur le dos les poutres foncées. Karen les contemplait sans fin.

La visite s'achève par la salle à manger où les mets concoctés par Kamante furent servis au prince de Galles le 9 novembre 1928, comme me le fait savoir le guide qui me colle aux basques. Oui, le fameux bouillon clair de Kamante, puis le turbot de Mombassa, les perdrix aux petits pois, les grenadilles... Je hoche la tête avec intérêt et prends des notes frénétiquement. Le guide est manifestement lassé par mes questions incessantes sur la provenance de chaque objet et mon désir de savoir si tel ou tel bibelot était déjà là du vivant de Karen, car il juge nécessaire de me faire remarquer que « les cendres de la cheminée ne sont pas d'origine ».

Je reste seule dans la salle à manger fraîche, aux teintes sombres, à laquelle les porcelaines luisant sur la table prêtent un faible éclat. Par les fenêtres ouvertes me parviennent le chant des oiseaux et le crissement des cigales.

Je remonte un siècle en arrière et me représente les lieux tels qu'ils pouvaient apparaître au cours des longues nuits de Karen, solitaires, sans fin, j'imagine ces semaines, ces mois, ces années. Je sais maintenant que les nuits d'Afrique sont noires comme la tombe, que la pénombre dure douze heures par jour toute l'année, je sais ce que cela fait quand il n'y a pas d'électricité et que les seules lumières à percer le soir sont des lampes à pétrole. Alentour, l'obscurité, l'immensité sans fin de l'Afrique, quarante-quatre jours de voyage jusqu'au Danemark.

[Lettre de Karen]

17 mars 1931. Ma chère maman […] Il ne faut pas que tu croies que, bien que cela se soit terminé par un tel échec, je pense que j'ai « gâché ma vie » ici, ou bien que je sois prête à échanger celle-ci avec quelqu'un de ma connaissance. […] je suis d'avis que […] c'est malgré tout assez étonnant ce que je suis parvenue à faire. […] Même si elle a été un peu plus tendre envers certains autres, je suis malgré tout persuadée que j'ai été l'un des *favourites children* de l'Afrique. Un vaste univers de poésie s'est ouvert à moi […] et je lui ai donné mon cœur. J'ai plongé mon regard dans celui des lions et j'ai dormi sous la Croix du Sud, j'ai vu les grandes plaines être la proie des flammes et alors qu'y poussait une herbe verte et tendre après la pluie, j'ai été l'amie de Somali, de Kikuyu et de Masaï et j'ai survolé les Ngong Hills […], je crois que ma maison, ici, a été une sorte de refuge pour les passants et pour les malades et qu'elle a été pour les noirs le centre d'un *friendly spirit*. Ces derniers temps les choses ont été plus difficiles. Mais il en est ainsi dans le monde entier.

10 avril 1931. *Personnelle* [...] Cher Tommy, [...] il me semble [...] que cette période difficile m'a permis de comprendre encore mieux qu'avant que la vie est infiniment riche et magnifique à tous égards et qu'une foule de choses pour lesquelles on se fait du tracas sont en fait sans importance. [...] Par exemple, j'ai l'impression qu'il ne me serait aucunement difficile ni pénible [...] de quitter bien tranquillement et paisiblement l'existence, ainsi que tout ce que j'ai aimé ici. J'imagine [...] que ce serait dur pour maman, ou bien quelque chose comme cela [...]. Pour moi, la seule chose naturelle serait de disparaître avec le monde que j'ai connu ici [...]. [...] Très sincèrement, j'ai bien du mal à voir à quoi je pourrais être bonne dans la vie. [...] Serais-tu prêt, par exemple, à prendre un job [..] pendant un an ou deux afin de m'aider à acquérir une formation ou bien à trouver une place quelque part ? [...] Toutefois il ne faut pas, et je compte sur toi pour cela, que tu prennes ceci comme une sorte de chantage : viens-moi en aide et subviens à mes besoins, sinon je vais mourir. [...] pour moi personnellement, la chose la plus raisonnable et la plus facile à faire serait de mourir. Mais si tu es d'avis [...] qu'il n'est pas absurde que je fasse encore une tentative dans l'existence, réfléchis bien [...].

En décembre 1930, c'est le début de la fin. Les actionnaires de la Karen Coffee Company décident de vendre la ferme aux enchères. Les hypothèques n'étaient plus payées depuis quelques années et ils avaient perdu de fortes sommes. Karen en appela à Denys, une fois encore, et tenta d'emprunter pour sauver la maison et les terres, mais ce fut peine perdue. Son rêve était arrivé en bout de course après dix-sept années de batailles.

L'acheteur était Remi Martin, un jeune entrepreneur immobilier qui avait pour ambition de transformer la plantation en faubourg huppé, dont les principaux facteurs d'attraction seraient un terrain de golf et un *country club* réservé aux Blancs. Toute la zone serait baptisée « Karen » d'après la baronne Karen von Blixen. Il offrait même la possibilité à sa propriétaire de continuer à habiter sa maison jusqu'à la vente des terrains à bâtir. « Je préférerais vivre dans le désert du Sahara plutôt que sur vingt arpents dans le faubourg de Karen », répliqua-t-elle.

En avril 1931, Karen commença à démembrer son foyer, mettant en vente ses meubles et les porcelaines exposées sur la table de la salle à manger. À Nairobi il fut à la mode de sortir son automobile pour venir à la ferme lorgner et tripoter les objets à vendre. Ce fut lady MacMillan qui acheta la plupart du mobilier. Denys s'installa chez un ami à Nairobi où, semblait-il, il était plus à l'aise vu qu'il y avait « le téléphone et un dentiste à côté », et il ne fit plus acte de présence durant tout le processus où le monde de Karen connaissait sa fin. Celle-ci vivait un effondrement nerveux, elle ne dormait plus, ne mangeait plus et était incapable d'avoir les idées claires – elle disait vouloir abattre ses chiens et ses chevaux et disparaître elle aussi en même temps. Par ailleurs affligée de terribles cauchemars, elle était si terrifiée qu'elle avait demandé au petit garçon d'un de ses domestiques de dormir auprès d'elle.

Qu'allait-elle faire de sa vie ? En effet : *Que peut faire de sa vie une femme de quarante ans, sans famille, ayant abandonné son travail et sa maison ?*

En mai Denys s'envolait pour la côte où il avait l'intention de retaper la maison qu'il possédait. Karen dépeint dans son livre la scène idyllique de leur dernière entrevue : Denys s'en va, revient chercher un recueil de poésie et récite, en guise de derniers mots, un poème à Karen.

Selon toute vraisemblance la situation ne fut pas aussi paisible. Selon certaines sources, rien n'allait plus entre Karen et Denys, ils avaient eu une dispute si énorme qu'ils s'étaient séparés. À cette époque Karen avait même tenté de mettre fin à ses jours – la lettre d'adieux expliquant son geste était même rédigée, mais elle disparut ensuite.

La nouvelle de l'accident fut connue à Nairobi avant de parvenir à la ferme. Karen y était pour affaire et s'étonnait que les gens détournent le regard dans la rue et que personne ne lui adresse la parole. « À Nairobi je me suis sentie aussi seule que sur une île déserte », écrivit-elle. Au déjeuner, lady MacMillan finit par la prendre à part pour lui annoncer la nouvelle. « Je n'eus qu'à entendre le nom de Denys pour que tout soit clair, je savais tout et j'avais tout compris », écrivit-elle plus tard.

Le lendemain, Denys fut enterré dans les collines du Ngong, non loin de l'endroit qu'ils avaient choisi. Karen envoya un télégramme à son frère : « Denys tué en vol le quatorze enterré Ngong Hills aujourd'hui Tania. »

*

[Lettre de Karen]

5 juillet 1931. Mon cher Tommy [...] Je suis très fatiguée, j'ai eu tellement à faire.

Tout l'été, des Africains vinrent chaque jour s'asseoir devant la maison car ils ne voulaient croire que Karen allait vraiment partir. Ils attendaient de savoir quel sort leur serait réservé. Incroyable mais vrai, Karen parvint à négocier pour ses fermiers des terres dans la réserve kikuyu sur lesquelles les cent cinquante-trois familles et leurs trois mille têtes de bétail pourraient être installées. Tout le monde traitait Karen en veuve et celle-ci réussit peut-être à imposer sa volonté du fait que le nouveau gouverneur l'avait prise en pitié après le décès de Denys.

À la fin de juillet 1931, un groupe de colons et d'Africains accompagna Karen à la gare de Nairobi qu'elle quitta pour la dernière fois en direction de l'Europe. À Mombassa, elle embarqua sur le vapeur *SS Mantola* en troisième classe sur le pont, le tarif le moins cher. Elle avait quarante-six ans.

Il lui faudrait cinq ans avant de se mettre à écrire sa vie en Afrique et douze avant d'ouvrir les caisses qu'elle en avait rapportées, pour en tirer les livres et les souvenirs de sa maison du Ngong.

Le temps qu'il me reste en Afrique s'amenuise lui aussi, mais j'aimerais visiter les fameuses collines du Ngong que Karen et Denys survolèrent au cours de leur dernière année et qui abritent la tombe où celui-ci repose. Un dénommé Johnny, qui travaille à la maison Karen Blixen, pourrait m'y emmener – si cela ne me dérange pas que Beyonce, sa fille de quatre ans, nous accompagne. Beyonce s'assoit donc, le visage fermé, à l'arrière et Johnny fait le chauffeur pour emmener la touriste blanche au Ngong.

Ce dernier semble très au fait de tout ce qui touche à Karen et a même effectué quelques recherches personnelles. Il évoque l'influence et le respect dont celle-ci jouissait, elle payait bien ses employés et fonda une école en dépit des réticences des chefs des peuples locaux. Son nom est toujours connu chez les Kikuyus et les Masaï, m'assure-t-il. Il connaît en outre les enfants de Kamante, le domestique de Karen, et a collecté leurs anecdotes. Il me propose d'utiliser ses notes, elles n'ont été publiées nulle part. « La prochaine fois que vous venez à Nairobi, dit-il, appelez-moi et je vous les donnerai. » Je me demande s'il est sérieux ou s'il ne fait que me raconter ce que j'ai envie d'entendre. Beyonce, sur son siège, reste impassible.

Une compilation des souvenirs de Kamante a bien été publiée, un émouvant ouvrage illustré de photographies, sous le titre *Longing for Darkness – Kamante's Tales from Out of Africa.* Il a été réalisé par Peter Beard. Dans les années 1960, celui-ci a cherché à retrouver Kamante qui, à l'époque, habitait toujours la réserve kikuyu dans les environs de Nairobi. Les souvenirs de ce dernier offrent une image de la relation chaleureuse que Karen entretenait avec l'Afrique. Dans le chapitre intitulé « *The goodness of Mrs. Karen* », Kamante raconte que tous aimaient Karen dans la région. Si quelqu'un était chassé de sa ferme, elle lui trouvait un emploi dans son jardin et lui donnait un bout de terrain pour qu'il construise sa maison et cultive la terre. « C'était une femme véritablement exceptionnelle, elle n'a jamais haï ni les gens ni leurs coutumes, pas même celles des musulmans. »

Les anecdotes mettent aussi en scène Mr. Pinja-Hatern dans un chapitre intitulé « *Mr. Pinja-Hatern never feared* ». À la mort de Mr. Pinja-Hatern, Kamante écrivit : « Mrs. Karen pleura beaucoup la mort de cet homme. Ils étaient amis de longue date et s'aimaient beaucoup. [...] Beaucoup de gens vinrent faire des prières, pour que la Mrs. ne se fasse pas de mal à elle-même, car la mort attend chacun de nous. »

Les quatorze kilomètres qu'il faut parcourir pour rallier le Ngong et la tombe de Mr. Pinja-Hatern ne sont pas une mince affaire, contrairement à ce que je m'étais imaginée, et nous en avons pour plus d'une heure. Notre trajet butte déjà contre le centre commercial de Karen, car tous les véhicules qui s'y rendent doivent passer au contrôle anti-bombe. Cela n'a, paraît-il, rien que d'habituel et n'est pas spécialement dû aux récents attentats terroristes.

Nous passons devant la maison où fut tourné *Out of Africa* – je reconnais aussitôt la splendide allée ombragée de jacarandas au bout de laquelle se devine le bâtiment. Nous dépassons aussi celle de Juma, un domestique de Karen – Karen la fit construire avant son départ en 1931 et elle est toujours debout. Nous traversons ensuite une rivière qui marquait il y a un siècle la frontière de la plantation de Karen : de l'autre côté commençait la réserve masaï. Lors des chevauchées au Ngong en compagnie de Denys, le terrain était couvert de bois sauvages, mais aujourd'hui tout le long de la route est encombré de tas de déchets fumants, de chantiers de construction, de cabanes, de dépotoirs et de ruines, dont il est difficile de dire si elles sont à moitié construites ou à moitié détruites. Le bas-côté est couvert d'ordures et des troupeaux de chèvres y paissent – quand nous les dépassons, Johnny vante les mérites de la meilleure viande des environs. Ngong Township, derrière lequel se distinguent les collines, est un endroit singulièrement déshérité. C'est jour de marché, beaucoup de gens sont de sortie, et les bus matatu roulent toute musique hurlante. Johnny m'enjoint de remonter ma vitre. Si je m'étais imaginé que la route du Ngong serait idyllique, je me trompais.

Approchant du but, nous entamons l'ascension des collines et le paysage embellit. Nous traversons des petits villages. Le dernier sentier pédestre, entre boue et pierres, est presque impraticable. La femme chargée de l'entretien de la tombe de Denys vient ensuite nous ouvrir le portail de fer enserré dans les branches de bougainvillée. L'enceinte abrite un monument et un petit jardin bien entretenu, mais les arbres masquent la vue sur la maison de Karen, le mont Kenya et le Kilimandjaro. On raconte que des lions ont souvent été vus sur la tombe. Je n'ai donc rien à redire au fait que le chien jaune de la gardienne se glisse sous la grille et se jette au pied du monument.

À ce stade, après cinq semaines de voyage, je suis presque aussi fauchée que Karen en 1931 après ses dix-huit années passées en Afrique, et je ne peux vraiment pas me permettre de passer la nuit au Karen Blixen Coffee Garden, situé sur le domaine, mais j'y vais tout de même au retour du Ngong, à demi morte de faim, prendre un déjeuner tardif. Si Nairobi est une ville aux contrastes extrêmes, en voici une des manifestations exemplaires : à l'intérieur d'une enceinte sévèrement gardée (les véhicules passent ici aussi le contrôle anti-bombe) se trouve le lieu de détente parfait destiné aux riches citoyens aspirant au luxe. La Swedo House d'origine, l'ancienne résidence du contremaître de la plantation, s'est vue entourer d'un luxueux complexe de restaurant et de chambres tout droit sorti d'un rêve blixenien. Les « maisonnettes » chic du jardin vous promettent un séjour de style colonial et le restaurant de verdure idyllique est bourré de riches Blancs, de Noirs *ultra-trendy* fêtant leur anniversaire et de volubiles serveurs en veste blanche qui transportent cocktails et assiettes joliment disposées. Je commande un déjeuner sur l'herbe – du thon en croûte de sésame sauce wasabi – mais je ne peux réfréner mon irritation. Tout, jusqu'aux écrans plats qui gueulent au bar, me semble une plaisanterie grotesque, exagérée, arrogante. Ça me dégoûte. J'ai passé peut-être trop de temps loin de la fréquentation humaine, dans la savane à perte de vue, ou trop de temps au cœur d'une extrême pauvreté. Ou peut-être ai-je juste trop faim.

Peut-être que c'est comme l'a dit Olli : en Afrique on éprouve toutes les émotions avec une intensité démultipliée, dans le bien comme dans le mal. Tout est extrême : la nature fantastique, la pauvreté ultime, la folie des Blancs.

Le club Muthaiga, qui faisait office d'oasis pour les colons, donne une bonne image de cette dernière. Karen s'y rendait parfois à cheval ou en automobile. Moi, je n'ai rien à y faire. Aujourd'hui encore on n'entre pas comme ça dans la Mecque de la *jet-set* nairobienne et, avec son processus de cooptation élitiste d'un autre âge, l'endroit me rebute.

Je vais en revanche faire un tour à l'hôtel Norfolk, ouvert en 1904. Du vivant de Karen on pouvait y croiser tous les Britanniques de premier plan, généraux, commandants, ladys, comtes et comtesses. C'est ici que Karen a passé sa première nuit à son arrivée à Nairobi en tant que jeune mariée. L'événement fut relaté dans les colonnes mondaines du journal local – le baron et la baronne von Blixen-Finecke sont arrivés jeudi à Nairobi –, mais la mienne n'étant annoncée nulle part, j'en profite pour traverser discrètement la réception et explorer le domaine. Malheureusement, à la suite de l'attentat à la bombe de 1980, l'hôtel a été refait avec une telle efficacité que l'atmosphère rétro que j'espérais s'est envolée.

Le déjeuner, que je prends ensuite au fameux bar Lord Delamere, le bar de l'hôtel à la décoration de style colonial, en compagnie de Hilkka, une connaissance d'un ami, me donne un aperçu de la vie des Blancs à l'époque actuelle. Hilkka travaille dans l'humanitaire à Nairobi et effectue des missions dans des zones extrêmement dangereuses – elle est souvent escortée de gardes armés, deux soldats pour un Blanc, et les conditions sont rudes dans le désert dépourvu de routes : la nourriture est souvent immangeable, il lui faut parfois subsister grâce aux biscuits et aux haricots en conserve qu'elle emporte avec elle : au bout de deux semaines de mission, elle revient affaiblie par la malnutrition.

Si vivre ici signifiait pour Karen accéder à la plus grande liberté qui fût, la vie des expatriés semble aujourd'hui régentée par des restrictions et des règles de sécurité extrêmes. Interdit de marcher en centre-ville. De monter dans un taxi. Le risque d'être attaqué est si grand qu'il ne faut prendre ni montre ni lunettes quand vous sortez et si vous voulez pique-niquer, il faudra le faire dans des parcs payants, entourés d'une enceinte et gardés.

Je demande à Hilkka si elle a peur. « Je ne suis pas du genre à avoir peur », déclare-t-elle.

Je passe ma dernière journée au cœur du rêve pour touristes blancs en Afrique. Je visite un orphelinat d'éléphants et, avant de partir pour l'aéroport, je m'accorde un déjeuner dans un luxueux manoir de style britannique où la nuit coûte huit cents dollars. Les murs sont couverts de lierre et des girafes de Rothschild, une espèce rare, paissent sur le gazon : le matin elles viennent quémander des douceurs à la table des clients et passent leur long cou par les fenêtres ouvertes.

Le maître d'hôtel me souhaite la bienvenue et me demande s'il peut m'apporter un rafraîchissement. Je m'installe au jardin dans un fauteuil avec vue sur les girafes. La pluie qui est tombée pendant deux jours semble avoir cessé. Au milieu des nuages couleur d'hématome, le soleil brille et je passe, prise dans l'ivresse de cet après-midi aussi léger qu'une toile d'araignée, mon dernier jour dans un manoir aux girafes à l'atmosphère onirique traversée par le souffle de l'Histoire.

Je pense, chère Karen, que tu n'étais peut-être pas telle que je t'imaginais. Tu n'étais pas cette femme au courage sans bornes, forte, indépendante, avisée et bonne que me dépeignait mon imagination. Tu étais plus humaine, plus fragile, plus malade, plus déprimée, plus sujette à tes émotions, plus égoïste, plus désespérée, plus habitée par le désir de possession, plus folle de la chasse, plus frivole.

Mais cela ne fait rien, chère Karen, nous sommes ainsi.

Copenhague, janvier

[LETTRE DE KAREN]

22 janvier 1928. Ma chère maman [...] je suis parvenue, en ce qui me concerne, à la conclusion suivante : toute angoisse est en fait nerveuse parce qu'*il n'y a rien dont on doive avoir peur*. Je veux dire par là que, naturellement, on peut avoir peur d'être tué, d'attraper une pneumonie, d'aller dans le fossé avec sa voiture, etc. - tous ces risques existent bien sûr dans la vie, - mais il ne faut pas *s'effrayer* à cette idée, - car il n'y a rien dans la vie qui vaille que l'on prenne peur [...]. [...] Toute peur est plus ou moins une peur du noir : faites donner de la lumière et elle se dissipera finalement car il apparaîtra qu'il n'y a rien là dont on doive avoir peur.

Un an et demi a passé, je suis sur la tombe de Karen à Rungstedlund. Il fait gris, un temps de neige boueuse, une tempête glaciale souffle directement de la mer. La grande dalle plate se trouve sous le couvert d'un hêtre énorme, âgé de trois cents ans. Un chien solitaire me dépasse au moment où je m'arrête.

Bons baisers du Ngong, Karen.

Comme s'il me répondait, l'immense hêtre se met à bruire au vent de la tempête.

C'est dans cette maison, celle de son enfance, que Karen est revenue d'Afrique en 1931, sans le sou, déprimée, syphilitique, ayant tout perdu : la ferme avait été vendue et Denys était mort. C'est ici, dans cette salle, installée au vieux bureau de son père, qu'elle avait commencé à taper sur sa petite machine à écrire.

Et c'est alors qu'avait commencé sa troisième vie, sa vie d'écrivain.

Autrice inconnue approchant la cinquantaine : elle eut au début toutes les peines du monde à trouver un éditeur pour ses *Sept Contes gothiques,* mais une fois publiés en janvier 1934 aux États-Unis sous le nom d'auteur d'Isak Dinesen, le succès, colossal, fut immédiat. Dix-huit mois plus tard ils paraissaient en danois, dans une traduction de Karen elle-même. Épuisée par ce projet, celle-ci pensait n'avoir plus la force d'écrire quoi que ce soit de bon, mais elle se remit à l'ouvrage, à l'âge de cinquante et un ans. *La Ferme africaine* parut en 1937, en anglais d'abord, puis en danois.

Le reste appartient à l'Histoire. Les livres de Karen rencontrèrent un immense succès en librairie et auprès de la critique. Les *Contes d'hiver,* publiés en 1942, furent si appréciés que l'armée imprima une édition spéciale sur papier bible qui tenait dans la poche d'une veste militaire. Karen figura deux fois sur la liste du prix Nobel de littérature, mais fut défaite par Ernest Hemingway en 1954 et Albert Camus en 1957. Après le film *Out of Africa,* terminé en 1985, même ceux qui n'avaient pas lu ses livres connaissaient ses aventures.

Les vingt-cinq dernières années de sa vie ne sont pas avares en anecdotes légendaires. Elle fut la fameuse baronne, *grande dame** et conteuse mythique qui « était âgée de trois mille ans et avait déjeuné avec Socrate ». Elle donnait des dîners somptueux où l'on servait des huîtres, des truffes, des soufflés et des bouillons parfaits. Elle s'entourait de jeunes gens, d'un cercle d'hommes férus de littérature et entama une romance dramatique avec un écrivain de trente ans son cadet. Lors de sa tournée de star littéraire en Amérique en 1959, elle but du champagne et dansa sur la table avec Marilyn Monroe. Elle souffrait de tant de maux (probablement liés à la syphilis) et avait subi tant d'opérations de l'estomac et de la colonne vertébrale qu'elle ne pouvait plus se nourrir que d'huîtres, de jus de fruits et d'ampoules de gelée royale. Avec ses trente-huit kilos, elle était si squelettique qu'à soixante-dix ans elle en paraissait cent. Mais elle avait un tel appétit de vivre, malgré tout, qu'elle pouvait passer tout un après-midi à Paris à vomir, gisant dans un semi-coma, et sortir le soir dans des « fêtes éblouissantes », peut-être à l'aide d'amphétamines. « Les pur-sang courent jusqu'à ce qu'ils s'écroulent » notait-elle à son propos.

Elle mourut à l'âge de soixante-dix-sept ans, en septembre 1962, un mois après Marilyn. Je songe qu'à la fin elle ne pouvait plus marcher ou rester debout, mais avait encore la force d'écrire. Elle dicta ses dernières œuvres à son secrétaire, couchée par terre ou dans son lit. Deux jours avant sa mort, elle signait son dernier contrat d'édition.

* En français dans le texte. (N.d.T.)

Debout près du bureau de Karen à Rungstedlund, duquel elle avait une vue directe sur la mer déchaînée, je me dis que son exemplarité véritable ne résidait pas dans sa vie en Afrique, sans parler des aspects moins reluisants de son caractère. Son exemplarité réside dans le fait que, *femme de quarante ans, sans famille, ayant abandonné son travail et sa maison*, elle avait eu la capacité de se réinventer.

Que ce n'est qu'à l'âge de quarante-six ans qu'elle se mit à faire ce pour quoi nous la connaissons aujourd'hui.

Qu'elle se mit à écrire.

Qu'elle devint un écrivain, après cela, l'une des plus grands de tous.

*

Conseils d'héroïne nocturne :

Sois courageuse. Ce n'est pas grave si tu as peur.
Joue avec les cartes que tu as en main.
Même malade, tu peux vivre à fond.
Si tu perds tout, écris.

PARTIE II

LES EXPLORATRICES

[Lettre manuscrite, copiée sur papier calque]

Chères Isabella, Ida et Mary,

Je vous écris depuis le grenier de mes parents, tellement excitée que je pourrais mourir de rire. Je suis une femme non mariée de quarante-deux ans qui souffre d'insomnies, de migraines, de frustration généralisée et de mélancolie passagère et je me demande ce qu'une femme telle que moi devrait faire de sa vie. Vivoter avec altruisme sans se faire remarquer ? Décorer sa maison et accumuler ses cotisations retraite ? Accomplir son devoir de contribuable ? Aider ses proches malades et pratiquer la charité ? Souffrir de crises d'hystérie, frustrée de ne pouvoir accomplir sa haute destinée d'épouse et de mère ? Espérer encore trouver un mari pour vieille fille déjà bien mûre ?

Eh, bien sûr que non, j'exagère, nous ne sommes tout de même plus au XIXe siècle. Mais n'est-ce pas justement parce que « tout » est possible aux femmes d'aujourd'hui qu'il me semble si difficile d'avoir le contrôle de ma propre vie ? Comment savoir à quoi je devrais l'employer, sachant que je ne la vivrai qu'une fois ? J'ai besoin d'inspiration, de modèles, de conseils pratiques ! D'héroïnes nocturnes qui me montrent le chemin !

Voilà ce qui m'a mis la fièvre depuis que j'ai entendu parler de vous. J'ai trouvé la réponse à toutes les questions que se pose une femme de quarante-deux ans non mariée : voyager. VOYAGER !!!

(À SUIVRE)

4.

Kallio-Vihti, l'été

CHOSES BIZARRES :

Boire de l'eau au robinet. Marcher dans la rue sans rester agrippée à son sac. Soleil froid. Limbes.

À mon retour d'Afrique, je tombe dans le vide. Le transfert de Nairobi à Kallio, mon quartier à Helsinki, est plein d'échos sombres et grinçants, et je reste en suspens, prisonnière d'étranges limbes. J'ai l'impression que mon organisme ne supporte pas les passages trop abrupts d'un monde à l'autre. J'ai mal à la tête et suis d'humeur si mélancolique que j'en ai les larmes aux yeux. Je passe plusieurs jours au lit, effondrée. Tout me paraît grotesque : la luminosité des soirs d'été, les gros titres des journaux, la surabondance dans les magasins d'alimentation. Je ne m'y retrouve plus, mais l'Afrique me semble déjà aussi lointaine qu'un rêve. Je regarde mes photos : je ne suis qu'un petit personnage dans la savane infinie, j'écris mon journal devant ma tente dans la brume matinale de Mkomazi. Comment se peut-il que ces moments si intensément vécus se soient si vite effacés ?

Je passe l'essentiel de mon été allongée dans le grenier de mes parents à Vihti, en périphérie d'Helsinki, car j'ai loué mon appartement pour colmater les brèches de ma situation financière. Les records de chaleur s'enchaînent pendant plusieurs semaines, je suis paralysée.

La nuit, je fais des listes. Je trace des schémas. Je dispose, sur un planisphère et ses fuseaux horaires, des femmes qui se sont fait remarquer pour leurs mérites. Je les classe mentalement par métier, par siècle et par lieu, je distingue les femmes mariées et les jeunes filles, celles sans enfants et celles qui ont été mères, je fais la liste de leurs métiers, de leurs accomplissements, de leurs maladies, des causes de leur décès. Je schématise les influences qu'elles ont exercées les unes sur les autres : qui fut un modèle pour qui ? Les femmes semblent former des enchaînements, des mycéliums étendus en un écheveau spatio-temporel embrouillé, trop complexe pour être décrit. J'interroge mes amis : à qui pensent-ils la nuit, et la liste s'allonge. Je songe aux femmes qui volettent à la bordure de ma conscience, mais dont j'ignore encore comment elles sont reliées à moi. Je pense aux lieux où partir sur leurs traces, mais, étrangement, les femmes exemplaires et les endroits où je voudrais aller ne coïncident pas.

Mais toutes évoluent autour de moi dans l'univers des héroïnes nocturnes.

Et puis, un beau jour, enterré sous des piles de livres, mon regard tombe sur un album grand format illustré de photographies : un cadeau pour trouver l'inspiration, offert par mon éditeur il y a des lustres. L'ouvrage est consacré aux voyageuses légendaires et porte en couverture le portrait en pied d'une jeune femme chevauchant un zèbre sellé, en Afrique, dans les années 1920 à en juger par le style. Mon pouls accélère aussitôt. Qui est-elle ? Comment s'est-elle retrouvée là, avec sa coupe au carré, son short de safari, ses chaussettes montantes et son chapeau à la mode ? Elle regarde droit devant elle, serrant les rênes comme si elle allait partir au galop dans la savane, mais il est impossible de domestiquer un zèbre !

C'est Osa Johnson, une aventurière américaine épatante et dingue. Et ce livre est rempli d'héroïnes nocturnes.

L'atmosphère de mon grenier devient soudain brûlante. Je feuillette plus avant et prends des notes, des pages et des pages de notes. Puis je me mets en quête des ouvrages cités dans la bibliographie (l'album lui-même s'est rapidement avéré une source peu fiable), j'en rapporte des piles de la bibliothèque, je commande sur Internet la biographie des femmes les plus intéressantes et je patauge dans les récits de voyage oubliés, numérisés en ligne. Je remonte la trace comme un limier, mais il me faut des jours et des semaines avant de comprendre définitivement sur quoi je suis tombée. Le sujet parfait. Des femmes exaltantes, historiques, exemplaires dont je n'avais jamais entendu parler. Je viens de découvrir les exploratrices du XIXe siècle.

Plus précisément : des femmes d'âge moyen tout à fait ordinaires qui, leurs devoirs familiaux accomplis, ont décidé de réaliser leurs rêves et de braver les règles de la bienséance pour partir seules en voyage autour de la planète, sanglées dans leurs corsets et leurs robes longues.

Prenons l'exemple de l'Écossaise Isabella Bird. Ce que je lis à son propos me renvoie l'image de mon double : quadragénaire, déprimée, migraineuse et insomniaque, une célibataire lassée des cadres que lui impose la société. Lorsque son médecin, en 1872, lui suggéra un changement d'air en guise de traitement – supposant que sa patiente ferait une excursion en bateau, toute indiquée pour une petite femme de son espèce, disons à Brighton –, Isabella acheta un passage pour l'Australie, guérit comme d'un coup de baguette magique, décida de faire le tour du monde, se rendit dans les coins les plus durs, seule, pendant près de trente ans, écrivit des dizaines de récits de voyage et fut, pour finir, la première femme à être acceptée comme membre de la Royal Geographical Society britannique.

Ou penchons-nous sur Ida Pfeiffer, une Autrichienne qui, dans les années 1840, âgée de quarante-quatre ans décida, ses enfants ayant quitté le nid familial, de partir seule, coiffée de sa bienséante capote doublée de dentelle et munie de son maigre budget, de visiter la planète, devenant l'autrice d'un tas de récits de voyage hyperpopulaires.

Ou encore Mary Kingsley qui, bonne fille, commença par accompagner ses parents jusqu'à leur mort et partit ensuite seule dans les jungles de l'Afrique de l'Ouest où elle se lia d'amitié avec des peuples anthropophages et des marchands européens.

*

[Suite de la lettre]

Mes chères Isabella, Ida et Mary – je suis enchantée ! Quel courage incroyable ! Vous ne vous êtes laissé retenir ni par la dépression et la migraine, ni par la mort de vos parents, ni par vos mauvais mariages - vous avez décidé de faire ce qu'il vous chantait, et de dire zut à ce que les autres pensaient de vous ! Et avec quelles ressources ! Vous n'aviez pas la possibilité de comparer sur Internet les offres d'hébergement dans l'Himalaya ou de consulter à l'avance les horaires des canots dans la jungle du Congo. Vous ne pouviez pas vous munir d'antibiotiques, de barres énergétiques et de téléphones connectés à Internet. Vous refusiez d'avoir des compagnons de voyage. Vous emportiez vos longues robes noires, vos nécessaires d'écriture, quelques conserves et des tonnes de culot. Vous partiez en bateau à vapeur et en chariot pour des semaines, des mois, parfois des années de voyage. Le soir, sans vous soucier de la fatigue, vous relatiez à la lueur d'une bougie les expériences du jour dans vos carnets ou vos lettres qui rejoignaient, au gré de maintes tribulations par les mers et les continents, ceux qui attendaient à la maison, afin que moi et les autres femmes, d'aujourd'hui et de demain, puissions lire vos aventures.

Isabella, Ida et Mary - vous vous êtes arrachées au peloton des femmes d'âge moyen lassées de leur vie cent cinquante ans avant que cela ne soit à la mode. Chères étoiles, je vais essayer de quitter ce grenier au plus vite.

Le... août, votre... M...

*

Je décide immédiatement de suivre le traitement antidépresseur d'Isabella Bird et achète deux allers-retours : l'un pour Kyoto en septembre, l'autre pour Florence en novembre. Je me sens tout de suite mieux.

Mes piles de livres me révèlent que ce genre d'activité – partir seule – n'est pas toujours allé de soi. Si, moi, je peux faire ma valise et décoller, pour autant que mon compte en banque, mon emploi du temps et mon courage me le permettent, les femmes des temps passés ne pouvaient pas voyager sans escorte ou sans le consentement d'un homme. (L'histoire est pleine de femmes qui n'ont eu d'autre recours que de se travestir en homme, soldat ou marin.) La situation s'améliora certes au XIXe siècle, grâce à l'essor du tourisme en Europe, mais une femme avait encore tout intérêt à être escortée d'un chaperon (une vieille tante par exemple) ou à participer à un circuit organisé par Thomas Cook, puisque c'était désormais possible. Les Britanniques pouvaient certes voyager seules, sans risquer d'offenser la bienséance, jusque hors d'Europe, car l'Empire s'étendait sur tous les continents : même dans les contrées les plus reculées, elles pouvaient s'attendre à tomber sur des compatriotes qui les traiteraient avec des égards, pour peu qu'elles fussent suffisamment nanties et munies de lettres de recommandation en bonne et due forme.

Au milieu du XIXe siècle, un nouveau genre de femmes s'installe dans le paysage : celles que l'on peut vraiment qualifier d'exploratrices. La mode était, plus généralement, aux voyages d'exploration : la planète comptait des zones encore non cartographiées et les expéditions qui y étaient envoyées permettaient du même coup de promouvoir les ambitions coloniales. Les explorateurs (des hommes donc) étaient considérés à leur retour comme des héros nationaux et les lecteurs dévoraient les reportages et ouvrages qui leur étaient consacrés. Voilà qui semblait aussi attirer les femmes. Mais comment conserver sa bienséance tout en abandonnant ses devoirs pour partir seule au-delà des frontières de la civilisation ?

La bienséance, en effet. Dans l'Europe du XIXe siècle, c'est le point central de la vie d'une femme, de même que la réputation qui lui est corrélée. Juste après vient l'obligation de remplir ses devoirs – qui ne manquaient vraiment pas : tant que la femme avait un époux, un père ou un frère, elle devait se charger des travaux domestiques, du budget du ménage, élever les enfants, soigner les malades et, si elle n'était pas mariée, s'occuper des membres de la famille plus éloignés. Mais si elle n'avait plus à remplir toutes ces obligations – si elle était vieille fille ou si ses parents étaient morts – alors seulement pouvait-elle songer sérieusement à réaliser ses propres envies. À condition de surmonter un sentiment de culpabilité indéterminé.

Il semble que cet écheveau de culpabilité et d'obligations ne se soit pas encore tout à fait effacé de l'esprit des femmes de nos jours. Je n'ai pas élevé d'enfants ni ne m'occupe de mes parents (pas encore), mais j'ai quand même l'impression d'avoir jusqu'à présent passé ma vie conformément à certaines attentes implicites, d'être consciencieuse et docile en raison de principes structurellement intégrés en moi. J'ai suivi des études en bonne et due forme, j'ai exercé des métiers correspondant à mon niveau de formation, je me suis efforcée de progresser pendant près de quinze ans et j'ai fait, à mon sens, tout ce qu'il fallait pour que cela marche. Mais c'est là que je me suis sentie frustrée. C'était tout ? Plus rien de *nouveau* n'allait donc arriver ? (C'est probablement à ce stade que la plupart de mes amis ont fondé une famille.) Je commençais à avoir la sensation que j'avais passé assez de temps à faire ce que j'étais *censée* faire. Un temps suffisant à me montrer consciencieuse, honnête, docile et raisonnable. Je n'en peux plus d'être raisonnable ! (Isabella, Ida, Mary : vous voyez ce que je veux dire.) Et parce que je n'en pouvais plus, j'ai d'abord opté pour un temps partiel. Puis je ne suis plus allée travailler. J'ai décidé de continuer à écrire et voyager, je me suis inventé un métier – *autrice-exploratrice,* rien que ça –, un cadre à l'intérieur duquel explorer, voyager et écrire autant que mon âme et mon maigre compte en banque me le permettaient. (D'accord, les voyages d'exploration ne sont plus, littéralement, possibles, tous les coins de la terre ayant été défrichés, mais j'envisage la chose comme une sorte d'attitude spirituelle, ma mission personnelle et l'extension du domaine de ma vie de femme d'âge moyen.) J'ai donc vendu mon appartement, j'en ai racheté un deux fois plus petit, je me suis débarrassée de mes affaires et de mes dépenses inutiles, j'ai candidaté pour obtenir des aides à la création et j'ai planifié mes voyages.

Oh que oui : je me sens coupable. De tout ça. Interrogée par des connaissances, j'insiste sur les mauvais côtés de mon mode de vie (pénurie et incertitude économique, une vie tout le temps en chantier, passant mon temps à faire et défaire mes valises). Je me dis qu'une telle liberté de mettre en œuvre ses envies n'est sûrement pas tout à fait acceptable. Cela ne saurait l'être.

Ce ne l'était pas non plus au XIXe siècle. Si une femme décidait de partir, le voyage devait être justifié par une raison socialement valable – l'intérêt pour les nouveaux horizons était très loin de suffire, d'autant que l'excès de curiosité était inconvenant. Ayant acheté mes billets pour Kyoto et Florence, j'examine avec inquiétude la *Liste des Raisons Valables pour voyager en tant que Femme,* établie d'après mes lectures :

1) *Le travail de son mari.* (Évidemment la raison numéro Un, car une femme consciente de ses devoirs

suivra d'un pas alerte son époux jusque dans les contrées les plus primitives du globe.)

2) *Les raisons de santé.* (Murmures approbateurs.)

3) *La vocation de missionnaire et les pèlerinages.* (Murmures approbateurs, sans conteste.)

4) *La peinture de paysage.* (Fleurs et insectes acceptés.)

5) *La collecte de spécimens botaniques.*

6) *La recherche scientifique.* (Si tant est qu'on suppose qu'une femme en soit capable. L'intérêt que montre une femme pour la géographie ou les sciences naturelles n'est-il pas ridicule, en tout cas contre nature ? Et comment une femme livrée à de telles occupations compte-t-elle s'acquitter des activités féminines proprement dites, telles que la couture ?)

À ce stade de ma lecture, je suis gagnée par un début de désespoir, dont me tire, heureusement, la raison suivante.

7) *La collecte de matériau en vue d'un récit de voyage et l'éducation des lecteurs.*

L'éducation des lecteurs ! Isabella, Ida et Mary se sont, elles aussi, raccrochées à cette planche de salut. L'avantage des récits de voyage à cette époque était, en outre, qu'ils étaient rentables (*sic !*) : les ventes et la tournée afférente pouvaient parfaitement servir de fonds pour le voyage suivant.

Une fois que les femmes du XIXe siècle avaient trouvé des raisons suffisamment acceptables de voyager, plus rien ne les retenait. Assise dans mon grenier de Vihti, cernée de piles d'ouvrages toujours plus hautes, je comprends que les voyageuses, les écrivaines voyageuses, les exploratrices, toutes les aventurières du monde et globes-trotteuses ayant mérité dans différents domaines sont en nombre immense. Comment se fait-il que je n'aie rien su d'elles ?

Je me lance dans un élagage impitoyable. Je retranche sans ménagements aux écrivaines de récits de voyage toutes les nobles héritières ultrafortunées, les missionnaires, les préceptrices, celles qui ont suivi leur mari et celles qui sont nées après 1900. Je rejette sans autre forme de procès les chasseuses (le titre d'un ouvrage publié en 1893 : *How I Shot my Bears*), les alpinistes, les aviatrices, les navigatrices, les coureuses auto et moto, et les pirates (oui, il y en eut). J'écarte aussi les épouses d'explorateurs, bien que leur expérience puisse m'intéresser. J'élimine certaines froidement sur le simple motif des lieux de leur voyage, bien que la lecture promette d'être, sans le moindre doute, bouleversante (*Unprotected Females in Norway*, 1857), certaines contre mon gré car le titre même du livre me fait saliver (*To Lake Tanganyika in a Bath Chair*, 1886, ou *A Year's Housekeeping in South Africa*, 1877). Je ne m'arrête pas davantage aux cahiers de doléances, ces rapports établis par des épouses parties contre leur volonté avec leur mari ou par des malades en quête de guérison, même s'il se pourrait fort que je trouve en ces voyageuses timorées mes sœurs d'âme. (Je me rappelle sévèrement à l'ordre : je cherche des *modèles*.) Les activistes politiques, les espionnes et les agentes secrètes, je les raye absolument, car je ne parviens jamais à penser à elles pendant la nuit, quels que soient leurs mérites, de même qu'une religiosité excessive refroidit mon intérêt. J'ai un peu plus de mal à jeter par-dessus bord les entomologistes et les aquarellistes florales, toutes ces merveilleuses braves dames un peu monomanes qui voyageaient à la poursuite de leur passion et écrivaient des ouvrages aux titres fleurant le bonheur comme *Time Well Spent* et *Recollections of a Happy Life*. Et puis il y a l'ensemble des écrivaines victoriennes de récits de voyage qui partaient seules en Afrique, envers qui je dois faire preuve d'une fermeté mentale encore plus grande. Mais je finis par les éliminer elles aussi, car il leur manque, pour une raison que j'ignore, l'éclat irrésistible qui fait l'héroïne nocturne la plus exemplaire, celle qui donne envie de la suivre même sans savoir où vous finirez par arriver. L'éclat que possèdent Isabella Bird, Ida Pfeiffer, Mary Kingsley et quelques autres.

J'ai une féroce envie de marcher dans les traces de ces exploratrices. Elles n'avaient pas d'argent, pas d'atouts physiques particuliers, pas de formation scientifique, pas de soutien de la part de la société et n'étaient souvent même pas jeunes ni en bonne santé. Et pourtant, elles sont parties.

Et c'est la raison pour laquelle je les aime.

ISABELLA

Conseil d'héroïne nocturne n° 2

Si tu souffres de dépression, de frustration
ou de migraine, pars en voyage.

HÉROÏNE NOCTURNE N° 2 : *Isabella Bird*

PROFESSION : *Vieille fille, plus tard voyageuse autour du monde et autrice de récits de voyage. Souffrait de dépression, de maux de dos et d'insomnie, jusqu'à ce que son médecin lui recommande d'effectuer un petit voyage en mer pour se soigner. Elle partit pour un tour du globe seule et ne s'arrêta plus.*

« Je suis absolument transportée de joie. C'est un monde nouveau, libre, plein de fraîcheur et de vitalité, sans soucis et sans chaînes, si plein de choses intéressantes que je voudrais pouvoir me passer de dormir […]. Plus de sonnettes, plus de « je vous en prie madame », plus de domestiques, de factures, plus d'exigences d'aucune sorte, plus de vains efforts pour tenter de faire toutes ces choses qu'il faudrait. Avant tout : finies la nervosité et les conventions. […] Les mots me manquent pour dire à quel point j'aime ma vie ! »

Isabella, naviguant en pleine tempête atlantique en l'an 1871.

ISABELLA BIRD (1831-1904) naquit en Grande-Bretagne, dans le Yorkshire, au sein d'un monde où les qualités majeures d'une personne de genre féminin étaient la vertu, l'application et l'altruisme. Son père était pasteur et sa mère enseignait le catéchisme. La famille déménageait de paroisse en paroisse au gré des affectations du père. À la maison sa mère lui enseigna, ainsi qu'à sa cadette Henrietta, la lecture, l'écriture, le dessin et la couture. Isabella s'intéressait au latin, au grec ancien et aux microscopes, mais l'éducation des filles n'allait pas plus loin, car il n'existait pas d'écoles leur étant destinées, pas plus que l'université n'admettait la gent enjuponnée.

Isabella était une enfant maladive qui se plaignait sans cesse de fatigue, de mal de dos, de migraine et de faiblesse générale. On retira une tumeur sur sa colonne vertébrale, mais l'unique traitement préconisé pour ses autres maux était un changement d'air. Son père emmena toute la famille dans les Highlands d'Écosse, le climat des montagnes ayant été prescrit. Sur la recommandation de son médecin qui lui enjoignait d'effectuer un long voyage en mer, Isabella, vingt-deux ans, partit avec ses cousins en Amérique. Elle écrivit même un livre relatant l'épisode – *The Englishwoman in America* parut en 1856 –, mais comme il lui paraissait déplacé de gagner de l'argent par ce moyen, elle fit don de ses droits d'auteur à un organisme de charité et procura des bateaux à des pêcheurs pauvres. Elle effectua un second voyage en Amérique sur avis médical. À son retour, son père tomba malade et mourut. Elle décida donc, écrasée par la culpabilité, de ne plus jamais rien faire d'aussi égoïste.

Après le décès de son père, la mère et les deux sœurs s'installèrent à Édimbourg. La vie était – pour le dire poliment – d'un ennui soporifique. À vingt-huit ans, Isabella rédigeait le matin pour un journal des articles ayant trait à la spiritualité et à la charité, et passait ses après-midi en visites, comme l'exigeaient les schémas sociaux régissant la vie d'une femme convenable. Les prétendants ne lui couraient pas dans les pattes. Quand sa mère mourut à son tour au bout de quelques années, les options étaient restreintes. Isabella avait trente-quatre ans, Hennie trente et un. Elles auraient certes pu mener la vie de bien des vieilles filles, passer de maison en maison sans foyer pérenne, pour s'occuper de leurs parents malades et aider aux soins des enfants. Mais Isabella ne voulait pas de cet avenir. Peut-être pourraient-elles vivre toutes deux chichement de leur héritage, tandis qu'Isabella mettrait du beurre dans les épinards en écrivant pour la paroisse ?

La situation resta tenable pendant quelques années, mais Isabella commençait à en avoir assez. Tel était donc ce à quoi ressemblerait le restant de ses jours ? Une femme non mariée ne pouvait-elle donc *rien* faire d'autre ? À trente-huit ans, frustrée, Isabella reprit contact avec son éditeur, John Murray, qui l'avait accompagnée treize ans plus tôt et publiait une série de guides de voyage à succès : elle avait besoin de se lancer dans des travaux de rédaction plus ambitieux. « Si vous pouviez me proposer quoi que ce soit, j'en serais très heureuse. » John Murray l'encouragea à se rendre à l'étranger pour chercher un matériau nouveau et intéressant, mais Isabella avait des doutes. Elle brûlait certes du désir de partir, mais comment le pourrait-elle – elle qui s'était juré de ne plus jamais voyager ! Pour se tirer de cette ornière, elle envisagea un pèlerinage à Jérusalem. Hélas, cela aussi lui parut trop égoïste.

Tandis qu'Isabella luttait avec les règles de la bienséance, son corps prit les rênes : elle retrouva ses souffrances familières, mal de dos, migraine et insomnie, et fit la connaissance d'innombrables soucis nouveaux, eczéma, fièvre, mal de poitrine, crampes, nausées, chute de cheveux, nervosité et dépression. Elle passait souvent la journée au lit, incapable de trouver le sommeil, examinant avec angoisse chaque ressenti corporel, se convainquant de sa gravité et courant les médecins, sans obtenir d'explication à ses maux. L'un de ces praticiens lui fit porter une résille en acier autour de la tête afin d'éviter que la colonne vertébrale ne se fatigue et l'engagea à passer du temps en bateau, le roulis soulagerait ses douleurs. On purgea son sang à l'aide de saignées et de sangsues, et des tranquillisants lui furent prescrits : du laudanum, un opiacé, de l'alcool et des gouttes de Chlorodyne, un mélange d'opium, de cannabis et de chloroforme en vogue à l'époque. Toutes substances qui provoquaient, outre une dépendance, les symptômes susmentionnés. Isabella suivait les ordonnances, allant jusqu'à se rendre dans les Highlands se faire bercer sur une barque, mais rien n'y faisait.

À n'en pas douter, nombre de ces symptômes étaient d'origine psychosomatique. À l'instar de tant d'autres femmes intelligentes et capables, Isabella aurait voulu en faire *davantage*, et ailleurs qu'au foyer. Frustrées dans leurs ambitions, elles étaient donc réduites à un état pour lequel on commença à utiliser le terme d'hystérie. Mais bon sang, moi aussi je deviendrais hystérique si j'étais obligée de rester allongée dans une barcasse la tête dans une cage en fer, alors qu'en réalité, tout ce dont j'aurais envie est de *faire* quelque chose ! Dans le cas d'Isabella, la maladie fut aussi son salut : les raisons de santé comptaient parmi les rares motifs de voyage valables pour une femme. Lorsque Hennie incita sa sœur à partir en mer comme le lui recommandait une fois encore son médecin, et qu'Isabella eut passé un nombre suffisant de mois à se faire prier, celle-ci finit par s'acheter un billet pour New York et, dès son retour, un passage pour l'Australie.

Les raisons de santé – quel merveilleux prétexte ! Isabella en fit un écran de fumée bien pratique pendant les deux décennies suivantes. J'entends presque le crépitement du télégraphe (qui venait d'être inventé) tandis que les messages fusent de par le monde : *Mes douleurs au dos m'obligent à faire le tour du monde en bateau... Mes migraines me condamnent à passer les six prochains mois sous le climat favorable de Hawaï, à faire du cheval, me baigner et grimper au sommet des volcans... Pour traiter ma dépression j'ai dû escalader le Longs Peak dans les Rocheuses, guidée par un célèbre hors-la-loi, une brute par ailleurs d'une beauté remarquable... Mes insomnies m'ont contrainte à traverser le Sinaï à dos de chameau, seule femme en compagnie d'une vingtaine de Bédouins...* Ma chère Isabella, c'est tout simplement génial.

Pour l'heure donc, nous sommes en 1872, Isabella s'achète un billet pour l'Australie. Elle a eu une révélation en plein milieu de l'Atlantique lors de son voyage au printemps (*Je suis absolument transportée de joie ! Les mots me manquent pour dire à quel point j'aime ma vie !*) et entend repartir aussitôt *pour raisons de santé* faire le tour du monde : d'abord de Grande-Bretagne à l'Australie, puis la Nouvelle-Zélande, la Californie, avant le retour via la traversée du continent américain et de l'Atlantique. Isabella s'équipe d'une paire de bottes, d'un costume en tweed, de sous-vêtements, de chaussettes chaudes et d'une robe en soie noire pour les grandes occasions, de médicaments, de carnets de notes et de croquis, de stylos, d'encre, de papier et d'enveloppes afin d'écrire de longues lettres à sa chère sœur. Elle embarque à Liverpool en juillet 1872.

Elle a quarante ans.

Son premier tour du monde allait durer un an et demi.

Isabella ne guérit pas aussitôt. Au bout de trois mois de navigation, l'Australie s'avéra une déception : tout y était comme en Angleterre, hormis qu'il faisait une chaleur atroce. Isabella se sentait seule et n'avait goût à rien. Elle avait le mal du pays et déprimait, elle enchaînait les insolations et les migraines et ne parvenait pas à dormir, se plaignant auprès de sa sœur dans de longues lettres. Elle restait alitée, avalait des médicaments trois fois par jour, buvait trop (vin et bière au déjeuner, dîner et après-dîner) et elle était tout le temps fatiguée (pas étonnant). Les journaux de l'époque évoquaient à longueur de colonnes la surabondance d'hommes en âge de se marier qui régnait dans les colonies et plus particulièrement en Australie, et encourageaient les demoiselles anglaises (qui supplantaient d'un million la population masculine) à s'y rendre, une organisation se proposant même d'aider les femmes « dans la détresse » à trouver un époux outre-mer. D'aucuns se sont lancés dans des spéculations pour savoir si le voyage d'Isabella n'aurait pas été lié à une quête matrimoniale, mais c'est une mission que celle-ci ne semble pas avoir accomplie. Elle écrivit à sa sœur qu'elle n'avait rien vu qui en vaille la peine, ni rencontré personne d'intéressant.

Puisqu'il ne faisait pas plus frais en Nouvelle-Zélande, Isabella, désespérée, décida de continuer directement jusqu'en Amérique et réserva une place sur le prochain navire en partance pour San Francisco. Le vapeur le *Nevada* avait vraiment vu des jours meilleurs et prenait l'eau de tous côtés, mais l'idée même du danger rendit enfin Isabella à la vie. D'une manière tout à fait incompréhensible, elle se trouva miraculeusement guérie pendant la traversée. Ses lettres prirent une tonalité enthousiaste que rien ne pouvait assombrir, pas même le typhon dans lequel le bateau s'engouffra, la nourriture infecte à bord (le pain était plein de fourmis et de charançons), le moteur cassé, la température dépassant souvent les quarante degrés dans les eaux tropicales, le plafond du salon qui fuyait – obligeant à porter le ciré et les bottes à l'intérieur en cas de pluie – et les cabines grouillant de cafards et de rats.

À mi-course, le fils d'un passager tomba malade et le capitaine décida de faire une escale au port de Honolulu, à Hawaï, dont le nom était à l'époque les îles Sandwich. Isabella descendit à terre pour aider à trouver un médecin et réalisa qu'elle était tombée sur le paradis de barrières de corail et de volcans qu'elle avait vainement cherché en Australie et en Nouvelle-Zélande. Elle resta à Hawaï plus de six mois. Dans la préface de son ouvrage *The Hawaiian Archipelago*, paru quelques années plus tard, elle souligne qu'elle y avait séjourné car elle avait pu constater que le « climat y était favorable à [sa] santé ».

Isabella fut éblouie par Hawaï et son mode de vie dont elle n'aurait pu même rêver en Grande-Bretagne. Elle escalada le plus haut volcan de la planète et chevauchait à califourchon comme les femmes du pays, ce qui eût été hors de question dans le monde civilisé. Elle vivait chez des locaux et explorait l'île par elle-même. Les surprises proposées par cette vie insouciante la comblaient. Elle n'avait peur de rien. Elle partait à cheval sans cartes et sans but, passait la nuit dans des cabanes en paille, se nourrissait de fruits et de *poi*, la bouillie locale, nageait et se lavait dans les rivières, faisait sécher ses vêtements au soleil et déclarait que c'était la chose la plus merveilleuse qu'elle eût jamais connue. Elle mettait en exergue auprès de sa sœur ses compétences nouvelles en cuisine, travaux d'aiguille, lessive et gestion des dépenses, ajoutant qu'elle était capable de seller, brider et équiper sa monture elle-même. « Désormais, plus un seul homme ne pourra venir me dire qu'une chose est trop difficile pour moi ! » En se regardant dans le miroir, elle voyait une femme métamorphosée : la quadragénaire étique et maladive avait laissé place à une femme radieuse, bronzée et rajeunie de dix ans aux yeux pleins de feu. Isabella était si rayonnante qu'un honorable M. Wilson la demanda en mariage. (Elle refusa.)

Isabella écrivit : « Je fais ce qu'une femme ne pourra jamais accomplir – *je vis une vie d'homme.* Mon cheval harnaché et mon équipement accroché, je n'ai pas besoin d'établir de plan. Je peux faire n'importe quoi, même ce qui paraît impossible. [...] Je déborde d'énergie, que je consacre à tout sauf aux conventions et au monde civilisé. » Elle ne put toutefois se défaire entièrement de ce dernier : sa sœur Hennie, attendant près du fourneau, était le cordon ombilical qu'elle refusait de couper. Elle lui proposa dans un moment d'aberration embrassant l'amour universel : et si elle aussi venait à Hawaï ? *Nous pourrions entamer une nouvelle vie ici !* Mais quand Hennie, l'ayant prise au mot, commença les préparatifs du départ, Isabella annula sans tarder et lui fit la liste de tous les défauts de l'île. Il n'était pas question que sa sœur voyage. Il fallait qu'elle reste à la maison : à qui Isabella écrirait-elle sinon ?

En août 1873, Isabella quitta Hawaï à regret et mit le cap sur San Francisco, d'où elle prit un train jusqu'au Colorado, dans les Rocheuses. Elle loua un cheval et s'en alla explorer les environs. Son plus grand souhait était d'accéder à Estes Park, connu pour ses paysages majestueux. Le propriétaire d'une auberge demanda à deux jeunes hommes de l'y accompagner. Ceux-ci n'avaient aucune envie de s'embarrasser d'une femme, mais acceptèrent dans l'espoir qu'elle fût au moins « jeune, belle et vive ». (Leurs espoirs furent déçus à l'apparition de « Miss Bird en pantalon bouffant, qui montait comme un cow-boy »). Isabella n'avait absolument que faire de ce qu'ils pensaient d'elle. Elle avait passé une nuit blanche à se tracasser sur sa capacité à avaler quarante kilomètres par jour à cheval.

Le voyage fut un bouleversement. À l'entrée des gorges conduisant à Estes Park, ils découvrirent une cabane en rondins, en laquelle Isabella vit la tanière d'une bête sauvage. Sous le toit couvert de fourrures de lynx et de castor mises à sécher au soleil, à une extrémité, était suspendue la carcasse d'un daim. Ici et là, étaient accrochés des cornes de renne, de vieux fers à cheval ainsi que les restes d'un castor écorché, le tout gardé par un chien aux grondements menaçants. Un homme large et trapu, vêtu d'un pantalon en daim dépenaillé, un poignard à la ceinture et un revolver sur la poitrine en sortit. Cette figure « choquante » était Jim Nugent, brute malfamée et hors-la-loi mieux connu sous le nom de Rocky Mountain Jim. En dépit de sa mauvaise réputation, Mountain Jim était d'une beauté frappante – sur la moitié du visage du moins, car il lui manquait un œil, perdu lors d'un combat avec un ours gris – et d'une culture et d'une politesse étonnantes. Contre toute attente, Isabella fut fascinée, le desperado aussi.

Isabella n'avait prévu de passer que peu de temps à Estes Park, mais les semaines et les mois défilaient, et elle ne partait pas. Elle logeait à la ferme de la famille Evans et retrouvait Mountain Jim presque chaque jour. Ils passaient des heures à cheval dans les montagnes et se défiaient au galop dans l'air piquant. Isabella donnait parfois un coup de main pour conduire le bétail au côté des hommes. Lorsque vint le froid, elle prit l'habitude de porter une fourrure d'ours par-dessus sa tenue de cavalière, et elle se procura un manteau en laine et des moufles d'homme. L'hiver progressant, elle passa des semaines seule avec les hommes dans une cabane (« la femme la plus proche était à quarante kilomètres ») tandis que le mercure descendant en-dessous de zéro, tout gelait à l'intérieur : le lait, le beurre, le pain, la mélasse, l'encre pour la correspondance, les cheveux qu'Isabella venait de se laver. Elle écrivit qu'elle se nourrissait et dormait comme un chasseur, qu'elle ne possédait plus que les vêtements sur son dos et une paire de chaussettes en laine qu'elle avait portée pendant six semaines d'affilée. « J'ai presque oublié que les femmes existent. Un beau jour j'ai parcouru quatre-vingts kilomètres à cheval, ce qui ne m'a rien paru. J'ai passé dix mois en plein air et à dos de cheval. »

Quand Isabella souhaita escalader « le Matterhorn américain », le sommet du Longs Peak, Mountain Jim lui servit de guide. Mme Evans leur fit du pain pour trois jours, leur découpa un morceau de viande sur la carcasse de bœuf pendue dans sa cuisine et ajouta des provisions de thé, de sucre et de beurre. Ils dormaient à la belle étoile, leur selle renversée en guise d'oreiller (« je ne pus dormir, mais la nuit passa rapidement ») et quand les autres n'étaient pas là, Mountain Jim laissait tomber son attitude bourrue et discutait avec douceur. La partie à escalader fut d'une difficulté presque insurmontable pour Isabella : elle réalisa qu'avec sa robe de cavalière hawaïenne et les grosses bottes, trop grandes, de M. Evans, elle n'était pas équipée pour cette épreuve. Mais elle y parvint. « Quel dommage que tu ne puisses pas me voir ainsi, si naturelle, libre et prête à n'importe quoi », écrivit-elle à sa sœur.

Les mois passant, les rumeurs d'une romance commencèrent à courir à la ferme et Isabella parla à Hennie dans un délire d'enthousiasme de « M. Nugent ». C'était un compagnon brillant, charismatique, amusant, incisif et cultivé, avec lui elle pouvait parler de tout. Mountain Jim en faisait certes aussi des tonnes pour maintenir la légende du hors-la-loi sauvage, et d'aucuns étaient d'avis que son surnom lui venait surtout de l'énormité de ses mensonges. Mais sous la rudesse se cachait un esprit vif et attentif, qui disposait en outre d'une vaste culture littéraire. Jamais Isabella n'avait décrit aussi ouvertement ses sentiments envers un homme. « Il est fait d'une étoffe des plus singulière. Son apparence est effrayante, mais ses manières douces [...] sa voix a des accents profonds [...] son attitude est d'une infinie fierté [...]. Pendant cinq minutes il me sembla que l'amour était possible, mais je chassai bien vite cette idée. Pour une femme de quarante ans, ce serait faire preuve d'une vanité impardonnable », écrivit-elle à sa sœur.

Peu avant le retour d'Isabella au pays, Mountain Jim lui conta les moments les plus sombres de son histoire et lui déclara son amour au cours d'une scène dramatique. Bouleversée, Isabella pleurait, mais elle l'éconduisit. Cet homme avait beau être merveilleux, elle ne pouvait mettre de côté son terrible passé, ses humeurs changeantes et sa propension à boire plus que de raison. « C'est un homme dont toute femme s'éprendrait, mais qu'aucune personne douée de raison n'épouserait. [...] J'ai le cœur brisé en songeant à sa vie sombre, qu'il a perdue et lui-même détruite. Il est si aimable et fascinant, mais si terrible. [...] Il me manque affreusement. »

Isabella fit ensuite ce qu'à son sens chaque femme bien élevée de la bonne société d'Édimbourg ferait en de telles circonstances : elle lui envoya une réponse écrite formelle. « Cher Monsieur, en conséquence du ton critiquable sur lequel vous m'avez parlé lundi, nos relations ne sauront désormais que s'en tenir à la plus grande réserve... J'ose donc espérer que notre amitié cesse sans plus attendre... Sincèrement vôtre... »

*

[Lettre exprès, envoyée par télépathie]

Le vendredi 21 novembre 1873,

Ma chère Isabella, ma très chère Isabella, je me trouve au sommet du Longs Peak et je t'envoie des signaux de fumée, je te l'écris en morse, je te jette des petits cailloux et je te le hurle dans un mégaphone n'en-voie-pas-cet-te-let-tre ! Mais évidemment tu le fais, tu la mets dans la main de Jim des montagnes quand tu le croises lors d'une sortie à cheval, alors que tu vois qu'il souffre et qu'il est malade.

Ma chère Isabella, pourquoi cette lettre ridicule après toutes ces expériences ? Tu t'es transformée en une Isabella nouvelle à Hawaï, en une femme indépendante qui se baigne dans les rivières et escalade les volcans, qui selle elle-même son cheval et se moque des conventions - pourquoi vouloir à tout prix garder ton image de lady vertueuse ? Pourquoi, ô pourquoi donc, restons-nous accrochées à nos modèles de comportement ? Pourquoi ne parvenons-nous pas à changer la représentation que nous nous faisons de nous-même alors que tous les autres nous voient déjà différemment ?

Certes, certes, tu as bien insisté auprès de ta sœur : tu n'étais aucunement amoureuse de cet homme, évidemment pas, mais autrement tu pérorais à son sujet, les joues en feu, et tu en profitais pour répéter son nom à la moindre occasion. Une fois tu as même rêvé que tu étais assise au coin du feu, quand soudain Jim faisait son entrée, revolver au poing, et te tirait dessus ! Il était bien sûr fascinant en raison de sa « dangerosité », comme tu le reconnais, mais il suffit d'un minimum de psychologie de comptoir pour comprendre que tu espérais secrètement qu'il fît irruption et tire un coup de feu - hum - sur ta vertu qui aurait fini en miettes.

Je t'accorde qu'il buvait trop et souffrait sans doute de maniaco-dépression, je le comprends bien, très bien même. Mais vous aviez pourtant une connexion, un lien qui se noue rarement entre personnes. Si toi, Isabella, tu étais parvenue à te voir en cette femme nouvelle que tu étais, tu aurais au moins écrit une lettre différente.

Ta M

PS. J'aimerais tellement que tu aies connu la joie complète avec Jim des montagnes et les autres, s'il y en eut. Je me le souhaiterais à moi-même aussi, si je rencontrais un beau hors-la-loi borgne. Ils ne courent pas les rues.

*

Isabella et Mountain Jim se revirent quelques fois. Isabella réfléchissait à la demande en mariage de l'honnête et modeste M. Wilson et se demandait pourquoi elle trouvait son sinistre hors-la-loi bien plus fascinant, mais elle ne revint pas sur sa décision. Lors de la dernière soirée d'Isabella, l'étrange couple resta de longues heures dans la cuisine à parler de poésie et d'écriture.

Ils ne se revirent plus jamais ensuite. Pas plus de six mois après le départ d'Isabella, Mountain Jim reçut une balle dans le corps, pour la dernière fois.

Le tour du monde d'Isabella avait duré près d'un an et demi et l'avait transformée de fond en comble. À son départ de New York pour retraverser l'Atlantique, elle écrivait tout de même à une amie : « Pour moi, je considère toujours le monde civilisé comme une plaie, la société comme une foutaise et les conventions comme un crime, mais il se peut que je reprenne mes vieilles habitudes sans tarder. » C'est exactement ce qu'il advint après son retour à Édimbourg. Elle redevint la respectable Miss Bird qui vivait avec sa sœur, pratiquait la charité et vouait ses journées à l'écriture. John Murray souhaitait publier ses expériences hawaïennes en recueil, Isabella transposa donc ses lettres à sa sœur en manuscrit et *The Hawaïan Archipelago* parut en février 1875, agrémenté d'une préface mentionnant les *raisons de santé*. L'accueil fut aussitôt enthousiaste, Isabella rédigea donc une série d'articles consacrés à ses aventures dans les Rocheuses. C'est à cette même époque qu'un médecin du nom de John Bishop fit de l'œil à Isabella, de dix ans sa cadette, et présenta une première demande en mariage, mais celle-ci refusa catégoriquement même d'évoquer la chose. Le succès de son livre et de ses articles lui pesait aussi sur la conscience : n'était-il pas indécent de faire un profit pécuniaire d'une expérience qui lui avait procuré un amusement si inconvenant !

Il avait suffi à Isabella d'une seule nuit pour retomber de cavalière parcourant à califourchon Hawaï et les Rocheuses, impétueuse, libre, transgressant les limites et pleine de joie de vivre à la vieille fille vertueuse bien trop attachée aux convenances. Et ce schéma se répéta après chaque voyage au cours des trois décennies suivantes. Isabella vivait une double vie schizophrénique : quand elle était partie, elle était une tout autre personne, mais se montrait incapable d'adopter ce rôle à la maison. Et ce, bien que ses voyages fussent toujours plus fous, ses livres plus prisés et qu'elle parvînt au statut d'autrice de récits de voyage officiellement reconnue.

Et pour autant que cela m'irrite, ne puis-je toutefois pas comprendre Isabella, ne serait-ce qu'un peu ? La facilité qu'il y a à se couler dans ses routines au retour d'un voyage qui bouleverse une vie ? La difficulté qu'il y a à garder sa forme, son nouveau moi, cet être radical et enthousiaste quand, à la maison, rien n'a changé ? La difficulté de l'isolement quand vous avez entièrement revu votre conception des priorités ? Même en considérant la société comme une foutaise, les conventions comme un crime et la trinité idéale – la famille parfaite, l'accession à la propriété immobilière et le burn-out au boulot – comme une norme carrément toxique, il est difficile de vivre autrement. De rester fidèle à ses sentiments.

Ainsi donc, quelques années après son retour, Isabella était retombée malade. Elle consulta une multitude de médecins, mais pas un ne comprenait pourquoi chez elle, en Écosse, elle redevenait cette faible créature invalide qui parvenait à peine à quitter le lit, alors qu'en voyage elle se métamorphosait pour devenir infatigable, intrépide et parfaitement indomptable. Quoi qu'il en fût, les hommes de l'art lui prescrivirent à nouveau de prendre la mer, faute de mieux.

Mais vers quelle destination ? Qu'est-ce qui serait assez exotique pour lui donner de quoi écrire – en effet si les raisons de santé jouaient toujours leur rôle d'écran de fumée officiel, le mobile réel d'Isabella était de collecter du matériau pour un nouvel ouvrage. Elle écrivit à Charles Darwin (et à qui d'autre en effet ?) pour lui demander ses conseils en matière d'alpinisme andin. La réponse du savant fut loin d'être encourageante : l'Amérique du Sud n'était pas un endroit qui convenait aux femmes. Isabella se tourna alors vers le Japon. Le pays venait de s'ouvrir aux étrangers, et on ne savait encore quasiment rien à son sujet.

À quarante-six ans, Isabella prit le bateau pour New York en avril 1878, traversa l'Amérique du Nord en train jusqu'à San Francisco d'où elle embarqua sur un navire à destination de Yokohama qu'elle atteignit vers la fin du mois de mai. Elle était cette fois partie « avec fort peu de bagages » et s'était munie, outre de sa tenue de cavalière et sa selle, d'une série de lettres de recommandations à présenter aux personnes qu'elle rencontrerait au Japon.

Isabella ne fut pas immédiatement emballée par le pays. Yokohama était sans charme, grise et ennuyeuse, et les descriptions qu'elle a laissées des Japonais sont affreusement racistes : la population du port est petite, malingre, a le pied bancal et la poitrine plate, vit dans la pauvreté. En fin de compte les gens étaient laids, même ceux qui avaient l'air sympathique (elle mentionne de manière récurrente au cours de près de cinq cents pages de son livre la laideur des Japonais et autres « tares nationales »). Le climat de mai-juin ne trouva pas davantage grâce à ses yeux : le temps était à la chaleur, à l'humidité et à la bruine. Pour couronner le tout, Isabella se trouvait pour la première fois dans un pays où l'on ne parlait pas l'anglais, elle ne pouvait lire ni les journaux, ni les livres, ni les panneaux dans la rue, ce qui accentuait son sentiment d'isolement. La fameuse « splendeur orientale » n'apparaissait en outre nulle part : les bâtiments étaient faits de bois gris, les vêtements tiraient sur le bleu pâle, le brun ou le gris, personne ne portait de bijoux, tout était pauvre et uniforme, seuls les temples offraient un contraste, avec leurs couleurs et leurs dorures. Les femmes juchées sur de hautes sandales en bois avaient certes la peau claire et les cheveux brillants, mais leurs sourcils épilés et leurs dents noircies leur donnaient un air étrange. Si Isabella était également rebutée par leur coutume de se peindre les lèvres en rouge et de se badigeonner le visage d'une épaisse couche de poudre de riz, elle reconnut pourtant qu'il lui était difficile de critiquer des personnes aux mœurs si agréables. En guise de conclusion, elle déclarait que ces gens étaient les plus laids qu'elle eût jamais rencontrés, tout en les trouvant les plus propres et sympathiques de tous.

Isabella passa un moment à Tokyo où elle découvrit enfin de quoi assouvir son appétit de voir et s'enthousiasma, entre autres choses, pour les magnifiques kimonos des promeneurs des jardins impériaux. Elle brûlait toutefois du désir de rencontrer « le Japon véritable » des campagnes reculées. Le consul de Grande-Bretagne trouvait qu'elle mettait la barre très haut, mais à l'en croire une femme voyageant seule ne courait aucun danger, les pires inconvénients seraient d'avoir à enfourcher des carnes et de se faire dévorer par les puces. Il lui fit don d'une carte, que ses taches blanches rendaient assez incomplète, mais Isabella obtiendrait de plus amples informations au fur et à mesure de sa progression : « les choses n'en seront que plus intéressantes », comme il déclara gaiement. Et de fait, dans nombre de villages de montagne isolés, elle fut la première Européenne qu'on eût jamais vue.

Isabella avait besoin d'un interprète et serviteur. Elle sélectionna, après avoir fait passer un entretien aux candidats, le jeune Itō, âgé de dix-huit ans, qui écrivait et parlait l'anglais, faisait la cuisine, possédait déjà une connaissance de l'arrière-pays et, selon l'attestation écrite de sa main, était capable de marcher trente kilomètres par jour. Isabella se déplacerait quant à elle à cheval et en rickshaw, pour lequel elle recruta un groupe de coureurs. Elle emporta deux paniers d'osier : quelques vêtements (une tenue de voyage en tweed de couleur neutre, de solides bottes lacées et un chapeau japonais en bambou ressemblant à un bol renversé), un coussin gonflable à utiliser dans le rickshaw, une chaise pliante, un lit de camp pliant (unique moyen de dormir hors de portée des puces), une baignoire en caoutchouc, des draps, une couverture, des bougies, un nécessaire d'écriture, un dictionnaire anglais-japonais, la grande carte donnée par Mr. Brunton ainsi que sa selle et sa bride mexicaines. Tout le monde autour d'elle avait son idée sur les provisions à emporter dans les zones inexplorées, mais Isabella décida de ne se munir que de quelques boîtes d'extrait de viande Liebig, de deux kilos de raisins secs, d'un peu de chocolat en poudre et à croquer ainsi que de brandy en cas d'urgence. (Isabella inséra dans son livre une apostille sur son retour d'expérience : le voyageur au Japon n'aura aucun intérêt à se surcharger de provisions de bouche, le bouillon Liebig sera suffisant. Produit développé par Justus von Liebig, un professeur allemand, cette sorte de pâte de viande connut un succès fulgurant dans toute l'Europe au cours des années 1870. Les publicités proposaient des mises en scène spectaculaires en conditions extrêmes, ainsi une traversée du désert égyptien ou une tranche de vie chez les indigènes. Dont acte : sir Henry Morton Stanley, l'explorateur, y puisa des forces lorsqu'il traversa les jungles africaines à la recherche du docteur Livingstone. Le bouillon Liebig se vend encore aujourd'hui. (Je me demande si je ne devrais pas m'en commander un pot sur Internet pour mon prochain voyage.)

Le jour du départ, Isabella était anxieuse : elle se repassait nerveusement la liste sans fin de tout ce qui pourrait mal tourner. « J'ai souvent formé le vœu de pouvoir renoncer à ce projet, avant d'être rattrapée par la honte de ma couardise : les meilleures autorités m'assuraient que le voyage était sans danger. » Honte mal placée : Isabella allait partir seule en aveugle dans des régions inexplorées dont nul n'avait encore établi la carte !

La première étape jusqu'à Nikkō, longue de cent-quarante kilomètres, dura trois jours et fut effectuée en rickshaw avec une paire de coureurs. On faisait des pauses dans des salons de thé qui proposaient aussi des douceurs, des fruits de kaki séché et du poisson, des pickles, des *mochi*, gâteaux à base de riz gluant, ainsi que des chapeaux de pluie et des sandales en paille de rechange pour les coureurs. Isabella se trouva aussitôt au contact du « Japon véritable » qui lui avait manqué. Dans les campagnes, les habitations se résumaient à de simples cabanes, tout sentait mauvais, et leurs occupants étaient « laids, râpés et pauvres ». Les hébergements étaient frustres, c'en était effrayant – Isabella éprouva un choc complet dans la première auberge : on lui indiqua sa chambre qui, selon la coutume, était entièrement vide à l'exception d'un tatami grouillant de puces et d'une armée de moustiques. Itō déplia le lit de camp d'Isabella, garni d'une moustiquaire en toile de tente, lui fit couler un bain et lui apporta du thé, du riz et des œufs pour le dîner. Celle-ci essaya de rédiger une lettre narrant les événements de la journée, mais la tâche était impossible : Isabella était dévorée par les insectes, et scrutée par dix paires d'yeux à travers le *fusuma*, le panneau coulissant entrebâillé de la chambre voisine. Elle ne dormit pas de la nuit. Les odeurs et les sons inconnus la faisaient presque paniquer. « L'absence d'intimité est effarante... Je ne parviens pas à me détendre en l'absence de serrures, de portes et de murs. Mon pécule est posé là et il suffirait de passer la main par le *fusuma* pour s'en emparer. Itō m'a appris que le puits était souillé. Les odeurs aussi sont effrayantes. Ici, il y a autant à craindre la maladie que les voleurs. »

La magie des dix jours se faisait encore attendre.

Le lendemain Isabella s'était reprise et écrivait à sa sœur : « Je ris déjà de mes craintes [...]. Le voyageur doit payer pour ce qu'il expérimente, et sa réussite ou son échec dépendent principalement de l'exacerbation de la sensibilité de son caractère. De nombreux points viendront se corriger grâce à l'expérience du voyage et la sûreté que j'en éprouverai deviendra mon état naturel. Toutefois je crains fort de ne parvenir à échapper au manque d'intimité, aux mauvaises odeurs et au calvaire infligé par les puces et les moustiques. » Isabella ajouta plus tard, une fois rentrée en Angleterre, la note suivante : « Mes craintes, quoiqu'elles fussent naturelles à une femme seule, étaient tout à fait infondées. J'ai ensuite parcouru près de deux mille kilomètres dans les terres ainsi qu'à Hokkaidō en parfaite sûreté. Je crois qu'il n'est point d'autre pays où une femme pourrait voyager dans une sécurité aussi complète qu'au Japon. » Amen.

Isabella n'était certes pas sans savoir que le voyage serait éprouvant et elle s'était préparée à souffrir. À Nikkō, elle trouva un environnement japonais parfaitement idyllique où se reposer : hébergée dans la magnifique maison d'un homme appelé Kanaya, elle était enchantée par la présence d'un jardin et d'alcôves, les *tokonoma.* « Je souhaiterais presque que ces appartements ne fussent aussi splendides : je crains à tout moment de faire une tache d'encre, de laisser une marque sur les tapis ou de déchirer les fenêtres en papier », écrivait-elle à sa sœur. Elle était si éprise de Nikkō qu'elle y voyait l'un des plus beaux endroits du monde. Elle décrivit les temples brillants, les sanctuaires et les monuments funéraires de Tokugawa Ieyasu. Elle observait aussi la vie des femmes de la maison de Kanaya et perçut peu à peu le sens que revêtait l'esthétique de la rareté et du vide. Elle s'enthousiasma ainsi pour l'ikebana et, les yeux décillés, prononça presque mot pour mot ce que je déclarai moi-même cent trente ans plus tard : « Peut-on trouver plus grotesque et barbare que les bouquets de nos fleuristes [...] leurs branches, leurs feuilles et même leurs pétales brutalement mis en pièces, détruisant méthodiquement le port unique et fier de la fleur en son individualité ? » Isabella ne s'acclimata en revanche jamais à l'art musical japonais. Elle qualifiait de « direction des dissonances » le métier de Kanaya, responsable de la musique dans un sanctuaire shintoïste, et les chants qu'elle entendit lui donnaient l'impression « d'être au milieu de sauvages ».

Depuis Nikkō s'amorçait une rude traversée par les terres en direction de Niigata, sur la côte de la mer du Japon, avant de passer les montagnes au nord jusqu'à Aomori. Le trajet comptait près de mille kilomètres et dura, pauses comprises, près de deux mois. Isabella répertoriait précisément les villages avec le nombre de maisons et reportait les miles et les distances parcourus afin d'être considérée avec le même sérieux qu'un explorateur. (Une théorie veut qu'elle voyageât sous la protection du consul de Grande-Bretagne et que son but fût d'évaluer les possibilités de mener une œuvre missionnaire au Japon.) Isabella et Itō se déplaçaient à cheval et passaient des infinités de cols, de vallées, de rizières, de forêts, de villages, de temples en ruines, de pauvreté, de crasse et de gens qui les toisaient en silence. Enfants comme adultes les dévisageaient sans se cacher car personne n'avait jamais vu de femme étrangère, et pas davantage de fourchettes ou de cuillères. Beaucoup la prenaient pour un homme car ses sourcils n'étaient pas épilés, ni ses dents noircies. Dans une vallée on lui demanda de donner ses ordres à Itō publiquement pour que les gens entendent comment parlait un étranger. Isabella était surprise par la pauvreté extrême de ces régions car « d'ordinaire un tel degré de misère et de déchéance ne se rencontre qu'associé à la paresse et à l'ivrognerie », or les montagnards trimaient sans relâche. Dans bien des localités, les gens vivaient presque nus, dans un village reculé les femmes n'étaient même vêtues que d'un pantalon en coton et, pire encore, l'une d'elle tanguait sous le coup de l'ivresse. Itō s'en serait arraché les yeux de honte : il ignorait que le Japon pût être aussi primitif et il était horrifié qu'une étrangère s'en retrouvât témoin. Les auberges étaient affreuses, se résumant parfois à un taudis à moitié effondré, pleines de puces, de moustiques, de bruit, de puanteur. Il arrivait qu'elles soient noircies par la fumée refoulée par le foyer, la chambre n'étant plus alors qu'un espace gris et étouffant enclos entre des paravents en papier déchirés. On n'y servait souvent rien d'autre que du riz et des œufs ou des haricots noirs et du concombre cuit. Itō promit un jour d'égorger une poule qu'il avait attrapée, mais le volatile s'échappa, mettant Isabella au désespoir : elle n'avait pas avalé une seule bouchée de poisson, de viande ou de poulet depuis dix jours. (Visiblement l'extrait de viande Liebig avait fait son temps.) Un jour, elle avait donné un médicament à un garçon malade et bientôt, devant le paravent, s'était formée une file de mères et de pères portant leur progéniture nue affligée de maux tous plus horribles les uns que les autres.

Parvenus aux zones blanches de la carte de Mr. Brunton, ils s'orientaient à l'aveuglette.

Isabella était souvent à bout de forces. Ils voyageaient en pleine saison des pluies estivale, brûlante et pénible, se retrouvaient parfois coincés par des averses torrentielles qui emportaient routes et ponts. Les puces et les moustiques étaient une plaie, Isabella avait le bras enflé de piqûres de guêpes et de taons, ses jambes étaient pleines de morsures de fourmis géantes et les nuées de frelons affolaient les chevaux. Isabella souffrait par moments de maux de dos si intenses qu'elle ne pouvait monter en selle. « Seuls les forts devraient voyager au Japon septentrional » : tel était son résumé de la situation.

Ils connaissaient aussi des moments merveilleux dans la contemplation de paysages à couper le souffle.

Isabella rapportait scrupuleusement tout ce qu'elle voyait, avec une minutie scientifique. Lorsque leur chemin croisa les sources chaudes, les *onsen,* elle mesura la température de l'eau et détailla les coutumes du bain, sans pourtant oser s'y plonger elle-même (ou bien sans considérer qu'il fût décent de le raconter). Quand elle débarqua en plein milieu d'un *matsuri,* elle livra une description de l'agitation ambiante et des chars avec leurs décorations. Elle répertoriait le genre de magasins qu'on trouvait à Niigata, décrivit extensivement la fabrication du papier et de la soie, fit un rapport sur la situation de la mission chrétienne en terres japonaises et déplora les superstitions locales. Elle inséra également dans son ouvrage une analyse de l'art culinaire japonais dans laquelle elle avouait que même les mets les plus raffinés demandaient une certaine habitude, le radis *daikon* ayant par exemple une odeur et un goût si terribles qu'il « mettait plus d'un brave en fuite ». La manière dont les Japonais préparaient le thé obtint pourtant grâce auprès d'elle, bien qu'il ne fût pas noir, ni servi avec du lait : cette boisson claire, couleur de foin, était un délice de parfum, de saveur et un miracle d'énergie.

À la mi-août, Isabella atteignit enfin Aomori et de là rallia Hakodate sur l'île de Hokkaidō où elle entendait rencontrer les « Aïnous velus », ce peuple indigène mystérieux, pratiquant le culte de l'ours. Au consulat de Hakodate elle fit la connaissance d'hommes eux aussi en partance pour les villages aïnous. Ils s'étaient munis d'un stock si énorme de nourriture et de matériel, acheminés par une caravane de poneys, qu'Isabella prédit à sa sœur qu'ils allaient « échouer et moi, qui ai réduit mon bagage à vingt kilos, je vais réussir ! ». Et elle réussit. Elle passa un mois à Hokkaidō, s'éprit d'un amour sans bornes pour ses paysages splendides et finit par résider quelques jours dans un village aïnou afin d'observer les mœurs des habitants.

Isabella reprit la mer à Hakodate en pleine tempête pour naviguer jusqu'à Yokohama et Tokyo, et passa trois mois à explorer Kyoto et ses environs. La plupart de la correspondance kyotoïte a été écartée de la publication ultérieure car la ville ne répondait pas, selon l'autrice, aux promesses du titre annonçant la découverte de « régions inexplorées ». Il en reste heureusement quelque chose, qui me procure une joie fulgurante. Isabella tomba entièrement sous le charme de Kyoto en novembre, exactement comme moi, lorsque j'ai vécu au long cours dans cette ville où je rédigeais mon premier livre. Isabella y adorait l'atmosphère vouée aux arts et à la beauté, les kimonos des femmes aux couleurs vives avec leurs ceintures enchanteresses, les *obis*, les superbes salons de thé, les temples, palais et jardins ravissants qui s'étendaient sur le flanc pourpre des collines enserrant la ville… Elle confia que les centaines de petites boutiques de Kyoto, pleines de belles choses bien mises en valeur, avaient de quoi vous faire perdre la tête. (Je confirme.) Elle aurait voulu rapporter des objets à tous ses amis au pays, mais elle se demandait s'ils seraient capables d'en apprécier la valeur ou bien s'ils les fourreraient au milieu de leurs autres bibelots, alors que la magnificence de ces trésors japonais ne se révèle que sur le fond noir d'un plateau en laque posé sur une étagère ne comportant pas plus de quelques objets. (Je confirme.) Le jugement définitif proféré par Isabella au bout de dix jours : « Avec ses écoles, ses hôpitaux, ses asiles pour les fous, ses prisons, ses officines, ses asiles pour les pauvres, ses étangs, ses parcs et jardins, ses cimetières d'une beauté exceptionnelle et ses rues qui brillent presque de propreté, Kyoto est la ville la mieux organisée et entretenue de tout le Japon. »

Finalement, le 19 décembre 1878, après environ sept mois d'aventure japonaise, Isabella largua les amarres dans le port de Yokohama à bord du vapeur le *Volga* pour entamer son voyage de retour, traversant cette fois l'Asie en direction de l'ouest afin de réaliser un tour du monde parfait. Le sommet enneigé du mont Fuji rosissait à l'aurore quand le navire fila vers l'océan avec à son bord Isabella vêtue de tweed, qui rédigeait une lettre.

Isabella ne rentra toutefois pas directement – à quoi bon se presser puisqu'elle voyageait pour raisons de santé ? Elle fit escale entre autres à Shanghai, Hong Kong,

Saïgon et dans la péninsule de Malaisie, quitta ensuite le navire après le canal de Suez et se rendit au Caire. Un de ses souvenirs d'enfance les plus chers était l'histoire que lui racontait son père : comment Moïse avait reçu les tables de la Loi sur le mont Sinaï. C'était là qu'elle voulait aller. Il lui faudrait franchir quatre cent trente kilomètres et traverser un désert. Le directeur de l'hôtel assura à Isabella qu'il lui serait absolument impossible de faire ce voyage. Il accepta néanmoins de lui trouver des Bédouins, des chameaux et un domestique et guide du nom de Hassan. Isabella emporta donc des provisions en petite quantité (au nombre desquelles de l'extrait de viande Liebig, évidemment) ainsi que des médicaments, du brandy et une ombrelle. Elle avait également une grande tente pour elle-même et une petite pour Hassan, un matelas, des couvertures, une chaise pliante, une bassine pour la toilette et des ustensiles de cuisine (les Bédouins feraient du feu à l'aide de bouses de chameau séchées ramassées en route). Isabella ne fait malheureusement aucune mention dans ses écrits de la manière convenable de se laver, de se rendre aux W.-C. et autres nécessités intimes, mais lors de ce voyage elle comprit qu'avoir sa propre tente était bien pratique à cet égard, et, à l'avenir, ne manqua plus d'en avoir une. (En revanche, le fait qu'elle était femme et seule à se déplacer avec une vingtaine d'hommes arabes ne semblait poser aucun problème en termes de bienséance.)

Le voyage était aussi affreux que l'avait promis le directeur de l'hôtel et, pour couronner le tout, Isabella tomba malade. Dès le premier matin, elle se sentit faible et nauséeuse, mais décida tout de même de pénétrer dans le feu du désert. Lors des pauses consacrées au repos dans la journée, Hassan lui montra comment se pelotonner sous un rocher afin d'obtenir un peu d'ombre, et s'il n'y avait pas de pierre, Hassan creusait un trou où Isabella s'accroupissait sous une couverture pour se protéger du soleil, lisait la Bible et grignotait des raisins secs. La température pouvait monter à plus de quarante degrés à l'ombre en journée et ne descendait jamais en-dessous de trente. Le soir, après avoir passé dix heures sur le dos d'un chameau, Isabella avait la gorge à vif, la tête douloureuse, la peau pleine d'ampoules et d'eczéma. Elle comprit qu'elle avait attrapé la typhoïde. Elle passa toute la nuit à se tordre de douleur sur sa couche, mais au matin elle était prête à reprendre la route. « Ce désert divin [...] en vaut la peine », écrivit-elle à sa sœur.

Un soir, Hassan apporta de mauvaises nouvelles : un Bédouin avait volé toute l'eau des outres en peau de chèvre ne laissant que l'équivalent d'une petite tasse. Cette nuit-là Isabella souffrit d'une soif désespérée et presque hallucinée : des versets de la Bible tournaient en boucle dans sa tête, des bribes de poèmes évoquant l'eau, à un moment elle crut même entendre la pluie et se rua hors de sa tente, mais ce n'était que le vent du désert qui faisait frémir les arbres desséchés et rabougris. Hassan lui conseilla de sucer des petits cailloux pour soulager sa soif et le lendemain la caravane reprit son cours sous la brûlure implacable du désert. Isabella tenait à peine sur son chameau. Migraineuse et démangée par l'eczéma, elle avait le vertige et aurait voulu demander à Hassan de s'arrêter, mais sa bouche ne lui obéissait plus. Quand ils finirent par atteindre une oasis, tout ce dont elle eut conscience fut qu'un homme accourait vers elle avec un récipient d'eau.

Isabella s'était figuré que le pèlerinage dans le Sinaï serait le sommet absolu de ses pérégrinations – elle assouvissait sa soif de voyage tout en ayant un mobile religieux –, mais le trajet fut angoissant et monotone, tandis qu'à l'arrivée une déception l'attendait : le mont Sinaï n'offrait pas une once d'atmosphère spirituelle car les moines extorquaient sans vergogne les touristes, distillaient de l'alcool et, comble du comble, ils étaient ivres.

Isabella rentra d'Alexandrie à Liverpool en bateau et atteignit sa résidence à Tobermory sur l'île de Mull (où Hennie avait loué une petite maison) à la fin du mois de mai 1879. Elle avait fait le tour du monde et s'était absentée pendant plus d'un an. Une fois encore, Isabella, qui n'avait pas laissé la typhoïde et les conditions dantesques l'arrêter sur la route du Sinaï, s'effondra à son retour chez elle. « Mon corps est très faible, je ne peux faire plus de trois cents mètres sans m'appuyer sur une canne », écrivait-elle.

Elle travailla tout l'été à sa série d'articles sur les montagnes Rocheuses. Le succès fut tel que John Murray voulut la publier sous forme de recueil. Sa routine quotidienne était d'une efficacité et d'une ponctualité à faire pâlir d'envie : elle passait la fin de la matinée à écrire, déjeunait à 13 h 30, faisait ensuite une longue promenade à pied avec sa sœur et retournait à ses travaux de rédaction le soir. Hennie s'occupait de la maison et établissait les menus avec la cuisinière. (Je ne saurais trop insister sur le luxe que cela constitue d'avoir quelqu'un qui vous prépare à manger lorsque vous essayez d'écrire.) Une fois le manuscrit des Rocheuses prêt, Isabella s'attela à son livre sur le Japon, craignant qu'il s'avère des plus ennuyeux par contraste avec le précédent. *A Lady's Life in the Rocky Mountains* (*Voyage d'une femme aux montagnes Rocheuses*) parut octobre 1879 : un succès tel que le tirage fut épuisé en une semaine. Les critiques étaient dithyrambiques et John Murray donna une fête en l'honneur d'Isabella à Londres. Celle-ci se retrouva projetée au centre de l'attention, « lionne littéraire » célébrée que l'on présentait à des écrivains, des personnalités politiques et des journalistes.

Toutefois, lorsque le critique de *The Times* insinua qu'Isabella avait chevauché dans les Rocheuses en vêtements d'homme, la société s'en offusqua. Imiter les hommes sur quelque point que ce soit, notamment en matière vestimentaire : c'était le sommet de l'indécence pour une femme. Isabella fut profondément mortifiée par ces soupçons. Sa pire crainte était qu'on la prenne pour une radicale ou, pire encore, une *féministe* et qu'on lui consacre des vers de mirliton et des caricatures, comme cela était arrivé à d'autres voyageuses en solitaire. Afin de raviver son image de lady vertueuse voyageant seule *uniquement* pour des raisons de santé, elle ajouta à l'édition suivante une apostille sur sa tenue de cavalière. Pour votre information, celle-ci comportait une veste, une robe descendant jusqu'aux chevilles ainsi qu'un pantalon bouffant turc, l'ensemble constituant « un costume des plus pratiques et féminins pour effectuer l'ascension de montagnes et autres déplacements dans des conditions difficiles en quelque coin du monde que ce soit ».

*

[Lettre à destination de Tobermory, île de Mull]

Ma chère Isabella,

Il fallait absolument que je t'écrive. Oublie toute cette fichue bienséance ! Qu'est-ce que cela peut faire qu'on croie que tu as porté un pantalon ou pas ? Et quand bien même c'eût été le cas ! Ça me donne envie de m'arracher les cheveux, tellement ce que tu fais est contradictoire. Vois toi-même : tu pars à cheval dans les Rocheuses en compagnie d'un hors-la-loi borgne, tu te traînes dans le désert du Sinaï avec la typhoïde accompagnée de Bédouins, plus tard tu patauges dans des bourrasques de neige glacées pendant quarante-deux jours à travers les montagnes de Perse, tu fais preuve d'un courage incroyable, tu es coriace et, en plus du reste, tu as largement dépassé la quarantaine, et à la fin même la soixantaine - qu'est-ce que tu peux bien en avoir à faire de ce que les autres pensent de toi ? Qu'ils se la gardent, leur bienséance ! Mets des pantalons si ça te chante !

Je serais heureuse que tu accordes une petite pensée à ces mots - tu comprendras peut-être ce que je veux dire.

Ta M

Mais le fait est que, *moi*, je ne comprends pas. Je ne peux pas comprendre l'importance que revêtait cette contrainte vestimentaire pour les voyageuses de l'époque. Les explorations étant un domaine si peu ouvert aux femmes, celles-ci devaient donner une preuve supplémentaire qu'elles étaient 1) féminines et 2) vertueuses. La question des vêtements de voyage féminins était sérieuse, voire politique, et son produit final était qu'en toutes circonstances une femme avait intérêt à avoir sur le dos un costume qu'elle aurait porté chez elle : un corset, une jupe longue de couleur foncée, des bottines et un chapeau ou une coiffe sous lesquels les cheveux étaient roulés en chignon.

C'est donc d'une plume grinçante que je note les conseils d'héroïnes nocturnes suivants :

Si tu veux monter à califourchon, porte sous ta jupe un pantalon bouffant, autrement dit bloomers (lancés par une féministe du nom d'Amelia Bloomer en 1850). Fais ensuite comme Isabella : lorsque tu approches d'une habitation, même du pire taudis dans les Rocheuses, par exemple, descends de cheval, remets ta longue jupe par-dessus ton pantalon et remonte en selle en amazone, pas à califourchon.

En cas de besoin, travestis-toi en homme. Cela peut s'avérer nécessaire surtout lors des traversées en bateau, car les capitaines de baleiniers, de navires de guerre et de bateau pirate sont stricts quant à l'exclusion des femmes à bord. (Une femme du XIXe siècle parvint ainsi à servir pendant vingt ans sur un navire de guerre britannique sans trahir son sexe.) Une deuxième raison de le faire est d'ainsi s'épargner la peur des attouchements et du viol.

Souhaites-tu porter le pantalon ? Demande-toi si tu peux te permettre d'agir à l'instar de lady Hester Stanhope qui voyagea au XIXe siècle au Proche-Orient vêtue comme un homme parce qu'elle trouvait la tenue plus pratique. Son comportement choqua les Anglais. (Les Arabes supposaient qu'il s'agissait d'un caprice de plus de la part d'une étrangère.) Quoi qu'il en soit, cette lady mourut seule dans les monts du Liban, complètement toquée et fauchée dans sa maison de trente-six pièces qui, selon ce qu'on rapporte, était pleine de détritus, de vieux médicaments et de selles arabes dévorées par les mites.

L'été suivant, Hennie, la très chère sœur d'Isabella, contracta la typhoïde et, en dépit des soins que lui prodiguaient jour et nuit Isabella et le docteur John Bishop, elle mourut dans sa quarante-septième année. Isabella était dévastée. Elle essaya de terminer les corrections de son livre sur le Japon, qui était quasiment prêt, mais « toute inspiration [l]'avait désertée ». En octobre 1880, *Unbeaten Tracks in Japan* parut tout de même, en deux volumes (et fut un succès immédiat), mais Isabella n'avait même pas la force d'ouvrir le carton contenant ses propres exemplaires arrivé par la poste. Qu'allait-elle faire ? En tout cas, elle ne comptait ni voyager ni se reposer sur son succès – le mieux restait de se consacrer uniquement à la charité. (*Bon sang, Isabella, tu remets ça !*) À quarante-neuf ans, elle ne trouvait d'issue que dans le mariage et décida d'accepter la demande de John Bishop, qui la lui avait présentée à maintes reprises au fil des ans. La cérémonie eut lieu en mars 1881, neuf mois après la mort de sa sœur. Seuls quelques membres de la famille étaient présents à l'église et aucune fête ou réception ne fut organisée. (Je songe à Isabella sur la photo prise le jour de son mariage : une femme vêtue de noir, les yeux dans le vide.)

À la mort de John Bishop en 1886, après seulement cinq ans de mariage, Isabella refusa de s'effondrer à nouveau. L'héritage que lui laissait son époux lui donnait la possibilité de vivre sans se priver et de partir où elle le souhaitait. Son éditeur John Murray l'interrogeant sur ce qu'elle comptait faire, Isabella lui fit une réponse digne d'une héroïne nocturne de première classe : « J'aurais l'impression de jeter aux orties tous ces merveilleux souvenirs si je n'essayais pas de faire quelque chose d'utile et d'intéressant de ma vie. Je me contente de peu, et je suis pour une fois sans attaches, donc si je retrouve mes forces, je pourrai dorénavant user de ma vie comme je l'entendrai. Le genre de voyage pour lequel je suis faite comporte de nombreux obstacles, risques, inconforts, et le plus souvent un parfait éloignement, il faut donc que le but en vaille la peine. »

Isabella mena vraiment sa vie comme elle l'entendait. Elle décida d'abord de partir dans les montagnes d'Asie centrale et de réaliser enfin le voyage dans l'Himalaya dont elle rêvait depuis toujours. À cinquante-sept ans, elle partit à dos de yack dans l'Himalaya, poussa ensuite avec un certain colonel Sawyer jusqu'en Perse – au terme de ces mille kilomètres de danger extrême et de froid insupportable, elle avait perdu quatorze kilos et ses cheveux étaient devenus blancs. Elle continua toutefois seule à travers la Syrie, la Turquie et l'Arménie, bien que les missionnaires qu'elle croisa fussent horrifiés de ses projets car des dangers terribles l'attendaient, des rencontres avec des tribus de bergers cruelles. Pourtant, Isabella n'avait pas peur.

Elle rentra en Angleterre après deux années de voyage à la fin 1890. Elle s'était fait voler son journal en cours de route et n'avait conservé qu'un petit carnet de poche avec des notes brèves, mais Dieu merci les lettres qu'elle avait envoyées de Perse étaient arrivées à bon port. Isabella s'enferma dans la maison d'une certaine demoiselle Clayton (elle n'avait plus de domicile personnel) et s'attela derechef à de minutieux travaux d'écriture. « Je suis complètement prise par le temps, je ne rends aucune visite, je ne lis pas, je ne sors que pour me dégourdir les jambes. » Le travail fut payant : *Journeys in Persia and Kurdistan*, un nouveau succès, parut en décembre 1891, en deux épais volumes.

Isabella jouissait déjà à ce stade d'une large considération, ses livres avaient bénéficié de montagnes de critiques louangeuses, elle dînait avec le Premier Ministre, avait été présentée à la reine Victoria et décorée par le roi des îles Sandwich pour son livre sur Hawaï. Elle fut invitée à s'exprimer devant le Parlement et à prononcer une leçon à la légendaire Royal Geographical Society mais, bien qu'elle fût la première femme jamais appelée par cette institution, elle hésitait, sachant qu'on n'y acceptait pas de membre féminin. Elle préféra intervenir lors d'une réunion de la Royal Geographical Society d'Écosse, ouverte, elle, aux femmes. Ce fut un camouflet pour les membres de la société savante de Londres qui se résolurent à faire d'Isabella l'une des leurs. Lors de l'assemblée de novembre 1892, quinze femmes en tout furent intégrées. Une partie de la vieille garde rua dans les brancards, des pétitions furieuses parurent dans *The Times* et le fumoir de la Royal Geographical Society fut le théâtre de prises de becs féroces, menées les moustaches hérissées. L'un de ces pourfendeurs, qui venait de publier son propre ouvrage sur la Perse (au succès tout relatif), écrivit : « Nous contestons en tous points la capacité qu'aurait une femme à établir des connaissances géographiques scientifiques. Par son sexe et sa formation, la femme est inapte aux voyages d'exploration et cette espèce de voyageuses autour du monde [...] constitue l'un des phénomènes les plus choquants de la fin de notre siècle. » Dans le magazine *Punch*, on se gaussait des femmes dans des vers de mirliton : « C'est une exploratrice ? / Voyageuse en jupons ? / L'idée est angélique... / Qu'elles restent à la maison, / poudrer les nourrissons, ça oui, / repriser nos chiffons, ça oui, / mais jamais ne sauront, / ne peuvent, ne seront / géographes, ça non ! » Les réfractaires organisèrent un nouveau vote en avril 1893, les femmes redevinrent inéligibles. Celles qui avaient déjà été intégrées obtinrent tout de même le droit de rester membres.

Isabella était exaspérée d'être traitée ainsi, mais elle décida à soixante-deux ans de remettre le pied à l'étrier et de partir en Chine. Elle souffrait de multiples problèmes de santé et les médecins lui recommandaient moins de travail, du repos et des bains, et plus d'un était d'avis qu'elle se retire de son épuisante carrière d'exploratrice. Mais Isabella vécut à fond jusqu'à son dernier souffle : il lui restait encore près d'une décennie d'actives pérégrinations. En janvier 1894, elle embarqua à Liverpool pour la Chine, munie de son trépied neuf car elle avait appris la photographie. Au cours des trois années suivantes, elle explora la Corée, la Chine et le Japon. Sur les centaines de clichés qu'elle prit et développa, en se donnant de la peine, on découvre des villages bordant le Yangzi Jiang, des temples et des montagnes en pain de sucre, mais aussi des buffles, des lépreux et des fumeurs d'opium. Sur le Yangzi Jiang, Isabella naviguait à bord d'une petite embarcation fluviale et sur les sentiers de montagne elle progressait en chaise à porteurs aux rideaux tirés (sinon elle aurait risqué sa vie en tant que femme), elle contracta la malaria, se cassa un bras et subit moqueries et jets de pierres de la part des locaux, car les Chinois haïssaient les étrangers et surtout les voyageuses solitaires. Il arrivait que le mur de sa chambre d'auberge fût percé d'ouvertures par les voyeurs et les rieurs, ou bien que la scène tourne à l'émeute villageoise – dans la région de Liangshan, Isabella s'était barricadée, revolver au poing, jusqu'à l'arrivée des soldats envoyés pour la protéger. Bien des femmes européennes auraient piqué une crise de nerfs et seraient même mortes sous les attaques, mais Isabella ne se laissa pas faire : à ce stade, elle était une voyageuse extrêmement solide et expérimentée, rien ne pouvait entamer son autorité. En outre, elle éprouvait une passion profonde pour la Chine et ses habitants. Son ouvrage *Korea and Her Neighbours* parut à l'hiver 1898 et *Yangtse Valley and Beyond* un peu plus tard. Les critiques ne la qualifiaient plus de « voyageuse » mais d'experte de la situation politique coréenne, ce qui est plutôt satisfaisant pour une femme n'ayant pas fait d'études qui s'était mise à voyager autour de la quarantaine pour raisons de santé.

Son dernier périple l'emmena au Maroc où elle partit à cheval et sous la tente dans l'Atlas. La grande voyageuse à l'énergie incroyable mourut en toute tranquillité dans son lit à Édimbourg un matin du mois d'octobre 1904, à l'âge de soixante-douze ans. Ses malles étaient prêtes pour repartir en Chine.

Quand je pense à Isabella pendant la nuit, j'éprouve des sentiments contradictoires. Je songe évidemment à son courage radical, immense et à son endurance admirable, au fait qu'elle a supporté des conditions extrêmes en dépit de ses nombreuses maladies. Mais je songe aussi à l'effondrement systématique consécutif à son retour. Je pense à sa bigoterie qui m'éloigne d'elle, à son racisme embarrassant, et à l'étrange importance qu'elle accordait à la bienséance et au qu'en-dira-t-on. Je réfléchis au syndrome de la gentille fille si profondément ancré en elle, au fait qu'elle n'est jamais parvenue à résoudre cette contradiction, que c'était toujours une autre qui partait en voyage, *une femme libre et courageuse,* mais qu'à la maison elle se pliait aux attentes. Jusqu'au bout, ses voyages lui causèrent de la culpabilité.

Contemplant les photographies sépia où on la voit en Chine à la fin du XIXe siècle, je l'imagine, la soixantaine, transportant son boîtier photo sur les rives du Yangzi Jiang, développer ses clichés la nuit sur le courant du fleuve, *dans la chambre noire ménagée par la nature,* comme elle l'écrivait si joliment. Ses tirages restent légèrement râpeux : elle avait beau filtrer le dernier bain, il restait toujours un peu de sable fin du Yangzi Jiang. Je caresse les pages fraîches de l'album – elles sont douces, le sable s'est perdu en route.

Quelques images passent dans ma tête :

Isabella chevauche, ivre de liberté, à Hawaï – elle éprouve pour la première fois le cœur de son être propre, sans se demander ce qu'une femme *devrait* être.

Isabella est assise près d'un feu crépitant dans les Rocheuses, elle éprouve un lien avec une personne incroyable. L'air est saturé de la conscience que tout cela est juste, et impossible.

Isabella gît dans un trou creusé dans le sable du désert du Sinaï, malade et délirante, elle lit la Bible, à la fois courageuse, misérable et seule. (Car c'est ainsi que se fait souvent sentir le courage.)

Isabella écrit des lettres minutieuses d'une écriture régulière et serrée, sur du papier si fin qu'on voit à travers, et ces lettres traversent les décennies, jusqu'à ce que je les lise.

Puis je songe à moi qui achète un billet d'avion salutaire pour le Japon, suivant l'exemple d'Isabella.

Je pense que, en dépit de tout, j'aime Isabella. Parce que cette femme d'âge moyen malade, déprimée, *partait*, encore et encore, dans des régions qui ne figuraient même pas sur les cartes.

Parce qu'elle est parvenue à ses fins : voyager et être prise au sérieux.

*

Conseils en vrac d'héroïne nocturne :

Voyage seule, de préférence dans les pires conditions possibles.

Voyage même si tu es malade. Fais-le surtout si tu es déprimée, frustrée ou blasée par ta vie.

Ce n'est pas un problème si tu n'es pas noble, riche, belle, douée, jeune ou même en bonne santé. Tu peux effectuer tes voyages les plus éreintants à plus de soixante ans.

N'aie pas peur. Sois coriace. Sois persévérante. Écris dix livres.

Apprends la photographie et l'utilisation des instruments scientifiques, si besoin est.

Écris sur ce qu'il faut – la botanique ou l'ethnographie par exemple – même si tu n'as pas de formation en la matière.

Balance une énergie phénoménale.

IDA

Conseil d'héroïne nocturne n° 3

Inutile de te justifier pour voyager.
Voyage avec trois francs six sous.
Fais-toi loger gratis si possible.

HÉROÏNE NOCTURNE N° 3 : *Ida Pfeiffer, née Reyer.*

PROFESSION : *Épouse et mère, plus tard voyageuse autour du monde et autrice de récits de voyage. Éleva dûment ses enfants, quitta son mari, étudia une mappemonde en secret et partit pour la première fois à l'âge de quarante-quatre ans. Fit deux fois le tour de la terre avec un tout petit budget. Ida gagnait ses deniers en écrivant des livres qui furent traduits en sept langues.*

« *Cher lecteur, je te prie de ne pas t'irriter de ce que je me prends moi-même pour sujet. C'est une opinion reçue que le désir de voyager ne convient pas à une femme, mais j'espère que tu excuseras cette particularité, innée en moi. Ne me juge pas trop sévèrement, accorde-moi plutôt cette joie qui ne fait de tort à personne et me procure une telle béatitude.* »

Ida, préface de son livre sur l'Islande, 1846.

ISABELLA BIRD N'AVAIT QUE DIX ANS lorsque l'Autrichienne Ida Pfeiffer (1797-1858) quitta Vienne pour son premier voyage. Le daguerréotype en noir et blanc épinglé sur mon tableau en liège montre une dame assise à l'air sévère, en habit de jour de style Biedermeier, une capote à volants nouée sous le menton. À son côté, le signe distinctif des explorateurs, une mappemonde, ainsi qu'une rame de papier vierge et un livre. Image absurde et exaltante, délivrant des messages contradictoires. Voici Ida Pfeiffer, une femme à qui j'ai sérieusement songé la nuit.

Fille d'un industriel du coton, Ida grandit dans une famille aisée. Son père l'éleva comme un garçon au côté de ses cinq frères. Il lui faisait porter des habits masculins et disait par plaisanterie qu'il en ferait un officier de l'armée. Cette éducation spartiate avait pour but de développer le courage, la détermination, l'endurance aux conditions difficiles, la résistance aux privations et à la douleur. Autant de qualités qui servirent à Ida par la suite. Son père mourut toutefois quand elle avait neuf ans. Sa mère fit prendre à son instruction une direction plus conforme pour une petite fille et tenta de la faire jouer à la poupée et porter des jupes. Le résultat fut désastreux : Ida, angoissée, en fit une maladie et obtint finalement, sur prescription du médecin, de continuer à s'habiller comme un garçon. Mais à treize ans, Ida passa définitivement dans le monde des femmes. Il lui fallut apprendre la couture, la cuisine, la religion, les langues étrangères, la danse et le piano, un réquisit absolu de l'éducation des filles qu'elle haïssait tant qu'elle se lacérait les doigts et se les brûlait à la cire à cacheter pour se dérober aux exercices. Les sciences de la nature et les mathématiques étaient, évidemment, frappées d'anathème, Ida devait en effet avoir pour unique ambition de devenir une bonne épouse et mère. Or, dès ces années-là, elle se mit à rêver de pays étrangers et à dévorer les récits de voyage, bien que de tels excès de lecture fussent peu recommandables à une jeune fille.

Elle tomba aussi fiévreusement amoureuse de son répétiteur, qui la demanda en mariage, mais sa mère était absolument opposée à cette union. Ida déclara qu'elle se marierait avec lui ou personne, et parvint un temps à repousser les autres prétendants. À vingt-trois ans, elle fut toutefois unie à Anton Pfeiffer, un juriste veuf qui avait deux fois son âge. Lorsqu'elle accepta sa demande, elle jugea bon de lui faire savoir qu'elle aimerait pour toujours cet autre homme.

Ida passa treize années à honorer ses devoirs d'épouse soumise et de mère aimante, dans des conditions loin d'être idéales. Au bord de la faillite, son médiocre époux dilapida la dot de sa femme. La famille fut obligée de se défaire de ses domestiques, de vendre la voiture et le cheval, et connut, à en croire Ida, la faim, le froid et l'incertitude du lendemain pendant des années. Ida chercha à procurer quelques revenus à son foyer en donnant secrètement des leçons de dessin et de musique, ces cours de piano qu'elle avait eus en sainte horreur. Lorsque son mari finit par s'installer à Lemberg en 1833 pour le travail, Ida prit la décision de rester seule avec ses fils à Vienne, où ses frères dirigeaient toujours l'entreprise familiale et lui proposaient de bon cœur de subvenir à ses besoins. À trente-six ans, Ida avait pratiquement quitté son mari. Elle se mit à étudier la géographie en toute discrétion et à mûrir l'idée de voyager.

Une fois ses fils éduqués et partis de la maison, Ida s'attela sérieusement à mettre à exécution le plan de ses rêves. Elle voulait une coupure et un changement de vie complets, mais quel prétexte trouver pour voyager, seule, loin, sans susciter les rumeurs et la désapprobation ? La solution, géniale, fut de partir en pèlerinage. Pendant des millénaires, les déplacements religieux ont constitué l'unique occasion pour les femmes de voir le monde. Personne ne trouverait rien à redire à ce qu'une mère et épouse (dont le mari était déjà trop âgé pour partir) pieuse et vertueuse, âgée de quarante-quatre ans, se sente appelée, pour une fois dans sa vie, à visiter la Terre sainte.

Ida servit la version courte à sa famille : elle annonça qu'elle se rendait à Constantinople auprès d'une connaissance, alors qu'elle se préparait en réalité à pérégriner pendant près d'un an dans des régions politiquement instables du Proche-Orient et de l'Afrique du Nord. Ses fils et ses amis trouvaient déjà que le départ pour Constantinople était une folie, et une idée, pour tout dire, ridicule : comment, femme qu'elle était, supporterait-elle la fatigue du voyage, la rudesse du climat, la médiocrité de la nourriture, les maladies et les insectes qui rôdaient, et ce, toute seule ! Qui plus est, pareille fantaisie, non contente de ne pouvoir prétendre au titre d'activité féminine, transgressait aussi les conventions de l'âge : une femme de sa condition devrait songer à se retirer dans la tranquillité de ses vieux jours. Ida ne l'entendait pas de cette oreille : « Les privations ne me préoccupaient pas, mon corps était coriace et sain, je ne craignais pas la mort et, née au siècle dernier, je pouvais voyager seule. » En effet : l'âge était un atout, une vieille rosse en fin de course n'avait plus besoin de chaperon pour défendre sa vertu.

Avant son départ elle mit scrupuleusement en ordre les affaires du foyer et rédigea son testament afin que sa (fort probable) mort ne causât de tort à personne. Les autres aspects pratiques comportaient des obstacles : les contrées où elle comptait se rendre ne disposaient pas d'hôtels ou de chemins de fer, les voyageurs devaient transporter eux-mêmes tout leur nécessaire. Thomas Cook ne se lancerait dans les circuits organisés que quelques décennies plus tard et les possibilités de s'informer sur les conditions du voyage étaient rares – les gravures sur cuivre illustrant les livres donnaient un aperçu de l'image idéalisée des pays lointains que se faisaient les Européens, pour le reste, il fallait partir à l'aveuglette. Ida ne disposait pas non plus de fonds très importants, finançant son voyage à l'aide de ses maigres économies. En personne douée d'un bon sens pratique, elle se coupa les cheveux avant de partir, ce qui fut un de ses actes les plus radicaux : à cette époque, les seules femmes à porter une coupe courte étaient les prisonnières et les aliénées.

En mars 1842, Ida embarqua à Vienne sur un navire à vapeur qui la conduirait par le Danube jusqu'à la mer Noire et Constantinople. Le premier jour, elle était nauséeuse, souffrait de maux de tête et de fièvre – un état de choc typiquement causé par le départ – et supposa elle-même que cela était dû au changement de climat, à la séparation d'avec ses proches et à la tension nerveuse. Elle profita des deux semaines de la traversée pour interroger les passagers, si bien qu'une fois aux abords de Constantinople, elle avait obtenu des informations sur tous les sujets possibles – des lieux d'hébergement au montant des pourboires. À son arrivée, elle enfourcha un cheval pour la première fois, apprit à monter et entra aussitôt dans le vif du sujet : « Devant mes yeux s'ouvre un autre monde. Tout est différent : la nature, l'art, les gens, les mœurs, les coutumes. Il faut venir ici, si l'on veut voir autre chose [...] que la vie ordinaire. » En mai, elle poursuivit jusqu'à Jérusalem, via Chypre et Beyrouth. Son petit pèlerinage dura finalement neuf mois et, ne se contentant pas de visiter les lieux saints, elle poussa jusqu'en Syrie, au Liban, en Égypte (où elle grimpa sur les pyramides et rallia la mer Rouge à dos de chameau) et en Italie.

À son retour en Autriche, en décembre 1842, plus d'un éditeur du cru s'offrit de publier ses souvenirs de voyage. Ida n'était pas du tout enthousiaste – elle avait certes tenu un journal chaque soir et rempli quatorze carnets d'annotations consciencieuses, mais elle ne s'en était acquittée que pour elle-même, tout au plus dans l'idée d'en faire lecture à voix haute à sa famille. Elle était dénuée de toute ambition littéraire, mais elle avait tout de même un problème : l'impécuniosité, car elle ne survivait que de la générosité de ses frères. Publier un livre serait un recours pour financer son voyage suivant. (Car elle comptait bien repartir.) Elle transforma donc ses notes en manuscrit. Pour passer à la phase éditoriale, il lui fallait cependant obtenir l'autorisation de son époux – avec lequel elle n'avait plus affaire depuis des années –, Anton Pfeiffer fut donc sollicité pour signer le contrat, et, une fois quelques passages douteux expurgés à sa demande, *Reise einer Wienerin in das heilige Land* (« Voyage d'une Viennoise en Terre sainte ») parut, anonymement, en 1844. Dans la préface Ida s'excusait avec prolixité auprès de ses lecteurs – *je ne suis pas écrivain, je n'ai jamais écrit que des lettres, mon journal est un simple récit où je rends compte de tout comme cela s'est passé* –, mais le livre fut un succès immédiat et imprimé quatre fois. Au grand dam de la famille, tout Vienne en connaissait évidemment l'autrice, ce qui était fort embarrassant : attirer ainsi l'attention était tout à fait déplacé pour une femme. Mais Ida n'en avait cure. Elle avait trouvé une issue à l'étroitesse de la vie bourgeoise viennoise.

Ida finança son voyage suivant avec les droits perçus sur son livre. Elle avait pour objectif six mois en Islande et Scandinavie (elle n'arriva pas jusqu'au Grand-Duché de Finlande). Elle se prépara soigneusement en écumant les musées, en apprenant la préparation des spécimens de plantes et d'animaux, en étudiant l'anglais et le danois et en se formant aux rudiments d'une technique nouvelle, le daguerréotype. Le départ fut cette fois plus facile, elle avait « déjà prouvé qu'une femme décidée s'en sort dans le monde aussi bien qu'un homme et que l'on trouve des braves gens partout ». C'est à ces derniers qu'elle dut s'en remettre en Islande, car cette île reculée ne disposait d'aucune auberge. À la parution de *Reise nach dem skandinavischen Norden und der Insel Island im Jahre 1845* (« Voyage en Scandinavie du Nord et en Islande »), la renommée d'Ida s'accrut encore. L'ouvrage fut loué par une partie de la critique, mais suscita aussi la désapprobation : si le premier voyage d'Ida avait été accepté au nom du pèlerinage, le second était totalement injustifié, en dépit de la liste des spécimens botaniques rapportés, qu'elle avait insérée en fin d'ouvrage. Ida n'était pas sans le savoir et anticipait dès la préface les récriminations de ses détracteurs : « Encore un nouveau voyage, vont-ils s'exclamer, et qui plus est dans des régions que chacun préférerait éviter plutôt que de s'y rendre. Cette femme a pour unique but d'attirer l'attention sur elle ! » Elle ajouta une phrase qui fait d'elle peut-être la plus radicale de toutes les héroïnes nocturnes qui voyageaient : « *Cher lecteur, ne me juge pas trop sévèrement, accorde-moi plutôt cette joie qui ne fait de tort à personne et me procure une telle béatitude.* » En fin de compte, elle ne s'embarrassait pas de prétexte pour voyager. Elle le faisait parce qu'elle le voulait, et osait le dire tout haut.

Elle n'avait pas tort sur un point : elle suscitait l'intérêt. Les voyageuses, ces amusantes curiosités, étaient évidemment l'objet des moqueries générales, mais dans le cas d'Ida, son âge ne faisait qu'ajouter aux récriminations. Les journaux s'étonnaient aussi de ce que son comportement par ailleurs si « viril » – c'est-à-dire courageux et déterminé – ne l'ait pas empêchée de conserver une apparence féminine aussi irréprochable ! Ida y consacrait des efforts manifestes : pour pouvoir continuer de voyager, elle se vêtait avec une bienséance ostensible. Observant des photos d'elle, ce n'est pas une Amazone émancipée qu'on voit poser, mais l'épouse la plus sérieuse et raisonnable qui fût. Sur son portrait officiel d'exploratrice, Ida porte un habit de jour alors en vogue auprès de la bourgeoisie viennoise et une capote à volants nouée bien serré sous le menton, dont la charge morale symbolique est indéniable. Cette coiffe ressemblant à un abat-jour était surnommée *embrasse-moi-si-tu-peux* (bloquant efficacement les tentatives) et fonctionnait comme les œillères pour les chevaux : votre champ visuel était limité à ce qu'il y avait devant vous, soulignant ainsi la pudeur, la fragilité et le confinement des femmes. Ainsi coiffée vous restiez, obéissante, dans les bornes qui vous étaient assignées (la maison) et, sans un regard sur les côtés, parcouriez le chemin que votre tuteur vous avait tracé (le bien-être familial). L'intérieur du chapeau d'Ida était, en sus, doublé d'une épaisse dentelle plissée encadrant son visage, comme pour signifier : n'ayez aucune inquiétude, je vis dans ma petite réalité molletonnée, respectant scrupuleusement les règles que vous m'indiquez. Et il est clair que, posant près d'une mappemonde comme le fait Ida, il vous faudra porter un abat-jour garni de dentelle afin d'espérer gagner un semblant d'approbation des bons citoyens.

La capote fit son effet. Selon les témoignages contemporains, Ida avait l'air d'une *Hausfrau* si consciencieuse, qu'on avait même du mal à accorder du crédit à ses aventureuses pérégrinations.

Pourtant, tout était bien vrai. Ida passa le reste de sa vie soit en voyage soit en préparatifs, et fit par deux fois le tour du monde dans des sens différents. Elle était douée d'une résolution renversante, d'une volonté puissante. Elle était courageuse et coriace, et fascinée par tout ce que l'on n'aurait en aucun cas recommandé à une femme en voyage. C'était une touriste pure et dure, qui voulait toujours en voir le maximum en un minimum de temps, et rien ne l'irritait plus que les retards. Ida n'avait que faire de se prélasser dans un hamac sur une plage paradisiaque, le temps s'écoulait à toute vitesse dans son sablier : « Si seulement j'avais dix ans de moins – j'aimerais tant pousser encore plus loin ! » écrivait-elle.

Afin d'abonder sa caisse de voyage, Ida avait vendu tout ce qu'elle possédait et cherchait à gagner de l'argent avec ses récits de voyage, mais en dépit de toutes ses pingreries, les droits d'auteurs ne couvraient pas les dépenses nécessaires à plusieurs années d'expédition. Si elle avait été un explorateur, et non une exploratrice, elle aurait pu démarrer des projets de recherche officiels ou participer à des voyages d'exploration scientifique financés par l'État. Ida fit ce qu'elle put. Elle se lança dans la collecte de plantes, de scarabées, de papillons, de mollusques, de poissons et d'objets ethnologiques qu'elle tentait, à l'instar des explorateurs, de vendre aux musées de sciences naturelles de Vienne, Berlin ou Londres. Si ces derniers lui en achetèrent (Ida a donné son nom à une famille de crevettes, les *Palaemonidae,* à un phasme, *Myronides pfeifferae,* à un escargot de mer, *Vaginula idae,* ainsi qu'à une grenouille de Madagascar, *Rana idae*), le monde académique de Vienne lui battait froid – non seulement en raison de son absence de formation scientifique, mais aussi parce que les femmes étaient tenues pour incapables de faire de la recherche. Le ministre des Finances autrichien en personne déclara au cours d'une conférence ministérielle en 1852 que « nul ne pourrait croire qu'une femme sans éducation puisse rien collecter qui ait quelque valeur scientifique ». À la suite de son second tour du monde, Ida ouvrit donc un cabinet privé où il était possible d'admirer, contre paiement d'un droit d'entrée, des curiosités rapportées de ses pérégrinations tels des objets dayakes de Bornéo, coiffes, vêtements, ceintures, armes et paniers festonnés de cheveux d'hommes servant au transport de la tête tranchée des ennemis, ainsi que des ouvrages et des calendriers pleins d'écrits exotiques. Ida suivait également l'exemple des explorateurs en sollicitant auprès de l'État des aides financières pour ses voyages, mais les résultats étaient hélas fort maigres : la seule subvention qu'elle parvint jamais à décrocher fut une somme de cent cinquante malheureux thalers accordés par le gouvernement autrichien en 1851. (Je sais, je sais. Ces déprimantes réalités : les bourses que vous n'obtenez pas.) Ida jouissait toutefois d'une meilleure considération hors des frontières de sa patrie, elle était même en faveur dans le monde berlinois. Sommité des sciences naturelles de l'époque, le savant Alexander von Humboldt était un grand admirateur et alla jusqu'à la présenter au couple royal de Prusse qui lui accorda en 1856 une médaille en récompense de ses mérites « dans les sciences et les arts ». Elle fut la première femme membre honoraire de la société géographique de Berlin, de même que celle de Paris (quant à Londres, les portes ne s'ouvrirent aux femmes que quarante ans plus tard avec Isabella). Mais à Vienne, sa ville natale, « les démonstrations d'approbation étaient fort parcimonieuses », selon l'expression diplomatique employée par son fils dans un texte biographique.

Ida ne s'affranchit jamais de son impécuniosité chronique et ne connut jamais, de sa vie, le confort, et encore moins l'insouciance, au cours de ses voyages. On lui avait heureusement inculqué dès son plus jeune âge les rudiments d'une vie ascétique qui s'était ensuite poursuivie pendant son mariage – qu'est-ce donc qui l'empêcherait de se mettre en route avec ses finances quasi inexistantes et ses bagages réduits à presque rien ? Elle partait donc en solo, sans domestique, transportant si peu qu'elle pouvait, en cas d'urgence, se charger de tout elle-même. Elle n'avait que faire des gênes physiques et des maladies – le palud qu'elle contracta en Malaisie ne suffit même pas à l'arrêter et elle planifiait de nouveaux départs même gisant à demi morte, selon ses mots, à Madagascar. Elle menait une existence économe, voire puritaine, voyageant avec un budget minuscule, à bord des voiliers les plus modestes ou en troisième classe sur les vapeurs, à dos de mulet et même, sur les terrains trop accidentés, à pied. Elle vivait à la manière des locaux, se contentait de ce qu'il y avait (souvent du riz nature), dormait dans des auberges bon marché, sous la tente et parfois sur une natte à la belle étoile. Elle entra ainsi en contact extraordinairement rapproché avec le peuple et la culture ordinaires – seuls son habit de style Biedermeier et sa capote la distinguaient du *backpacker* moderne. En outre, la pingre Autrichienne ne manquait pas de ressources, aplanissant les difficultés grâce à ses lettres de recommandation. Elle commençait par se présenter dans les consulats européens pour demander aide et informations, essayant de se faire offrir le transport et le gîte au passage. Une femme voyageant seule constituait un spectacle rare dans les pays exotiques : ses compatriotes la traitaient généreusement et lui fournissaient souvent de quoi s'équiper pour l'étape à venir. Le plus pratique était alors de passer des bons soins d'une personne serviable à ceux de la suivante, ce qui ne ternissait en rien son image de téméraire voyageuse autour du monde. Ida parvenait le plus souvent à négocier son transport gratuit sur les navires et sollicitait parfois les gentlemen pour se faire offrir, compte tenu de sa condition de femme voyageant seule, et au nom de la bienséance, les repas et autres nécessités. Elle se flattait dans une lettre d'avoir parcouru mille miles sans dépenser un seul gulden : « Si cela continue, je ne rentrerai plus jamais, j'ai pris la décision de voyager aussi longtemps que mes finances, et mon âge [cinquante-quatre ans] me le permettront... » Elle se vantait à la manière de nos *backpackers* actuels (« des voyageurs tels que le prince Pückler-Muskau, Chateaubriand ou Lamartine auraient dépensé en quatorze jours de voyage balnéaire l'équivalent de ce qui, à moi, frugale pérégrine, me suffirait pour voyager deux ou trois ans ») et se gaussait volontiers des « Européens typiques » qui se coltinent laborieusement toutes leurs affaires (comme les touristes à Samsonite moqués de nos jours par les *backpackers*). Une fois parvenue à la célébrité, Ida partait du principe qu'on lui rendrait service à titre gratuit et il lui arrivait de s'indigner en cas de manquement. À son retour, elle citait dans ses livres ceux qui l'avaient aidée, de même qu'elle donnait le nom de ceux qui ne l'avaient pas bien reçue, ce qui est peut-être la raison pour laquelle les compagnies maritimes la suppliaient d'accepter de voyager à titre gracieux sur leurs lignes.

Après l'Islande, les voyages d'Ida se firent encore plus aventureux et elle se retrouvait toujours plus à l'écart des itinéraires touristiques – parfois même dans des régions inconnues où l'on n'avait encore jamais vu d'Européens. En 1846, elle entama son premier tour du monde, qui devait durer deux ans et demi. Le public autrichien put suivre ses pérégrinations « en temps réel » dans les journaux et son livre *Eine Frauenfahrt um die Welt* (*Voyage d'une femme autour du monde*) comportait des descriptions exhaustives de régions exotiques et de cultures, de personnes, de religions, de phénomènes naturels, de végétaux, d'animaux, de la nourriture locale, des coutumes, de l'habillement, des prix et des distances, voire des conditions qui régnaient dans les hôpitaux et les prisons.

Je cherche les conseils des héroïnes nocturnes, ces phrases rares, qui me touchent personnellement, comme autant de pépites d'or cachées entre les pages.

*

[Courrier d'une lectrice adressé à la maison d'édition Carl Gerold und Sohn, Vienne]

Ma chère Ida,

Les conditions optimales de la croissance du poivrier sont un sujet certes fascinant, mais j'ai soif de conseils d'un genre légèrement différent. Qu'emportais-tu dans tes bagages ? Que faisais-tu en cas de maladie ? Avais-tu peur parfois, ou le mal du pays ? Les rubriques suivantes m'ont toujours intéressée : nourriture, couchage, bagages, moyens de locomotion, vêtements de voyage, hygiène, santé, maladie, forme générale et état mental, détails intimes tels que les toilettes et les règles (tu fus sans doute assez vite débarrassée de ces dernières), mésaventures et dangers, possibles relations avec les hommes et sujets afférents au travail d'autrice de récits de voyage comme l'écriture, l'argent et les revenus. Et n'oublie pas les conseils pour économiser !

J'espère que tout cela ne te paraîtra pas trop futile.

Bien cordialement, M

Voyons voir. En mai 1846, Ida, âgée de quarante-huit ans, quitta Hambourg pour dix jours de traversée à destination de Rio de Janeiro dans le but d'effectuer le tour de la planète d'est en ouest. Elle voyageait, notez bien, à bord d'un voilier, car *le vapeur aurait coûté bien trop cher.* Elle couchait dans son journal les bons tuyaux sur ce que vous aviez intérêt à emporter pour affronter de telles extrémités : entre autres un matelas, un oreiller, une couverture, de bonnes quantités d'œufs, de riz, de pommes de terre et de sucre et – *nota bene* à l'usage des familles nombreuses – à ceux qui voyagent avec des enfants *on conseillera de s'accompagner d'une chèvre.*

Une fois tirée de cette traversée, Ida sillonna les environs de Rio pendant quelques mois. Au cours d'une de ces excursions elle fut attaquée par un « indigène » qui voulait la dévaliser, mais elle *put se défendre à coups d'ombrelle et de canif.* Bien qu'elle n'eût de cesse de louer son excellente santé, le Brésil ne convenait pas à son organisme – la chaleur humide lui donnait des malaises. Elle quitta le pays pour trois mois d'effrayante navigation à voile qui lui ferait traverser les eaux tempétueuses du cap Horn afin de rallier le Chili et Valparaiso. De là, elle embarqua pour près de quatre mois de mer en direction de la Chine via Tahiti. Le navire étant prêt à appareiller de Valparaiso, Ida souffrait d'une terrible affection intestinale – le choléra –, mais il fallait partir pour ne pas perdre le billet qu'elle avait déjà acheté (N.B. le budget) et qui plus est le bateau suivant n'aurait peut-être levé l'ancre que des mois plus tard, et Ida ne supportait pas les retards. Elle jeûna quelques jours et réussit à se remettre complètement *en prenant à bord six bains d'eau salée de quinze minutes* – que les malades du choléra en prennent bonne note.

L'arrivée en Chine était un rêve devenu réalité. Ida était fière de pouvoir se compter au nombre des rares Européens assez chanceux pour découvrir « ce pays remarquable ». En route pour Singapour elle s'indignait toutefois que la compagnie maritime eût refusé de lui vendre un billet de troisième classe sur le pont, qu'elle aurait souhaité acheter *pour raisons d'économie.* Les passagers de troisième classe n'étaient pas « d'honnêtes gens », selon les représentants britanniques de la compagnie, et de plus la Lune qui brillait sur le pont avait un effet très néfaste, comme on le lui fit savoir, bref, ce style de voyage n'était pas du tout indiqué pour une dame européenne. Ida fut donc contrainte de voyager en onéreuse deuxième classe et rapporta à longueur de paragraphes venimeux les conditions et le traitement dont la qualité, sur le *Pekin* piloté par le capitaine Fronson, était *honteusement inférieure au prix qu'on en demandait.* « Jamais de ma vie je n'ai été aussi déçue ! » s'insurgea-t-elle.

De Singapour elle poussa jusqu'à Ceylan et l'Inde qu'elle sillonna extensivement pendant plusieurs mois. À Calcutta elle fut invitée dans des fêtes mondaines où, à sa grande honte, elle fut forcée de paraître en simple habit de mousseline, alors que les autres femmes s'étaient enveloppées de soie, de satin, de dentelle et de bijoux, mais *heureusement tout le monde fit semblant de ne point s'en apercevoir* (N.B. les microbagages). Quittant

Calcutta, Ida connut les affres d'un voyage vraiment dur. Elle fut seule pendant des semaines dans des régions inconnues, se déplaçait en char à bœuf inconfortable (meilleur marché que la chaise à porteurs ou le chameau), séjournait dans des huttes en terre misérables à l'instar des voyageurs locaux (un coup de balai les rendait étonnamment propres) et mangeait peu (*le plus souvent juste du riz cuit à l'eau, les jours meilleurs du riz au lait et des œufs*).

Ses souffrances furent récompensées lorsque, après quelques semaines, elle atteignit le but de ses pérégrinations, la ville de Kottah dont le roi, que l'on avait informé de son arrivée, lui fit envoyer des paniers de fruits et de douceurs, un éléphant somptueusement orné en guise de monture ainsi qu'un officier et quelques soldats. Sans pouvoir faire autrement, Ida poursuivit sa route à dos de chameau (*il n'est rien de plus déplaisant et malaisé que de voyager à dos de chameau*) et passa une nuit dans le camp de toile d'un certain capitaine Burdon, où Mme Burdon n'avait pas vu un Européen depuis quatre ans. Dans les villages reculés ne disposant pas d'hébergement pour les voyageurs, elle étendait sa natte sur une véranda et dormait dehors – dans le village de Rumtscha, elle dut se faire un lit sous un abri au cœur du bazar où la moitié des habitants vint observer son manège. Les villageois eurent « un aperçu de ce à quoi ressemble une Européenne en colère » car elle tança les conducteurs de chameaux : ils avaient *fait avancer les bêtes avec une telle indolence* qu'ils n'avaient pas parcouru plus de trente gros kilomètres dans la journée, ce qui *correspondait à la vitesse d'un char à bœufs.* À Indor, en revanche, qui comportait une présence européenne, elle fut invitée à observer la première intervention réalisée par un chirurgien qui venait d'arriver d'Europe (l'opération consistait à retirer une tumeur au cou d'un patient. La sédation à l'éther échoua, le patient hurlait horriblement, et à ce stade Ida quitta les lieux). Une autre fois, elle fut embarquée dans une chasse au tigre à dos d'éléphant. Lorsque le fauve, rendu fou par ses blessures, se rua sur les pachydermes, elle garda bravement contenance, « avec un tel sang-froid que pas un des gentlemen présents ne put deviner ce qui me passait par la tête ». Souvenons-nous ici que tout ce qui vient d'être relaté est arrivé à une femme sanglée dans son corset, noyée sous une robe volumineuse descendant jusqu'aux chevilles et coiffée de sa capote.

Poursuivant sa route de Bombay à la péninsule Arabique et à la Mésopotamie, Ida parvint à dégotter *une place de pont, la moins chère.* Après avoir étudié quelque temps les diverses possibilités, notre dame viennoise bien dégourdie se trouva *un astucieux couchage sous la table du capitaine* et *s'enroula dans son manteau pour dormir.* Malheureusement elle contracta une forte fièvre et, selon ses dires, *souffrait de devoir ramper hors de sa couche à l'heure des repas pour faire place aux pieds des convives* – pire encore, certes, fut la variole qui se déclara à bord et tua trois passagers.

Parvenue à Bagdad, Ida faisait des excursions pour explorer les environs, mais elle refusait les provisions que lui proposait son hôtesse : « Ma règle en voyage est d'éviter tout le superflu. Si je sais que je vais rencontrer des lieux habités, je n'emporte pas de nourriture, car je me rassasierai avec ce de quoi les gens vivent. Et si ça ne me plaît pas, c'est que je n'ai pas vraiment faim. » Elle ajouta plus tard le conseil suivant : *le voyageur n'aura pas intérêt à observer la préparation de la nourriture s'il entend y toucher.*

De Bagdad, Ida, à dos de mulet, se joignit à une caravane en partance pour Mossoul, bien qu'elle eût été prévenue qu'un tel voyage était beaucoup trop périlleux pour une femme seule. « En raison de trop maigres réserves », elle ne pouvait même s'offrir un serviteur : *pendant deux semaines elle traversa donc le périlleux désert « comme le plus pauvre des Arabes »*, exposée aux ardeurs du soleil, *sans autre nourriture que de l'eau, du pain, une poignée de dattes et quelques concombres.* (En raison de mon obsession pour la nourriture, j'ai une propension à noter soigneusement les miettes d'information de ce type.) Ida rapporta que la caravane avançait de nuit pendant dix heures d'affilée et se reposait durant la journée, mais alors il était impossible de trouver de l'ombre. Ida enviait les missionnaires et les scientifiques qui voyageaient à cheval, dormaient sous la tente, s'accompagnaient de serviteurs et disposaient de vivres en abondance. Elle, en revanche, n'avait pour se revigorer que « de l'eau tiède, du pain si dur qu'il fallait le faire tremper pour pouvoir le manger et du concombre sans sel ni vinaigre. « Pourtant je n'ai perdu ni mon courage ni mon opiniâtreté et je n'ai pas regretté un instant de m'être exposée à de telles mésaventures. » L'opiniâtreté, elle en avait à revendre : arrivée à Mossoul elle écrivait être « pleine d'énergie et de feu », même si au cours des quinze jours passés elle n'avait mangé chaud que deux fois, avait porté les mêmes vêtements jour et nuit, enduré une chaleur infernale, passé son temps à chevaucher, le tout dans des conditions épuisantes.

Ida repartit avec une caravane pour un voyage encore plus dangereux à travers le Kurdistan, de si mauvaise réputation, où il n'y avait pas l'ombre d'un Européen. Elle envoya d'abord ses papiers et journaux par la poste à Vienne (N.B. les auteurs de récits de voyage) – au cas où elle serait attaquée ou tuée, au moins ses fils pourraient-ils lire ses notes. Après le village de Sauh-Bulak, il n'y avait même plus de caravanes auxquelles se joindre. Elle continua donc sa route seule, à cheval, bien qu'on l'eût prévenue qu'elle risquait très probablement d'être tuée d'un coup de fusil, à moins qu'on ne lui tranchât la gorge – elle fut obligée de payer son guide quatre fois plus cher, car elle ne bénéficiait plus de la protection de la caravane. « Dans la soirée j'armais mes pistolets, bien décidée à vendre chèrement ma vie », écrivit-elle avant le départ. Elle n'eut finalement à se battre que contre un nuage de criquets et une nourriture médiocre – on tenta bien de la dévaliser une fois, mais lorsque le guide expliqua qu'elle *n'était qu'une pauvre pèlerine, ce dont témoignaient son habit, ses maigres bagages et le fait qu'elle n'avait pas d'autre société,* les bandits la laissèrent tranquille et lui offrirent de l'eau. Parvenant enfin à son but, Tabriz, elle reconnut se sentir soulagée. L'étau de la peur se desserra. Le médecin européen établi dans cette ville, en revanche, ne put croire qu'une femme fût partie traverser une telle région seule et sans parler la langue. Il supposa que sa « société » avait été attaquée et tuée tandis qu'elle, séparée du reste de son groupe, était l'unique à s'en être tirée.

Mais non : Ida, c'était cela.

Quand Ida finit par revenir de son premier tour du monde à Vienne en novembre 1848, le Printemps des peuples avait secoué l'Europe et l'Autriche connu une révolution. Ida souhaitait se mettre aussitôt à la rédaction de son livre, car elle avait un besoin d'argent pressant, mais – catastrophe absolue – le colis contenant ses journaux n'était jamais arrivé ! (La pire crainte de tout auteur de récit de voyage : le matériau que vous avez eu tant de peine à accumuler disparaît.) Désespérée, Ida fit même paraître une annonce dans le journal. Pour finir, les carnets, qui s'étaient égarés autour du monde pendant un an et demi, réapparurent d'un coup. Ida se mit immédiatement au travail et les trois volumes de *Eine Frauenfahrt um die Welt* parurent en 1850. Avec ce livre, Ida assit définitivement sa célébrité et ses ouvrages au succès sensationnel furent traduits et lus dans le monde entier. Elle assurait qu'il ne s'agissait que de « simples récits » et se considérait comme « une femme modeste, ordinaire, qui avait été possédée d'une violente passion de voyager », ce qui en un sens n'était pas faux.

Pourtant, l'étroitesse d'esprit régnant à Vienne recommença à l'angoisser. Alors, à cinquante-trois ans, malgré la malaria et une infection rapportée de Mésopotamie, elle partit en mars 1851 pour son second tour du monde, dans l'autre sens. Le voyage durerait quatre ans et devait la mener, si possible, dans des zones encore plus sauvages. Elle parcourut ainsi Bornéo, Java, Sumatra et d'autres parties de l'archipel indonésien pendant plus d'un an et demi. Elle fut la première Européenne jamais vue en une multitude d'endroits. À Bornéo, en dépit des résistances locales, elle remonta un fleuve vers l'intérieur des terres, dans des régions dangereuses, inexplorées et décida de faire la connaissance des célèbres Dayaks chasseurs de têtes. (Ida trouvait que les Dayaks avaient bon caractère, qu'ils étaient honnêtes, généreux et innocents. Elle s'entendit à merveille avec eux et étudia avec intérêt les crânes séchés de leurs ennemis, qu'ils lui montraient.) Elle passait ses nuits à la belle étoile dans les forêts, dormait sur *un gros rocher en guise de matelas* et même *dans un canot dayak* le cas échéant. Elle effectuait de longues *courses* à pied ou naviguait sur *le fleuve à force de rames.* Elle croisa des bêtes sauvages, subit les assauts des sangsues, des parasites et de la malaria, partagea la nourriture des indigènes (« la faim est la meilleure des cuisinières ! ») et vécut dans leurs villages, où les conditions d'hygiène laissaient plus qu'à désirer. Elle écrivit plus tard qu'elle avait parfois elle-même du mal à croire qu'elle n'avait jamais atteint les limites de son courage ou de sa tolérance, mais continuait d'avancer *pas à pas vers les buts qu'elle s'était fixés d'avance.* Aboutissant au constat suivant : « C'est la preuve qu'une *volonté de fer vous permet de faire ce qui semble presque impossible.* »

Je note dans mon carnet les recommandations pratiques d'Ida pour plus tard :

1) Évite l'intérieur des terres en Afrique. Y voyager te coûtera horriblement cher car il faudra te procurer un chariot, six paires de bœufs, équiper le véhicule pour y dormir, payer un conducteur, un bouvier et un domestique ainsi que te procurer assez de nourriture et d'eau pour tout le trajet. (Check.)

2) Le niveau des prix au Cap est effrayant. Si tu peux, fais-toi offrir le gîte par le consul de Hambourg.

3) En cas d'accès de fièvre causé par le paludisme, voici un remède qui marche : une cuiller à thé de piment de Cayenne et cinq cuillerées de sucre délayées dans un demi-verre de brandy.

4) Si tu croises des cannibales en colère, fais le pitre.

À Sumatra, Ida voulut entrer sur le territoire de la fameuse tribu des Batak mangeurs d'homme, mais on l'en dissuada car en 1835 deux missionnaires y avaient été tués et dévorés. Elle refusa d'écouter ces mises en garde, car elle tenait à être la première Européenne à voir le lac Toba, situé dans une caldeira, dont l'accès, interdit, exposait à une condamnation à mort. La veille de son départ, Ida s'enquit auprès des locaux si les récits qu'elle avait entendus étaient bien vrais : les Bataks ne mettaient pas leurs victimes à mort aussitôt, mais les liaient à un poteau pour prélever des morceaux de leur vivant – l'idée l'effrayait un peu – mais non, à les en croire seuls les pires criminels avaient droit à ce traitement. Les autres, on leur tranchait immédiatement la gorge, on recueillait leur sang pour le boire ou pour en faire une bouillie avec du riz. Le corps était ensuite démembré – les mains, les pieds, la tête, le cœur et le foie étaient réputés particulièrement délicieux – puis la chair était grillée, avant d'être consommée avec une pincée de sel.

Le voyage jusqu'au lac Toba était rude. Ida faisait des journées de près de trente kilomètres à pied, les buissons denses la griffaient jusqu'au sang et elle avait les pieds pleins d'épines (impossible de porter des chaussures dans ces zones marécageuses), la pluie tombait en fin d'après-midi sans lui laisser aucun moyen de changer ses vêtements humides et boueux, et la nourriture était maigre et douteuse. La nuit, Ida ne parvenait à fermer l'œil, craignant les tigres qui rôdaient, et le matin elle se disait qu'elle n'allait pas pouvoir faire un pas de plus. Mais elle en trouvait la force, malgré tout.

En cas de locaux en colère, Ida avait un plan : elle croyait pouvoir s'en sortir *si elle parvenait à faire rire les sauvages*. Quand elle se retrouva un beau jour encerclée par quatre-vingts guerriers indigènes qui la menaçaient dans la langue des gestes de lui couper la gorge et de la manger si elle ne faisait pas demi-tour, Ida ouvrit le bal. Elle leur expliqua gaiement, à moitié en malais et à moitié en batak et pour le reste à l'aide de signes, qu'ils *n'allaient pas tuer et manger une femme, surtout une vieille femme comme elle, dont la chair était déjà dure et coriace* ! Et, de vrai, sa performance comique fit rire les guerriers, qui la laissèrent poursuivre sa route. Quelques jours après Ida fut toutefois obligée de renoncer à seulement dix kilomètres du but. Des centaines de guerriers gesticulant de manière menaçante s'étaient rassemblés dans le village, fermant la route. Sa vie ne tenait plus qu'à un fil, selon sa propre estimation. Elle prit le chemin du retour, à toutes jambes, sur les conseils de son guide. (Ici encore, n'oublions pas la longue robe.)

Conseil d'une héroïne nocturne en cas d'extrême urgence : si le rire ne sert à rien, prends tes jambes à ton cou !

Après avoir visité l'Amérique centrale, le Pérou, l'Équateur et de nombreux coins des États-Unis, Ida, cinquante-sept ans, finit par quitter New York pour l'Europe sur un navire qui lui offrit gracieusement un billet. L'année suivante furent publiés les quatre volumes de son énorme ouvrage, *Meine zweite Weltreise* (*Mon second voyage autour du monde*). (Quatre volumes ! Je ne peux qu'admirer la nonchalance de l'époque eu égard à la longueur des ouvrages, quand j'ai, pour ma part, passé des mois, voire des années, à faire en sorte de raccourcir mon énorme quantité de matériau pour la faire tenir en moins de cinq cents pages, comme l'exigeait mon éditeur, sans cesse sur mon dos.) Cette publication avait de remarquable le fait que le nom d'Ida était, pour la première fois, imprimé en couverture. Ida était devenue l'un des auteurs de récits de voyage les plus appréciés du XIXe siècle. Ses livres furent traduits, entre autres langues, en anglais, français, hollandais, russe et malais. Les lectrices du magazine de mode *Die Wiener Elegante* exigèrent de voir sa photo : le journal fit paraître un dessin la montrant en vêtements de voyage imaginaires, armée d'un filet à papillons. La presse n'était pas avare en caricatures et écrits satiriques : pouvait-il se trouver meilleur sujet de plaisanterie qu'une femme voyageant seule ? Sur une vignette imprimée dans le *Wiener Telegraf* en 1855, Ida est au milieu des Indiens : longue-vue à la main, chapeau à voilette sur la tête, cafetière dans son petit panier comme si elle partait en pique-nique. « Ne t'enfuis pas, je ne crains point les sauvages ! » s'écrie Ida en légende à son Indien qui détale. « Mais moi, oui ! » répond-il.

À cinquante-neuf ans, Ida rêvait encore de voyager en Australie et, selon son plan, passerait par Madagascar, cette île mystérieuse de l'océan Indien. Elle souffrait de nombreuses maladies et n'était plus toute jeune, néanmoins elle partit, commençant par un petit tour d'Europe afin de collecter des fonds auprès de ses admirateurs. Les choses se passèrent toutefois si mal à Madagascar qu'elle se retrouva empêtrée dans les querelles politiques locales qui déchiraient l'île, avant d'être appréhendée. Elle fut accusée d'espionnage et détenue avec quelques autres Européens pendant près de deux mois dans une misérable cabane en bambous où des soldats surveillaient leurs moindres allées et venues. Ida ne put se laver ni se changer durant cinquante-trois jours, selon son rapport, et quand elle contracta la fièvre, aucun médecin ne fut autorisé à venir la voir. Quand les prisonniers furent finalement expulsés de l'île, Ida rêvait encore d'effectuer la traversée jusqu'en Australie qui la guérirait, mais elle était si affaiblie par la malaria qu'elle n'était pas en état de voyager. Elle fut rapatriée en Europe par bateau puis envoyée à Vienne où, âgée de soixante et un ans, en octobre 1858, elle mourut d'une maladie secondaire causée par la malaria, un cancer du foie selon toute hypothèse. Elle continua de travailler jusqu'au bout sur son lit de malade et son livre sur Madagascar fut publié à titre posthume.

Trente ans après sa mort, Ida obtint un monument au cimetière de Vienne, avant d'être oubliée pendant un siècle. Son portrait figurait sur les shillings autrichiens dans les années 1990 et on baptisa une rue de Vienne en son honneur en 2008. Pourtant, mes amis allemands et autrichiens n'avaient jamais entendu parler de cette femme d'âge moyen qui avait transgressé les limites, écrit des best-sellers mondiaux, été décorée par les souverains, et dont un coquillage et une grenouille de Madagascar portaient le nom.

Quand je pense à Ida pendant la nuit, son portrait flotte dans mon esprit, celui où elle est assise près d'une mappemonde avec sa capote garnie de dentelle. *Sur cette image, vous voyez une épouse convenable,* semble-t-elle dire. *Oui, vous pourrez me regarder aussi longtemps que vous voulez, c'est tout ce que vous verrez. Mais en réalité, ce monde est à moi.* Verdammt noch mal, *je suis allée voir tous les coins de la planète, et vous n'avez pas pu m'en empêcher.*

*

Conseils d'héroïne nocturne :

Si tu veux voyager, pars. Tu n'as pas besoin de te justifier.
Ce n'est pas grave si tu n'as pas d'argent.
Gratte. (Les transports, les hébergements, les repas.)
Sois radine. (En argent.) (Tu peux radiner aussi dans d'autres domaines, si tu le veux.)
Écris des livres, collectionne des minéraux, dors sous une table si besoin est – fais tout et n'importe quoi pour réaliser tes souhaits.
Si tu te retrouves à un endroit où les habitudes alimentaires s'écartent des tiennes (par exemple chez des carnivores ou des cannibales), ne pousse pas les hauts cris. Mange ce qu'on te sert.
Ne te préoccupe pas de l'opinion des autres.
Balance une énergie phénoménale.

MARY

Conseil d'héroïne nocturne n° 4

Si tu es seule et que personne n'a besoin de toi,
autant partir crever en Afrique de l'Ouest et
rire pendant tout le voyage.

HÉROÏNE NOCTURNE N° 4 : *Mary Kingsley*

PROFESSION : *Vieille fille, plus tard exploratrice et autrice de récits de voyage. Commença par s'occuper consciencieusement de ses parents jusqu'à leur mort et partit ensuite dans les jungles d'Afrique de l'Ouest, se retrouva à conduire sa barque avec sa longue jupe noire et à faire ami-ami avec des tribus cannibales et des marchands européens. Elle rédigea deux ouvrages hyperpopulaires sur ses voyages, dans lesquels elle passe son temps à rire d'elle-même.*

« Il n'y a en réalité que deux choses dont je sois fière : la première, que le docteur Günther a accepté mes spécimens de poissons et la seconde, que je sais naviguer en canot sur l'Ogooué. Le rythme, le style, la direction et le reste… tout comme si j'étais une Africaine d'Ogooué. […] Je me demande souvent de quoi les autres sont fiers. »

Mary au retour de son second voyage en Afrique, 1897.

VOICI DONC MARY, la merveilleuse Mary, avec son sens de l'humour et son autodérision : qui ne pourrait l'aimer ? Quand Isabella, âgée de soixante ans, partit en janvier 1894 pour la dernière fois en Chine, la trentenaire Mary revenait de son premier voyage en Afrique de l'Ouest. Je me dis qu'elles se sont peut-être croisées sans se voir sur le port de Liverpool – le soleil de l'une venait de se lever quand l'autre traversait déjà les lueurs du soir.

Rien dans l'enfance de l'Anglaise Mary Kingsley (1862-1900) n'indiquait qu'elle se destinerait à une carrière d'exploratrice. Ce fut une époque des plus difficile et solitaire. Son père, médecin, décida *in extremis* d'épouser sa servante, qu'il avait engrossée. Quatre jours après naissait la petite Mary. Ce mariage indécent fut un coup de chance pour cette dernière, mais je n'en suis pas aussi sûre en ce qui concerne sa mère. George Kingsley n'avait en effet rien du mari idéal et passa toute l'enfance et la jeunesse de Mary à voyager pour soigner divers ressortissants de la noblesse aux quatre coins du monde, en Asie, en Amérique et dans les mers australes, abandonnant femme et enfants seuls à la maison avec des ressources minimales pendant des mois, voire des années. La mère de Mary – qui en tant qu'ex-servante n'avait pas sa place dans la bonne société – restait quant à elle clouée au lit par la faiblesse nerveuse, la dépression et une multitude d'autres ennuis féminins, dont elle ne se remit jamais.

Mary passa donc son enfance entre les quatre murs de leur maison en banlieue de Londres. Elle ne fut pas scolarisée, aucun précepteur ne venait à domicile, elle n'avait pas de camarades et pour ainsi dire pas de vie sociale. Son père était en voyage, sa mère un fantôme alité à l'étage, elle ne fréquentait que son frère Charles, de deux ans son cadet, la nourrice et la cuisinière. Mary décrivit sa maison comme une vallée des ombres de la mort où l'on vivait en parias, en marge de la vie sociale. Fille d'une famille des classes supérieures, Mary aurait en temps ordinaire bénéficié des enseignements de sa mère pour la lecture, le dessin et le piano, mais la sienne ne disposait pas de ces compétences – elle savait à peine lire. La petite Mary se chargea donc des finances de la maison et d'elle-même, restant de garde auprès du lit de sa mère. Sa tâche, jusqu'à la fin de ses jours, serait de s'occuper de celle-ci et de servir les autres membres de la famille.

Or, elle était affligée d'un trait de caractère tout à fait inconvenant chez une femme : la curiosité. On ignore comment elle apprit à lire – peut-être grâce à son petit frère qui allait à l'école – mais le temps que lui laissaient les devoirs domestiques, elle le passait dans la bibliothèque de son père. La famille de ce dernier comptait des écrivains de renom et les rayonnages étaient largement fournis en ouvrages sur tous les sujets. Au fil des ans, Mary parvint à apprendre en autodidacte le latin, la physique, la chimie, les mathématiques, les sciences appliquées, la biologie et les sciences sociales – autant de matières dans lesquelles pas une jeune fille victorienne n'aurait eu le droit d'être instruite. Et puisque les modèles de vie de Mary étaient une mère alitée, faible et dépendante, et un père cultivé et aventurier, qui pensez-vous qu'elle choisit ? Mary adorait ce père absent à la vie excitante, et elle dévorait avec le même appétit les lettres qu'il envoyait de tous les coins exotiques du monde et les livres d'explorateurs qu'elle découvrait dans sa bibliothèque. Il s'y trouvait peut-être même des ouvrages d'Isabella Bird – car, même si Mary l'ignorait, son père avait rencontré au cours d'un voyage dans les Rocheuses le fameux Rocky Mountain Jim, l'ami borgne d'Isabella, blessé par balle, qu'il avait sauvé d'une mort certaine.

Mary était toutefois pieds et poings liés au chevet de sa mère. Dans sa vingtaine, elle s'occupa de celle-ci jour et nuit : sa mère refusait toute nourriture préparée par une autre et seule Mary avait le droit de pousser son fauteuil lors des promenades dans le parc voisin. À ses moments de liberté, Mary étudiait les mathématiques, lisait Darwin et servait de secrétaire à son père lorsqu'il était de passage, car il rapportait ses journaux et ses notes à partir desquels il avait l'intention de rédiger des articles scientifiques. Les prétendants, les romances et plus généralement la vie sociale : rien de tout cela pour Mary. Quand en 1885, à vingt-trois ans, elle partit pour une journée d'excursion au Pays de Galles avec la famille d'une amie, elle quittait sa maison pour la première fois. Au bout de deux jours un télégramme annonça que sa mère était au plus mal et qu'il lui fallait revenir d'urgence. Au printemps 1888, Mary partit avec une autre amie, mais à son retour l'état de sa mère s'était dégradé et elle ne pouvait pas s'absenter plus d'une heure ou deux à chaque fois. En 1890, sa mère eut une attaque qui la rendit presque entièrement aphasique et paralytique. Mary lui faisait ses repas et sa toilette, s'occupant de tout pour elle. Puis en février 1892, son père mourut subitement, et en avril ce fut au tour de sa mère. Mary avait vingt-neuf ans. Elle était brisée par le chagrin, et libre.

Après les funérailles, Mary décida de changer d'air. Une connaissance de la famille lui conseilla Madère, mais c'était trop civilisé à son goût – les endroits évidents tels que les stations balnéaires du sud de la France ou d'Italie n'entraient même pas en ligne de compte. Mary comprenait peu à peu les chances que lui offrait sa libération soudaine. Elle décida donc de partir pour les îles Canaries qui étaient à l'époque une destination particulièrement aventureuse. La traversée de Liverpool à Ténérife dura sept jours, à l'été 1892. Mary y passa plusieurs semaines, explora différentes îles et fit entre autres l'ascension d'un cratère (et fut obligée de bivouaquer en route, ayant sous-estimé la longueur du trajet). Mais ce qu'elle en retira principalement fut que tous les bateaux en partance d'Europe pour l'Afrique s'arrêtaient aux Canaries. Elle fit connaissance avec des marchands, des missionnaires et des fonctionnaires de la côte ouest de l'Afrique ainsi que des malades de la malaria, de la fièvre jaune et de la fièvre bilieuse hémoglobinurique évacués aux Canaries pour y guérir, ou y mourir.

À son retour en Angleterre, Mary avait pris la décision de voyager en Afrique de l'Ouest.

Pour un Occidental du XIXe siècle, l'Afrique était l'objet de rêves passionnés dont les zones non cartographiées et les ressources naturelles suscitaient les convoitises. La deuxième moitié du siècle fut l'âge d'or des explorations africaines. On cherchait des réponses aux mystères géographiques du continent, comme l'emplacement des sources du Nil. On pénétrait au cœur des terres en remontant les fleuves et le voyageur risquait sa vie : les membres des expéditions étaient torturés par le paludisme, des parasites divers et des maladies tropicales toutes plus épouvantables les unes que les autres. Les malades étaient transportés sur des lits de camp à travers la jungle et beaucoup mouraient. En 1858, Richard Burton et John Speke découvrirent le lac Tanganyika, et Speke, seul, découvrit le lac Victoria. En 1864, Samuel Baker et sa future femme découvrirent le lac Albert. Lorsque le missionnaire, médecin et explorateur David Livingstone disparut pendant sa quête des sources du Nil et du Congo, le *New York Herald* paya le jeune journaliste Henry Morton Stanley pour qu'il parte à sa recherche. Il se peut donc que Mary, qui avait alors neuf ans, ait lu dans le journal comment Stanley avait découvert Livingstone sur le bord du lac Tanganyika en 1871 (*Docteur Livingstone, je suppose ?*), comment celui-ci était mort deux ans plus tard dans un village reculé d'Afrique centrale, comment deux serviteurs fidèles du docteur avaient enterré son cœur avant de porter son corps embaumé sur leur tête pendant huit mois à pied jusqu'à la côte d'où il fut transbordé jusqu'en Angleterre et mis en terre à l'abbaye de Westminster.

Les ambitions impérialistes occidentales culminèrent en 1885 lors de la conférence de Berlin où fut décidé le partage de l'Afrique entre les puissances européennes. Pas un Africain ne fut convoqué à cette réunion absurde. Des diplomates qui n'avaient jamais mis un pied en Afrique débitèrent le continent en tranches à leur guise. Les perspectives économiques de l'Afrique de l'Ouest suscitaient des appétits féroces et outre les explorateurs, les administrateurs et les missionnaires, un flot de commerçants s'y déversa pour acheter de l'ivoire d'éléphant, de l'huile de palme, du caoutchouc et du cacao qu'ils échangeaient contre de l'alcool, des hameçons et de la verroterie. « Liverpool to West Africa – Lagos express – tous les quinze jours » claironnaient les affiches des compagnies maritimes. Sur les publicités un « indigène » africain et un Européen casqué à la romaine se serraient la main. Autour d'eux, des éléphants et des lions ainsi que des caisses en bois contenant monts et merveilles.

Et c'est là que Mary voulait aller, elle aussi.

Or, ses devoirs familiaux ne s'arrêtaient pas avec la mort de ses parents. Il lui fallait maintenant, à elle, la sœur non mariée, devenir la blanchisseuse, la cuisinière et l'économe de son tatillon et exigeant de frère, Charles. Celui-ci aimait fort heureusement à voyager. Dès qu'il partait quelque part, Mary se prenait aussi sec un billet de bateau pour elle-même. Pour l'heure, il lui fallut attendre un an le voyage suivant de Charles. Ils déménagèrent à Londres entretemps et Mary suivit des cours d'infirmière où elle apprit à dispenser les premiers soins pour les morsures de serpent et les maladies tropicales.

Mary avait décidé de rallier la côte ouest-africaine, seule, ce qui était sans précédent : si une femme voyageait à cette époque, c'est qu'elle était l'épouse d'un fonctionnaire ou d'un missionnaire. Mary donna plusieurs justifications à son départ. Elle entendait prolonger les recherches anthropologiques de son père et mettre la dernière main à l'ouvrage qu'il avait laissé inachevé, comme si elle ne faisait qu'accomplir ses devoirs de fille consciencieuse. Elle disait par ailleurs se trouver pour la première fois de sa vie devant quelques mois de liberté et voulait les utiliser à « apprendre les tropiques ». À son amie, elle donna dans une lettre une troisième version des faits, avec son style de parfaite héroïne nocturne :

« J'étais morte de fatigue et je sentais que plus personne n'avait besoin de moi, puisque mon père et ma mère étaient morts à six semaines d'intervalle en 92. Lorsque mon frère partit vers l'est, je partis mourir en Afrique de l'Ouest. Mais celle-ci se montra séduisante, sympathique et intéressante d'un point de vue scientifique, et ne voulut pas me tuer tout de suite – et je n'étais pas pressée non plus. »

Mary désirait peut-être vraiment mourir, en tout cas elle se fichait bien de rester en vie ou non – tapis, pensa-t-elle peut-être. Elle n'avait rien à perdre.

À sa place, j'aurais eu la trouille. L'Afrique de l'Ouest était surnommée « le tombeau de l'homme blanc ». Y aller, c'était jouer à la roulette russe. « Le coin le plus mortel de la planète », disaient gaiement les médecins à Mary en lui montrant les zones d'infestation des maladies tropicales. Les carnets de Mary se remplirent de listes détaillant les dangers, les maladies, les scénarios catastrophes possibles et les affaires à emporter nécessairement – exactement comme les miens cent dix ans plus tard. De son côté elle relevait tout de même le fait que quatre-vingt-cinq pour cent de ceux qui partaient revenaient les pieds devant ou la santé définitivement perdue. Beaucoup mouraient de fièvre, fièvre jaune ou malaria dans le mois suivant leur arrivée, d'autres supportaient leur mal un peu plus longtemps et, un beau jour, décédaient subitement. Le destin d'un homme – et d'une femme – dépendait entièrement de sa résistance au paludisme, et il était impossible de s'acclimater à la côte.

En août 1893, Mary prit malgré tout le départ. (En bonne réaliste, elle aussi rédigea son testament avant de partir.) Elle embarqua sur le *Lagos* à Liverpool qui, mauvais augure, ne vendait que des billets aller. Elle emportait son matériel de photographie, avec son lourd pied et ses boîtes de négatifs, des bouteilles de formaldéhyde pour conserver les poissons et les insectes et d'autres fournitures nécessaires à la collecte de spécimens biologiques. Elle était en outre munie d'une trousse à pharmacie noire et d'un sac étanche rempli de vêtements, couvertures et autres. Elle disposait de deux cahiers (un journal de jungle pour rassembler les informations et un journal intime) et de deux livres (*Study of Fishes*, d'Albert Günther et un florilège de poèmes d'Horace) ainsi que d'un long couteau de chasse et d'un revolver

– ces deux derniers à utiliser contre elle-même en cas d'urgence. Pour ce qui est de la nourriture, elle avait pris quelques pots de harengs fumés et de biscuits, ainsi qu'un stock considérable de bon vieux thé anglais. Les épingles à cheveux et les brosses à dents en revanche n'étaient pas en nombre suffisant, étant des objets de troc recherchés, comme il s'avéra plus tard. Ses vêtements de voyage étaient exactement ceux qu'elle portait chez elle en Angleterre, car elle n'estimait pas légitime de se promener en Afrique dans une tenue qui lui ferait honte à Londres. Et, comme elle le fit toute sa vie après la mort de ses parents, elle arborait une tenue de deuil : elle s'était équipée de plusieurs robes longues noires, d'une large ceinture, d'une douzaine de chemisiers blancs, de bottes en cuir noir et, bien évidemment, de corsets, auxquels il n'y avait aucune raison de renoncer sous les tropiques. Les mauvais esprits prétendirent qu'elle avait aussi de vieux pantalons ayant appartenu à son frère, qu'elle aurait portés sous sa jupe – s'il lui fallait par exemple traverser une rivière ou un marais, elle aurait serré le bas du pantalon à ses chevilles pour s'épargner les sangsues et roulé sa jupe dans sa ceinture – mais Mary elle-même démentit catégoriquement de telles rumeurs.

Mary ne disposait que de trois cents livres en liquide et pensait financer son voyage en faisant du commerce. Elle entendait se sustenter avec la nourriture locale, avancer à pied ou en canot et dormir dans les huttes en terre et en roseaux des villages indigènes ou à la belle étoile – à la différence de ses contemporains voyageant en Afrique, qui ne se risquaient pas dans la jungle sans une chaise à porteurs et une longue caravane de portefaix chargés de boîtes de conserve, de tentes, de lits de camp, de baignoires en caoutchouc et de toilettes portatives. D'une part Mary n'avait pas les moyens et d'autre part était persuadée qu'en troquant de la verroterie, du fil de fer, des tissus, du rhum et du gin contre du caoutchouc et de l'ivoire, elle prendrait langue avec les indigènes et pourrait collecter des informations intéressantes à leur sujet. Car elle s'était également fixé deux buts scientifiques : la collecte de spécimens de poissons (le directeur d'un musée de sciences naturelles l'avait aiguillée sur leur utilité) et l'étude des croyances locales.

Quand le *Lagos* arriva aux Canaries, les deux seules autres femmes à son bord descendirent et Mary fut dès lors seule avec les marchands et les fonctionnaires de l'administration coloniale. Ces hommes étaient certes amicaux, mais leurs conversations se concluaient toujours de la même manière, déprimante, par la mention de un tel et un tel, pauvre de lui, qui était tombé malade et n'avait pas survécu. Mary apprit que le voyageur en Afrique doit s'aviser d'avoir toujours sur lui une tenue plus habillée – non pour les invitations à dîner, mais pour les enterrements (y compris le sien). Les hommes l'éclairèrent aussi sur le fait que, outre la fièvre et la malaria, l'éventail comprenait la gale portugaise, les abcès, les chancres purulents, les parasitoses, la maladie du sommeil, la fièvre jaune, le choléra, la variole et un mal au nom de mauvais augure, le *kraw kraw*. Voici le joyeux résumé offert par Mary : « Je ne crois pas avoir jamais pris autant de plaisir » et contre toute attente elle se fit des amis parmi les marchands. Si nombre de ces hommes, les desperados de l'huile de palme, étaient d'anciens marchands d'esclaves et manquaient de culture, étant parfois même presque analphabètes, ils se montraient en revanche directs et francs – contrairement aux missionnaires et aux fonctionnaires. Ils formèrent son principal réseau de soutien.

Le *Lagos* aborda les côtes d'Afrique de l'Ouest à la pire période de la saison des pluies. Il s'arrêta en face de la Sierra Leone dans un brouillard épais avant de passer la Côte d'Ivoire, la Côte d'Or et la Côte aux Esclaves, telles étaient les dénominations sous lesquelles étaient connues ces régions à l'époque. Début septembre, le *Lagos* atteignit enfin son port le plus méridional, St. Paul de Loanda. De là, Mary remonta vers le nord pendant quatre mois en direction de Calabar d'où elle finit par reprendre la mer pour rentrer au pays.

Mary put constater que les conversations du bord n'étaient pas dénuées de fondement. Bonny était en proie à une épidémie de fièvre jaune qui, en une grosse semaine, avait tué neuf des onze Blancs habitant la ville. Kakongo était tourmenté par la variole et la maladie du sommeil, des villages entiers avaient été décimés, les malades de la lèpre étaient partout et les zones en aval du Congo étaient frappées de mélancolie et de suicides. Les locaux avaient dans l'idée que tous ces maux trouvaient leur source dans la sorcellerie et les mauvais esprits, ce que les Européens estimaient ridicule, car la cause était dans l'air : on pensait ainsi que la malaria se transmettait par l'air et son nom même, *mal'aria*, l'indique. Mais Mary semblait hermétique à tout : en dehors d'une petite malaria, elle ne tomba jamais malade.

Le Congo français, le territoire du Gabon actuel, formait le cœur des explorations de Mary et elle y passa plusieurs semaines dès son premier voyage, seule, dans l'intérieur des terres, d'abord en chaise à porteurs, puis en canot et à pied, avec un nombre réduit de portefaix, un guide-interprète et un cuisinier, sans se soucier que de telles activités réalisées par une femme blanche seule soient jugées comme pure folie. Partout où elle allait, elle suscitait l'incrédulité, auprès des Blancs comme des

Noirs, mais l'étonnement passé, il n'était pas rare qu'on lui propose la meilleure maison en roseau du village, de la nourriture et du vin de palme. De nombreux Africains n'avaient jamais vu de Blanc, sans parler de Blanche, et comme pour conjurer le témoignage de leurs yeux, ils ne cessaient de l'appeler Monsieur, *Sir*. Les femmes non mariées n'étaient pas non plus monnaie courante : celles qui voyageaient seules dans ces régions au XIXe siècle se comptent sur les doigts de la main. Les Africaines célibataires étaient encore plus rares car dans les sociétés polygames, les femmes appartenaient toujours à quelqu'un et le frère « héritait » de la veuve du défunt. Lorsque Mary faisait son apparition sans escorte masculine, les habitants avaient le plus grand mal à croire qu'elle n'avait pas de mari. Elle donna plus tard, rentrée en Angleterre, un conseil pratique aux voyageuses en solo : « Je peux annoncer à toutes les vieilles filles qui prévoient de partir explorer l'Afrique qu'elles seront sans cesse humiliées par des questions s'enquérant de leur mari. On ne vous demandera pas *si* vous avez un époux [...], mais *où* il est. Je vous déconseille de dire que vous n'en avez pas du tout ; j'ai fait l'essai et cela n'ouvre qu'à des questions plus épouvantables. Il est plus sage de répondre que vous êtes à sa recherche, et ensuite d'indiquer la direction que vous allez prendre de toute manière ; cela suscite chez les auditeurs le désir de vous aider et leur sympathie. »

Je note le conseil de cette héroïne nocturne : *Quand tu voyages en Afrique, feins toujours de chercher ton mari.*

Lorsque Mary eut regagné en bateau Liverpool, ville grise, petite pluie fine, un soir de janvier 1894, elle eut l'impression d'être en exil. Son ancienne vie était d'un ennui insupportable. « Pour qui est réceptif à sa magie, l'Afrique de l'Ouest ôtera toutes leurs couleurs aux autres formes de vie », écrivit-elle dans le manuscrit qu'elle préparait à partir de ses notes.

L'Afrique l'avait radicalement transformée. En partant elle était une vieille fille timide, inexpérimentée, maladroite qui avait eu une vie protégée et n'attendait rien de l'existence. Elle souffrait certes toujours de modestie chronique et était persuadée de sa propre insignifiance, mais elle était devenue une femme indépendante, intrépide, qui décidait de ses propres affaires. Son ambition était de retourner au plus vite en Afrique, d'étudier pour de bon les poissons et les croyances – *fish and fetish*, comme elle disait. Elle se plongea donc sérieusement dans l'anthropologie, cette nouvelle science née sous l'impulsion des théories de Darwin et étudia l'ichtyologie au département de zoologie du British Museum, sous la direction d'Albert Günther. Quand elle lui présenta ses spécimens, celui-ci fut impressionné, mais quelque peu désolé de l'amateurisme de leur préparation. Günther équipa donc Mary en matériel de collecte et la paya pour qu'elle prélève des poissons d'eau douce dans la zone située entre les fleuves Niger et Congo. Elle s'enquit aussi auprès de Macmillan, l'éditeur de son père et de son oncle écrivain, s'il était intéressé par son journal de voyage. Il lui répondit que la maison publierait tout écrit de sa main. Elle allait donc partir pour son second voyage en tant que chercheuse et écrivaine professionnelle avec un contrat d'édition pratiquement en poche. Bien que sa sécurité économique fût maintenant assurée, elle n'avait aucune intention de voyager avec plus de faste : elle partirait juste plus longtemps.

Douze mois après son retour, Mary fut finalement prête pour son deuxième départ et monta à bord du

Batanga, à Liverpool, la veille de Noël 1894. Elle avait trente-deux ans. En plus de ses bagages, elle était chargée de toutes sortes de choses qu'on l'avait priée d'apporter à des personnes et des amis résidant sur la côte africaine – entre autres une pierre tombale et plusieurs paires de pantoufles brodées. Cette fois, elle retournait en Afrique en pleine saison sèche, sous un ciel bleu et sans nuages.

Mary avait promis de faire route avec une certaine lady MacDonald qui rejoignait son mari en Afrique de l'Ouest, et quand le navire s'arrêta à Cape Coast et Accra, Mary fut, bien malgré elle, contrainte d'assister à des réjouissances d'esprit colonial, notamment des courses de chevaux et des invitations à prendre le thé. À Accra, en tant qu'invitées du gouverneur, les deux femmes furent reçues dans l'immense fort Christianborg. Le maître des lieux leur fit savoir qu'on gardait toujours deux fosses déjà creusées pour les Européens, sinon on n'avait pas le temps de les enterrer assez vite. La destination de lady MacDonald était Calabar, où les deux femmes arrivèrent en plein milieu d'une épidémie de typhoïde et furent donc embrigadées comme infirmières. Mary reconnut que cela demandait d'avoir un cran de fer, physique et mental, pour s'occuper de ces hommes, et leur lier le menton une fois qu'ils étaient morts. (Je le confesse, je n'aurai jamais le quart de la moitié du cran nécessaire.)

Une fois l'épidémie contenue, Mary sillonna les cours d'eau environnant Calabar pour collecter des poissons et des insectes. Elle rencontra dans la jungle Mary Slessor, une missionnaire écossaise qui s'était établie sur la côte depuis une vingtaine d'années, vivant la plupart du temps seule dans les petits villages au nord de Calabar. Mary S., quarante-cinq ans, était une personne chaleureuse, franche, et, avec ses cheveux coupés courts et sa robe en coton toute simple (pas de corset ni d'épingles à cheveux !), complètement ensauvagée. Elle vivait dans une hutte en terre primitive, ne mangeait que de la nourriture locale (mais faisait venir son thé d'Angleterre) et ne voyait parfois pas d'autres Blancs pendant des mois, voire des années. Lorsqu'on l'obligeait de temps à autre à retourner en Écosse, elle était traumatisée rien qu'en entendant le vacarme de la ville. Mary K. n'avait en général pas de sympathie pour les missionnaires, qui, selon elle, détruisaient la culture africaine de manière encore plus pernicieuse que l'administration coloniale, mais Mary S. fut une exception. Les femmes devinrent amies, et ces deux fans de thé et d'Afrique passèrent des nuits à discuter autour d'une tasse fumante dans la hutte en terre.

Parvenue finalement au port de Glass, au Congo français, en mai 1895, presque au cœur de l'Afrique équatoriale, elle se sentit chez elle. Ici commençait sa mission. Mais si *sir* Mary était un drôle d'oiseau en tant que femme solo, elle l'était aussi en tant qu'exploratrice. Tandis que l'exploration menée par des hommes s'articulait autour d'une sorte de *pénétration virile*, de conquête impérialiste et de la mainmise sur les ressources naturelles, les motivations de Mary étaient d'un tout autre ordre. Elle voulait *voir* et *comprendre*. Les cultures tribales l'intéressaient en elles-mêmes, elle voulait vivre comme les locaux et elle commença à se considérer comme un peu africaine.

Pour lors, Mary embaucha un guide et deux ou trois porteurs, et remonta en canot le cours de l'Ogooué. Les deux mois suivants, elle marcha ou rama sans faiblir dans la jungle, en longue robe noire, corset et chemisier blanc, vécut chez les indigènes dans des conditions rudimentaires ou à la belle étoile et parfois, poussée par la nécessité, dans des missions. Elle mangeait ce qu'on lui proposait (du manioc, des noix de coco, des gombos, du poisson rôti enveloppé dans des feuilles, des escargots, des carapaces de scarabées rhinocéros, des ragoûts assaisonnés avec de l'écorce ainsi que du thé anglais, il va sans dire), luttait contre les araignées, les serpents, les crocodiles, les maladies et la chaleur accablante, parlait par gestes (elle ne savait pas le français qui était la langue officielle de ces régions), faisait du troc, achetait des objets de culte, pêchait et préparait des poissons et des insectes, et le soir notait tout ce qu'elle avait vu. « *It's only me!* » saluait-elle gaiement en arrivant dans un poste reculé dans la jungle. Les Africains, en plus de *sir*, commencèrent à l'appeler Only-me. Il se trouvait toujours quelqu'un pour lui enjoindre de faire demi-tour immédiatement et sinon de poursuivre sa route avec des comprimés de quinine jusqu'à une mission tenue par des Méthodistes qui étaient « les seules personnes de la côte capables d'organiser un enterrement convenable ». Mary s'en fichait comme d'une guigne. Elle avait emprunté à ses amis marchands vivant en marge de la civilisation non seulement leur façon rude de voyager, mais encore leur langue déliée : elle jurait comme un charretier et aimait à se voir comme un matelot.

Mary apprit à piloter son canot elle-même – avec tant d'habileté qu'elle se vanta plus tard de ramer aussi bien qu'un autochtone. Un jour, un fonctionnaire français arrêta l'expédition et lui interdit d'aller plus loin, car il refusait d'endosser la responsabilité que Mary mette sa vie en danger sur les rapides qui dévalaient plus en avant et la tança de s'être engagée dans un tel périple sans son mari. Celle-ci répondit sèchement que, pour autant qu'elle sache, les *maris* ne figuraient pas sur la liste donnée aux voyageurs par la Royal Geographical Society – et elle passa outre avec ses canots et son équipage d'hommes igalwa en direction des rapides.

Pour passer de l'Ogooué au Remboué, il lui fallut franchir à pied la forêt tropicale, des marécages et des collines rocheuses. Elle se retrouva un jour couverte d'un si grand nombre de sangsues qu'elle manqua de s'évanouir d'avoir perdu tant de sang. Une fois, et même souvent en réalité, elle tomba dans un piège creusé dans le chemin. « Dans ces moments-là, vous comprenez qu'une bonne jupe bien épaisse est une bénédiction », écrivit-elle, notant ce qui deviendrait l'une de ses saillies les plus célèbres.

Son canot fut un jour bloqué au milieu des crocodiles, qu'elle décida de chasser à coups de parapluie : « Le peu de temps que vous laisse une telle situation, vous le passez à vous demander ce que vous êtes bien venue faire en Afrique de l'Ouest. Et dès que vous avez résolu cette énigme absurde, vous vous demandez pourquoi, tête de mule, vous avez voulu à tout prix découvrir les beautés naturelles d'une mangrove… »

En cas de frustration ou de mauvaise humeur, Mary partait à la pêche. Cette activité la consolait, elle pouvait passer des heures à piloter son canot, la canne à la main. Quand elle passait la nuit dans les missions, elle allait se promener dans la jungle en se frayant un chemin à la machette et tombait tantôt sur des cobras, tantôt sur des boas, tantôt sur d'autres bestioles rampantes bleu-vert ou cornues. « Je ne suis jamais retournée de promenade sans avoir éprouvé une peur mortelle ni rapporté un ou deux de mes persécuteurs prêts à être mis en bouteille. »

Elle joignit un jour à une lettre au docteur Günther un lis qu'elle avait cueilli sur la berge de l'Ogooué. (Il se trouve aujourd'hui encore au musée d'Histoire naturelle de Londres.)

Le soir elle lisait son Horace, humide et tombant en lambeaux, pour trouver le sommeil. Les moustiques et les puces l'empêchaient parfois de dormir. Une de ces nuits de veille, elle quitta sa hutte et rama jusqu'à un îlot, ôta ses vêtements et se baigna dans le fleuve sous les étoiles. (« S'essuyer avec une ceinture large en guise de serviette n'est pas une partie de plaisir, mais cela est possible, si vous vous concentrez bien. »)

Elle croisa sur les fleuves des sauvages nus dans leurs canots et dormit dans leur village. Elle montait parfois une clinique de fortune et soignait les blessures, les infections et les parasitoses des habitants. Elle devenait peu à peu experte en maladies tropicales et apprit aussi les remèdes locaux. Elle savait que les nématodes filaires, par exemple, pénètrent le blanc de l'œil et que le ver de Guinée, s'installant au niveau du pied et atteignant un mètre de long, se retire en l'enroulant petit à petit autour d'un fétu de bambou pendant plusieurs jours. (Mary recommandait aux voyageurs en canot de ne pas se faire accompagner de porteurs infestés, car l'opération d'enroulage matinal leur ferait perdre une éternité.)

Mary transportait un coffre empli d'objets à troquer – la monnaie qui avait cours – et proposait aux locaux des mouchoirs, des hameçons et du tabac, qu'elle échangeait contre du caoutchouc, de l'ivoire, la nourriture, le gîte, le portage ou des espèces de poissons encore inconnues en Europe. Elle acheta à l'épouse d'un chef des colliers en poils d'éléphant et paya en rubans de soie rouge. Une fois ses réserves épuisées, elle se mit à vendre ses propres affaires, comme ses bas et ses brosses à dents. « La douzaine de chemisiers blancs se vendit bien, même s'ils ne produisaient pas le meilleur effet sur leurs nouvelles propriétaires, qui ne portait par ailleurs que de la peinture rouge et un pompon de queues de léopard. » Quand elle rencontrait de nouvelles tribus, elle prétendait être une représentante de l'entreprise Hatton & Cookson, « car tout est plus facile si vous faites partie de quelque entité ».

Il s'avéra que certains des porteurs de Mary étaient en fuite pour dettes, histoires de femmes, tort porté aux ancêtres et même meurtres, aussi, dans de nombreux villages, Mary dut-elle leur servir d'avocate. « Je me suis retrouvée à siéger des heures durant, morte de fatigue après ma journée de marche, trempée après la traversée des marécages et des rivières, assaillie par les phlébotomes et les moustiques, à plaider pour sauver leur tête. » Mary trouvait malgré tout leur compagnie divertissante. Son guide favori était Obanjo, dont elle prétendait savoir que « même si nous nous enfoncions au plus profond de la jungle, au moins un de nous deux reviendrait en vie… »

Mary prit la décision de gagner les territoires des Fangs, une célèbre tribu de mangeurs d'hommes que les missionnaires et les marchands évitaient soigneusement. La zone était donc entièrement blanche sur la carte. Quand la flottille s'ébranla, Mary écrivit : « Mes cheveux se dressent sur ma tête quand je repense aux histoires qu'on m'a racontées sur les Fangs… Que n'ai-je obéi à l'injonction de Mr. Hudson et renoncé à voyager de manière aussi irresponsable ! » Au village fang, l'accueil fut tendu, les hommes de la tribu se tenaient debout en silence, le couteau à la main, et les enfants s'enfuyaient, terrifiés par la vue de la femme blanche vêtue de noir. Puis la situation se dénoua, car l'un des hommes de Mary connaissait l'un des Fangs. Mary rapporte que le village était d'une saleté inouïe, de tous côtés gisaient les restes puants d'un crocodile consommé deux semaines plus tôt, des entrailles de poissons et des bouts d'hippopotame nauséabonds, mais quoi qu'il en fût, on lui donna la meilleure habitation du village et une femme lui offrit une coquille d'escargot fracassée en cadeau de bienvenue. Mary passa une nuit blanche à lutter contre les moustiques et les poux, et chercha à se soulager en allant se promener de nuit près du fleuve, où elle faillit terminer dans l'estomac d'hippopotames.

Une sorte d'amitié respectueuse s'établit entre elle et les Fangs et elle en embaucha certains comme guides. Ils la semaient parfois, tellement l'avancée à pied dans la jungle était rude, mais, pour son bonheur, les Fangs s'arrêtaient toutes les deux heures pour manger un peu de viande et fumer une pipe de tabac, ce qui lui permettait de rattraper le groupe. « Nous avons mangé du serpent au déjeuner, je veux dire les Fangs et moi, note-t-elle dans son journal. Les autres n'y ont pas touché, même si, bien préparé, le serpent constitue l'un des meilleurs repas que l'on puisse obtenir dans ces contrées. » Quant au supposé cannibalisme des Fangs, Mary n'y voyait pas une menace pour une voyageuse blanche, mais il posait tout de même un problème parce qu'il fallait « empêcher que leurs camarades noirs ne leur servent de repas ».

Alors qu'elle passait une nuit dans un village fang, Mary ne parvenait pas à dormir : dans la hutte, la puanteur était insupportable. Essayant de comprendre d'où cela venait, elle découvrit des sachets pendus au plafond, contenant une main humaine, trois gros orteils, quatre yeux, deux oreilles et d'autres parties du corps. Elle examina les restes calmement, les remit soigneusement en place et sortit prendre l'air.

Elle écrivait parfois qu'elle n'osait pas avoir peur. Elle engageait tous ceux qui voyageraient un jour en Afrique de l'Ouest à adopter l'attitude la plus gaie et joyeuse possible, quoi qu'ils rencontrent, car c'était, selon son expérience, l'unique façon de dominer la peur qui vous tenaillait.

Je note ce conseil d'héroïne nocturne : *quand tu voyages en Afrique, ris tout le temps.*

*

[Bouteille jetée dans le fleuve Ogooué]

Ma chère Mary,

Quand je pense à toi la nuit, je pense surtout à toutes ces obligations élémentaires de la vie humaine qu'il t'a fallu, femme seule, assurer dans la jungle : se laver, manger, dormir, gérer la chaleur humide, les maux de tête, les vertiges, la peur.

Je me demande comment je vivrais les choses si, d'aventure, je souffrais d'une migraine infernale due à la malaria et qu'il n'y avait pour me nourrir que des carapaces de scarabées et de l'eau du fleuve bouillie. Ou si mon arrivée dans un campement de Fangs, réputés pour leur goût du sang, coïncidait avec mes règles ? (D'ailleurs, quel genre de serviettes hygiéniques utilisait-on ? Des feuilles d'arbre ? Ou bien tu rinçais tes chiffons la nuit dans le fleuve qui grouillait d'hippopotames ?) Et mon corset m'étoufferait-il si l'endroit où je dormais était envahi par l'odeur de mains et de globes oculaires humains en décomposition ? Est-ce que je paniquerais en entrevoyant le fond du dernier pot de harengs fumé ? Ou si je n'avais plus de thé, mon cher genmaicha japonais sans lequel je ne vais nulle part car son parfum me procure, quand je suis hors de mon élément, une sensation de sûreté, de familiarité et me plonge dans une bulle de tranquillité ?

Serais-je vraiment capable de porter haut une telle gaieté et une telle joie inextinguibles, à ton image ? De me rappeler de pratiquer en toutes circonstances une auto-ironie légère et un humour noir ? D'enchaîner les boutades mordantes au fil des pages de mon journal ? D'observer mes actions comme de l'extérieur et de les transformer en purs gags ?

Si seulement je le pouvais !

Ta M

*

En guise de point final, Mary effectua l'ascension du volcanique mont Cameroun, bien qu'elle reconnût qu'on n'y trouvait « pour ainsi dire pas de poissons et fort peu de fétiches de bonne qualité ». Elle ne disposait d'aucune expérience de la montagne ni même d'une carte, le temps était glacial et pluvieux, l'ascension dura sept dures journées, la nourriture et l'eau posaient problème et – *horror of horrors* – on ne pouvait même pas faire de thé ! Mary se demandait si elle pouvait risquer ainsi la santé de ses porteurs. « En ce qui me concerne, personne ne se soucie le moins du monde que je sois morte une heure après. » Quand elle finit par atteindre le sommet à quatre mille mètres, épuisée au dernier degré, on n'y voyait pas à dix mètres. La météo lui déroba la vue pour laquelle elle avait grimpé cette rosse de montagne. Or, avec sa modestie, elle n'avait pas pris la peine de mentionner qu'elle était, de fait, la première femme (blanche) à avoir jamais atteint le sommet du mont Cameroun.

Une fois redescendue, Mary s'assit sous la véranda de son hébergement, baignée par l'éclat faible des étoiles, environnée de lucioles. Les lumières de la ville de Victoria brillaient au loin, elle entendait le bruit des vagues frappant le rivage rocheux, les tambours et les chants des indigènes, tous les sons se mêlant et s'harmonisant. « Pourquoi suis-je venue en Afrique, songea-t-elle une fois encore. Pourquoi ? Mais qui refuserait de voyager en soi-même, bon sang, si c'était aussi splendide et enchanteur ! » Tout juste, Mary.

À la mi-novembre, Mary quitta Calabar en bateau pour regagner l'Angleterre. Elle avait envoyé en amont des caisses et des caisses d'échantillons de poissons, de reptiles et d'insectes, mais il lui restait beaucoup sur les bras : des dizaines de bouteilles d'alcool où flottait qui sait quelles créatures exotiques, des piles de fétiches, de figurines en bois sculpté, d'instruments de musique, de masques, de tissus, d'amulettes, de paniers où l'on renfermait les âmes errantes ainsi qu'un énorme lézard destiné au zoo de Londres et un petit singe apprivoisé. (Je songe à Mary en train de s'échiner avec ses bagages – *récapitulons : les ragondins dans l'alcool, les mille-pattes dans les sachets, et les rats-taupes africains, je les ai déjà envoyés par la poste.* Avant cela elle avait chassé ces bestioles, leur avait réglé leur compte et les avait préparées elle-même.) Elle entendit rapporter pendant la traversée que la presse anglaise avait déjà publié des articles sur son voyage et que plusieurs éditeurs lui faisaient une offre. Cela lui convenait parfaitement : elle voulait écrire un ouvrage à succès pour en tirer de quoi retourner en Afrique le plus tôt possible.

Elle atteignit le port de Liverpool le soir du dernier jour de novembre 1895, au bout de près d'un an de voyage. Quand elle débarqua, le singe sur l'épaule, un journaliste l'attendait sous un réverbère, son carnet à la main. *The Times* et le *Daily Telegraph* rendirent compte de son arrivée, mais Mary était horrifiée par le parfum de scandale qui dominait les articles : on s'y gavait d'histoires de mangeurs d'hommes, on gonflait son courage face à un gorille et le pire était qu'ils la qualifiaient de *femme nouvelle.* Elle représentait, disait-on, cette émancipation féminine qui faisait fureur, par laquelle les femmes voulaient imiter les réalisations les plus audacieuses des explorateurs et faire l'expérience des *choses masculines.* Cela allait trop loin, s'offusqua Mary et dès qu'elle eut défait ses malles, elle s'attela à la rédaction d'une réponse : « Je refuse d'être appelée une femme nouvelle. Je ne le suis en aucun sens de l'expression. »

Argh, nom d'une pipe, Mary ?! Le même truc qu'avec Isabella, vous ne réalisez pas à quel point c'est pénible ! Mais évidemment, si on se casse vraiment la tête, il faudra bien vous comprendre, quand même. À l'époque, le mouvement féministe et les « femmes nouvelles » avaient une réputation affreuse et elles n'étaient pas nombreuses à vouloir s'associer à ces excentriques androgynes criardes qui faisaient de l'agitation pour les droits des femmes, la bave aux lèvres et les yeux hors de la tête. Une femme non mariée sans enfant était déjà suffisamment bizarre comme ça : si vous vouliez exercer en tant qu'exploratrice crédible, le mieux était de faire profil bas, de vous vêtir avec le maximum de décence et d'insister sur le fait que vous vous consacrez évidemment avant toute chose à la cuisine, au reprisage et aux soins à votre famille. Et, observant une photo de Mary prise en ce temps-là, l'une des deux seules qui existent d'elle, je songe : mission accomplie. Elle n'a vraiment rien de la femme nouvelle, elle donne plutôt l'impression d'être la dernière personne que vous suspecteriez de naviguer dans la jungle d'Afrique de l'Ouest. Si Henry Morton Stanley posait sur son portrait officiel d'explorateur en casque colonial et pantalon kaki à côté d'un lion empaillé, Mary a l'air d'une vieille fille victorienne tout à fait ordinaire. Elle est corsetée dans un habit noir à manches gigot dont le col montant est orné d'une rosette. En guise de couvre-chef, elle porte des fleurs artificielles d'où émergent des sortes d'ornements en forme d'antennes pareilles à celles d'un insecte géant. À ses mains, une paire de gants et un parapluie, un paysage de parc en fond et un sourire discret, inoffensif, aux lèvres.

Mary retrouva vite ses anciennes routines domestiques et le livre de comptes de son frère. Il ne fallut pas longtemps avant que son voyage ne lui semble avoir été qu'une merveilleuse hallucination. Elle tenta bien de rester dans l'ambiance en faisant régner une chaleur tropicale dans l'appartement, en remplissant ses étagères de masques et d'amulettes tribaux, en dépliant des cartes de l'Afrique par terre et en se mettant à l'écriture de son livre, mais tout cela avait un côté sinistre. Comme Isabella et Karen, et *comme moi après mon voyage en Afrique, ou à vrai dire après n'importe quel voyage*, Mary s'effondrait elle aussi à chaque retour à la maison. Elle qui dans la jungle n'avait pour ainsi dire jamais eu recours à sa trousse à pharmacie pour son propre usage, elle qui ne s'était pas laissé arrêter par la malaria, se mit à souffrir de toutes sortes de maux dès qu'elle eut mis le pied sur le sol anglais : grippe, migraine, palpitations cardiaques, rhumatismes, solitude, dépression. C'était comme si elle avait voyagé en Afrique avec les gènes de son père et, une fois à la maison, se transformait en sa mère alitée.

Du même coup, elle entama une double vie. Mary était en effet devenue une célébrité et tous les politiciens, intellectuels du milieu de la culture et dames du monde se l'arrachaient lors d'invitations à déjeuner ou à prendre le thé. Elle n'avait pas vraiment envie de se rendre où que ce fût, elle se trouvait timide et maladroite, une « looseuse complète » lors des réceptions mondaines, mais elle comprenait assez le fonctionnement du marketing pour savoir que si elle entendait se faire un pécule avec son livre à paraître, il lui fallait maintenir l'intérêt éveillé jusqu'à la publication. Elle se forçait donc à quitter son appartement surchauffé pour se mêler aux gens, elle se rendait aux invitations, accordait des interviews et faisait des tournées de conférences. Et, à sa surprise, elle aimait parler en public ! C'était une oratrice brillante, une espèce de combinaison ravie entre la comédienne, le professeur d'université et le prédicateur, et ses tournées en Grande-Bretagne déplaçaient les foules. Avec en tête l'idée que chaque livre sterling gagnée équivalait à cinq miles en Afrique de l'Ouest, Mary s'astreignait à une cadence infernale. À la fin de l'année elle fut obligée de rémunérer un agent pour gérer les demandes de conférence et les cachets, et comme il fallait qu'elle trouve aussi le temps de rédiger son livre, le cercle vicieux se refermait : angoisse due au stress, mal de tête, insomnie, désespoir sur la tenue à porter et le nombre d'épingles à cheveux nécessaire.

Mary passa toute l'année à écrire, et oui, Mary, ça me rappelle quelque chose. Il y avait une montagne de matériau à travailler (*check*) et elle retombait par intervalle dans le désespoir, car elle souhaitait que son livre présente autant d'intérêt pour le grand public que pour les experts, mais réunir son journal intime et les connaissances qu'elle avait rapportées semblait impossible (*check*). Mary souffrait d'une incertitude sans fin (*check*), car elle n'avait pas de formation ethnologique

– ou quelque formation que ce soit – et elle craignait de laisser passer des imprécisions rendant la somme moins convaincante. Vaudrait-il mieux qu'elle publie de manière anonyme sous les simples initiales M.K. ? (*Check.*) Quelques années plus tôt, l'Américaine May French Sheldon avait vu le récit de son expédition au Kilimandjaro ignoré par la presse parce qu'elle n'avait pas produit de résultats scientifiques, mais que son voyage répondait uniquement à une « curiosité féminine » (*check*). Le pseudonyme offrirait une solution à de nombreux problèmes : ses observations ne pourraient être mises en question du fait de son genre et elle ne pourrait d'un autre côté pas être accusée d'activités non féminines. Et, plus généralement, comment mettre de l'ordre dans le chaos de ses annotations rédigées à la volée et en faire une narration divertissante, compte tenu qu'elles comportaient à la fois le prix des oignons au kilo, la taille et la quantité des poissons attrapés, des recettes de cuisine, des comptes rendus d'audiences, des arbres généalogiques et des jurons en langues locales ! (*Check!*) Elle craignait tour à tour que le livre soit trop humoristique ou trop ennuyeux à lire, et dans tous les cas une imbitable semoule verbale où pataugerait le lecteur (*check*). Témoin, le titre qu'elle avait elle-même proposé : *Journal de bord d'une folle irréfléchie.* (Puisque Mary l'a finalement laissé tomber, je pourrais lui emprunter.) Finalement elle se lança avec son éditeur dans un processus absurde au cours duquel celui-ci nettoya son style et corrigea le texte avec une telle sévérité qu'elle ne pouvait plus le signer. Un intense échange épistolaire fut nécessaire pour revenir à l'original : « J'ai à perdre ma réputation de bon matelot et d'observatrice honnête. » Le projet approchant de la fin, Mary était toujours plus déprimée et souffrait de migraines constantes, d'insomnies et d'épuisement (*check*). Dans sa préface elle demande pardon de la médiocrité de son livre et de son incompétence personnelle sur une page entière – d'une manière qui propulse le concept d'autodénigrement dans des sphères jusqu'alors inexplorées.

Mais ses doutes étaient inutiles et le travail qu'elle avait abattu produisit ses fruits. À sa publication en janvier 1897 sous le titre raisonnable de *Travels in West Africa*, l'ouvrage devint aussitôt un best-seller et un classique du genre. Pour un lecteur d'aujourd'hui, le texte est toujours aussi bourré d'humour et de connaissances, il fourmille de bons mots futés qu'on aurait envie de lister sur des pages entières. Il se trouva certes un critique pour regretter que « Mademoiselle Kingsley n'ait pas essayé d'écrire dans un style plus convenable à une femme », mais les louanges par dizaines prouvaient que la forme ne laissait rien à désirer. Et si quelqu'un s'étonne encore pourquoi Mary n'a pas inséré de carte comme preuve de ses trajets, rappelons qu'à l'époque il *n'existait pas* de carte suffisamment détaillée des régions où elle a voyagé, et elle n'avait pas le temps de l'établir elle-même.

Conseil d'héroïnes nocturnes, ma chère Mary : *ne te dénigre pas.*

Plus que les faveurs des lecteurs, Mary recherchait l'approbation académique. C'était donc une chance que la plus grande partie des soixante-cinq espèces de poissons et dix-huit de reptiles fût recevable. Il s'y trouvait quelques découvertes précieuses, entre autres un lézard que le British Museum convoitait depuis dix ans, et au moins trois nouvelles espèces de poissons furent nommées d'après Mary : *Ctenopoma kingsleyae, Pollimyrus kingsleyae* et *Alestes kingsleyae.*

J'avoue : je me suis peut-être un peu emballée pour cette histoire de poissons. Je recherche le nom des espèces sur Google, pour le fun et – incroyable mais vrai – je découvre des photos de spécimens apportés par Mary à Albert Günther, je veux dire, à ce que je crois, qu'il s'agit *expressément* de ceux qu'elle a pêchés de ses propres mains. Surexcitée je télécharge ces images de menu fretin et je les contemple pendant des jours entiers, comme si je pouvais accéder par leur truchement à un instant précis qui a eu lieu sur un fleuve ouest-africain en l'an 1895. (Dire que personne n'a jamais repéré cette fenêtre temporelle ouverte par les poissons !) Les petits vertébrés aquatiques translucides aux couleurs parcheminées, les yeux béants, sont disposés sur du papier millimétré et sur celui-ci on peut lire, tapé à la machine, « Pollimyrus kingsleyae (Günther, 1896) Holotypus BMNH 1896.5.5:100 ». Une étiquette jaunie, manifestement plus ancienne, est accrochée à la queue par un fil portant une inscription faite à la main – peut-être même (peut-être !) de la main de Mary en personne. Je perds mon après-midi à faire des zooms avant et arrière sur le fretin collé sur son papier et je crois, primo, être folle (le summum de l'extase, c'est ce poisson crevé ?) et deuxio, un peu émue, que c'est précisément cet individu que Mary a vraiment pêché dans les eaux boueuses de l'Ogooué par un après-midi de chaleur écrasante sous l'équateur. Elle l'a préparé dans son canot, avec son matériel de conservation, elle l'a trimballé dans la jungle et lui a fait traverser l'Atlantique en bateau à vapeur jusqu'à la lointaine Liverpool d'où, cent vingt ans plus tard, il a été transféré pour s'afficher sur l'écran de mon ordinateur dans mon studio à Kallio, Helsinki. Elle lui a peut-être dit quelque chose après qu'il s'est pris à l'hameçon (*eh eh, je t'ai eu, mon petit*) ; elle l'a peut-être fredonné en le décrochant. Est-ce qu'on peut attraper un poisson aussi petit à la ligne ? Peut-être que Mary a ramassé des tas de petits poissons à l'épuisette pour les transvaser dans un récipient en bois creusé, le tout en chantonnant. (En tous les cas, je l'imagine tout le temps de bonne humeur.) Elle en avait peut-être gardé un comme animal de compagnie – ce serait toujours quelqu'un à qui parler – et lui avait donné un nom, disons *Polly* ou *Myrtle*, et le baladait dans un pot d'eau au fond de son canot… Je songe qu'il y a quelques jours j'ai reçu un e-mail d'Olli avec des photos d'un petit paon de nuit qu'il avait réussi à prendre lors d'une chasse aux papillons nocturnes – est-ce qu'on peut trouver quelque chose de plus beau dans le monde ? m'a-t-il écrit – et je lui envoie en contredon l'image du fretin translucide de Mary. Je me dis que les humains prennent de bien étranges choses en passion : les poissons ouest-africains, les papillons de nuit des pentes du Kilimandjaro, toutes sortes d'héroïnes nocturnes. Les choses qui seront pour les uns indifférentes, bizarres ou carrément dénuées de valeur seront pour les autres des questions de vie ou de mort pour lesquelles ils seront prêts à tout sacrifier.

Les trois années suivantes, Mary essaya par tous les moyens de retourner en Afrique de l'Ouest, sans y parvenir. Elle dépendait encore de l'agenda de son frère, qui changeait sans cesse, de façon insupportable. Bien qu'elle fût maintenant une voyageuse, conférencière et écrivaine renommée sur l'Afrique, il lui fallait quand même remplir ses devoirs de femme non mariée : préparer une tourte aux rognons pour son frère, laver ses tricots de corps et répondre à l'appel de la parentèle en cas de maladie dès que le besoin s'en faisait sentir.

(J'aimerais bien savoir si leurs enfants, leurs frères et sœurs ou leurs vieux parents ont jamais constitué un obstacle au départ d'un seul explorateur. Imagine-t-on James Cook, par exemple, repousser le départ de sa flotte parce qu'on avait besoin de lui à la cuisine ?) Mary avait prévu de repartir dès avril 1897, quelques mois après la publication de son livre, mais elle fut obligée d'annuler parce que son frère était malade. Ce dernier n'avait inscrit à son crédit, après avoir été diplômé de l'université, rien de remarquable. Je me demande donc s'il ne s'agissait pas de sa part d'une pure malveillance due à la jalousie. (Je déteste ce frère médiocre et chouineur, ne serait-ce que parce qu'il a détruit les journaux et la correspondance de Mary après sa mort.)

Face à cet échec, Mary entama la rédaction de ses *West African Studies*, destinées à un public universitaire, tout en continuant ses tournées de conférences à un rythme soutenu. Elle en profitait pour plaider en faveur des Africains et devint peu à peu une figure incontournable des controverses sur la politique coloniale – certains mêmes la trouvaient dangereuse, car ses opinions s'écartaient radicalement des vues portées par les missionnaires et les colonialistes. Pour Mary, les Africains n'étaient pas plus « de grands enfants » que « des sauvages cruels » qu'il fallait « civiliser », mais des personnes pleines de bon sens dont il fallait respecter et préserver la culture.

Tout le reste, à commencer par les considérations féministes, était piétiné par la cause africaine, et je fais de mon mieux pour l'accepter. C'est-à-dire le fait que Mary, qui avait descendu des rapides dans la jungle africaine, refusait publiquement qu'on accorde le droit de vote aux femmes et qu'on les fasse entrer dans la Royal Geographical Society, se déclarant opposée aux bicyclettes (dangereuses) et aux bus (des inconnus se retrouvent dans une trop grande promiscuité).

Quand je pense à Mary jouant les mères la morale dans son uniforme de vieille fille victorienne, j'essaie de me rappeler, comme je l'ai lu quelque part, qu'*en tous temps les radicales ont souvent adopté les signes extérieurs de la bienséance afin de gagner le public à la cause qu'elles estimaient prioritaire.*

Oui, l'Afrique était essentielle, mais il semble que Mary a, dans un entretien, laissé échapper comme par inadvertance la chose *la plus essentielle de toutes,* celle qu'elle promouvait peut-être entre les lignes, finalement. Elle déclara en effet qu'elle trouvait bizarre que l'on vît dans ses voyages un exploit singulier pour une femme, tandis que personne ne se serait ébahi d'admiration si elle avait continué à remplir ses pénibles tâches domestiques jusqu'à sa mort. « *Nul ne porte attention au fait que la femme se sacrifie sur l'autel du fourneau, mais tout le monde trouve extraordinaire qu'elle emboîte le pas aux hommes – sur un chemin qui est souvent bien plus facile.* »

Mary se disait persuadée que les femmes étaient bien plus endurantes que les hommes à un niveau plus approfondi. Elle-même, à l'en croire, préférait de loin patauger dans un marécage avec de la boue jusqu'au cou ou grimper au sommet du mont Cameroun que de s'infliger la charge de travail qu'une Londonienne mondaine doit aux obligations sociales. Ça la tuerait, tout simplement.

Le second ouvrage de Mary, *West African Studies,* parut en janvier 1899 et le premier tirage fut épuisé en une semaine. La même année, elle tomba amoureuse – manifestement pour l'unique fois de sa vie et sans bonheur, d'un homme qui fut bientôt envoyé comme gouverneur en Sierra Leone.

Et cette même année, Mary rencontra enfin Isabella Bird, cette voyageuse autour du monde respectable, plus âgée qu'elle et membre de la Royal Geographical Society, dont la route avait été près de croiser la sienne à plusieurs reprises. Le 16 février 1899, elles se virent au cours d'un dîner à Londres – Mary, en tout cas, était à portée d'oreille pour entendre un convive signifier à Mme Bird combien il était regrettable que « les ouvrages divertissants ne fussent pas toujours exacts au niveau scientifique », faisant par-là allusion, bien entendu, à Mary, et Isabella accorder ce point à son interlocuteur.

Mary, je suis désolée que cette rencontre entre héroïnes nocturnes n'ait pas été plus concluante. Mais je sais aussi que vous vous êtes à nouveau retrouvées quelques semaines plus tard. Pourrais-tu me souffler ce que vous vous êtes dit ?

En janvier 1900, le principal sujet d'actualité en Grande-Bretagne provenait d'Afrique du Sud où régnait la guerre des Boers. Anglais et Boers s'affrontaient pour le contrôle des gisements d'or. Mary avait la sensation d'avoir échoué dans sa lutte en faveur des Africains. Elle prit donc la décision de se rendre en Afrique du Sud en tant qu'infirmière – ce savoir-faire, elle le possédait. Elle pourrait en profiter pour collecter des poissons à l'intention du British Museum et potentiellement rendre compte de la guerre auprès des journaux anglais – et plus tard prendre la direction des côtes d'Afrique de l'Ouest où elle tentait de retourner depuis quatre ans.

Elle se fit faire un assortiment de tenues d'infirmière en tissu kaki et prit le bateau pour Le Cap en mars 1900. À son arrivée, elle fut envoyée au pire endroit possible s'occuper des prisonniers boers malades et blessés pour qui l'on venait d'ouvrir un hôpital de campagne dans l'ancien Palace Barracks de la ville de Simonstown. Dans la dernière lettre qu'elle envoya au pays, elle décrit l'épidémie de variole qui fait rage et mentionne qu'elle a une centaine de patients à sa charge. « Je me retrouve à nouveau au cœur de la vie, écrit-elle. Vais-je ressortir d'ici vivante ? » Je ne peux qu'imaginer l'enfer de puanteur, de sang, de sécrétions, de bassins hygiéniques et de lavements. Pour éviter la contagion elle se mit à fumer du tabac et à boire du vin le soir, et elle devait en avoir bien besoin, de toute manière, cela ne fait aucun doute.

À la mi-mai, Mary avait de la fièvre et ne pouvait plus manger, mais elle assurait qu'il ne s'agissait que d'une petite fièvre typique de la côte ouest-africaine. En réalité, elle présentait tous les autres symptômes de la typhoïde : maux de têtes, vertiges, douleurs – plus tard saignements de nez, douleurs abdominales, diarrhée et hallucinations causées par la déshydratation – seule au fond de son lit dans sa petite chambre.

Le soir du 2 juin, Mary fit promettre au docteur Carré qu'elle serait ensevelie dans les eaux en face du cap de Bonne-Espérance, la pointe le plus méridionale de l'Afrique, à la jonction des deux océans. Puis elle demanda la permission de mourir seule : elle voulait que personne n'assiste à ses dernières souffrances. Elle avait déjà perdu connaissance quand ses collègues infirmiers vinrent à son chevet et elle expira au petit matin du 3 juin 1900. Elle avait trente-sept ans.

Son cercueil fut descendu sur la plage de la ville du Cap. J'imagine notre héroïne de comédie, dans une dernière plaisanterie, faire en sorte que la bière ne s'enfonce pas aussitôt sous les eaux, comme on s'y attendait, mais reste joyeusement se faire bercer par les vagues. Je ne peux qu'imaginer les rires du public de ses conférences lorsque Mary leur raconterait son ultime trouvaille.

Pleurant sa disparition, j'ai la tête pleine de ce qu'elle disait gaiement des maladies en Afrique :

1) Rien ne nuit autant à un homme, même pas à moitié, que la mort.

2) Dans l'ordre des dangers, juste après les maladies viennent les remèdes qu'on y apporte.

3) Il faut toujours faire bouillir l'eau de boisson, la filtrer ne suffit pas. Un bon filtre vous débarrassera des hippopotames, des crocodiles, des serpents aquatiques, des poissons-chats, etc. et je dirais qu'il éliminera environ 60 pour cent des indigènes, vivants ou morts, qui pourraient se trouver dans l'eau, mais si vous croyez qu'il éliminera les microbes transmettant la fièvre des marais – grand Dieu, vous vous fourrez le doigt dans l'œil.

4) On dit que pour éviter la malaria, il faudrait éviter l'eau de boisson, l'air de la nuit, les refroidissements, le surmenage physique et mental, la nervosité, l'excitation et la perte de son calme. Parmi tout cela, il n'y a que l'eau que vous pouvez éviter de boire. J'aimerais bien savoir comment vous pourrez vous passer d'air de dix-huit heures trente à six heures et demie du matin ? Quel autre air que celui de la nuit pourrez-vous respirer pendant la nuit ?

Dans mon exemplaire du livre de Mary, le bout de bois qui maintient le volume ouvert dépose un peu de poussière rouge de Mkomazi sur les pages. Me suffit-il d'avoir voyagé sur le plateau d'Afrique de l'Est pour écrire au sujet de cette héroïne, ou bien devrais-je me hasarder dans ses paysages d'Afrique de l'Ouest, sur la côte des migraines, avec sa chaleur étouffante et son humidité ? Les candidatures pour une résidence d'artistes organisée par la Finlande sont ouvertes. Je m'imagine assise sur une plage de sable blanc au Bénin, regardant passer le navire de Mary.

Nul besoin de faire le voyage jusqu'à l'endroit où Mary a fini par mourir, j'y suis déjà allée. J'ai passé quelques nuits à Simonstown il y a une dizaine d'années, sans rien savoir alors de Mary ou des horreurs de l'hôpital de prisonniers – je savais juste que la zone était réputée pour les trois mille manchots du Cap que j'étais venue voir. Je me levais tôt et m'asseyais sans faire de bruit sur la plage au milieu de centaines d'oiseaux. Ils me fixaient avec curiosité, émettaient des bruits de gorge désaccordés, tanguaient et roulaient avec un air solennel ou fonçaient timidement pour me dépasser, certains plongeaient dans les rouleaux ou couvaient, et plus tard dans la journée vous pouviez apercevoir un manchot solitaire patauger dans la lagune au milieu des touristes ou filer à toute vitesse entre les serviettes comme s'il avait été mandé pour une mission urgente. Dans toute leur humanité et leur honnêteté, ces manchots étaient la chose la plus émouvante au monde et je ne pouvais m'empêcher de pleurer en les regardant. Cette plage au crépuscule du matin était mon paradis.

Je songe à Mary, ma *chère* Mary, qui écrivait cette lettre à une amie en 1899 :

Je tiens davantage de la bourrasque de feu que de la créature humaine. Je n'ai jamais eu de vie personnelle. J'avais juste une liste de tâches, et j'ai vécu à travers les joies, les soucis et les chagrins des autres. Aujourd'hui encore, j'ai du mal à comprendre que je pourrais avoir le droit de faire autre chose que me réchauffer de temps à autre près de la cheminée des créatures humaines. [...] Je n'appartiens pas au monde des humains. Mon peuple, ce sont les forêts de mangrove, les marécages et les fleuves, la mer - nous nous comprenons en effet mutuellement. Leurs mœurs ne me plongent pas dans la confusion comme le font les humains avec toutes leurs occupations.

*

Conseils d'héroïne nocturne :

N'incrimine ni ton enfance ni ta mère. Pars.

Quand tu voyages en Afrique, ris tout le temps.

Ne pas avoir de vie de famille n'est pas un inconvénient, mais une chance. Cela ne dérangera personne si tu meurs.

Même si tu ne disposais que de huit ans pour jouer ta partie, ça te laissera le temps de vivre beaucoup plus d'expériences que bien des gens pendant toute une vie.

Si tu as une passion, exerce-la. Tu n'as pas besoin d'une formation officielle.

Habille-toi toujours en longue robe noire.

Balance une énergie phénoménale.

5.

Kyoto, septembre

« Parce qu'au mois d'avril 1878 il m'avait été recommandé de voyager pour améliorer mon état de santé, moyen qui avait déjà porté ses fruits en pareilles circonstances, je pris la décision de me rendre au Japon, non tant pour l'excellence de son climat, justement réputée, mais parce que j'étais certaine d'y trouver quantité d'objets d'intérêt encore jamais vus ou déjà bien connus qui contribueraient au plaisir et au retour des forces d'une solitaire aspirant à recouvrer la santé. »

Isabella Bird, préface de son livre de voyage sur le Japon.

Je fais ma valise pour Kyoto. Le remède à la dépression indiqué par Isabella fonctionne sans l'ombre d'un doute : si je me suis sentie bizarrement paralysée à un moment, le simple fait d'acheter mes billets d'avion a provoqué ma guérison miraculeuse. Je me demande, puisque je voyage pour raisons de santé, si les vols ne pourraient pas m'être remboursés par la sécurité sociale.

J'ai cherché un locataire pour la durée de mon voyage et reçu une réponse d'une écrivaine de ma connaissance qui a besoin d'un endroit où travailler. Aujourd'hui j'ai remis les clefs de chez moi à ma locataire secrète. Celle-ci a en effet demandé à ce que je n'en parle à personne : elle a l'intention de bosser à fond, ce qui deviendra complètement impossible si ses amis apprennent qu'elle est en ville. L'idée de ce bureau confidentiel est la seule chose qui lui a permis d'affronter le quotidien chaotique de ces dernières semaines et elle n'a même pas donné l'adresse à son mari. Chaque matin ce sera comme si elle disparaissait, pour rejoindre un endroit dont personne n'aurait les coordonnées. Quelle béatitude !

Je la comprends : un des préalables essentiels au travail d'écrivain est de se cacher. Le boulot – si vous avez l'intention d'aboutir à quoi que ce soit – exige une solitude extrême et demande une autodiscipline surhumaine pour refuser mois après mois les déjeuners, les tours aux puces et les verres de vin, en bref la vie. En phase de rédaction intensive, votre calendrier doit être vide plusieurs jours avant même de vous y mettre et ensuite vous ne pourrez plus parler à personne pendant des jours afin d'éviter que ne vous échappent les fragiles configurations de pensées, le rythme des phrases, les structures et les relations de cause à effet qui sont encore seulement à moitié formées. Il faudra veiller tard, travailler, manger et vous coucher en tenant ferme à ces quignons d'idées vagues, en n'ayant que vous-même pour toute compagnie. Parfois le seul moyen d'y parvenir, c'est de vous réfugier dans un grenier à Vihti (raison légitime de vous extraire du cours du monde). Une maison en Normandie sera une cachette encore meilleure, tant que vous limitez votre résidence d'écriture à six semaines maximum, ce qui est la limite absolue avant de sombrer dans la folie.

Donc oui, je comprends l'attrait d'avoir un bureau secret. L'idéal serait, plus généralement, de pouvoir travailler secrètement. Il n'y a rien de pire que les questions bien intentionnées du style « et ton bouquin ? ». « T'as réussi à bien bosser ? » (Comment ça se mesure ? En nombre de pages ou à la quantité d'idées qui vous viennent enfin, après être restée coincée pendant une longue période ?) « T'en es où dans ton bouquin ? » (Quelque part.) « T'as déjà écrit la moitié au moins ? » (Je ne sais pas, vu que je n'écris pas du début à la fin.) « T'as toujours la même idée ? » (Est-ce une façon subtile de dire qu'il faudrait que j'en change ?) « Mais ça avance, quand même, hein ? » (Celle-là, c'est le coup de poignard dans le dos pour toute personne qui vit dans une terreur existentielle eu égard à la progression de son travail.)

Je me fais parfois cette réflexion : ce serait si bien d'être éternellement en train d'écrire ce premier livre dont personne ne savait même qu'il était en cours de rédaction.

Après m'être cachée avec mes héroïnes nocturnes pendant des semaines dans le grenier de Vihti, je tente de me ressaisir et de me métamorphoser en animal social, ou du moins en quelque chose qui peut se montrer à la vue des gens. Je remplis les devoirs afférents à la condition d'autrice. Je rends visite à des clubs de lecture (dans l'un on sert des sushis et les participants sont en kimono) et je lis des extraits de mon livre lors d'une fête des chrysanthèmes organisée par une lectrice, une soirée somptueuse réunissant des femmes d'influence et consacrée aux fleurs et à l'esthétique. Comme Mary, j'ai pour mission de remplir ma caisse de voyage et je fais le compte : chaque livre que je vends en main propre, équivaut à un déjeuner servi dans une multitude de petits bols à Kyoto. (Je calcule aussi que dix livres de poche vendus en librairie équivalent à un déjeuner bon marché au restaurant pour messieurs seuls sur la colline de Yoshida-Yama, ce n'est donc pas cela qui me fera faire fortune.)

Il ne me reste alors plus que quelques jours pour préparer mon départ, aller chez le coiffeur, voir mes amis, faire le ménage à l'appart. Et pour ne rien arranger, j'ai rendez-vous la veille de mon départ, pour une séance photo illustrant un entretien que j'ai accordé à un magazine féminin.

La journée est absurde. La journaliste m'a promis que je pourrais me montrer « telle que je suis », mais ça n'en a pas l'air. Quand j'arrive au studio dans la matinée, sont présents, en plus de la photographe, une assistante-photographe, un maquilleur-coiffeur, une styliste et une secrétaire de plateau du magazine, tous prêts à me faire subir une métamorphose complète. Je suis terrifiée : le portant de la styliste semble rempli d'attrape businesswoman dans le style du magazine, de grands manteaux d'hiver, de tours de cou en fourrure, de chemisiers, de pantalons droits, de robes en tricot, de capes et de talons aiguilles à paillettes – pour employer le mot exact : de vêtements de grande personne, le genre qu'on ne trouve pas dans mon placard. C'est comme cela que je devrais m'habiller ? Je ne possède même pas une paire de talons, sans parler d'un tailleur ! Je tente de glisser que je suis une pauvre autrice qui écrit des récits de voyage, mais je réalise moi-même le ridicule de mes paroles.

Toute cette journée de shooting est une expérience extracorporelle. Nous sillonnons le quartier d'Eiranranta à la recherche de spots, de possibles décors pour les prises de vue, le maquilleur passe son temps à m'épousseter le visage, pour un petit raccord de fard à paupière ou de mascara, et la styliste me met des cols. J'ai l'impression d'être dans une télé-réalité sur les tops models et je comprends bien que ces superprofessionnels exercent ici leur super-savoir-faire, mais je ne comprends pas ce que, moi, je fais ici. La photographe pratique heureusement un humour cru et tordant. Elle m'enjoint de déambuler en talons de dix centimètres dans les graviers d'une berge industrielle comme si je venais de « débarquer d'une autre planète » – en même temps il faut que je n'oublie pas de décrisper la bouche, d'avancer le menton, bizarrement, et de fixer le gravier d'un air ultraétonné, ce qui soit dit en passant est carrément galère. Au moment où je pars tanguer au milieu des cailloux sur mes talons à paillettes et dans ma fourrure jaune fluo, je déplore tout haut que je ne vais plus jamais recevoir d'aide à la création : tout le monde va croire que je me la coule douce façon glamour aux quatre coins du monde. La photographe me fait remarquer que c'est elle qui a fait porter un pantalon en cuir à Linda Lampenius et tu vois – ça a changé toute sa carrière ! Et pense à Jens Lapidus, il serait où sans son costume noir ? Ces stilettos sont absolument fabuleux ! Avance le menton ! Ne crispe pas la bouche !

Il y a ce moment où je pose en talons aiguilles, collants, chemisier et long manteau d'hiver, sans autre vêtement en bas. Il fait dans les vingt degrés en cette journée de septembre, je suis inondée de sueur. Quand nous changeons de spot, la styliste reprend le manteau et me voilà en collants, chemisier et talons aiguilles. Au spot suivant, je descends de voiture dans le même appareil, je m'installe debout sur un bloc de rocher et je tends le menton en avant. Les bus touristiques dépassent la scène, les gens regardent fixement.

Une fois les photos enfin prises – toute l'opération a nécessité six heures de temps de travail de cinq personnes plus le mien –, la photographe tient à nous offrir un déjeuner tardif au glacier voisin. Parce que je suis juste en collant et chemisier – le manteau est déjà reparti avec la styliste – j'attends dans la voiture.

En fin de soirée, je me demande avec angoisse comment ces clichés vont s'accorder à l'article qui fait le portrait d'une autrice de récits de voyage qui a quitté son boulot, vit avec un micro budget et se procure ses vêtements en friperie.

Le lendemain, je m'envole pour Kyoto. Je suis tout à coup torturée par la conscience aiguë de la hideur de ma tenue de voyage. Un legging, des bas de contention, des sandales de sport usées, au secours – je contemple les femmes parfaitement maquillées qui vont monter dans l'avion en vêtements décontractés de velours blanc agrémentés de strass et en talons aiguilles.

Dans ma tête, l'écho de la voix de Mary : en voyage tu n'as aucun droit de te balader dans une tenue qui te ferait honte au pays ! Qui plus est, même la garde-robe de voyage d'Isabella avait la classe de sa simplicité : 1) un costume en tweed par temps froid, 2) un pantalon bouffant pour monter à cheval et 3) une robe en soie pour les occasions spéciales.

Est-ce que je devrais remettre à jour mon armoire ?

*

[Billet écrit en salle d'embarquement]

Mary !

Je me suis rememoré tes mots chaleureux en faveur de la longue robe noire, cette tenue de voyage si pratique, et j'ai décidé d'essayer. Une jupe en tissu rigide descendant jusqu'aux chevilles, un chapeau en taupe, un chemisier à col montant, des bottes lacées, une lavallière en soie rouge peut-être, c'est cela ? Où pourrais-je me les procurer ? Même d'occasion, ça m'irait, si le prix n'est pas trop élevé. Je chausse du quarante et je mesure un mètre soixante-douze. Réponds-moi au plus vite, si tu peux. Je vais monter dans l'avion.

Ta M

*

Kyoto. Mon logement à Yoshida-Yama n'a pas changé et Kim m'a préparé ma chambre au sol en tatamis, où j'ai passé au total plus d'un an de ma vie. Après avoir salué mes colocataires (j'avais déjà rencontré Iris, une Autrichienne, l'année dernière), j'apporte ma bicyclette à réviser et je tombe dès ma première visite à l'épicerie sur Rei, qui est à moitié finlandais et tient le bar du coin (non, aujourd'hui je ne vais pas sortir). Au total, je dépense mille yens dans la boutique à cent yens pour monter le camp.

Kyoto est merveilleuse, mais il règne une chaleur carrément infâme. Je me dis que ce n'est en tout cas pas en septembre qu'on y trouve le climat favorable à une guérison.

Pourquoi être ici alors ? J'ai l'impression de toujours devoir me justifier de venir à Kyoto : à mes yeux, à ceux de mes amis et de mes parents. Je suis couchée, écœurée par le décalage horaire et la tête endolorie, je suis déjà en train de me demander si tout cela a un sens. Que suis-je venue faire ici ? Rien de spécial, en fait, je vais travailler. Je passerai sans doute la plupart de mes journées à écrire chez moi, de temps en temps j'irai faire un tour à vélo au bord de la rivière, déjeuner dans des cafés bio d'un repas servi dans une multitude de petits bols et prendre le thé dans de silencieux salons. J'irai peut-être au centre international de recherche en études japonaises Nichibunken, fouiller dans les réserves de celui que j'aime surnommer le Nichibunker. Je lirai le livre d'Isabella dans l'édition sublime de 1900 que j'ai découverte à la bibliothèque interuniversitaire, avec sa couverture toilée bleue sur laquelle est imprimée une vue du Fuji Yama au lever du soleil et son titre en lettres sinueuses passées à l'or. S'il y a des spectacles de danse butō, de théâtre kabuki ou de groupes de tambour taiko, j'irai. Je referai mes stocks de thé – je n'ai plus de genmaicha, j'étais bien obligée de venir en chercher – et j'irai boire un verre de liqueur de prune, l'umeshū, au bar de Rei. Je reverrai mes anciens colocataires et mes amis. Je ferai peut-être une excursion en montagne avec Seb et Reina pour aller nous baigner dans un onsen. Si j'ai assez d'argent j'irai à Tokyo voir à quoi ressemble l'art contemporain. Puis je participerai à une retraite de yoga organisée par Nicole et, dormant dans le temple, je me remémorerai un instant comment on peut être une montagne.

Kyoto, c'est un état d'esprit. Ici, tout est possible. Tout y est beau, bizarre, excitant : les cafés, les jardins, les ruelles silencieuses et les temples. Je veux comprendre un peu mieux, à chaque voyage, la vie qui se joue derrière les rideaux de porte et les persiennes en bois. Je veux apprendre le nom de tout ce qui se vend dans la ruelle du marché Nishiki.

Je me demande parfois si le mystère sans fin de Kyoto n'est dû qu'au fait que je suis incapable de déchiffrer. Tout prendrait-il une figure ordinaire si je savais ce que disent les panneaux publicitaires et les *noren*, bannières accrochées à l'entrée des vieilles maisons en bois, les *machiya* ?

Je retrouve mon amie Beatrice à midi au marché aux puces du temple Tōji. Chaude journée, ensoleillée – j'ai naïvement laissé mon parapluie à la maison mais au bout de quelques mètres je me rends à l'évidence : un jour pareil, justement, j'aurais pu m'en servir comme d'une ombrelle.

Beatrice, qui fut ma colocataire il y a trois ans, est allemande. Elle a passé les six derniers mois à effectuer des recherches au Nichibunker dans le cadre de sa thèse en histoire de l'art sur les poèmes des laques de la période Muromachi. On dirait qu'elle n'a rien fait d'autre que d'aller à la bibliothèque et se nourrir de tofu, de noix et d'avocats. Elle est d'une ignorance étonnante concernant les curiosités à visiter et n'a jamais entendu parler de Ponto-chō, l'un des quartiers abritant des geishas les plus fameux de la ville. Elle rentre à Berlin dans une semaine, il est grand temps de faire une visite touristique expresse. Puisque nous avons acheté des tickets de bus à la journée (Beatrice est dotée d'un esprit pratique extrêmement développé), nous décidons de quitter le marché du temple pour aller au musée national de Kyoto nous extasier devant les laques, les kimonos aux couleurs radieuses et autres trésors historiques – ma préférée est une boîte laquée saupoudrée de paillettes d'or pour donner un effet daim. Comme toujours, j'achète à la boutique du musée un tas de pochettes en plastique, car c'est un fait : vous ne trouverez nulle part ailleurs qu'au Japon d'aussi poétiques pochettes en plastique. Je choisis ainsi celles décorées avec un vol de grues à l'encre de Chine du XVIIe siècle accompagné d'un poème joliment calligraphié.

Après avoir dîné d'une fondue *shabu shabu,* nous passons un moment en terrasse du bar Atlantis à Pontochō sur les berges de la Kamo-gawa. Le soir est doux, l'umeshū nous monte gentiment à la tête, merveille d'être avec une amie.

Choses que j'aime :

Les cafés bio de Kyoto. Leurs déjeuners merveilleux, vendus à un prix légèrement surévalué, les portions de couleur écrue disposées dans des petits bols sur un plateau en bois.

Les salons de thé. Un pont traversant le canal, un portail en bambou grisonnant, des bancs contre les murs, avec vue sur le jardin. Vous êtes entré dans une capsule temporelle, pour un lointain voyage, le temps d'une tasse de thé matcha.

La promesse des derniers jours d'été au lac Biwa.

La rivière Kamo-gawa. Si vous la suivez à vélo en direction du nord, empruntant le bras ouest au niveau du sanctuaire Shimogamo-jinja, vous pénétrerez dans un autre monde : la berge est large et calme, on n'entend que le murmure du courant, des fleurs jaunes et rouges parsèment la verdure, les graminées ont une douceur de plume. Les grues avançant à pas lents dans les eaux, les canards blancs, les rapaces qui planent haut, les kappas, salamandres géantes, au fond des eaux, les tortues dans les hautes herbes, les serpents, les daims, peut-être. Je déjeune dans un café bio, je m'allonge ensuite sur un banc de la berge. Je contemple les rapaces, les nuages et le ciel bleu. Je lis un livre, L'Art d'être riche (sans argent !), *il m'a été offert il y a quelque temps par Anna, mon ancienne prof. Je me dis qu'un bonheur pareil, ça ne doit pas être légal.*

Choses que je déteste :

La chaleur douloureuse. La fatigue et les maux de tête dus au jet-lag qui n'en finissent pas.

Les corrections à apporter aux entretiens que j'ai accordés aux magazines féminins. Comment se fait-il que ce genre de choses me cause un si profond dégoût de moi-même ? Pourquoi mes propres phrases me donnent l'impression d'avoir été prononcées par une débile qui a du mal à s'exprimer ?

Choses faites en état d'épuisement et de mal de crâne dû au décalage horaire :

Oublié mon sac dans le bus. Le sac contenant mon ordinateur, mon appareil photo, mon agenda, mon portefeuille, tout. Paniqué, senti un vide glacial souffler dans ma poitrine. Réfléchi à quel numéro appeler, sans parler la langue, à six heures du soir. Envoyé des e-mails à Kim et Rei, les priant de téléphoner au dépôt de bus. Passé au commissariat avec Iris (Iris ayant appris les phrases nécessaires en japonais de voyage). Reçu l'info le lendemain : sac retrouvé au terminal de bus d'un quartier nord de la ville. Allée sur place munie d'un petit papier en japonais donné par Iris, comme un enfant désemparé. Récupéré mon sac dans lequel rien ne manquait. Seule la peau de banane posée dessus avait été poliment enlevée.

Anniversaire. Je suis ici depuis une semaine, mais je suis toujours bizarrement fatiguée, migraineuse et de mauvais poil. En théorie tout est évidemment merveilleux, mais cette chaleur humide a raison de moi. Je n'ai d'énergie pour rien. Je me plains, comme Isabella en Australie.

Ma mère appelle dans l'après-midi, puis mes nièces me chantent Joyeux anniversaire sur Skype. Ma mère m'annonce que ma grand-mère, quatre-vingt-dix-sept ans, est allée aux toilettes pendant la nuit et a laissé la douchette couler. Elle est ensuite allée se recoucher sous son lit parce qu'il « pleuvait si fort », et c'est là que l'aide-soignante l'a découverte au matin. La douchette ayant coulé toute la nuit, c'est le dégât des eaux : le parquet est foutu, de gros travaux sont à prévoir. Il va falloir l'envoyer en maison de retraite, elle ne rentrera sûrement jamais chez elle.

Le soir je vais dîner avec Beatrice dans un chouette yakitori que nous avons déniché sur la berge. Elle évoque une histoire de mec passée, dont les rebondissements sont dignes d'un drame antique, on dirait presque un rêve et je ne suis même pas sûre que tout cela ait pu réellement arriver. Mais d'un autre côté – comment, moi, ai-je réussi à me transformer en sceptique qui soupçonne les autres et tient les histoires d'amour pour des états graves qu'il faut soigner ?

C'est peut-être moi qui aurais besoin de me faire soigner. Je commence en effet à me demander si je pourrais découvrir ce qu'Isabella, Ida, Mary et Karen faisaient ce jour précis, le jour de mon anniversaire. Je patauge dans les journaux, les lettres et les récits de voyage afin de trouver au moins une entrée à cette date.

Il s'avère que le 28 septembre 1848, Ida, rentrant de son premier tour du monde, traversait la Russie pour regagner sa ville de Vienne. La veille elle avait embarqué sur un navire à vapeur pour franchir la mer Noire et aujourd'hui celui-ci faisait escale à Yalta, une petite bourgade de cinq cents habitants. Ida allait sur ses cinquante et un ans.

Le 28 septembre 1873, Isabella venait quant à elle d'arriver à Estes Park dans les Rocheuses et écrivait sa première lettre à sa sœur. La date est notée de la façon suivante : Estes Park !!! 28 septembre. Âgée de quarante et un ans, elle explosait d'enthousiasme : elle venait de rencontrer Mountain Jim, peut-être l'unique objet de passion de toute sa vie. Ce n'est pas facile de s'asseoir pour écrire après dix heures de rude chevauchée, confiait-elle dans la petite maison en rondins d'une famille de pionniers, pénétrée par l'air limpide des montagnes. Mary aurait bientôt onze ans, Ida était déjà morte.

Le 28 septembre 1895, Mary était sur la côte d'Afrique de l'Ouest, en train de se remettre de son ascension du mont Cameroun. La veille, elle avait effectué la redescente depuis le sommet qu'elle avait été la première femme blanche à atteindre. Le soir, âgée de trente-trois ans, elle était assise sur la véranda de son logement et songeait à sa célèbre formule « mais pourquoi suis-je venue en Afrique ? ». Isabella avait alors passé la soixantaine et était en route quelque part en Chine ou en Corée, voire même ici au Japon. Karen avait dix ans, elle était chez elle au Danemark.

Le 28 septembre 2014, je suis assise sur les tatamis de ma chambre sur la colline Yoshida-Yama à Kyoto, je pense à Ida, Isabella et Mary, et j'écris. J'entends crisser les cigales. J'ai quarante-trois ans.

Je me penche ensuite de plus près sur leurs dates de naissance.

Mary est née le 13 octobre.

Ida le 14 octobre.

Isabella le 15 octobre.

Trois femmes ayant voyagé autour du monde, nées à trois jours d'écart. Elles étaient toutes Balance, comme moi. Qu'est-ce que cela signifie ?

Les fils invisibles et les configurations mystérieuses sifflent dans mon esprit.

Je passe la dernière journée de Beatrice en sa compagnie, demain elle rentre chez elle en Allemagne. Le soir, nous allons nous promener dans les rues de Gion où les geishas, ces représentantes d'un savoir-faire en voie d'extinction, ces professionnelles versées dans les arts, la conversation, la danse et le chant se chargent encore de divertir la clientèle dans les salons de thé traditionnels. Tout le monde semble s'y être donné rendez-vous : Hanamikoji est envahie par l'affreuse foule de dix-huit heures, les touristes pourchassent les geishas comme des paparazzis. Nous voyons deux d'entre elles sortir d'un salon de thé réputé, ancien, et quand elles s'installent dans un taxi pour attendre leurs accompagnateurs, une horde de touristes armés d'appareils photo les encercle comme des hyènes, faisant crépiter leurs flashes. Un guide japonais a emmené son groupe faire le pied de grue et quand une maiko, une apprentie geisha, finit par en sortir, celui-ci s'écrie en la pointant du doigt : « *Maiko! Maiko! Teenager! Teenager!* » et quand les touristes se gavent à coups de clics d'appareil photo, il hurle : « *Are you satisfied? Teenager!* » C'est immonde, j'ai envie de vomir. Je me demande comment les geishas parviennent à travailler chaque jour dans de telles conditions. Comment redeviennent-elles elles-mêmes après avoir été traitées comme des singes au zoo ? Je ne puis imaginer plus grande contradiction que celle de l'hystérie collective banale qui règne dans la rue et l'extrême raffinement et élévation esthétique de leur métier.

Et tout de même, si je suis là, c'est aussi pour les apercevoir, ne serait-ce que fugacement.

Un typhon puissant est attendu au Japon. Kim m'envoie un e-mail pour me rappeler de laisser portes et fenêtres entrouvertes afin d'éviter que la maison n'explose sous la pression accumulée dans un coin. En attendant, je me bats contre des blattes géantes qui ont envahi la cuisine.

En rentrant chez moi, je lis le livre sur les ninjas que Beatrice m'a offert en cadeau d'anniversaire et je me couche tôt. Il pleut déjà, une forte odeur de terre, puissante, souffle entre les portes coulissantes entrouvertes. L'humidité s'incruste dans mon futon. J'essaie de ne pas penser au risque de glissement de terrain qui menace la colline de Yoshida-Yama.

Au matin, il s'avère que le typhon a contourné Kyoto, mais frappé Tokyo de plein fouet. Des avions et des trains annulés, une station de métro inondée par un glissement de terrain, les écoles fermées, on conseille aux gens de se rendre dans les abris désignés par les autorités. Je songe – de manière absolument déplacée – à la xylographie numéro 58 de la série *Cent vues célèbres d'Edo* de Hiroshige. Des citoyens, surpris par une averse soudaine, traversent le pont Ōhashi : toute l'image est striée d'une pluie verticale derrière laquelle les personnages courbés avancent avec peine, la tête engoncée dans leur parapluie.

Je tente de tenir mon journal de voyage à jour, mais c'est une tannée, en réalité, et quelle plaie de s'obliger à la discipline d'écrire chaque soir, quand vous êtes déjà épuisée par les événements et le déluge d'informations d'une longue journée, à quoi s'ajoutent peut-être la nausée ou les maux de têtes dus à la chaleur.

Il est si difficile d'écrire – j'ai entièrement perdu la faculté de faire entendre à autrui ce dont je parle dans mes descriptions, déclarait Isabella à Hawaï dans une lettre à sa sœur de mars 1877.

Et ensuite : « Dans un chalet à l'entrée du cratère du Kīlauea !!!! Nuit du mercredi 5 juin. Je tremble d'excitation sous l'effet de tous ces événements. J'ignore comment je parviendrai à écrire cette lettre, je suis tellement fatiguée, et rendue ivre par le manque de sommeil. » (Isabella à Hawaï, 5 juin 1873.)

« Je n'ai aucune idée de comment je suis censée pouvoir écrire des lettres. Après une longue journée à cheval j'ai tellement sommeil et je suis si absolument épuisée que je ne peux pas tenir un crayon. » (Isabella dans les Rocheuses, 23 octobre 1873.)

« Je suis incapable de parler de Canton : il y a tant à écrire et je suis tout le temps soit dehors soit trop fatiguée pour tenir un crayon, soit en train de me préparer pour aller quelque part... Ah, que n'ai-je plus de force ! » (Isabella en Chine, 5 janvier 1879.)

Et pourtant elle y parvenait, chaque soir, de même qu'Ida et Mary. Je les imagine en train de veiller, seules, écrivant à la lumière d'une bougie, quand les autres dormaient déjà – écrivant, à la force de leur inflexible volonté, une page encore, et encore une, puis une autre.

J'ai l'impression que le sens du voyage réside en cela : voir et mettre en mémoire ce que vous avez vu. Car, étrangement, le monde devient plus étonnant et se charge de plus de sens quand vous écrivez. Ce n'est qu'en écrivant que vous commencez à comprendre.

Conseil d'héroïne nocturne :

Écris chaque soir.
Je sais, je sais. Oblige-toi.

Je décide de faire quelque chose d'utile et pendant quelques jours j'effectue une heure et demie de trajet barbant jusqu'à la bibliothèque du Nichibunker, à l'autre bout de la ville. Je vais lire des ouvrages sur une héroïne nocturne appelée Ema Saikō (1787-1861). Cette poétesse, calligraphe et artiste, vécut à l'époque d'Edo. Femme non mariée, elle habita chez son père toute sa vie aux abords du lac Biwa et se rendait de temps à autre à Kyoto où elle retrouvait ses collègues poètes, avec qui elle partait marcher en montagne pour admirer les cerisiers en fleur, boire du vin et écrire des poèmes. Elle n'avait rien d'une voyageuse radicale, c'était bien plutôt une *radicale silencieuse* qui se fichait de ce qui était censé être convenable pour une femme, mais vivait à sa guise. La nuit je pense souvent à sa voix tranquillisante, à son calme et à son silence, à son dévouement à son pinceau et à ses voyages solitaires à Kyoto, à sa décision de ne pas se marier, à son goût pour le vin, à sa discrétion. Au clair de lune, je pense à toute sa vie de femme qui progresse dans ses poèmes de la jeunesse à l'âge moyen jusqu'à la vieillesse. Je pense à sa sagesse : après le trouble vient la paix – aucune émotion n'est définitive.

Alors que je feuillette un ouvrage découvert dans les rayons du Nichibunker, consacré aux journaux de femmes ayant voyagé à l'époque d'Edo, il me tombe entre les mains, déguisé en détail insignifiant, un véritable trésor.

Je lis que *les Japonaises avaient besoin d'un laissez-passer pour se rendre d'un quartier à l'autre de la ville.*

La principale justification invoquée était que le pouvoir central, afin de s'assurer de la loyauté des seigneurs locaux, retenait leurs épouses et enfants en otage à Edo, aujourd'hui Tokyo. Les femmes devaient donc être surveillées pour éviter qu'elles ne fuient et regagnent les campagnes. Leurs journaux de voyage montrent que le plus dur était d'obtenir l'autorisation de déplacement et de passer le poste de contrôle, le *sekisho.* Le processus de demande était extrêmement complexe et le formulaire devait entre autres mentionner le nom de la femme, le nombre de personnes qui l'accompagnaient, le nombre de moyens de transport (de chevaux, de bœufs, de voitures), le point de départ, la destination, le nom du mandant (à la campagne la demande pouvait ainsi être déposée par le prêtre principal), le statut de la femme, de qui elle était la fille ou la mère, sa grossesse possible ainsi que de savoir si elle se noircissait les dents ou pas. Les femmes subissaient ensuite une fouille au corps, on leur passait un peigne dans les cheveux et on les interrogeait, et si ce qu'elles disaient ne collait pas avec ce qui figurait sur leur autorisation, elles devaient faire demi-tour et déposer une nouvelle demande. Si une femme tentait de franchir les murs d'enceinte sans autorisation, elle pouvait subir par exemple « la crucifixion sur place ». Beaucoup se plaignent dans leurs journaux de la rigidité du système : il était impossible de modifier son itinéraire ou ses plans après avoir obtenu son autorisation, et ce, même si vous tombiez malade ou aviez le mal du pays. Vers la fin de l'époque d'Edo, les contrôles se raréfièrent toutefois et on assista à la multiplication des histoires de femmes qui se rebellaient et voyageaient sans autorisation – ayant par exemple décidé d'ajouter à leur trajet une étape ne figurant pas sur leur laissez-passer, elles étaient obligées, pour éviter les postes de contrôle, de grimper les versants escarpés en s'accrochant aux racines et aux pierres, et de payer un guide qui les conduisait de l'autre côté. Ledit *sekisho tegata* était l'autorisation délivrée aux femmes de la classe dirigeante, mais une femme ordinaire se munissait aussi d'une autorisation simplifiée où figurait son nom, son domicile et de qui elle était mère et fille.

Le laissez-passer comportait également une demande d'hébergement temporaire au cas où la porteuse ne parviendrait pas à destination avant le coucher du soleil, ainsi qu'une demande d'enterrement au cas où la mort surviendrait pendant son voyage. Le document mentionnait parfois à part qu'il était inutile de prévenir la famille en cas de décès.

La perle que je découvre est le fait que l'on exigeait la déclaration du statut de la porteuse. Il fallait en effet signaler si la femme était une nonne zen, par exemple, c'est-à-dire la veuve ou la sœur d'un samouraï ou d'un noble de la cour, ou une nonne du sanctuaire d'Ise, ou peut-être une ko-onna, une jeune fille portant un kimono avec des manches descendant jusqu'au sol. Ou bien s'il s'agissait d'une aliénée, d'une prisonnière ou d'une morte.

Une morte !

Ces dernières semaines à Kyoto, j'ai été étrangement mélancolique, sans vraiment que je sache pourquoi. J'étais fatiguée, bien entendu, incapable de prendre la moindre initiative et confite de mauvaise humeur par la chaleur. Mais j'ai aussi ressenti une frustration et une colère inexplicables. J'ai tenté de régler leur compte aux sujets d'agacement quotidiens, mais ils semblent chaque fois revenir plus nombreux. J'ai même regretté d'être venue à Kyoto, comme si ce voyage avait interrompu une période productive et n'avait aucun sens. Que fais-je ici ? Je n'ai ni le temps ni l'argent de partir m'amuser ! Et le pire, c'est de faire un voyage d'agrément pendant lequel vous ne vous amusez pas !

Mais les laissez-passer des femmes de l'époque d'Edo donnent soudain tout son sens à mon voyage. Ce genre d'information, vous ne pouvez pas le chercher, vous ne savez pas le chercher, parce que vous ne pouvez pas savoir que cela existe. Ce genre d'information, vous le découvrez par hasard, justement parce que vous êtes venue divaguer sans but à Kyoto et chercher douloureusement le sens de votre voyage. Pour tomber dessus il vous faut d'abord patauger dans une quantité indéfinie de recherches universitaires qui ne semblent rien présenter d'enthousiasmant (comment qui que ce soit pourrait s'enthousiasmer pour quoi que ce soit comportant le terme discours ?) et vous demander une fois de plus si tout cela va donner quelque chose.

Ensuite, lorsque vous mettez la main sur une petite perle comme ça, tout reprend sens. D'avoir suivi un objet d'intérêt en germe, bien que vous ne sachiez pas où cela vous mènera. D'avoir collecté des anecdotes et des histoires, d'en avoir tressé une sorte de filet, un mycélium poussant entre des héroïnes nocturnes, un fil tendu entre les périodes historiques et les continents. D'avoir vu, comme des flashes, Karen sur son navire à vapeur en partance pour l'Afrique, Isabella qui n'arrive pas à dormir sur son tatami plein de puces dans un village de montagne chinois, Mary qui se lave dans un fleuve de la jungle, Ida qui dort fiévreuse sous la table du capitaine, Ema Saikō qui marche vers Kyoto munie de son laissez-passer, une pierre d'encre et un pinceau noués dans un linge furoshiki, cochant la case « statut » au poste frontière : [] nonne zen, [] veuve d'un membre de la cour, [] folle, [] morte.

Et voici le sens définitif de ce trésor :

Je peux venir à Kyoto pour la simple raison que cela m'amuse.

Je n'ai pas besoin d'autorisation de voyager délivrée par qui que ce soit, je ne suis retenue en otage nulle part. Je n'ai pas l'obligation de cocher ce que je suis.

Mon statut mental n'est peut-être pas clair, mais je ne me retrouve pas pour autant à contourner les postes frontières sur des chemins de montagne mystérieux en m'accrochant à des racines, je peux passer le contrôle des passeports dans la tenue qui me plaira.

Les Japonaises de l'époque d'Edo n'avaient pas ce droit, pas plus que de nombreuses femmes de bien d'autres régions du monde, et aujourd'hui encore toutes n'en disposent pas.

Alors j'en profite.

Lors d'une balade à vélo sans but, je découvre, bordant de magnifiques machiya, une rue déserte où je ne me suis jamais égarée auparavant. L'entrée des salons de thé est décorée de lanternes en papier rouges et blanches cerclées par trois fois de rouge, la marque des geishas de Miyagawa-chō. Entre les salons de thé, des petits marchands de légumes, des boutiques de tofu et des coiffeurs, et les vieilles femmes briquent le pas de leurs portes qui ont déjà l'air immaculé. On n'entend rien que, par une porte restée ouverte, les cordes pincées d'un shamisen accompagné d'un chant, une maiko qui fait ses gammes peut-être. Voilà Kyoto sous son meilleur jour, je songe : le hasard de découvrir au détour d'une ruelle pareille idylle – comme un secret.

Le soir j'attends devant le théâtre d'un kaburenjō où jouent les geishas de Miyagawa-chō, j'ai eu la chance de trouver une place. Dans la rue passent des petits groupes en grande tenue, messieurs et dames respectables en kimono, sandales geta et coiffures traditionnelles, partout aussi des geiko et des maiko, elles viennent assister à la représentation avec des clients. Pas un touriste à l'horizon, un parfait contraste avec l'enfer paparazzesque de Hanamikoji à quelques pâtés de maisons d'ici.

Je m'attarde au portail du théâtre dans l'intention de regarder à la dérobée deux adorables maiko, ces miraculeuses incarnations du raffinement. Je n'ose pas les dévisager, mais manifestement mon regard les balaie un peu trop lentement : l'une d'elles plante ses yeux dans les miens et incline lentement la tête pour me saluer. Je suis tellement en état de choc – comme un éléphant stupide ou une barbare misérable à qui l'on vient de montrer la beauté – que je n'ai même pas le réflexe de lui rendre son salut. Je toussote et gigote bizarrement la tête (mais pourquoi personne ne m'a dit comment se comporter quand une maiko inconnue vous salue !) et puis je manque de fondre en larmes : cette créature féerique m'a vue.

Le spectacle est une merveille. Pendant la nuit je pense à ces héroïnes nocturnes, oniriques, les dernières d'un monde en train de disparaître.

Mais d'autres béatitudes me sont promises : une retraite de trois jours de yoga avec Nicole dans un temple zen. Dès mon arrivée à Daishin-in, la paix se fait dans mon esprit et le monde disparaît. J'ai ma propre chambre avec tatamis et vue sur le jardin de pierre. Nous faisons du yoga et méditons sur le sol de la grande salle du temple. On voit le jardin par les portes ouvertes. Nous passons ensuite dehors, sur la terrasse en bois qui fait le tour de la salle. L'air est frais, un petit souffle nous caresse la peau, le bois doux est chaud sous la plante de nos pieds. Le repas végétarien parfait des moines, le shōjin ryōri nous est servi au déjeuner : sur les tatamis ont été disposés des tables basses rouges, chacune chargée d'une multitude de petites portions dans des bols en laque rouge vif. L'épouse du prêtre nous sert le « thé » en faveur auprès des moines : de l'eau où l'on a fait tremper le fond brûlé d'une casserole de riz – j'y retrouve le même arôme grillé que dans le genmaicha. Le soir, nous nous lavons à tour de rôle dans la baignoire o-furo et avant de me coucher je reste un moment à admirer la lune par-dessus le jardin obscur.

À six heures du matin nous nous levons pour méditer. Le prêtre fait résonner le gong,

goum goum,

puis nous faisons un peu de yoga, ensuite nous faisons silence, nous évoluons lentement autour du temple, nos chaussettes chuintent sur les tatamis, comme les patients d'une clinique, nous mangeons en silence le repas servi sur les plateaux laqués, nous mastiquons lentement et soigneusement le regard vide, nous restons assis dans la salle de thé sans un mot, nous contemplons en silence le sable ratissé du jardin de pierre, nous pensons

je suis une montagne, je suis un caillou dans le courant, je suis calme comme le roc, je suis une bourrasque de feu,

mais le monde extérieur pénètre dans le temple pardessus l'enceinte, pulsation de la musique, mégaphone qui résonne, sirènes des pompiers, bips des feux de signalisation – je m'efforce de me concentrer sur le bruissement du vent et le chant des oiseaux, mais c'est difficile, le monde a l'air tellement fou à en juger par cette pollution sonore. Et c'est bien de cela qu'il s'agit : ne pas me cramponner aux motifs d'agacement que le monde jette devant moi, mais les laisser filer.

Je note dans mon carnet :

empathie envers soi-même et les autres

essaie de voir la vérité en toi, même si elle est déplaisante

use de ton énergie sagement

ne te cramponne pas aux choses, physiques ou spirituelles

et le plus important : ne te cramponne pas à ton identité et n'imagine pas qu'elle est immuable, car elle change tout le temps.

Quel soulagement, cette idée : quitter l'enveloppe de ce moi-même imaginé, la laisser tomber comme un masque nō, être fraîche, neuve, inédite – quelle que je sois.

Revenue au monde, je passe une journée parfaite de plus avec mes amis. Je me rends dans la vieille maison en bois de Seb et Reina en bordure de Kyoto, sur les rives du lac Biwa. Seb vient me chercher à la gare, nous faisons un crochet par un petit parc au pied d'une forêt montagneuse et Seb joue de sa flûte shakuhachi – un morceau appelé « le cri du daim » et c'est bien cela, sans conteste. Seb a visiblement adopté la tenue traditionnelle des moines, une veste en coton et un pantalon bleus, et parle maintenant un mélange d'anglais et de français où fusent les vocables et les sonorités japonaises. Il a l'air fatigué – sa fille Luna, âgée d'à peine un an, l'empêche de dormir. Je lui parle de ma béatitude au temple et Seb me confie qu'il rêve d'une retraite pour méditer pendant un mois seul dans une grotte où quelqu'un viendrait lui apporter à manger une fois par jour. Je ris, mais il est hypersérieux. Une ascèse montagnarde, c'est son plus grand rêve.

Nous prenons la voiture avec Seb et Reina pour visiter le temple du village d'à-côté. Le temps s'y est arrêté, l'atmosphère est surannée. Nous mangeons dans le petit restaurant du kamameshi, un plat de riz et de viande préparé dans une marmite. Les fenêtres ouvrent sur un jardin traditionnel où sinue un ruisseau. La mignonne petite Luna joue sur les tatamis. Avant, c'était le prêtre qui vivait ici, mais plus personne n'accepte d'habiter ce genre de maison : il y fait un froid de canard en hiver, car toute la partie supérieure des portes coulissantes est en papier.

Restaurés, nous grimpons au sanctuaire, un endroit mystique, oublié, qui protège Kyoto des forces néfastes du nord-est depuis des temps antiques. Les arbres immenses et le mont Hiei qui culmine derrière le sanctuaire vous donnent l'impression d'être toute petite. Dans tous les canaux et le fleuve coule une eau glacée venue de la montagne, une chute cristalline écume au bout du sanctuaire, un salon de thé abandonné et une auberge délabrée sont tassés sous les frondaisons, l'atmosphère est irréelle. Toute l'énergie du lieu bruisse dans les cèdres qui montent jusqu'au ciel, dans les cavités de la montagne, dans les champs de force de la terre, je m'en remplis les poumons.

Puis il y a encore le onsen au pied de la montagne et le dîner tardif concocté par Reina. Les amis, la musique des bambous, la nourriture dans ses multiples bols, les sanctuaires de montagne reculés, les chutes d'eau, les bains dans les sources chaudes – le voyage a son sens. Je suis recrue d'une fatigue bienheureuse et heureuse au moment de reprendre mon vélo à la gare pour rentrer, éclairée par la lumière du croissant de lune.

Le dernier jour j'envoie par colis postal tous les spécimens naturels que j'ai collecté pendant mon séjour : des feuilles de thé odorantes par kilos, des linges furoshiki colorés, des livres, des bols à thé, des kimonos haori de grands-mères kyotoïtes, des plateaux en bois trouvés aux puces du temple, des pochettes en plastique avec de jolis motifs, des coquillages ramassés sur la plage du lac Biwa, de longues aiguilles de pin soigneusement pressées entre les pages de mon carnet et des feuilles de ginkgo. J'imagine ce colis à mon nom filer dans la remorque de camions pendant des mois sur la route de la soie, traversant toute l'Asie jusqu'à Kallio, à Helsinki. J'imagine qu'en dépit de toute ma passion, pas une de ces choses ne sera nommée d'après moi.

Le temps est doux et le ciel sans nuages, je reste encore un moment allongée sur la berge de la Kamogama à observer les grues et à écouter le murmure des eaux. J'inspire tout ce bonheur condensé dans l'air de Kyoto. Je pourrais rester ici.

Dans l'avion pour Helsinki je vois le mont Fuji culminer au-dessus d'une couronne de nuages. À la maison, c'est la froideur d'octobre, le brouillard humide et le jet-lag qui m'attendent.

Et quelques jours après mon retour paraît ce magazine féminin qui m'avait tant angoissée, où je pose en talons aiguilles à paillettes et fixe le gravier d'un air ultraétonné.

Un matin je lis le journal, et je tombe sur une publicité pleine page pour le dernier numéro du magazine féminin. En couverture : Mia Kankimäki, designeuse de mode : « Nous sommes une famille de passionnés. » J'en avale mon genmaicha de travers. Génial.

Il s'avère que le journal avait une semaine de préavis et que, dans le stress, c'est le préprojet de couverture qui a fini en pub, celui où le graphiste s'est fait plaisir. La rédactrice en chef m'envoie un e-mail désolé et me demande si je suis chez moi, elle pourrait me faire livrer une bouteille de champagne en guise d'excuses. Je réponds que oui et en attendant l'homme au champagne, je réponds aux messages étonnés de mes amis qui m'interrogent sur mon récent, et plutôt étonnant, changement de carrière.

[Lettre envoyée dans l'Himalaya, accrochée avec un magnet à la porte du frigo]

Chère Madame Alexandra,

Je veux le même système digestif que le vôtre. Ou le fonctionnement de votre pancréas ou votre mécanisme de régulation du taux de sucre sanguin, ou quoi que ce soit qui fait que vous avez pu marcher pendant quatre mois dans l'Himalaya avec une nourriture inexistante, plutôt que de devoir, même juste en restant dans mon studio de Kallio, me préparer à manger un repas ou un snack toutes les quatre heures au moins, si je ne veux pas retomber dans mon lit, avec un mal de crâne ou un malaise tenace, « sans pouvoir faire quoi que ce soit ». Peut-être qu'une once de strychnine serait bienvenue – portée par cette énergie aux yeux luisants, j'arriverai peut-être à bout de mon livre ?

Ayez donc l'amabilité de m'envoyer votre système digestif au plus tôt ou bien, si les circonstances vous en empêchent, priez M. Philippe de me le faire expédier de Tunisie en colis postal exprès dès que possible. Il serait bon que M. Philippe y ajoute une somme d'argent confortable – si possible suffisante pour finir l'année. Je sais que mon travail m'a pris plus de temps que je pensais, mais il est si important que je continue à écrire. Je suis en train de trouver la solution.

Avec l'expression de mes respects les meilleurs,

M… K…

[Télégramme adressé à « Nellie Bly, train de Nellie Bly », avec une douzaine de pivoines]

Ma chère Nellie,

Je t'écris ce message en vitesse car je repars, et cet instant, le plus affreux du voyage, - où il faut faire ses bagages - sera bientôt passé. Je pense tout le temps à ta valise. Comment se peut-il que tu aies réussi à faire tenir tes affaires pour deux mois et demi dans cette petite sacoche de médecin ? Pourrais-tu organiser des cours de paquetage pour femmes voyageant autour du monde ? Je suis prête à venir à New York si tu me gardes une place et si le prix est raisonnable. (Et si j'arrive à faire tenir mes affaires dans ma valise.)

Ta M

PS : New York, c'est par où ?

ALEXANDRA

Conseil d'héroïne nocturne n° 5

Suis le chemin qui s'ouvre devant toi.
N'utilise pas ton billet retour.

HÉROÏNE NOCTURNE N° 5 : *Alexandra David-Néel*

PROFESSION : *Féministe obstinée, plus tard nonne bouddhiste, voyageuse et écrivaine. Fut en 1924 la première femme blanche à réussir à pénétrer dans la cité interdite de Lhassa déguisée en mendiante.*

« Les gens qui n'ont pas le cœur solide et ne maîtrisent pas assez leurs nerfs seront avisés d'éviter ce genre de voyages. »

Alexandra traversant l'Himalaya en direction de Lhassa, hiver 1923-1924.

« Je ne crois pas au libre arbitre. »

Alexandra en Inde, en 1914, dans une lettre à son mari irrité de ne pas voir sa femme rentrer à la maison.

DE RETOUR DE KYOTO, la nuit je pense à Alexandra David-Néel. Je songe avec envie à la manière incroyable dont elle est parvenue à réaliser ce qui est mon aspiration de toujours : ne pas utiliser son vol retour. Et qu'elle a aussi réalisé mon rêve de passer du temps à méditer dans un temple et recevoir l'illumination. Je pense également à la manière dont elle s'est métamorphosée, réalisation absurde du vœu de plus d'un voyageur, et dont elle a démontré que la volonté (ou la strychnine) peut tout remplacer, ou presque, entre autres un bon repas.

Certaines nuits j'essaie de lui dire de dégager : eu égard à la progression de l'histoire, cette chère *madame David-Néel* devrait absolument être rayée de ce livre. *Fiche le camp !* lui dis-je. Mais Alexandra refuse de partir, et je ne sais pas où se trouve la touche *Supp* pour ce genre de femmes.

Alexandra David-Néel (1868-1969), élevée en Belgique, semble avoir été une gamine hyperénergique, volontaire et obstinée. Elle rêvait de montagnes sauvages et d'icebergs impénétrables, et dès l'adolescence fugua seule à l'étranger. À vingt ans elle s'intéressa au bouddhisme, se rendit à Paris pour étudier la théosophie, le sanscrit et la musique, effectua son premier voyage en Inde en 1891 d'où elle revint au bout de quelques années, ayant dépensé l'héritage de sa grand-mère jusqu'à son dernier sou. Elle décida ensuite de gagner sa vie comme cantatrice (visiblement l'un des seuls métiers dotés d'un minimum de dignité permettant à une jeune femme de vingt-cinq ans d'assurer sa subsistance) et se retrouva chanteuse d'opéra en Indochine avec sa troupe itinérante. Parallèlement à son métier de cantatrice, elle voyageait, donnait des conférences et publiait des articles de journaux aux positions féministes enflammées et vécut une vie indépendante et pleine d'esprit d'entreprise à tous les égards. Elle n'avait aucune intention de s'encombrer d'un mari, sans parler d'enfants.

À l'occasion d'une représentation en Tunisie, Alexandra rencontra Philippe Néel, un ingénieur du rail bien comme il faut, avec qui elle décida finalement de se marier. Il ne s'agissait sans doute pas d'une histoire d'amour, mais Alexandra avait trente-cinq ans, et une femme approchant de l'âge moyen devait assurer sa situation financière d'une manière ou d'une autre. Elle tenta pendant quelques années de s'habituer à son rôle d'épouse bourgeoise, mais le succès fut maigre : elle glissa dans la dépression et se mit à souffrir de nausées, de maux de tête et de problèmes nerveux. Elle écrivait à son mari : « Tu es le seul au monde pour qui j'éprouve de l'attachement, mais je ne suis pas faite pour le mariage. »

Elle brûlait en revanche du désir d'en apprendre davantage sur la philosophie tibétaine et les enseignements mystiques et son mari finit par suggérer qu'elle fasse un *voyage curatif* en Asie. Philippe, grand seigneur, lui promit de lui financer un voyage d'études d'une année en Inde – sa femme pourrait ainsi répondre aux aspirations qui l'agitaient quant aux religions orientales, avant de rentrer à la maison pour remplir son rôle de bonne épouse. Alexandra sauta sur l'occasion et déclara qu'elle partait immédiatement – elle entama de fait son voyage sur un bateau à vapeur quittant la Tunisie un jour d'août 1911 sans avoir même eu le temps de dire au revoir à son mari.

Alexandra traversa l'Inde par étapes et finit par arriver au Sikkim, au nord-est, non loin de la frontière avec le Tibet où elle avait l'intention d'étudier le bouddhisme. Passant la première nuit de sa vie sous une tente dans l'Himalaya et voyant, au-delà de la frontière, les énormes glaciers du haut plateau tibétain et les sommets enneigés qui se dessinaient à l'horizon, Alexandra se sentit arriver là vers quoi elle se dirigeait depuis toujours. « J'avais l'impression de rentrer à la maison après une longue randonnée sans joie », écrivait-elle. Elle avait quarante-quatre ans.

Alexandra ne revint pas au bout d'un an, comme l'avait espéré son patient mari, mais elle fit réellement ce qui reste encore pour moi un rêve : elle n'utilisa pas son billet retour, mit fin à tous ses engagements, vida son agenda et resta. Et on ne parle pas de quelques semaines ou de quelques mois : Alexandra rallongea son voyage pendant *quatorze années.* Si quelqu'un se demande fiévreusement comme moi comment une telle chose est même possible financièrement, je note ce conseil d'héroïne nocturne : *si tu veux prolonger ton voyage pendant quatorze années, ne lâche pas ton mari.*

Même si le couple ne vécut jamais sous le même toit, Philippe finança les voyages d'Alexandra jusqu'à sa mort. Il était non seulement son coffre au trésor, mais son lien vital à l'Europe. Pendant des décennies, Alexandra écrivit presque quotidiennement à son mari – trois mille pages de correspondance ont été conservées bien qu'elle ait ordonné que la plupart soit brûlée plus tard – et ne cessait de lui envoyer de divers coins d'Asie des colis remplis de ses comptes rendus, manuscrits et articles à proposer aux journaux. Le pauvre Philippe avait beau la supplier encore et encore de revenir – sa patience semblait parfois vraiment à bout –, il continuait de lui faire parvenir les sommes d'argent qu'elle lui demandait et ce dont elle lui annonçait avoir besoin : son kimono préféré, six paires de longs bas marrons, un long gilet en grosse laine (si possible rouge), un manuel pratique de médecine, des ouvrages d'anatomie et de gymnastique, ses colliers en corail et en ambre et ses autres pierres précieuses (qu'elle pourrait revendre en cas d'urgence). Philippe recevait par retour de courrier des recommandations sans fin concernant sa santé, son alimentation et ses affaires. Il est tout bonnement incroyable qu'Alexandra ait pu pendant quatorze ans maintenir un tel mariage épistolaire, dont les termes lui étaient si favorables, justifiant encore et encore pourquoi il lui était *si important de continuer à étudier*, comment elle était *sur le point de trouver enfin la paix et la solution à ses problèmes de santé*, comment elle *réalisait vraiment son grand rêve. Mon cher Mouchy, le divorce est hors de question, je t'aime plus que jamais.* Génial, ma chère Alexandra.

À cette époque, il était à la mode chez les Européens d'essayer d'entrer au Tibet, et c'est là qu'Alexandra voulait aller. Le pays avait fermé ses frontières à la fin du XIXe siècle et les cols étaient si strictement gardés que beaucoup avaient fini en prison ou s'étaient fait tuer en voulant les franchir. Alexandra tenta elle aussi de se faufiler en passant par l'Inde, mais elle se faisait refouler à chaque fois. La chose commença à l'agacer et notre héroïne nocturne déterminée se jura qu'elle serait la première Blanche à entrer dans la cité interdite de Lhassa. Elle allait leur montrer de quoi une femme était capable !

Cela lui prit trois ans avant de réussir et dans l'intervalle elle s'était entièrement intégrée au style de vie oriental. Elle étudia le tibétain et le sanscrit et se mit à collecter et traduire des textes et des manuscrits sacrés. Elle passa quelques années dans un monastère himalayen à étudier le bouddhisme et les méthodes des yogis tibétains, et passa de longues périodes dans une grotte où elle pratiquait d'austères méditations, finissant par recevoir le nom bouddhique de « Lampe de Sagesse ». Elle adorait vivre en ermite et rien n'était plus merveilleux qu'une vie d'ascèse sous le froc de nonne, détachée de tout, seule dans le silence immense des montagnes. (Oui, Alexandra, je comprends cette tentation.) C'est aussi dans un monastère de montagne que Lampe de

Sagesse fit la connaissance de Yongden, un jeune moine de quinze ans, qui devint son guide, son compagnon de voyage de toute une vie et plus tard son fils adoptif.

Si Alexandra avait eu l'idée à un moment de rentrer en Europe, la Première Guerre mondiale rendait la chose impossible. En 1916, Alexandra et Yongden décidèrent de partir vers l'est : ils passèrent par Calcutta pour se rendre ensuite en Birmanie, en Indochine, au Japon et en Corée, puis en Chine – accompagnés des vingt-sept malles d'Alexandra, remplies d'équipements de voyage, de livres, de manuscrits, de notes et de négatifs photographiques ; même elle n'était donc pas capable de se défaire entièrement du temporel. Elle écrivait à tout bout de champ que le Tibet lui manquait, « un pays qui n'est même pas le mien ». En Chine ils s'établirent pour deux ans et demi dans le monastère tibétain de Kumbum où ils étudièrent et traduisirent des textes bouddhiques jusqu'à ce qu'Alexandra atteigne un niveau parfait en tibétain. (Cela aussi je l'envie : pouvoir travailler en paix dans un monastère.) Finalement, au cours de l'hiver 1923, ils prirent la décision de se mettre en route vers leur destination secrète, Lhassa, grimés en mendiants tibétains.

Alexandra et Yongden avaient eu tout le temps de peaufiner leur stratégie et se présentaient en tant que mère et fils. Alexandra serait une *ardjopa*, une pèlerine mendiante typique, et son « fils » Yongden se présenterait sous le titre de lama, enseignant religieux bouddhique, ce qu'il était vraiment. Leur périple à pied, démentiellement rude et dangereux, partait du Yunnan, en Chine, jusqu'à Lhassa à travers l'Himalaya en hiver, comptait près de mille kilomètres et dura quatre mois et demi. Souvenons-nous ici qu'Alexandra avait cinquante-cinq ans.

Pour incarner une mendiante crédible, Alexandra ne transportait qu'un minimum d'affaires et tout ce qui pouvait éveiller les soupçons devait être dissimulé sous sa cape. Le nécessaire se composait d'une marmite, deux cuillers, un couteau, des baguettes chinoises, un bol chacun, une pierre à feu, un revolver caché sous ses vêtements, des bijoux en or et des pièces d'argent dans la ceinture pour payer une éventuelle rançon, un thermomètre, une montre, une petite boussole et un chapelet de prière tibétain fait de cent huit fragments de crâne humain. Les cartes et les notes sur les itinéraires étaient glissées dans ses bottes en peau de yack – il s'avéra toutefois vite que les cartes étaient des plus lacunaire, car aucun Blanc n'avait mis le pied dans ses contrées auparavant. Le costume de mendiante tibétaine d'Alexandra était tout simplement génial, elle avait appris à se déguiser à l'opéra. Elle teignit ses cheveux à l'encre de Chine, se fit des extensions nattées en crin de yak, se noircit le visage avec du cacao ou du charbon en poudre et les mains en frottant le fond de la marmite. Alexandra propulsait le vœu de tout *backpacker*, se fondre dans la population locale, à une toute autre dimension.

Leur but principal était de ne pas se faire démasquer. Ils commencèrent par éviter de voyager de jour et prirent la route au coucher du soleil. Ils dormaient le plus souvent dehors, tantôt sous un arbre, tantôt dans une grotte ou sous la tente dont la toile blanche devenait presque indétectable dans le paysage enneigé. La nourriture était rare, s'il y avait même à manger, et leur régime était des plus simples : un repas par jour composé soit a) de thé tibétain au beurre et au sel, soit b) de soupe dans laquelle nageait éventuellement un morceau de lard sec et une poignée de *tsampa*, une farine d'orge grillée, que l'on mélange au thé salé au beurre ou dont on fait une bouillie. Alexandra, je te tire mon chapeau, je ne peux que t'admirer. Je confesse appartenir à une génération qui a été tellement protégée que je ne pourrais jamais traverser l'Himalaya à pied pendant quatre mois en me nourrissant exclusivement de beurre, de pâte d'orge et de bouillon à rien – je m'effondrerais en une journée.

Mais Alexandra et Yongden avançaient sans fatiguer, semaine après semaine, mois après mois. Alexandra adorait les steppes et les pentes désolées du Tibet, les sommets vertigineux, les neiges éternelles, la lumière aveuglante de l'horizon, les plaines désertes et sans verdure, le chaos de rochers aux formes fantasmagoriques et le silence où ne chantait que le vent. Ils franchissaient des monts enneigés et des glaciers brillants, traversaient à gué des rivières glacées, de l'eau jusqu'à la poitrine, passaient des gouffres en s'accrochant à une corde, parcouraient des vallées en fleur dont la beauté leur arrachait des cris et supportaient parfois un froid inhumain. Quand la pierre à feu se retrouva trempée par la neige alors qu'en pleine montagne la nuit et le gel menaçaient leur vie, Alexandra fit sécher les instruments grâce à la technique respiratoire du *toumo* que lui avait enseignée un yogi solitaire, permettant d'augmenter la température corporelle par la méditation. Quand ils se perdirent pendant une tempête de neige et que Yongden se foula la cheville, ils furent obligés de dormir dans une grotte dont l'entrée fut obstruée par les congères pendant la nuit. Ils cherchèrent ensuite leur chemin dans la poudreuse qui leur montait aux genoux et, au bout de trois jours de jeûne, ils décidèrent de faire bouillir le cuir de leurs semelles et de le manger. (À ajouter aux conseils d'héroïnes nocturnes : *en cas d'urgence, mange tes chaussures.*)

Il arrivait, fâcheuse chose, que les gens les invitent chez eux, et plus d'une fois il s'en fallut d'un cheveu qu'ils ne soient démasqués. Yongden se retrouvait à accomplir les actes qu'on attendait d'un lama comme prédire l'avenir, diriger des cérémonies et bénir des mourants. En échange, on offrait au lama et à sa vieille mère le gîte et le couvert, ce qu'ils auraient difficilement pu refuser. Il n'y avait pas de place pour l'étonnement, l'effroi, ou le doute : il fallait feindre l'appartenance à ce monde-là. Toutes les activités, même les plus intimes, devaient être réalisées comme le voulaient les mœurs locales, au vu de tous. Si des jeunes gens serviables s'offraient pour tenir la main à la vieille mère du lama quand celle-ci s'accroupissait au bord du toit-terrasse qui faisait office de toilettes, il n'y avait pas à se décontenancer ou à être frappée de constipation subite. Il fallait partager la chambre des hôtes et réfléchir à comment réussir le rituel matinal – se noircir le visage et dissimuler ses affaires. Il fallait marmotter des prières pendant des heures et parler couramment différents dialectes tibétains. Il fallait s'asseoir l'air de rien sur le sol de la cuisine couvert de graisse, de beurre et de crachats et accepter avec gratitude le morceau de viande servi par les femmes, que celles-ci découpaient sur leurs genoux à même leur robe qui servait depuis des mois de mouchoir et de torchon, et n'était jamais lavée. Il fallait faire comme les pauvres et se moucher dans ses doigts, puis les tremper dans la soupe et le thé avec un grand sourire. Il fallait s'habituer à ce que, à la manière tibétaine, les bols ne soient jamais lavés, on se contente de les lécher, et si on ne maîtrisait pas cette dernière technique à fond, comme Alexandra, le lendemain matin il fallait verser son thé sur les restes du dîner de la veille. La peur d'être découverts ne les lâchait jamais, comme la fois où le noir des mains d'Alexandra commença à se diluer dans le thé au lait qu'elle devait, à la manière des mendiants, puiser avec les doigts. Un matin, Alexandra avait perdu sa boussole et la cherchait, paniquée : si on retrouvait un objet étranger après leur départ, disons dans un village reculé de montagne, bientôt on en parlerait partout et les autorités ne tarderaient pas à partir à la recherche des étrangers entrés illégalement.

Mais nos voyageurs avaient les nerfs solides. Je note avec envie les commentaires d'Alexandra sur les diverses situations où ils l'échappèrent belle et je songe qu'on ne trouverait jamais des phrases pareilles dans mes journaux de voyage, même en les cherchant à la loupe :

« Le lendemain devait commencer une série de jours remplis d'incidents bien propres à ébranler sérieusement des nerfs moins solides que les miens. »

« C'était, moins que jamais, le moment de s'abandonner à une émotion inutile. »

« On ne passe pas ! Vraiment ? Une femme passerait. »

« Nous n'étions pas venus dans ces solitudes pour y pratiquer la suralimentation. »

« Les pires émotions, je l'avoue, n'ont jamais eu le pouvoir de m'empêcher de manger ou de dormir. »

« Il y avait dix-neuf heures que nous étions en route sans nous être arrêtés un moment, sans avoir mangé ni bu. Chose assez surprenante, je ne me sentais pas fatiguée. »

À lire cette dernière notation, je ne peux m'empêcher de me demander quelle était la part des drogues dans cette histoire. Selon certaines sources, Alexandra et Yogden se maintenaient en mouvement grâce à des doses homéopathiques de strychnine, un stimulant qui agit sur le système nerveux central. Une petite surdose provoque des hallucinations. Une plus grande, c'est la mort.

Finalement, en février 1924, plus de quatre mois après le début du voyage dans le Yunnan, nos voyageurs affamés et en haillons atteignirent la cité interdite de Lhassa – Alexandra étant la première Européenne à y entrer. Elle écrivit aussitôt à son mari : « Mon très cher grand Ami, […] j'ai *complètement* réussi […] la promenade pour laquelle je partais quand je t'ai envoyé ma dernière lettre. Cette excursion aurait été considérée comme fort hardie pour un homme jeune et robuste, qu'une femme de mon âge l'entreprît pouvait passer pour pure folie […]. » Elle annonçait qu'elle ne se lancerait pas deux fois dans une telle aventure, même si on lui donnait des millions. Et qu'elle était d'une maigreur squelettique. « Quand je passe ma main sur mon corps je trouve tout juste une mince peau couvrant les os. »

Elle écrivit aussi à Philippe que la ville était une déception. Naturellement, Alexandra, n'est-ce pas toujours le cas pour un rêve qui se réalise au bout d'un voyage pareil ? Dans l'effondrement consécutif au voyage, il est fort possible qu'elle ait écrit que Lhassa était un endroit débile et que tout ça n'était qu'une vaste blague depuis le début – pour en remontrer à ceux qui voulaient l'empêcher. Mais plus tard, une fois les souffrances oubliées, Alexandra considéra ces quatre mois où elle marcha en *ardjopa* libre dans l'Himalaya comme les plus beaux de sa vie.

L'année suivante, Alexandra regagna enfin la France, au bout de quatorze ans, en compagnie de Yongden qu'elle adopta officiellement. Son mari en avait peut-être un peu marre d'attendre, car il fit savoir que sa maison n'était pas assez grande pour recueillir les souvenirs de voyage de sa femme, dont un certain jeune homme en particulier, mais que tout le reste du monde occidental les accueillerait à bras ouverts. Alexandra était célèbre. Des télégrammes étaient arrivés à Bombay, en Inde, envoyés par des représentants de la presse française et américaine qui la suppliaient afin de publier des articles et des reportages sur son voyage, et à Paris les reporters l'attendaient à sa descente du train. Son livre *Voyage d'une Parisienne à Lhassa* parut en 1927 en France, à Londres et à New York et *Mystiques et magiciens du Tibet* publié deux ans plus tard fut un livre culte pendant des décennies. Elle est l'autrice de plus d'une trentaine d'ouvrages en tout sur les religions et les philosophies orientales et ses voyages. Centenaire, elle fit renouveler son passeport, car elle prévoyait de se rendre en Asie, ou au moins à Berlin où elle avait rendez-vous chez un spécialiste pour soigner ses rhumatismes. Elle n'en eut pas le temps : elle mourut en 1969 peu avant ses cent un ans.

Alexandra reçut la médaille d'or de la Société de géographie de Paris et fut nommée chevalier de la Légion d'honneur, mais une ombre étrange plana toujours sur ce voyage à Lhassa et d'aucuns mirent en doute son récit jusqu'au bout. Il paraissait impossible, pour une raison ou une autre, de croire qu'une femme ait pu effectuer un tel périple. Pourquoi n'avait-elle pas établi de carte ou noté scrupuleusement l'itinéraire, avec les étapes et les dates ? (Elle avait peut-être autre chose à faire pendant qu'elle essayait de rester en vie à coups de beurre et de produits dopants, non ?) Et puis il y a les photos : à ce que l'on sait,

Alexandra n'avait pas d'appareil photo avec elle, car il aurait risqué de trahir les voyageurs, mais son récit de voyage comporte pourtant des photos de Lhassa, prétendument de l'autrice. Au cœur des soupçons de contrefaçon, un cliché avec en arrière-plan le Potala, le palais du dalaï-lama à Lhassa, et au premier plan trois personnages assis dans l'herbe, selon la légende : Alexandra, Yongden et une petite jeune fille mystérieuse. Il est impossible de reconnaître Alexandra car elle a le visage grimé de noir « à la façon des femmes tibétaines » et les yeux de Yongden sont deux taches blanches, comme s'il se faisait un masque en tranches de concombre ou comme si les yeux avaient été grattés sur le tirage. Je ne sais qu'en penser. Si c'est un faux, la méthode est d'une grossièreté troublante. Et si non, qui l'a prise ?

L'ombre du soupçon était si épaisse que, dans une biographie parue en 1987 et rééditée en 1997, des chercheurs se sont donné pour mission, en décortiquant les documents, les cartes, les lettres, les notes de bas de page jusque-là négligées, et les archives secrètes des Indes britanniques, de prouver qu'Alexandra était bien allée à Lhassa. Les registres des fonctionnaires britanniques font bien état de l'arrivée au poste frontière d'Alexandra à son retour du Tibet et les archives des services secrets comportent quantité de notes sur la « nonne française », selon son nom de code, dont les mouvements font l'objet d'un suivi depuis un long moment. La photo du Potala a vraisemblablement été prise par un photographe tibétain (ils étaient quelques-uns à l'époque). Ce qui est certain, c'est qu'Alexandra l'a envoyée d'Inde à son mari comme cadeau de Noël en 1924.

Quand je pense à Alexandra la nuit, je songe avec angoisse à la somme d'informations contradictoires dont on dispose à son sujet – la difficulté qu'il y a à établir précisément un détail, même primaire, et comme cela semble être le cas ordinaire de mes héroïnes nocturnes. Or le problème n'est pas seulement que les femmes ont été écartées des livres d'histoire ou que peu de faits ont été conservés, mais qu'elles aussi ont travaillé à déployer ces écrans de fumée et ont censuré leurs histoires en éliminant tout ce qui pourrait menacer l'impression, vitale, de leur *compétence* : les maladies, les doutes, les moments de faiblesse, les maris qui financent les voyages, les photos prises par d'autres – toute cette dimension banale et humaine que je voudrais connaître.

Mais au cœur de toute cette confusion, je pense aussi à l'inconcevable force de volonté et à l'énergie qui leur fait traverser les murs, que je ressens non seulement chez Alexandra, mais qui constitue une caractéristique fondamentale de la plupart de mes autres héroïnes nocturnes. Elle rayonne à travers le chaos des temps, les malentendus, les fautes de traduction, les erreurs d'interprétation et les commentaires dubitatifs, puissante, infalsifiée et extrêmement enviable.

Et je finis par exhumer des entrailles d'Internet au moins un élément concret, cohérent, dont on peut prouver l'existence : le thé nommé d'après Alexandra. Le mélange préparé par la vénérable maison Mariage Frères, « Alexandra David-Néel - Thé noir des aventuriers » peut vous être livré dans un boîtier noir très chic. Outre les notes florales, il contient du poivre, du clou de girofle, du gingembre, de la cannelle et de la cardamome et bien que j'aie, à dire vrai, horreur de ce genre de mélange épicé, j'en commande aussitôt. J'en préparerai peut-être, une de mes nuits sans sommeil, avec du beurre et du sel, j'y jetterai une poignée de *tsampa* et j'imaginerai que je suis avec Alexandra dans l'Himalaya. Et si j'ai encore un creux, j'ouvrirai un pot d'extrait de viande Liebig.

*

Conseils d'héroïne nocturne :

Si tu veux faire quelque chose, fais-le.

Saisis les chances. Suis tes passions, même si cela signifie rallonger un projet d'un an jusqu'à quatorze. Seul compte le résultat, et le voyage.

Si tu veux recevoir l'illumination, va dans une grotte.

Avance à l'intuition. Contente-toi de peu. Déguise-toi s'il le faut.

Si c'est dur parfois ou si tu as froid ou faim, tu survivras.

Ne rumine pas, va. « En règle générale, les choses paraissent beaucoup plus difficiles et effrayantes quand on y pense avant, qu'une fois au cœur de l'action. » (Alexandra, sur le pont des douanes qui conduit à Lhassa.)

NELLIE

Conseil d'héroïne nocturne n° 6

Fais tout pour trouver des idées nouvelles.
En voyage, applique la tactique du monosac.

HÉROÏNE NOCTURNE N° 6 : *Nellie Bly.*

PROFESSION : *Journaliste, suffragette, voyageuse autour du monde, plus tard magnat industriel après avoir hérité des affaires de son mari, et inventrice. Fit seule le tour du monde en soixante-douze jours avec un sac à main pour tout bagage.*

« Quand on veut, on peut. La question est : le veux-tu ? »

Nellie en 1889 après avoir reçu pour mission de partir le surlendemain faire le tour du monde.

JE L'AVOUE : je suis tombée complètement amoureuse de Nellie Bly, pionnière du journalisme d'investigation américain, qui, il y a plus d'un siècle, militait avec feu pour la cause des femmes et finit, entre autres choses, par effectuer un tour du monde en soixante-douze jours. Primo, Nellie faisait des propositions géniales – *Dix jours dans un asile, le Tour du monde en soixante-douze jours, Tentative de devenir servante, Nellie Bly esclave blanche* – le titre même de ses articles vous fouette le sang ! Voici une femme qui se jette dans le bain et qui, pour ne rien gâcher, est une écrivaine née – claire, concise et amusante. Si seulement je pouvais être Nellie Bly !

Et deuxio, autre raison d'en tomber amoureuse, elle a un talent sans pareil pour faire son paquetage. Certaines nuits, en particulier avant de prendre l'avion, je pense tout spécialement à elle.

Née dans une famille ouvrière pauvre, Nellie Bly (1864-1922), de son vrai nom Elizabeth Cochrane, ne fit pas d'études, ce qui ne l'empêcha pas de manier la plume avec une vivacité redoutable et d'aborder les choses sous des angles passionnants. Les sujets que lui commandaient ses employeurs – jardinage, cuisine, mode et nouvelles mondaines – ne l'intéressaient pas. Elle brûlait d'écrire sur des sujets de société et plus particulièrement sur les injustices propres à la vie des femmes : les conditions de travail des ouvrières en usine et des domestiques, la situation des femmes non mariées et le destin des enfants non désirés.

Son idée la plus fameuse lui vint peut-être de la manière suivante. Par une nuit de dimanche à lundi de l'année 1888, elle se tournait et se retournait sans dormir dans son lit new-yorkais : le lendemain matin, elle devait déposer une idée d'article sur le bureau du rédacteur en chef du *New York World*, Joseph Pulitzer. (Pour ma part, je serais tétanisée si mon patron était *ce* Pulitzer-là.) À trois heures du matin, Nellie lança vertement qu'elle avait besoin de vacances. *Si seulement je pouvais partir à l'autre bout du monde*, songea-t-elle. Cling clang clong. Il y avait de l'idée : faire le tour du monde. Cling clong. Pourrait-elle aller plus vite que Phileas Fogg le héros du *Tour du monde en quatre-vingts jours* de Jules Verne ? Il fallait le vérifier, songea Nellie, qui glissa dans un sommeil tranquille…

La première chose qu'elle fit le lendemain matin fut de se rendre sur Internet… ou plutôt au comptoir de la compagnie maritime où elle rassembla des piles d'horaires et, les ayant compulsés, constata qu'il était tout à fait possible de réaliser un tour du monde en moins de quatre-vingts jours. Elle était surexcitée, la cage thoracique frissonnante – car tel est le pouvoir des idées de génie. Elle se rendit alors d'un pas décidé à son entretien avec le rédac' chef. « Eh bien, tu as des idées ? » lui demanda-t-il. « Une seule, répondit Nellie. Je veux faire le tour du monde. Je crois que je pourrais battre le record de Phileas Fogg. Ça se tente, non ? » Il s'avéra que le boss y avait déjà réfléchi, mais il faudrait, naturellement, que le voyageur fût un homme – la tâche était impossible pour une femme, car celle-ci aurait besoin d'une escorte pour la protéger et transporterait un tel barda qu'elle manquerait à coup sûr toutes les correspondances un peu serrées. « Très bien, vous n'avez qu'à envoyer un homme, s'exclama Nellie avec colère, quant à moi, je partirai le même jour aux frais d'un autre journal et je le battrai. »

Au bout du compte, le *World* prit la décision d'envoyer Nellie. Un an plus tard, par un soir froid et pluvieux de novembre 1889, elle fut convoquée dans le bureau du rédacteur en chef. « Peux-tu partir faire le tour du monde après-demain ? » lui demanda-t-il. « Et même dans la minute » répondit-elle. Elle disposait donc d'une journée pour se préparer. Une autre aurait paniqué, mais Nellie, non. Dès le matin, elle fit son entrée chez Ghormley, un couturier à la mode, pour se faire faire son habit de voyage : « J'ai besoin d'un costume pour ce soir. Assez solide pour être porté chaque jour pendant trois mois. » En quatre heures, il était prêt. Elle commanda un manteau en laine dans une autre boutique ainsi qu'un ensemble léger pour les pays chauds. Elle se procura pour finir un sac à main ressemblant à une sacoche de médecin, dans lequel il faudrait bien que tout tienne. Elle rédigea dans la soirée de brefs adieux destinés à ses amis et fit son bagage. « Fermer ce sac fut la chose la plus ardue que j'ai eue à faire de ma vie » écrivit-elle. La tenue légère ne rentrait pas, finalement, elle fit donc son tour du monde avec un seul costume.

Nellie partit de New York le 14 novembre 1889 à neuf heures quarante minutes et trente secondes sur le paquebot *Augusta Victoria.* Sa caisse de voyage comptait les deux cents livres sterling données par le *World* et un peu de monnaie américaine pour tenter une expérience : on ignorait complètement si les dollars seraient acceptés ailleurs dans le monde. Elle mit les pièces d'or dans ses poches et les billets dans une petite bourse en peau de chamois qu'elle suspendit à son cou. Elle avait devant elle 40 071 kilomètres à parcourir, pour l'essentiel seule, autour du monde. Debout sur le pont du navire, Nellie n'éprouvait toutefois pas la moindre joie : « Reviendrai-je un jour ? se demandait-elle tristement. La chaleur écrasante, le froid mordant, les tempêtes effroyables, les naufrages, les fièvres – j'avais la tête encombrée de ce genre de sujets. » Et elle ne tarda pas à avoir le mal de mer. Les départs sont toujours difficiles, même pour mes héroïnes nocturnes.

Après une semaine de traversée, les étapes s'enchaînèrent à toute vitesse : Londres, Calais, Brindisi, Port Saïd, Ismaïlia, Suez, Aden, Colombo, Penang, Singapour, Hong Kong, Yokohama, San Francisco, New York. À Londres, Nellie se procura des billets auprès de la Peninsular and Oriental Steamship Company pour au moins la moitié du voyage. (Son sac était trop rempli pour fermer.) Elle traversa la France en train – effectuant une petite étape à Amiens où M. et Mme Verne l'avaient priée par courrier de pouvoir la rencontrer.

(Nellie était fâchée : elle était toute chiffonnée par le voyage et n'avait aucun moyen de faire un effort vestimentaire, mais tout se passa agréablement, on parla par gestes, avec force hochements de tête et sourires, et Mme Verne était si mignonne que Nellie dut se retenir pour ne pas l'embrasser sur la bouche.) Elle repartit ensuite pour Calais. (« J'aurais vu davantage de la France si les fenêtres du train avaient été propres. ») Nellie voulut envoyer un télégramme d'Italie à New York, mais la tâche était ardue, le préposé ignorant où se trouvait la ville. Nellie déclara à propos du navire de l'India Express que « les voyageurs qui souhaitent bénéficier d'un service poli et d'une nourriture décente ne devront jamais embarquer sur le *Victoria* ». C'est sur ce mauvais rafiot qu'elle rapporta également le cas d'un jeune passager enthousiaste qui lui fit part de son plus grand rêve : trouver une épouse capable de voyager sans bagages. Lui-même transportait dix-neuf malles.

Port-Saïd, Suez, Aden, le Sri Lanka... Le navire dut rester au port vingt-quatre heures à Singapour, ce qui désespérait Nellie : elle était déjà en retard sur son programme et si elle manquait le prochain départ de Hong Kong, l'allongement de son périple se compterait en jours ! C'est peut-être l'irritation qui lui fit transgresser sa règle de non shopping à Singapour, et dans les grandes largeurs : « J'avais résisté à la tentation d'acheter un garçon à Port Saïd [!] et une jeune fille cinghalaise à Colombo [!], mais en voyant un singe [à la porte d'une maison], ma volonté a fondu comme neige au soleil et j'ai aussitôt entamé les négociations. Je l'ai obtenu. » Bon, l'animal en tout cas n'avait pas besoin de tenir dans le sac à main.

À Hong Kong, Nellie n'avait qu'un désir : se rendre avec la plus grande célérité dans les bureaux de l'Oriental and Occidental Steamship Company pour savoir comment arriver le plus vite possible au Japon. Elle était en route depuis trente-neuf jours. L'agent de la compagnie maritime lui déclara d'un ton neutre qu'elle allait perdre. Comment cela, « perdre » ? Il s'avéra que le journal *Cosmopolitan* avait envoyé le jour du départ de Nellie une autre femme faire le tour du monde, mais dans l'autre sens, et le monde entier trépignait en se demandant laquelle des deux arriverait en premier. « Vous l'ignoriez ? lui demanda-t-il. Elle est partie d'ici il y a trois jours. Vous avez dû vous croiser aux alentours du détroit de Malacca. Elle a des crédits illimités, elle peut donc obliger les compagnies à partir avant l'heure. [...] Elle entend réussir à boucler en soixante-dix jours. Elle dispose de lettres destinées aux capitaines de navire leur demandant de tout mettre en œuvre pour l'aider. »

Le choc ! Nellie avançait à marche forcée depuis trente-neuf jours à son top niveau façon *The Amazing Race* et voilà qu'elle se retrouvait avec une concurrente, sans qu'on ne lui ait rien dit ! Elle n'avait cessé d'envoyer des rapports au *World* par télégramme et courrier (la poste mettait des semaines à arriver, elle n'était pas *online* à proprement parler), ils avaient été publiés tout autour du monde, des dizaines de milliers de lecteurs, peut-être même des millions, s'arrachaient les notes de voyage de Nellie Bly. Et là, elle découvrait que tout le monde était au courant depuis le début de la compétition entre elle et *cette autre femme* – tout le monde, sauf elle !

Nellie resta coincée en Chine plusieurs jours. N'ayant qu'un seul costume, celui qu'elle avait porté trente-neuf jours, elle déclinait les dîners et les réceptions que certains résidents hongkongais auraient souhaité organiser en son honneur. Elle était étonnée par la quantité de célibataires présentant si bien et ayant des moyens si confortables et encouragea toutes les jeunes femmes à voyager dès que possible en Extrême-Orient. Le capitaine du navire suivant était lui aussi jeune et beau et fut surpris quand il rencontra Nellie, qu'il avait imaginée sous les traits d'une « vieille femme au caractère atroce ». Eh bien !

Mon chapitre préféré s'intitule « Cent soixante-douze heures au Japon ». Le jugement de Nellie sur Yokohama, Tokyo et Kamakura peut être ainsi résumé : « Si je tombais amoureuse et me mariais, je dirais à mon époux : Viens, je sais où se trouve l'Eden. » Une seule chose chiffonnait Nellie, elle n'avait pas eu l'idée d'emporter un Kodak. Tous les autres en possédaient un et ces *kodakistes* prenaient de très jolies photos.

La dernière étape en mer fut la traversée de l'océan Pacifique à bord de l'*Oceanic*. Le temps était à la tempête et le voyage difficile, les marins considérèrent sérieusement l'idée de jeter le singe de Nellie par-dessus bord, persuadés qu'il était à l'origine de ces aléas météorologiques. Les mécanos firent tout de même l'impossible pour arriver dans les temps : *For Nellie Bly, we'll win or die*, inscrivirent-ils sur les moteurs.

Le navire atteignit San Francisco avec deux jours de retard, mais Nellie était attendue par le train privé que Pulitzer avait affrété afin qu'elle traverse le continent à toute vitesse. À ce stade, Nellie était déjà connue dans tout le pays : des foules se pressaient dans les gares pour la saluer et l'encourager, les gens se mettaient sur leur trente et un, à parfois plus de dix mille personnes – rapides poignées de main et hourras, bouquets de fleurs tendus par la vitre, paniers de fruits et de sucreries, et des télégrammes de félicitations provenant du monde entier, adressés à *Nellie Bly, train de Nellie Bly*.

Nellie parvint à Jersey City le 25 janvier 1890, en héroïne nationale et modèle pour toutes les femmes. Elle avait fait le tour du monde en soixante-douze jours, six heures et onze minutes, trois jours de moins que son objectif et établissait un nouveau record du monde. (L'autre femme était restée bloquée sur un navire lent dans l'Atlantique et n'arriva à New York que quatre jours plus tard.)

Mais le plus héroïque de cette histoire fut que Nellie avait fait le tour du monde avec un seul costume et pour tout bagage un seul sac à main. Comment était-ce possible ?

« Après mon retour on m'a souvent demandé combien de vêtements de rechange j'avais vraiment dans mon sac à main. Certains se sont dit que je n'en avais qu'un seul ; d'autres ont soupçonné que je n'avais pris que des vêtements en soie, qui ne prennent pas de place, et d'autres encore m'ont demandé si j'avais acheté mes vêtements dans les différents ports. La capacité d'un sac à main ordinaire ne se révèle que sous l'effet de la nécessité impérieuse qui vous pousse à réduire chaque article à sa taille la plus minime. J'ai ainsi pu emporter deux capes de voyage, [...] une paire de pantoufles, un nécessaire de toilette complet, [...] une petite bouteille et une timbale [...] de nombreux sous-vêtements de rechange, une réserve fournie de mouchoirs [...] et le plus malcommode et indispensable : un pot de cold cream qui éviterait à mon visage de gercer dans les climats si divers que je rencontrerais. Ce pot de crème fut la malédiction de mon existence. Il semblait occuper plus de place que toute autre chose et se mettait toujours en travers quand je voulais fermer mon sac. [...] *A posteriori* je puis affirmer que j'avais emporté trop plutôt que trop peu.

[…] Il n'y a guère qu'à Hong Kong, où j'ai été invitée à un dîner officiel, que je fus fâchée de ne pas avoir de tenue de soirée, mais manquer ce dîner était parfaitement anodin comparé aux obligations et aux soucis que je me suis évités en n'ayant pas plusieurs malles et boîtes à superviser. »

Quand je songe à Nellie la nuit, on devine sans peine à quoi je pense.

Top 3 des voyageuses surchargées

1) Alexine Tinné

Aristocrate hollandaise richissime piquée par la manie du Wanderlust. Partit en 1862 à l'âge de vingt-six ans à la recherche des sources du Nil. Fit venir avec elle sa mère, sa tante et deux femmes de chambre ainsi qu'une quantité bien trop énorme d'affaires : trente-six malles d'articles de luxe chargées sur trois bateaux. Comprenant des meubles, des cartons à chapeaux, des services à thé (en porcelaine de Chine), de l'argenterie, des ombrelles, des fourrures, des tenues de soirée, une bibliothèque complète avec ses livres, des miroirs, des gravures sur cuivre, cinq chiens, un piano, des tentes, des lits de camp, des couvertures, des matelas, des draps, un appareil photo, un nécessaire de développement, du matériel pour collecter des spécimens de plantes, un chevalet, un nécessaire de peinture, un assortiment de cinq revolvers et pistolets, des provisions pour un an – poules en cage, chamelles à traire, moutons, sel par kilos, caisses de vin, de cognac, de café – et pour le troc cent cinquante kilos de verroterie, huit cents lingots de cuivre et douze mille coquillages, ainsi qu'une petite panthère orpheline adoptée plus tard sur la berge du

Nil, un porc-épic et un singe, un crocodile empaillé, des esclaves de temps en temps, qu'Alexine achetait pour les libérer ensuite, ainsi que cent cinquante servants, porteurs, cuisiniers, guides, interprètes et guerriers, plus des chameaux, des ânes et des chevaux de trait.

Elles avaient tant d'affaires que cela signa l'arrêt de mort de leur convoi.

D'abord le bateau à vapeur transportant la montagne d'objets resta prisonnier de la zone marécageuse labyrinthique de Bahr el-Ghazal. Les hauts papyrus et les jacinthes d'eau flottantes l'empêchèrent d'avancer pendant des jours entiers. La saison des pluies approchait et le convoi aurait dû regagner les terres au plus vite, mais dans cette région il était impossible de trouver assez de porteurs pour une telle accumulation (il en aurait fallu au moins cinq cents). Une fois le bateau dégagé, il pleuvait déjà à torrents, les marécages étaient inondés, les voyageurs furent atteints par la fièvre tropicale et autres maladies atroces, ce groupe énorme avait le plus grand mal à trouver des itinéraires et des campements adéquats, sans parler de la nourriture, et peu à peu tous les animaux moururent, les ressources vitales pourrirent sous la pluie, mais ces aristocrates obtuses dans leurs belles tenues continuaient de se faire convoyer en chaise à porteurs le long de sentiers étroits et glissants, suivies de quatre cents portefaix, cent cinquante soldats et servants, tous mal en point, malades et affamés.

Au cours du voyage, tout le convoi d'Alexine succomba : la mère, les deux femmes de chambre, le scientifique qui les accompagnait et plus tard la tante aussi. Au bout du compte, ces femmes moururent parce qu'*elles avaient trop d'affaires.*

Quand je pense à Alexine la nuit, sa personnalité tragique glisse éternellement sur le Nil, remontant le fleuve, puis le redescendant, avec sa mère, sa tante et ses femmes de chambre – vivantes d'abord, puis mortes. Lorsqu'elle finit par rejoindre Le Caire en décembre 1864, elle avait transporté les corps (et leurs biens) par bateau et chameau sur plus de trois mille kilomètres, pendant près de dix-huit mois. Elle n'avait manqué les sources du Nil que de peu.

Alexine elle-même mourut quelques années plus tard dans des circonstances confuses dans le désert du Sahara – manifestement la caravane de quinze personnes et son chargement furent une proie trop alléchante pour les nomades.

2) May French Sheldon

Traductrice de littérature française, businesswoman et féministe, plus tard exploratrice F.R.G.S. (*Fellow of the Royal Geographical Society*). Escalada le Kilimandjaro à l'âge de quarante-trois ans en 1891 parce qu'elle voulait prouver qu'une femme était capable des mêmes exploits qu'un homme et plus encore. Connue aussi sous les noms de Crazy-May et Bébé Bwana. Embaucha à Zanzibar cent cinquante porteurs, leur ordonna au nom de la bienséance de se couvrir et organisa son expédition jusque dans les moindres détails : pas une seule âme n'aurait à souffrir de la faim ou du froid. Emporta des quantités gigantesques de nourriture, des armes, des tentes, des chaises et des tables pliantes, une baignoire, une barque démontable, de la vaisselle en porcelaine, de l'argenterie, des serviettes, des draps, toutes sortes de médicaments et entre autres des instruments permettant au besoin d'arracher une dent, un habit de soie pour le dîner, des lettres de recommandation du sultan, des tas de bagues gravées à son nom, faites pour l'occasion, qu'elle distribuait aux indigènes qu'elle rencontrait. Se faisait porter dans la chaise en rotin garnie d'un coussin, qu'elle avait elle-même dessinée, vêtue en parfaite tenue de lady, un pistolet à chaque hanche et dans son sac de ceinture, le fameux *French-Sheldon medecine belt*, un nécessaire pour les premiers secours. Elle portait une bannière frappée d'une devise en latin *noli me tangere*, ne me touche pas, pour donner l'impression d'une appartenance à un rang élevé. Chaque fois qu'elle approchait un village, elle revêtait son costume de danse blanc brodé d'argent et de faux diamants, une perruque blanche et les trésors de sa boîte à bijoux. Elle fut le premier Blanc à voir le lac Chala situé dans le cratère du volcan.

3) Moi

L'importance de mon stock de thé ne saurait manquer d'être soulignée. Je transporte toujours avec moi une petite théière en bois et des sachets congélation remplis d'un assortiment d'infusions – *genmaicha* pour le matin, *pu'er* ou *sencha* de qualité pour l'après-midi, camomille pour le soir et un mélange d'herbes allemand *Husten und Bronchial* en cas de coup de froid. J'emporte également une quantité exacte de flocons d'avoine et de pain de seigle calculée pour les jours de transit (non que la nourriture locale me répugne – bien au contraire – mais pour éviter de bouffir en me bourrant de farines blanches dès le matin) ainsi que des barres énergétiques et des noix (d'accord, je souffre peut-être d'une légère névrose liée à la peur de mourir de faim). J'ai toujours sur moi une lampe frontale (c'est incompréhensible, mais indispensable), un sac à lessive, du cirage (nécessaire !), un tissu *kikoi* de Tanzanie (qui peut servir d'écharpe, de serviette, de nappe de pique-nique et de jupe), une quantité innombrable de petits sacs de tissu japonais (pour éviter le désordre), un sac fin supplémentaire (pour les souvenirs) et un petit rouleau adhésif ultrarésistant (utile pour réparer le sac supplémentaire en cas d'avarie ou rendre son étanchéité à la bouteille de Pommeau pour la mettre dans les bagages au retour de Normandie). J'ai aussi une ceinture porte-monnaie, une paire de lunettes de rechange, un coussin d'avion gonflable, des bouchons d'oreille, un masque pour dormir, des mouchoirs (le voyageur au Japon apprendra qu'il ne peut pas toujours se fier aux productions locales) ainsi qu'une pharmacie de névrosée qui ne me sert, exception faite des vitamines, à rien, sauf les comprimés d'échina-zinc qui ont, à ce que j'ai compris, le pouvoir de repousser le rhume *ad vitam aeternam.* Puis les livres, les carnets, les Post-it, les stylos, les clés USB, l'ordinateur portable, l'appareil photo, le téléphone, tous les chargeurs, l'adaptateur, le sèche-cheveu de poche et bien sûr les vêtements – de jour, de soirée, de maison et de nuit, de sport, les chaussures – et pour finir des produits cosmétiques dans des contenants de voyage emballés dans des sacs congélation. Vingt-trois kilos en soute et huit en cabine – et je n'ai même pas ma propre selle. J'ai un besoin urgent de suivre le cours de paquetage de Nellie Bly.

[Cours de paquetage de Nellie Bly]

Un costume (le même pour deux mois et demi).

Passeport et devises (dans une bourse en peau de chamois autour du cou).

Un parapluie en soie (porté à la main).

Un sac à main (contenant les affaires suivantes) :

Deux chapeaux de voyage.

Trois foulards.

Une veste.

Une robe de chambre.

Des pantoufles.

Des jabots*.

Des mouchoirs. Un nécessaire de toilette.

Des épingles à cheveux.

Des aiguilles et du fil.

Un encrier, des stylos, des crayons de bois, du papier calque.

Une petite bouteille et une timbale.

Un pot de cold cream**.

Rien d'autre.

---

* Les jabots sont l'accessoire essentiel d'une femme. On les fixe avec des boutons ou du faufil au col et aux manchettes des costumes en fonction de la situation.

** Ne tiendra jamais dans le sac, vous pouvez laisser tomber.

[Conseils pêle-mêle d'héroïnes nocturnes]

Autorisation de voyager

Demande-toi si tu as envie de voyager. Si oui, donne-toi l'autorisation.

Bagages

Ne prends rien dont le transport nécessite entre dix et cinq cents porteurs.

Malheurs

Reste forte dans l'adversité. Tout est du matériau pour ta recherche.

Online/offline

Hennie, la sœur d'Isabella, voyagea aux Shetlands offline en 1873 : « Le voyage dura cinq semaines, j'en jouissais à pleins poumons. Tout était nouveau, je ne pouvais faire en sorte qu'on m'envoie des lettres, j'étais donc absolument insouciante, je laissai tous les soucis à la maison et je ne me souciai de rien d'autre que de cet instant ! »

Si tu peux, fais en sorte qu'aucune lettre ne te soit adressée.

PARTIE III
LES ARTISTES

[Lettre de recommandation]

Cher destinataire,

J'atteste que la porteuse de la présente, Mlle M… K… est une femme vertueuse sous tous rapports. Je vous prie d'avoir l'amabilité de l'aider à trouver un gîte pour la nuit - même le plus modeste, mais n'hésitez pas si vous pouvez proposer un standard supérieur… La pension complète serait sans doute le plus agréable puisqu'il est question d'une femme solitaire… Ayez l'amabilité de noter qu'en dépit de son penchant pour le voyage et de son caractère réservé, Mlle M… K… est une personne entièrement respectable et des plus fiable…

Sincèrement vôtre,

[la signature est indéchiffrable]

6.

Florence, novembre

À MON RETOUR DE KYOTO EN FINLANDE, une correspondance serrée m'attend. J'ai deux semaines pour me remettre du jetlag, laver mon linge, voir mes amis et montrer ma tête à la Foire du livre d'Helsinki avant de refaire ma valise. Je vais en effet passer novembre à Florence. Cela fait vingt-sept ans que je nourris un désir passionné de revenir parmi les trésors artistiques de cette ville, depuis cette seule et unique journée de visite étouffante, l'année de mes seize ans. Je compte bien assouvir ce rêve puisque je le peux. Je me suis accordé l'autorisation de voyager.

En outre, à Florence, il doit bien y avoir quelques héroïnes nocturnes.

Côté hébergement, c'est le suspens : je vais encore être logée chez un homme dont je ne connais que le nom. Nino, mon colocataire à Kyoto, m'a trouvé une place chez le frère de la petite amie de son ami d'enfance qui vit à Florence : ce Stefano m'a promis la plus grande chambre et quant au loyer, je serais quitte en payant la moitié des frais d'eau et d'électricité du mois. C'est un peu trop beau pour être vrai. Je ne sais rien de ce type, il peut avoir vingt ans comme soixante – je n'ai pas osé demander. J'imagine un célibataire endurci, craspec, retiré du monde qui attend mon arrivée dans sa grotte bordélique comme l'araignée guette sa proie. Est-ce que j'aurais plutôt dû raquer plus de mille balles pour un appartement au centre-ville ? Non, Ida aurait accepté l'offre.

Au moment de préparer ma valise, je lis le « Ravissement » d'Anna Kortelainen. J'apprends que c'est justement à Florence que Stendhal a éprouvé sa célèbre extase. Il y a un peu plus de deux siècles, en septembre 1811, cet énergique jeune homme saute de la voiture de poste à Florence. Son journal contient la description de l'étrange expérience qui l'ébranla dans l'église Santa Croce : « Je fus touché presque jusqu'aux larmes. Elles me viennent aux yeux en écrivant ceci. Je n'ai jamais rien vu de si beau. En sortant de Santa Croce, j'avais un battement de cœur, ce qu'on appelle des nerfs à Berlin ; la vie était épuisée chez moi, je marchais avec la crainte de tomber. [...] Je suis resté tout ému pendant deux heures. » Il venait d'éprouver pour la première fois ce qui fut ensuite appelé le syndrome de Stendhal, un état de confusion à symptômes multiples causé par une puissante exposition à l'art.

Une ville étrangère, un inconnu, les trésors de la Renaissance, un plan pas très clair. J'attends l'apparition des symptômes.

Florence, ô Florence ! Je prends le taxi à l'aéroport pour rejoindre l'appartement, où tout un comité d'accueil m'attend à la porte de l'immeuble : le très jeune Stefano, avec des airs d'intellectuel chic, sa sœur aînée qui habite dans le même immeuble avec son petit ami, Benedetto, qui est un vieux copain de Nino – ils ont tous l'air sympathique et tout à fait inoffensif. Stefano trimballe ma valise jusqu'en haut, dans un appartement moderne meublé avec parcimonie sur deux étages reliés par un escalier en colimaçon qui mène aux deux chambres. Ou, pour être plus précise, une grande chambre avec un lit double, une salle de bains, des vasistas commandés à distance ainsi qu'une banquette étroite dans la petite entrée, où Stefano a paraît-il l'intention de dormir. Nous sommes tous les deux un peu guindés – je ne sais vraiment pas comment recevoir une telle hospitalité.

Plus tard dans la soirée, Benedetto vient inspecter les lieux et me demande si je suis contente de mon logement. Oui ! Sauf que je me sens affreusement mal d'occuper la grande chambre tandis que Stefano dort dans l'escalier. *But you're a wo-oman*, me répond-il en allongeant la syllabe à l'italienne et en agitant la main comme si c'était une explication suffisante.

Stefano prépare un dîner de bienvenue, des pâtes à la sauce tomate préparée par sa mère, c'est très bon et parfaitement *al dente*. Il met un disque de musique classique sur une vieille platine – vraiment, il en possède une, il fait collection de vinyles – et sur l'étagère je vois Pink Floyd, Frank Sinatra, Édith Piaf et du classique, tout ce que j'aime, en somme. Je commence à avoir le sentiment d'être tombée au bon endroit : tout cela est-il vraiment réel ? La bibliothèque aussi est pleine de classiques, du *Decameron* de Boccace à Proust, et sur la table *La Divina Commedia* de Dante (en « langue originale », cela va de soi) – Stefano l'apprend par cœur pour ensuite l'enseigner aux enfants et aux vieux de son village d'origine. Au sommet d'un placard est juché l'appareil photo de son arrière-arrière-grand-père datant de la fin du XIXᵉ siècle, sur le mur une ancienne montre à gousset et des affiches de Kandinsky. *I like old things, combined with new,* me dit cet étudiant timide de vingt-deux ans, et il ne fait absolument pas référence à moi.

Je ne prends pas la peine de lui dire que, selon moi, Florence, la galerie des Offices et Pink Floyd forment une trinité extatique. Que lorsque j'avais seize ans j'étais rentrée aux petites heures du matin de mon voyage en Italie plus grand que la vie, si intoxiquée par les villes terre de Sienne et Léonard de Vinci que j'avais passé toute une nuit blanche, une claire nuit du nord, sans dormir, remettant mes disques de Pink Floyd encore et encore et fixant les femmes irisées de Léonard de Vinci sur le calendrier que j'avais acheté à la librairie du musée des Offices et que ces images étaient restées pendant des années accrochées à mon mur.

Et maintenant, je suis ici. Un feu subtil court sous ma peau.

Dès le matin, je prends le bus pour le vieux centre et je déambule toute la journée dans les petites rues tarabiscotées de Florence. À la Trattoria Nella, je me demande si on peut être victime du syndrome de Stendhal et tomber de ravissement au restaurant car la *sogliola*, la sole, et les épinards rôtis au beurre sont si divins que j'en ai les larmes aux yeux.

Dans l'après-midi, je trouve mon chemin jusqu'à Santa Croce. J'ai la gorge légèrement serrée face à la tombe de Michel-Ange – son expression sur le buste sculpté par Giorgio Vasari est tellement sage et chaleureuse –, mais je suis loin de remplir les critères du syndrome, en dépit de mes efforts pour intensifier cette sensation. En revanche, le syndrome de Michel-Ange – les troubles de la vue et douleurs cervicales causées par une mauvaise ergonomie au travail dont il souffrait lorsqu'il a peint le plafond de la chapelle Sixtine – menacent dès que je me mets à admirer les fresques des chapelles : j'ai le vertige et la nausée. Je me tance : reprends-toi ! Ta grande traversée des fresques florentines n'en est qu'à ses débuts.

Et puis, rentrée à l'appartement, Stendhal me frappe réellement, à retardement, c'est typique. J'ai l'impression de suffoquer, j'ai envie de pleurer et de rire en même temps, une émotion énorme veut sortir.

Je viens de rentrer du magasin quand Stefano arrive de l'université. Il ne fonce pas sur son ordinateur ou son portable comme le feraient tous les jeunes de 2014, mais il met un vinyle de Pink Floyd et s'assoit sur le canapé avec Dante. Je suis en train de manger ma salade au poulet dans la cuisine quand les haut-parleurs commencent à déverser l'intro la plus belle et longue du monde sur l'album *Wish you were here.* « *Remember when you were young, you shone like the sun… Shine on you crazy diamond…* » Je dégringole dans un gouffre du temps comme si j'avais avalé une madeleine proustienne et je me retrouve à cet instant où j'avais la gorge serrée, quand tout était possible. Je vais raconter à Stefano toute mon histoire de seize ans, la voix tremblante, mais il ne fait que rire. Puis je retourne à ma salade madeleine, un sourire extatique sur le visage.

On m'avait prévenue qu'il pleuvait tout le mois de novembre à Florence, et je constate qu'on ne m'avait pas menti : il pleut vraiment tout le mois de novembre. Je fais pourtant ma touriste pure et dure, j'enchaîne systématiquement les églises, les couvents, les musées et les palais jusqu'à ce que je n'aie plus de pieds. Après avoir plusieurs fois suivi un guide, je me mets à penser que les choses seraient beaucoup plus faciles si toute notre vie était une grande visite guidée, merci.

J'avais pensé que je venais à Florence adorer la beauté de la Renaissance, une ville aveuglante de splendeur, des fresques sublimes et des femmes magnifiques sur de magnifiques tableaux, mais je me rends vite compte que la beauté florentine est, surtout dans le domaine architectural, d'une austérité à laquelle vous ne vous attendez pas. Pas de circonvolutions luxueuses, jouisseuses, mais des façades sévères, sans ornements, des palais médiévaux avec des airs de forteresses, fermés et un peu effrayants (dont je tombe cependant amoureuse plus que de tout autre chose) et des tours de garde qui s'élèvent dans les hauteurs d'où l'on se prépare à tout moment à décocher une flèche ou à jeter de l'huile bouillante sur les assaillants. On ne trouve rien de facétieux, d'amusant ou de meringué, et rien de très hospitalier non plus. Les façades des églises sont décorées tout au plus par des agencements de blocs de marbre de différentes couleurs (blanc de Carrare, rose de Maremme, vert du Prato), mais elles sont le plus souvent nues. Le Duomo surdimensionné pour les alentours est certes impressionnant, mais il a lui aussi quelque chose de simpliste et d'animal : il ressemble à Totoro accroupi tout seul dans le noir.

Les belles peintures ne manquent pas, certes, vous en aurez à perdre haleine. Les fresques représentent leur époque avec une précision photographique, je m'imprègne de leurs couleurs claires et estompées, de leurs significations cachées. J'apprends qu'elles font partie des trésors proprement florentins (on a besoin d'un certain climat pour les réaliser), que la technique est difficile (ne convient qu'aux maîtres), que les madones tiennent leur visage d'une contemporaine (fût-ce celui d'une prostituée) et que si l'un des personnages en bordure de cadre vous regarde, il s'agira vraisemblablement de l'artiste lui-même. Celles de la basilique Santa Trinita sont mes préférées et chaque fois que je passe devant l'église, je vérifie si elle est ouverte. Je me colle à la chapelle Sassetti dont le banquier Francesco Sassetti fit décorer les murs dans les années 1480 de scènes témoignant de la dévotion, de la richesse et de la position sociale de toute sa famille. Si les chapelles privées, avec leurs tombeaux, commandées par les familles fortunées constituaient une importante source de revenus pour les églises de la Renaissance, cela semble encore être le cas aujourd'hui : si l'on met une pièce dans le tronc en métal fixé au mur, la lumière s'allume pour éclairer les fresques, et elle s'éteint juste au moment où me vient une idée majeure.

Plus j'observe les peintures de cette ville, plus je comprends les histoires qu'elles racontent, plus je m'y accroche et plus elles semblent causer de dépendance. J'ai l'impression qu'en les *regardant* suffisamment je les saurai presque par cœur, je *verrai* réellement chaque millimètre, j'obtiendrai un présent d'une valeur irremplaçable. J'ai l'impression de voir à travers le voile, de pouvoir presque saisir l'essence de tout cela (de la vie), comme une rêveuse pour qui tout est clair soudain mais à qui, une fois réveillée, l'idée se dérobe…

Mon principal lieu de pèlerinage est la galerie des Offices, le plus ancien musée d'art du monde et la Mecque de la Renaissance. Florence comptait parmi les plus riches cités d'Europe dès le XIVe siècle, dominée par des guildes diverses, marchands de laine et de soie, banquiers, juges et apothicaires, et était représentée dans le domaine artistique entre autres par Giotto, pionnier de la peinture, Dante Alighieri et Giovanni Bocaccio. Mais au XVe siècle commença le règne de la puissante famille Médicis, qui dura trois-cents ans, et l'essor de tout l'art de la Renaissance peut être mis à leur crédit. Ces banquiers sans scrupules se refirent une réputation en faisant bâtir des églises et des chapelles et en commandant des œuvres religieuses en quantités énormes. Ils s'achetèrent ainsi leur place au paradis – et ce fut le début de l'art de la Renaissance. Toute la crème des artistes et architectes des XVe et XVIe siècles fut sous leur protection, de Masaccio à Fra Angelico, de Brunelleschi à Donatello, de Léonard de Vinci à Botticelli et Raphaël.

À la fin du XVe siècle, le personnage le plus admiré de Florence était Laurent de Médicis, dirigeant charismatique, poète et soutien des arts qui fit de la ville une merveille étincelante. Il organisait des fêtes, des chasses et des tournois somptueux, s'adonnait à la philosophie et entretenait une école de sculpture dans ses jardins, comptant parmi ses élèves le jeune Michel-Ange. Les aristocrates étudiaient les idéaux de l'Antiquité et lisaient Platon, les ateliers des artistes produisaient des tableaux, des marbres, des dessins d'architecture et des esquisses destinées à devenir les plus belles fresques qu'on eût jamais vues. Aux hampes métalliques fichées en hauteur dans les murs en pierre des palais étaient suspendus tant des pavoisements de fête que des oiseaux à qui l'on faisait prendre l'air dans leurs cages ainsi que des chats et des singes apprivoisés portant des colliers. En 1490, le jardin de Laurent de Médicis abritait des faisans dorés de Sicile, des gazelles de Tunisie, des singes, des perroquets et une girafe offerte par le sultan de Babylone.

La vie n'était pas pour autant idyllique, bien évidemment. Qui dit Florence en novembre du temps de Laurent le Magnifique, dit aussi froid, boue, épidémies et mauvaises odeurs. Il faut songer à l'obscurité, aux nuits humides éclairées seulement par les torches accrochées aux murs des maisons fortifiées. Il faut penser aux artistes qui travaillaient par des températures glaciales, risquant la pneumonie. Après la pluie, les rues étaient boueuses et les places si inondées que les femmes étaient obligées de porter des souliers rehaussés par des patins en bois pour faire leur marché. La puanteur était atroce car il n'y avait pas d'égouts et outre les odeurs d'excréments, des relents divers émanaient dans les différents quartiers, dus aux déchets des teinturiers, des tanneurs, des bouchers, des fabricants de bougie et des éleveurs de vers à soie. Sur le Ponte Vecchio, point d'orfèvres et de bijoutiers comme aujourd'hui, mais les étals odorants des poissonniers et les ateliers des maroquiniers. Et l'intérieur des bâtiments n'avait rien de très rose non plus : la température commençait déjà à baisser dans les palais, les murs étaient couverts de tapisseries doublées en peau d'écureuil et les fenêtres tendues de toile de lin huilée ou cirée pour ceux qui n'avaient pas les moyens de s'offrir des carreaux en verre. Parlant des odeurs de Florence, il faut aussi se dire que ces personnages raffinés dans leurs froides demeures ne pratiquaient aucune forme d'hygiène corporelle. On ne se lavait jamais à l'eau car on savait qu'elle propageait les bactéries, la peste dans le pire des cas, et en outre, se toucher ainsi le corps pouvait causer des pensées impures, il était bien connu que le simple fait de se nettoyer le visage affaiblissait la vue et provoquait des rages de dents… Même les plus beaux costumes, on ne les lavait pas : on les aérait, tout au plus. En revanche, il était de bonne pratique

que les nobles se bassinent de parfum, suspendent ici et là des sachets parfumés et mettent devant leur bouche, quand ils sortaient, un gant trempé dans l'eau de toilette, car les parfums préservaient aussi des épidémies…

Laurent le Magnifique mourut, fâcheusement, de la goutte à l'âge de quarante-deux ans et après lui Florence resta quelque temps sans avoir de Médicis à sa tête. Ces années virent grandir l'influence de Girolamo Savonarole, un dominicain sévère qui prêchait fanatiquement contre la débauche et le luxe des nobles. Il envoyait dans les rues des troupes d'enfants brandissant des croix pour traquer dans les maisons les signes de la vanité et engager les citoyens à jeûner et à se dénoncer les uns les autres. Beaucoup obéissaient : les femmes à la mode commencèrent à porter des vêtements sans couleurs, les chandeliers en argent et les livres illustrés disparurent des églises et des monastères. En 1497, un bûcher des vanités fut enflammé Piazza della Signoria où furent détruits des quantités de flacons de parfum, d'extensions capillaires, d'éventails, de colliers, de costumes en soie, d'échiquiers, de tableaux de Botticelli, d'œuvres de Platon, de grimoires magiques et tous les portraits de ces belles femmes qui n'avaient pas prêté leurs traits à la Madone. Le projet morbide de Savonarole n'eut pourtant qu'un temps – il fut lui-même brûlé sur cette même place un an plus tard.

La lignée des Médicis s'éteignit en 1743, lorsqu'Anne-Marie-Louise de Médicis resta sans descendance. Mais dans l'intervalle, les collections de la famille avaient heureusement été rassemblées aux Offices que le grand-duc Côme Ier de Toscane avait fait bâtir en 1560. Le bâtiment devait originairement servir d'administration, mais son fils François Ier de Médicis le transforma en galerie. Anne-Marie-Louise eut le mérite de faire don de ces trésors aux citoyens de Florence et ordonna que la collection soit exposée perpétuellement à la vue de tous et qu'on n'y retranche jamais rien.

Et les voici, ces trésors, offerts à l'admiration de ceux qui ont eu la patience de faire la queue en serpentin devant les Offices pendant des heures ou qui, comme moi, sont arrivés à la saison des pluies de novembre et sont entrés directement.

Voici les madones de Giotto nimbées d'une mer d'or, les tons pastel frais de celles de Filippo Lippi, le *Double Portrait des ducs d'Urbino* par Piero della Francesca et la merveille des merveilles qu'est l'*Annonciation* de Léonard de Vinci avec son ange aux plumes peintes avec une précision scientifique par l'artiste, âgé de vingt ans, qui prit pour modèle des plumes d'oiseau. Voici de scandaleuses peintures destinées à des chambres à coucher privées telle la *Naissance de Vénus* et le *Printemps* de Botticelli sur lesquelles l'artiste représenta, selon la légende, la plus belle femme de Florence, Simonetta Vespucci, ou la *Venus d'Urbino* du Titien, allongée dans toute sa nudité, dont le commanditaire, qui avait déjà attendu le tableau avec impatience, espérait qu'il serve de modèle et de guide à sa jeune fiancée de treize ans. Voici aussi la Sainte Famille de Michel-Ange sur son panneau rond, réputée pour être l'unique du genre qu'ait exécutée son auteur. Michel-Ange avait la peinture en horreur – une perte de temps complète comparée à la sculpture – et n'acheva de toute sa vie que deux œuvres, ce tableau et les fresques de la chapelle Sixtine, à quoi il ne consentit qu'à contrecœur uniquement parce que le travail était bien payé. *Très bien, je vais te barbouiller ça vite fait,* souffla Michel-Ange, et il expédia la besogne à une telle vitesse que la postérité n'a jamais compris comment cela avait été possible.

Si mon but était de trouver des femmes à Florence, les murs des Offices en sont remplis : madones, marie-madeleines, èves, épouses, mères, sœurs et filles de Médicis, nonnes inconnues, nobles de marque, filles de service rangeant des coffres à linge, petites amies des artistes, épouses dévotes et séduisantes vénus – pour la plupart anonymes, en représentant une autre.

En revanche, les femmes artistes, vous pouvez les chercher comme une aiguille dans une botte de foin.

Y en a-t-il même ?

Stefano part quelques jours à Londres et je me mets en chasse. Je dispose autour de moi les ouvrages consacrés à la Renaissance florentine sur le grand lit de sa chambre et j'entame ma progression. Les noms des artistes, peintres de fresques et architectes roulent dans ma bouche comme des caramels délicieusement croquants (je les répète à haute voix, forçant l'accent italien, j'en retire un étrange plaisir). Ils sont beaux, indiscutablement (*Michelangelo*), ont un parfum de fleur (*Fra'Angelico*), un croustillant mosaïque (*Brunelleschi*) ou m'évoquent une danse tourbillonnante (*Ghirlandaio*), tandis que les noms des puissantes familles – Sforza, Strozzi, Pazzi, Pitti – débordent de force et de luxe mystérieux. (J'ai appris plus tard que ces derniers signifient la contrainte, l'étranglement, la folie et l'extorsion.)

Tous étaient des hommes.

Je lis des ouvrages sur les femmes de la famille Médicis – mères, filles et épouses – dont certaines, comme Catherine et Marie, furent reines de France. Je lis des ouvrages sur les femmes des Offices, ces épouses des lignages nobles, ces visages blancs sur des portraits éthérés.

Je lis le portrait de prêtresses du chic qui dispensaient des conseils de beauté et d'avant-gardistes de la mode comme Catherine Sforza ou Isabelle d'Este (qui entra par mariage dans la maison de Gonzague) qui était si à l'écoute de son temps que Louis XII roi de France enjoignit à son épouse d'éviter l'Italie parce qu'elle serait éclipsée par l'élégance de ces « femmes d'Este ». Isabelle était aussi une collectionneuse passionnée d'art et de trésors culturels. Elle rassembla dans son *studiolo* de Mantoue les œuvres des meilleurs artistes de son temps, peintures, sculptures, camées, livres richement illustrés et curiosités allant de dents de poissons étranges jusqu'à une corne de licorne, le must de toute collection qui se respectait, car seule une vierge pouvait capturer cet animal fabuleux.

Mais ces modèles de beauté plastique, ces influentes aristocrates et ses saintes dévotes ne m'enthousiasment guère. Je cherche autre chose.

En contemplant les femmes exposées sur les cimaises du musée des Offices – ces madones merveilleuses, ces Vénus sortant des flots et ces nobles dames dans leurs costumes chatoyants –, on pourrait avoir l'impression que les femmes étaient hautement considérées à la Renaissance, mais je prends peu à peu conscience que derrière cette beauté se cache une souffrance incommensurable. Florence était une ville d'hommes et les femmes faisaient partie de leurs biens. Vierges, elles appartenaient à leur père, mariées, à leur époux, et veuves, à leurs fils. À tout moment on exigeait d'elles stricte vertu, humilité, dévotion et obéissance.

Pour synthétiser, les femmes étaient *grosso modo* mises face à trois éventualités : a) se marier, b) se faire nonnes ou c) se prostituer. Pour les filles de bonne famille surtout, le mariage était une nécessité, mais les dots ruineuses ne permettaient pas de marier plus d'une ou deux filles : les autres étaient destinées au couvent. Les filles pauvres non mariées finissaient souvent domestiques, ce qui incluait de se mettre à la disposition sexuelle du maître de maison et de ses fils. Les enfants nés de ces unions étaient envoyés dans des orphelinats, après quoi la fille pouvait être appelée à devenir la nourrice de l'héritier engendré par l'épouse légitime. Outre leur lait maternel, les pauvresses vendaient leurs cheveux : les perruques masculines étaient faites en crin de cheval, laine de mouton, paille et cheveux des morts, mais les boucles des filles de service servaient aux parures les meilleures et les plus chères. On trouvait aussi quelques femmes dans les métiers manuels telles les tisserandes, les fileuses, les lavandières de rubans et les pantouflières, ou les marchandes de vin et d'huile, de laine et de soie, les aubergistes et les prêteuses, et il y avait aussi à Florence des femmes mises en esclavage. Le prix d'appel était de cinquante florins, nombre d'entre elles étaient slaves ou tatares, certaines russes, grecques ou africaines et si un gentilhomme achetait par mégarde une esclave engrossée par son précédent propriétaire, il pouvait exiger compensation pour cette marchandise abîmée.

Si le sort des filles pauvres n'était pas enviable, celui des nobles ne l'était guère plus, même lorsqu'elles étaient concernées par le premier cas de figure, le mariage. Les filles de la noblesse étaient mariées très jeunes, à douze ou treize ans, dès leurs premières règles, car la virginité était la qualité essentielle de la future épouse. Le père choisissait un homme issu d'une famille avec laquelle il avait intérêt à resserrer l'alliance. Le futur époux était en général de dix ou vingt ans l'aîné de sa promise. Ensuite, la tâche de l'épouse était d'engendrer le plus d'héritiers possible et il était courant qu'une femme fût constamment enceinte à partir de ses quinze ans, donnât naissance à une dizaine d'enfants dont trois ou quatre peut-être atteignaient l'âge adulte. Les nourrissons étaient confiés dès la naissance à des nourrices ou envoyés à la campagne pour être élevés dans de meilleures conditions d'hygiène – l'épouse pouvait retomber aussitôt enceinte et, si l'enfant venait à mourir, son chagrin n'était pas si grand. Or pour bien des femmes, les grossesses et les enfantements s'avéraient fatals.

Les femmes que vous croisiez dans les rues de Florence étaient pour la plupart des servantes et des prostituées – les aristocrates passaient leurs journées enfermées à la maison. Leur vie était confinée dans les palais car il était impensable pour une femme de sortir en public, hormis pour aller à l'église. Tout effort physique, hors accouchement, leur était interdit. Les femmes n'avaient pas non plus le droit de voter ni de participer à la vie politique pas plus qu'aux grandes processions organisées par Laurent le Magnifique : les jours fériés, elles suivaient les célébrations depuis la fenêtre. (Je décide de concentrer mes recherches sur les chambres à coucher, les cuisines et les salles d'eau des palais, car ce sont les rares portes d'entrée dans le monde où les femmes, génération après génération, ont tout de même vécu, enfantant et élevant chaque fois de nouvelles fournées d'hommes éminents.)

Mais qu'elles sortissent ou non, les femmes passaient un temps fou aux soins de leur apparence. L'idéal de beauté d'une femme noble était une peau blanche et des cheveux clairs, ce que personne n'avait naturellement. Les traitements cosmétiques étaient douloureux et les composants souvent nocifs, voire toxiques. On s'éclaircissait les cheveux avec un mélange fait de citron et d'urine, de cheval ou la sienne. Le capillaire ainsi aspergé, les nobles dames se mettaient en plein soleil sur le toit des palais, semaine après semaine, mois après mois, un chapeau à bord pour préserver leur teint, avec un trou au niveau de la chevelure. Et porter le cheveu carbonisé à blanc (ou à roux en cas d'échec) n'était pas suffisant – on agrandissait son front en s'épilant la frange, un grand front étant signe d'intelligence, de même qu'on s'arrachait les sourcils et les cils. On se blanchissait aussi le visage au « lait virginal » à base de plomb qui transformait le visage en masque, mais abîmait la peau en y creusant de larges cratères. Le plus à la mode était le look cadavérique, une blancheur nue, sans expression : on en trouve l'illustration parfaite au musée des Offices sur le portrait de Battista Sforza, réalisé après sa mort.

Et qu'en était-il de la catégorie b) ? Les filles de bonne famille que l'on n'avait pas les moyens de marier étaient envoyées au couvent sans tarder, au plus tard à l'âge de neuf ans afin que leur virginité n'ait pas le temps d'être compromise. Certaines femmes entraient certes au couvent pour des raisons religieuses, mais la principale fonction de ces établissements était d'accueillir les filles surnuméraires, contre leur volonté. Afin de prévenir les tentatives d'évasion ou de corruption, de hautes enceintes les entouraient, ce qui était bien pratique. (Ces barrières protectrices n'étaient pas infaillibles car en 1460 deux nonnes enfantèrent dans un couvent florentin.) D'une certaine manière, ces lieux étaient des sortes de prison pour femmes : ils leur offraient une occasion rare de s'instruire et de pratiquer les arts, et nombre de résidentes recouvraient leur cellule de livres, étudiaient et peignaient. La Vénitienne Arcangela Tarabotti passa au XVIIe siècle plus de trente ans de sa vie au couvent contre son gré et en profita pour écrire.

Les textes qui nous sont restés – l'*Enfer monacal* et la *Tyrannie paternelle*, qui n'obtinrent jamais l'autorisation d'être publiés du vivant de leur autrice – sont une défense passionnée du genre féminin, une critique des pères avides qui enfermaient leurs filles pour ne pas avoir à payer de dot, une revendication de la liberté et du droit d'étudier pour les femmes. Bravo, Arcangela ! De vraies héroïnes nocturnes !

Si les filles surnuméraires des bonnes familles finissaient au couvent, les femmes de classe inférieure finissaient c) prostituées. La prostitution était plus acceptée et généralisée dans l'Italie de la Renaissance qu'elle le fut jamais et nulle part ailleurs dans l'histoire du monde. Venise était connue comme un « immense lupanar » où l'on imprimait des catalogues destinés aux voyageurs qui se déversaient dans la ville indiquant les adresses et les tarifs des filles de joie les plus appréciées – ces courtisanes de haut vol étaient des femmes instruites capables d'avoir une conversation sur les sonnets de Pétrarque, de chanter des arias et de jouer du luth en sus de leurs activités en chambre. Mais Florence ne manquait pas non plus de professionnelles pour qui l'on avait construit des bordels municipaux dès les années 1350. Au XVe siècle fut fondée une administration qui fixait les prix et se chargeait de la « surveillance morale » : les femmes de mauvaise vie devaient porter, en signe de leur métier, des gants, un grelot sonnant sur leur tête et des talons hauts, et rester à bonne distance des couvents et des quartiers où vivaient les femmes honorables.

Qu'aurais-je choisi : l'option a), b) ou c) ?

Passer mes journées sur le toit d'un palais la tête couverte de pisse, le visage tartiné de plomb cratérisant ma peau, pour autant que les accouchements m'en laissent le loisir ? Collectionner les beaux vêtements et les bijoux de prix, en contrepartie de quoi être soumise au couvre-feu prévu par contrat. Et probablement mourir en couches.

Ou bien vivre le célibat dans une prison pour femmes appelée couvent ? Savoir lire, écrire et peindre, mais sans avoir ni enfants ni amants ?

Ou encore la « liberté » ? Pouvoir me déplacer en ville, fréquenter des hommes et faire tout ce qui est interdit en général aux femmes. Le côté négatif, dans cette histoire, c'est le travail sexuel, les MST, les accusations de sorcellerie et la mort dans la misère.

Y avait-il une option d) ?

La nuit je pense à Battista Sforza – les belles femmes du musée des Offices commencent à me tourmenter sérieusement. Je la vois aujourd'hui, cernée par un mur d'admirateurs, et depuis lors la forme de son corps est restée gravée au revers de mes paupières. Sur l'image, elle est distante, calme et parfaite. Elle a la peau blanchie au plomb, le front haut, les cheveux clairs tressés en chignon sur l'oreille. Ses perles et ses bijoux étincellent, sur la nuque un trait sombre, telle la marque d'un masque mortuaire.

Sa biographie me tourne dans la tête comme un bout de film.

Battista Sforza (1447-1472)

Reçut, fait rare pour une fille, une éducation humaniste,
maligne et douée,
parlait couramment le grec ancien et le latin,
rhétoricienne imbattable,
fut mariée à l'âge de treize ans au duc d'Urbino (veuf, de vingt-quatre ans son aîné),

donna naissance à six filles entre ses treize et ses vingt-trois ans,
le septième enfin fut un garçon,
ne se remit pas de l'accouchement,
mourut.

Battista gisait sur son lit mortuaire. Son mari convoqua Piero della Francesca pour qu'il exécute le portrait de son épouse. L'artiste excella à la tâche : Battista devint un idéal de beauté. Son portrait de morte avec son mari est aujourd'hui l'un des plus célèbres du musée des Offices.

Mais quand je pense la nuit à Battista et à sa carrière de machine à bébés, j'ai juste envie de pleurer. Je découvre dans les entrailles d'Internet une photo de son masque mortuaire en terre cuite. Toute trace de beauté pâle, idéalisée a disparu. Il n'y a plus que le visage d'une femme morte, très fatiguée : Battista, vingt-cinq ans mais déjà vieille, malmenée par sept accouchements, éternelle épuisée.

Je pense aussi à Béatrice d'Este la nuit. Je songe qu'à chaque fois que l'on évoque son portrait, c'est pour insister sur la magnificence de ses bijoux et de sa coiffure – *voici un brillant exemple de coazzone, une tresse élégamment fixée par un filet à cheveux,* comme l'explique le cartel du musée des Offices. C'est joli, certes, mais Béatrice semble légèrement à cran. Sur ce portrait de profil, sa bouche contractée porte une expression « ras-le-bol fait chier » et ses yeux sont perdus dans le vague. Selon moi tout son corps s'écrie *putain de merde.* Ou peut-être que c'est juste de la détermination. Le portrait ne lui rend peut-être pas justice car selon ce que l'on raconte, Béatrice d'Este (1475-1497) était l'incarnation de la femme parfaite. Née au sein d'une famille fortunée, elle était réputée non seulement pour sa beauté, mais pour son goût exquis en matière de style et, avec sa sœur aînée Isabelle d'Este, elles lançaient la mode que toute l'Europe imitait.

Béatrice fut fiancée à l'âge de cinq ans avec Ludovic le Maure, de vingt-trois ans son aîné. Ils se marièrent quand Béatrice atteignit l'âge de quinze ans et la cérémonie fut placée sous la direction de Léonard de Vinci qui, à cette époque, rendait ses bons et loyaux services de génie universel à la cour de Milan. À ce que l'on dit, Béatrice était une diplomate égale à son mari et exerça à l'âge de seize ans les fonctions d'ambassadrice à Venise, promouvant les ambitions de son époux qui voulait devenir duc de Milan. À l'âge de vingt ans, elle participa à des pourparlers de paix et fit montre de ses immenses qualités diplomatiques. La cour de Béatrice et Ludovic était un « succès » et celle-ci rassemblait parmi les meilleurs savants, poètes et artistes. Elle donna naissance à deux garçons qui, plus tard, furent tous deux ducs de Milan. En bref, Béatrice était parfaite : belle, douée, stylée, hautement éduquée. Un modèle pour toutes les femmes.

Enfin, jusqu'à ses vingt et un ans. Elle fut emportée après l'accouchement d'un garçon mort-né.

Les histoires des femmes douées du musée des Offices passent en accéléré. Pas étonnant qu'elles aient la rage.

Après un réveil difficile et migraineux, je décide d'aller faire ma lessive à la laverie à deux pas de la maison. Au coin de la rue, je commande une pizza aux truffes, au diamètre impressionnant, mais fine comme du papier – je l'engloutis sans pause et presque sans reprendre mon souffle, comme si je craignais qu'on me l'enlève si je repose ma fourchette. Je me demande si la truffe contient un élément immédiatement addictif, du genre héroïne – une fois goûtée, impossible de s'arrêter avant d'avoir enfourné la dernière bouchée.

Je passe l'après-midi dans ma chambre, découragée. Une recherche sur Google m'informe sur les dernières nouvelles du monde littéraire finlandais et je spécule dessus avec mon amie Buz par Skype. La technologie moderne est une vraie bénédiction. Je n'ai pas besoin, pour voir mes amis, de faire comme l'amie d'Isabelle d'Este qui résidait à Ferrare : elle disposait à chaque repas le portrait d'Isabelle face à son assiette et s'imaginait être en sa compagnie. Isabelle pria pour sa part en 1498 son amie Cecilia (qui se trouvait d'ailleurs être la maîtresse du mari de notre Béatrice à cran) de lui envoyer pour voir le portrait d'elle que Léonard de Vinci venait d'exécuter. Cecilia promit de le lui faire parvenir – nous le connaissons sous le nom de la *Dame à l'hermine* – en se plaignant toutefois qu'il ne fût pas très conforme à la vérité : elle y apparaissait vieillie et son habit comme sa coiffure étaient passés de mode. Isabelle aussi se fit peindre pour expédier son portrait à ses amies, mais n'en était pas plus satisfaite – sur l'un elle se trouvait trop grosse, et fut tout sauf réjouie lorsque le mari de sa sœur nota que le portrait était tout à fait ressemblant.

Je pense à toutes celles après lesquelles j'ai couru jusqu'ici : les femmes du musée des Offices, les petites amies des artistes qui ont posé en madone, les jeunes filles des fresques qui vous décochent un regard caméra. Je songe aux portraits qu'on transportait avec soi, munis d'un couvercle pliable ; à ceux des jeunes aristocrates, envoyés aux quatre coins de l'Europe pour faire la publicité auprès des filles à marier ; à ceux que l'on peignait au dernier moment, sur leur lit mortuaire.

Puis je pense aux vendeurs de perches à selfie qui font le pied de grue sur le pont traversant l'Arno. (Non, je n'en ai pas acheté.) Je pense à la photo de moi prise dans le miroir taché de la chambre à coucher du médiéval Palazzo Davanzati : il me semblait que c'était le seul moyen de me placer dans le monde de ces femmes.

Je pense aussi aux photos d'Isabella, d'Ida, de Mary et de Nellie. À leurs portraits, à leurs regards capturés, à leurs coiffures, vêtements, ombrelles et mappemondes à l'air innocent – à ce que je voudrais leur dire et à ce que je voudrais taire, qui pourtant oscille à l'arrière-plan. Je songe qu'une image semble toujours montrer une histoire, mais en dissimuler une autre.

Puis je me demande si je vais trouver à Florence des héroïnes nocturnes qui ne se contentaient pas de poser et d'être l'objet des regards, mais peignaient elles-mêmes. Y a-t-il quelque part des images peintes par des femmes, des histoires montrées par des femmes qui nous parlent de la vie des femmes ?

Si oui, cela signifierait que quelqu'un a réussi à mettre en œuvre l'option d).

Ce que je sais, c'est que les femmes artistes sont à travers les âges une apparition aussi rare que les licornes – en feuilletant les épais catalogues d'histoire de l'art, il ne vous reste pas grand-monde en main dans les premiers siècles. Les femmes ont toujours fait l'affaire comme modèles et muses, mais devenir soi-même artiste a été plus dur : les femmes n'ayant pas la possibilité de faire des études, sans compter d'ailleurs que leur créativité a toujours été perçue comme convenant tout au plus aux travaux manuels tels que la broderie sur tapisserie et tissus. Et si certaines ont tout de même fini par devenir artistes, elles ont souvent travaillé en secret et leurs œuvres n'étaient pas montrées en public. Celles-ci circulaient aussi souvent sous le nom d'un homme et il n'y a guère que ces dernières décennies que l'on a commencé à réattribuer à leurs autrices des œuvres auparavant considérées comme celles d'artistes masculins. Et même les femmes qui furent des artistes reconnues de leur vivant ont été oubliées, pour une raison ou une autre, et leurs œuvres se sont retrouvées à noircir dans les réserves des musées, livrées aux rats, aux fientes de pigeon et à l'humidité. Vous pourrez encore aujourd'hui faire des kilomètres à en avoir mal aux pattes dans les corridors du musée des Offices en quête d'un tableau exécuté par une femme et il vous semblera que les salles où devraient se trouver les œuvres de ces rares artistes sont toujours fermées ou en travaux, ou bien évitent mystérieusement de croiser votre route.

Je suis malgré tout parvenue à voir une œuvre d'une artiste, ici, un tableau de la nonne florentine Plautilla Nelli représentant la Déploration du Christ. Les couvents, option b), faisaient partie des rares endroits où les femmes pouvaient développer leurs talents et les nonnes douées artistiquement illustraient les missels, par exemple. Sœur Plautilla Nelli (1524-1588) vécut dès son jeune âge au couvent dominicain de Sainte Catherine de Sienne aujourd'hui disparu et fut une artiste autodidacte, reconnue et productive. Elle était manifestement célèbre car ses images saintes se trouvaient « dans les demeures de si nombreux gentilshommes florentins qu'il serait fastidieux de les énumérer toutes », comme l'indiquait Giorgio Vasari dans ses *Vies des meilleurs peintres, sculpteurs et architectes.* Seules quelques œuvres nous sont restées. L'une d'elles est visible au couvent Saint Marc où elle fut récemment exhumée des profondeurs de la cave et restaurée. Ce tableau de grand format est saturé de couleurs et émouvant, les femmes entourant le Christ ont les yeux gonflés par les pleurs et le nez rougi. D'aucuns ont pu regretter que les hommes peints par Plautilla aient des traits féminins ou soient un assemblage de parties juxtaposées, comme Jésus sur cette représentation, mais peut-on vraiment lui faire ce reproche : la vie monacale limitait indubitablement les possibilités d'observer un corps masculin dénudé. La seconde peinture de Plautilla conservée est son grand œuvre proprement dit, une *Cène* de sept mètres qui mériterait carrément d'être célèbre dans le monde entier car il s'agit de *l'unique* représentation connue de cet épisode biblique exécutée par une femme. Plautilla a peint le Christ attablé en ajoutant, outre les traditionnels pain et vin, une salade, des haricots et un agneau rôti entier ce qui, d'après moi, est l'indication non seulement d'une symbolique religieuse mais aussi d'un excellent esprit d'à-propos propre aux femmes – qui se contenterait uniquement de pain pour son dernier repas ? Il est dommage que cette rareté soit en train de s'abîmer dans le réfectoire du couvent Santa Maria Novella et qu'on ne puisse la voir.

Mon séjour à Florence touche bientôt à sa fin. Un jour que je rentre à l'appart, je tombe sur Benedetto qui fume devant la porte de l'immeuble. Je lui annonce qu'il ne me reste plus qu'une semaine et que ce serait sympa de les voir un de ces quatre. « N'hésite pas à donner un coup de sonnette quand tu veux », me répond-il. Un coup de sonnette ! En Finlande on ne va pas sonner chez les gens comme ça ! *But this is Ita-aalia*, réplique-t-il avec des gestes des mains.

J'ai aussi droit au sermon politique du jour. En bref : l'Italie a été gâchée ces vingt dernières années. Les politiciens sont des bandits, on ne trouve pas de travail, les grandes banques tiennent le pays. Benedetto n'est pas content de sa vie. Il est diplômé de l'université de Milan, il était le meilleur de sa promotion, et il travaille maintenant comme consultant pour une multinationale des assurances et déteste chaque seconde qu'il y passe. Je lui demande ce qu'il aimerait faire. « De toute façon ce n'est pas possible », dit-il. Mais si nous vivions dans un monde parfait, que rêverais-tu de faire ? « Je voudrais habiter à Rome et enseigner au lycée ou à l'université. » Ce quadragénaire titulaire d'un doctorat souhaiterait donc enseigner sa matière. Les rêves que font les gens ne semblent pas si excessifs.

Ce soir, Stefano est à la maison et nous prenons chacun notre repas en même temps dans la cuisine. Il me montre des photos de New York au printemps et passe un disque de Frank Sinatra. Il me fait part de son projet de laisser tomber ses études et de se former en maroquinerie – ça ne l'intéresse pas plus que ça, mais c'est, à ce qu'il dit, l'option la plus raisonnable. Les jeunes Italiens sont désespérés, selon lui, car il n'y a pas de boulot et les études ne garantissent rien, mais peut-être qu'il pourrait trouver quelque chose dans la maroquinerie grâce à sa famille. Puis il me dévoile ce qu'il voudrait faire par-dessus tout : écrire un roman.

Je pense, couchée dans mon lit, que tout le monde sur Terre semble vouloir faire autre chose que ce qu'il fait ou, pour diverses raisons, ne fait pas ce qu'il souhaite. Benedetto voudrait enseigner, Stefano écrire, les femmes de la noblesse de la Renaissance voulaient sans aucun doute faire autre chose qu'enfanter.

Je songe à un fait entendu lors de ma retraite de yoga à Kyoto : les cellules du corps humain se renouvellent si parfaitement au fil des ans qu'à cet âge-ci il ne reste plus rien de ce que nous étions enfants.

Finalement, ces cellules renouvelées peuvent servir d'explication à tout. S'il faut quitter son petit ami : « Écoute, mes cellules se sont renouvelées maintenant. » Ou si on veut devenir écrivain au lieu de cotiser pour la retraite, ou si on veut être une personne qui donne un coup de sonnette sans attendre d'invitation – il suffit de mettre cela sur le compte des nouvelles cellules. Le renouvellement cellulaire rend tout possible : une nouvelle vie, une nouvelle attitude, littéralement une renaissance.

La renaissance.

Au cours de mes derniers jours, je panique : où aurai-je encore le temps d'aller ? Je retourne une fois encore à la basilique Santa Trinita, je glisse une pièce dans le tronc métallique et la lampe éclairant les fresques s'allume. Revoici toute la famille Sassetti : le banquier, son épouse, ses filles, ses fils et ses gendres, ainsi qu'un assortiment de la crème de Florence à commencer par Laurent de Médicis, l'employeur de Francesco Sassetti, pour s'achever avec l'artiste en personne, Domenico Ghirlandaio, le peintre de fresques le plus renommé de la ville.

Mais j'ai les yeux vissés aux filles de Sassetti, je ne peux arrêter de les regarder. L'une d'elles, la plus jeune, regarde droit vers moi. *Je suis la prochaine,* me dit-elle. *Je suis prête à être engrossée. Tu peux m'épouser. Mon ventre est légèrement bombé, le vois-tu, mes règles ont commencé, je peux te donner une descendance. Ça t'intéresse ?*

Ou peut-être qu'elle dit : *sauve-moi.*

Et puis, sur le chemin du retour, je finis par trouver. Je fais un crochet par une librairie voisine du Duomo et je sais aussitôt que c'est exactement ce que je cherche depuis toutes ces semaines. Sur l'étagère inférieure du rayon des ouvrages en langue anglaise, un livre intitulé *Invisible women – Forgotten Artists of Florence.* Son autrice a traqué toutes les œuvres de femmes présentes à Florence et a indiqué leur emplacement comme sur une carte au trésor.

Trois d'entre elles font battre mon cœur : Sofonisba Anguissola, aristocrate de Crémone, Lavinia Fontana, fille d'un artiste de Bologne et Artemisia Gentileschi, née à Rome.

Elles ont réussi à mettre en œuvre l'option d).

Leurs tableaux sont cachés dans cette ville.

Et je n'ai plus que quelques jours.

Le jour du marathon de Florence, le musée des Offices est désert. Je déambule, surexcitée, dans les salles vides, je fais rapidement le tour de mes connaissances pour les saluer. Je constate que la pointe des cheveux de Battista a l'air assez filasse (désolée Battista), mais je ne devrais peut-être pas me montrer aussi sévère : elle est morte tout de même. Je jette des regards intermittents sur ses bijoux, l'exécution est si précise qu'ils semblent presque sortir du tableau et je dois avouer que sa chevelure occupe une place si essentielle dans la composition que Battista a l'air de poser pour un coiffeur. Et comment ai-je pu ne pas repérer les cernes noirs sous ses yeux jusqu'à présent ? Je repense, une fois de plus, à l'énorme différence qu'il y a à contempler des peintures en vrai et en reproduction. (Choses pour lesquelles il vaut la peine de voyager : voir les œuvres d'art en direct.) Je fais un coucou à Meryl Streep, alias Maria Bonciana, épouse d'un banquier florentin, dont la tête est, en vertu des canons du style flamand, trop grande et oblongue – Meryl ressemble un peu à une créature extraterrestre, avec pourtant quelque chose d'étrangement fascinant. Je jette un œil nostalgique à Lucrezia Buti, la merveilleuse petite amie de Filippo Lippi déguisée en madone, qu'il alla enlever dans son couvent. Je passe devant Eleanor Toledo, assise dans son costume monumental avec à son côté un petit garçon, potentiel souverain de Médicis – elle a visiblement rempli son devoir d'enfanter avec succès. Je lance un *ciao bella* au pas de course à Simonetta, debout, nue, sur son coquillage et je me dis qu'elle est sans doute la femme la plus célèbre de Florence : lorsqu'elle mourut à l'âge de vingt-deux ans d'une maladie pulmonaire, son cercueil fut promené dans toute la ville afin que tous puissent admirer sa beauté et aujourd'hui encore son visage repart d'ici avec des centaines de touristes pour gagner les quatre coins du monde sur des cartes postales, des marque-pages, des magnets et la couverture de chaque livre d'art.

Mais des tableaux de Sofonisba et Lavinia, aucun. Les salles trente-trois et trente-quatre, où devraient se trouver leurs œuvres selon ma carte au trésor, sont fermées et le Cabinet des miniatures n'est visible que depuis la porte, il est donc impossible de voir les œuvres cachées des femmes artistes. Pas étonnant que je ne les ai pas trouvées !

Quand soudain, dans la salle des Caravagesques, un tableau, dans un coin, luit d'une violence funèbre. Son titre : *Judith décapitant Holopherne.* Une femme solide en habit de soie jaune a retroussé ses manches, elle vient de trancher la gorge d'un homme avec une épée, l'homme agonise, le sang gicle sur les draps blancs et une seconde femme, une servante, maintient de ses bras puissants l'homme qui se débat sur le lit. La force de Judith et sa servante me frappe de plein fouet, elles ont le visage calme et déterminé, mais l'homme, lui, panique, la lutte est encore en cours, j'entends presque le râle de sa gorge…

Je regarde le cartel. Artemisia Gentileschi.

Elle a peint le tableau ici, à Florence, il y a quatre siècles.

Ouh, quelle héroïne nocturne !

Une fois rentrée à l'appart, je réfléchis fébrilement : il faut encore que je pénètre dans le mystérieux Corridor de Vasari au musée des Offices. Selon la carte au trésor, c'est là que se trouvent les héroïnes nocturnes, sacrebleu, c'est là que se trouvent, sur leurs autoportraits, les autres femmes de la Renaissance italienne, aussi rares que les licornes.

Côme Ier de Toscane fit bâtir le Corridor de Vasari, un couloir de près d'un kilomètre de long qui franchit l'Arno, baptisé du nom de son concepteur Giorgio Vasari, servant de passage protégé entre le Palais Pitti et les Offices. On y conserve aujourd'hui la gigantesque collection d'autoportraits du musée des Offices. Celle-ci rassemble des œuvres datant du XVIe siècle à nos jours, mille six cents portraits – dont 93 pour cent d'hommes, bien évidemment, mais une vingtaine de femmes a réussi à se faufiler sur les murs. (Dans les réserves dorment donc des tas d'autres héroïnes nocturnes – telles que Patti Smith, par exemple.) Je trouverai Sofonisba et Lavinia, coûte que coûte.

Je réussis à réserver un billet pour les quatre-vingt-dix minutes que dure la visite organisée, aussi exclusive qu'exaspérante de cherté – il n'y a pas d'autre moyen de voir ces héroïnes nocturnes les yeux dans les yeux. Le parcours commence par les attractions principales des Offices et je me fais, impatiente mais stoïque, une fois encore la tournée des Lippi, Botticelli, Léonard,

Titien et, *oooh,* cet unique portrait de Michel-Ange. Un gardien vient ensuite ouvrir une porte qui attendait sans se faire remarquer et nous voici soudain dans le fameux corridor. Biscornu, il monte et descend des escaliers, repart de temps en temps en ligne droite d'une centaine de mètres, ses parois en vis-à-vis remplies d'autoportraits superposés sur deux rangs. Par les fenêtres en œil-de-bœuf grillagées on a vue sur le fleuve et le Ponte Vecchio, repaire des vendeurs de bijoux en or et de perches à selfie. Nous progressons en troupeau sous la houlette du guide, j'écoute d'une oreille et scanne les environs pour trouver ces femmes, nom d'un chien. La collection d'autoportraits est rangée dans l'ordre chronologique, ouï-je dire le guide, mais il n'y a rien dans la section XVIe siècle, pas une seule femme nulle part. Le groupe avance et il faudrait que je suive, ne pas m'éloigner, c'est formellement interdit et le gardien me jette des regards d'avertissement quand je fais des allers et retours d'un mur à l'autre de l'étroit couloir. Je suis déjà en nage, mais quand c'est non, c'est non : pas une seule artiste sur ces murs !

Et puis, enfin, je découvre Sofonisba, placée au mauvais endroit, au milieu d'une cohorte de types en perruque du XVIIIe siècle. Le guide et le troupeau l'ont dépassée sans un mot (quel intérêt cela pourrait-il présenter, n'est-ce pas, la première femme dans les cent derniers mètres), mais la voici, avec ses grands yeux intelligents, en train de calmement regarder vers moi.

Au milieu de ces emperruqués maniérés, l'autoportrait de Sofonisba est déconcertant d'authenticité et d'humanité. Elle n'a que vingt ans et a peint ce tableau en 1550 à Crémone pour fêter son anniversaire. Pas de chevelure compissée, pas de bijoux ou d'habit en soie brodé – une robe noire, des cheveux châtain clair tirés en arrière, un visage nu, innocent, une feuille de papier dans une main, dans l'autre une palette et un pinceau. *Je peins,* dit Sofonisba. *Fais ce que tu veux, mais, moi, je peins.* Je plonge mes yeux dans les siens jusqu'à ce que le gardien me presse d'avancer.

Je les ai trouvées. Les femmes qui faisaient ce qu'elles voulaient.

SOFONISBA

Conseil d'héroïne nocturne n° 7

Fais ce que tu veux. Moi, je peins.

HÉROÏNE NOCTURNE N° 7 : *Sofonisba Anguissola.*

PROFESSION : *fille d'une famille noble, plus tard première femme artiste libre et modèle pour toutes les femmes artistes. Culmina à la solde de la cour d'Espagne. Exécuta un nombre considérable d'autoportraits.*

JE TOMBE PARFAITEMENT AMOUREUSE de Sofonisba. Sur ses nombreux autoportraits elle pose un regard paisible et amical sur moi, empreint d'une placide confiance en soi, l'air de quelqu'un qui sait qui elle est. Et je ne m'étonne pas : elle fut la première femme à devenir une artiste professionnelle célèbre et vivait de son travail.

Sofonisba Anguissola (vers 1532-1625) naquit et grandit dans une famille de la petite noblesse dans la ville de Crémone en Italie du Nord. Son père n'avait peut-être pas les moyens de payer la dot de ses six filles, car il recourut à une solution tout à fait originale : les éduquer. Tandis qu'en général les filles de bonne famille étaient tout au plus instruites en musique et broderie (activités utiles tant aux épouses qu'aux nonnes), Amilcare Anguissola décida d'essayer sur les siennes les principes dispensés par le très en faveur *Livre du courtisan* et de leur faire étudier non seulement le grec ancien et le latin, mais aussi la peinture – courant ainsi le risque de ruiner leurs chances de trouver un mari.

L'aînée des filles, Sofonisba, entama donc avec sa sœur Elena l'étude de la peinture à l'âge de quatorze ans chez Bernardino Campi, peintre de portrait et de fresques, qui fut l'un des premiers à ouvrir son enseignement aux femmes. Les filles habitaient chez la famille Campi et parce qu'il n'aurait pas été correct qu'elles passent leur temps à l'atelier, où travaillaient des hommes, elles s'exerçaient plus vraisemblablement au dessin et à la préparation du matériel de peinture dans la cuisine de Mme Campi. (Bien que la cuisine et ses bonnes chères ne soient en aucun cas à mépriser : la Bolognaise Properzia de'Rossi, qui rêvait de devenir sculptrice, avait quelques années plus tôt réalisé d'incroyables sculptures miniatures et des images en pied de saints dans des noyaux de prune, n'ayant d'autre matériau à sa disposition.) Sofonisba apprit à apprêter la toile et les panneaux de bois, à préparer une base de colle avec de la peau de lapin séchée, à y appliquer de fines couches de poudre de craie ou de plâtre, à fabriquer de l'huile à partir de graines de lin ou de noix et de plomb, et à mélanger les pigments de terre – un processus laborieux et long. Parce qu'il n'était évidemment pas question de dessiner d'après modèle nu, il lui fallut apprendre l'anatomie en se fondant sur son propre corps. Sofonisba était particulièrement douée. À dix-huit ans, elle peignit un tableau représentant Bernardino Campi en train de faire son portrait – en train de créer Sofonisba en quelque sorte. Il semble que le processus de création était achevé : Sofonisba l'artiste était née.

En 1554, âgée de vingt-deux ans, Sofonisba fit un voyage à Rome pour apprendre auprès de Michel-Ange lui-même, ce maître alors âgé de soixante-dix-neuf ans dont l'influence sur ses contemporains était énorme. Le voyage fut pénible : quatre cents kilomètres séparaient Crémone de Rome, ce qui voulait dire environ trois semaines en voiture à cheval – Sofonisba était accompagnée du nécessaire chaperon et de quelques domestiques, et comptait dans ses bagages un *cassone*, un coffre de mariage en chêne, joliment incrusté et peint, rempli d'habits en soie et en velours ainsi que de matériel de peinture, ce qui tombait bien puisqu'elle avait clairement l'intention de choisir un travail plutôt qu'un mari. Le séjour de Sofonisba à Rome n'a laissé que peu de traces dans les archives, mais l'on sait que la Ville était à l'époque passablement délabrée. Les moutons paissaient dans les ruines à demi enterrées du Forum Romanum, on cultivait la vigne sur le Palatin et, summum de la déchéance, les grands monuments ne tiraient leur valeur que du fait qu'on pouvait y prélever des matériaux de construction. (Par exemple on avait ôté les pierres de la moitié de l'enceinte extérieure du Colisée, qui avait muté en un immense jardin eutrophisé à l'intérieur duquel on vivait.) Michel-Ange avait la réputation d'être un solitaire arrogant, difficile, et radin, qui ne changeait jamais de vêtements (cela lui prenait du temps sur le travail) et vivait dans une petite bicoque dans les environs des Forums Impériaux (l'énormité de son patrimoine ne fut révélée qu'après sa mort), je ne peux donc que m'interroger sur la manière dont purent se dérouler ses entrevues avec Sofonisba. Selon toute vraisemblance, la calme et merveilleuse Sofonisba lui fit l'impression d'un génie, car Michel-Ange lui donna des dessins à copier, commenta ses travaux et la conseilla pour ses problèmes d'anatomie et de perspective. Plus tard le père de Sofonisba remercia Michel-Ange dans une lettre pour les compliments que celui-ci avait exprimés à l'égard des dessins de sa fille. À l'issue de son voyage à Rome, Sofonisba fit envoyer son autoportrait au pape en personne.

À son retour de Rome, Sofonisba continua de s'exercer. Elle peignit force portraits de sa famille – sur l'un d'eux son père Amilcare et ses petites sœurs ont le regard droit et doux, et même les yeux du chien aux poils enchevêtrés sont tout ce qu'il y a de plus innocents. C'est en cette même année 1555 que Sofonisba exécuta son tableau le plus célèbre, la *Partie d'échecs,* sur lequel elle a immortalisé ses trois sœurs – Minerva, Europa et Lucia – en pleine partie d'échecs dans un jardin. Les jeunes femmes, intelligentes et pleines d'humour, sont représentées d'une manière détendue et vivante encore jamais vue. Le sujet aussi était révolutionnaire : c'est le premier tableau connu à dépeindre avec réalisme la vie domestique.

Tandis que Sofonisba réalisait ces historiques scènes de famille chez elle, son père Amilcare faisait office d'imprésario. Il citait les compliments de Michel-Ange pour promouvoir les talents de sa fille auprès de l'aristocratie de Crémone avec une telle efficacité que beaucoup souhaitaient qu'elle leur tire le portrait. Grâce aux relations de son père, les commandes affluaient de plus loin et Sofonisba effectuait des déplacements tantôt à Piacenza, tantôt à Mantoue, tantôt à Milan. La haute société était ébahie de voir débarquer en ville la jeune aristocrate avec sa boîte à peinture et ses toiles, et en réalité toute la famille Anguissola, avec son esprit libre, suscitait l'étonnement. Se pouvait-il que les femmes soient capables de telles choses ou s'agissait-il d'un caprice de la nature crémonaise ? Selon des sources contemporaines, Sofonisba était véritablement considérée comme un miracle et une femme de la plus rare exception. Elle était clairement « une âme d'homme née dans un corps de femme » ou alors appartenait à un troisième sexe. Tout cela n'était pas normal.

Il nous reste plusieurs autoportraits de cette époque, treize plus précisément, et ce sont eux qui m'ont fait tomber amoureuse de Sofonisba. Ses grands yeux me regardent tout droit sur les tableaux, exprimant la curiosité et la confiance en soi sobre. Sur ses autoportraits de jeunesse, Sofonisba se présente toujours en costume noir simple et les cheveux tressés en arrière : pas de maquillage, pas de bijoux, pas d'habit brillant, de coiffures ahurissantes, de chiens symbolisant la fidélité ou plus généralement rien qui indique la vanité – son apparence extérieure naturelle est le parfait contrepied de l'idéal féminin kitsch de son temps. On dirait qu'elle souligne ce qu'elle savait pertinemment : elle était une exception. Sur certains autoportraits, Sofonisba se montre palette et pinceau en main, sur d'autres elle travaille à un tableau en cours, sur d'autres encore elle joue du clavicorde, et parfois c'est une miniature minuscule, extrêmement virtuose, insérée dans un médaillon. Sur ses œuvres de jeunesse elle a inscrit comme une publicité : *Sophonisba Anguissola, vierge de Crémone, a peint cela elle-même à l'aide d'un miroir.* L'autoportrait en tant que genre en soi était plus généralement une pratique encore assez récente et rare – Albrecht Dürer avait réalisé son premier pas plus de quelques décennies auparavant – et de fait les bons miroirs, nécessaires à ces représentations, constituaient une innovation particulièrement nouvelle : les miroirs en métal poli étaient certes connus depuis l'Antiquité, mais ce n'est qu'à la charnière des XVe et XVIe siècles que fut inventé sur l'île de Murano à Venise le procédé consistant à ajouter un mélange d'étain et de vif argent sur la surface en verre, produisant un reflet exact. Grâce à ces engins peu courants, Sofonisba peignait maintenant et il valait la peine de souligner qu'une femme avait fait son portrait de sa propre main, mais plus encore il importait de signer l'œuvre en tant que « vierge », comme pour assurer que la fille non mariée de cette famille noble était vertueuse, en dépit de ses singulières activités. Les autoportraits répondaient en effet souvent à des impératifs promotionnels. Les miniatures en particulier étaient un moyen pratique d'approcher des clients potentiels, telles des cartes de visite. Sur l'une d'elles, Sofonisba a en mains le blason de sa famille comme si elle faisait la publicité de la fille prodige des Anguissola et sur une autre, l'argument de vente est inscrit sur un livre qu'elle tient ouvert. Je ne peux qu'envier la façon dont cette artiste débutante se présentait elle-même et dont son talent fut porté à la connaissance de tous sur le réseau qui reliait les nobles des différentes villes alors qu'on était bien loin d'Internet. *Brava*, Sofonisba.

En 1558, âgée de vingt-six ans, Sofonisba se rendit à Milan pour peindre le portrait du duc d'Albe et ce voyage changea sa vie. Le duc fut si impressionné par les talents de cette femme singulière qu'il envoya une missive pour la louer auprès du roi d'Espagne et encouragea Sofonisba à envoyer une peinture à la cour en guise d'échantillon – Sofonisba réalisa à cette fin un autoportrait de la taille d'une main et l'expédia par la poste. Celui-ci eut l'efficacité d'une candidature professionnelle et Philippe II d'Espagne la pria de se rendre au plus vite à la cour de Madrid. Le roi avait justement besoin d'une compagnie artistique de cette sorte pour Elisabeth de Valois, sa fiancée de quatorze ans qui arrivait de Paris.

Il ne fait pas de doute que Sofonisba accueillit l'invitation avec des sentiments contradictoires : c'était évidemment un honneur immense d'être appelée à travailler pour la cour du souverain le plus puissant d'Europe, mais Madrid était lointaine et en pays étranger. Il lui fallait aussi considérer l'aspect pécuniaire : en tant que femme non mariée, elle était la propriété de son père, mais avec ce poste à la cour, son entretien échoirait au roi d'Espagne et diminuerait d'autant le fardeau financier qui pesait sur le géniteur de ces six filles sans maris. Amilcare se rendit à Milan pour examiner l'affaire et envoya son accord au roi en septembre 1559 : *Ce sera en même temps une grande tristesse pour moi et ma famille de voir partir si loin notre chère fille…* Il se pouvait quand même qu'il ne fût pas si triste – il était probablement face au résultat idéal qu'il avait visé en éduquant ses filles : un travail bien rémunéré à la cour, une dot payée par la maison royale, une fille casée.

Sofonisba empaqueta donc son matériel dans son coffre de mariage et embarqua sur un voilier pour l'Espagne, après quoi elle ne vit plus sa famille pendant quatorze ans. L'union royale fut célébrée dans le palais de Guadalajara et les livres d'histoire rapportent que Sofonisba, cette « femme de Crémone qui peignait », fit impression lors de la danse aux flambeaux qui créa une atmosphère magique inoubliable dans l'obscurité nocturne. Et tiens donc, Sofonisba et la jeune épouse, la désormais reine Isabel s'entendirent tout de suite très bien.

La demeure de la reine Isabel comptait des centaines d'employés et formait presque une petite ville : cela allait des palefreniers, des domestiques, des cuisiniers et des filles de cuisine aux tapissiers, brodeuses, orfèvres, médecins, musiciens, maîtres d'hôtel, confesseurs et dames nobles de la cour. Sofonisba occupait une place à part : elle avait été appelée pour être peintre de cour, mais du fait de son extraction noble, son statut était supérieur à celui d'un artiste et on lui accorda le titre de dame de la cour. Elle n'était toutefois en rien une demoiselle de compagnie, mais exerçait à un rythme soutenu ses nombreux talents en tant que dame de la cour, professeur d'arts et portraitiste. Elle jouait du clavicorde avec Isabel, lui enseignait le dessin et la peinture et aidait la reine à concevoir ses luxueux costumes – elles avaient toutes deux une passion pour les riches tissus italiens qu'Isabel chargeait parfois Sofonisba de se procurer. Peindre les détails des costumes avec une précision minutieuse devint la marque de fabrique de cette dernière. Car elle peignait vraiment. Lorsque le pape demanda dans une lettre qu'on lui fît parvenir un portrait de la ravissante jeunesse d'Isabel, ce fut Sofonisba qui le réalisa et l'envoya au Vatican. Lorsque Catherine de Médicis se languissait de sa fille à Paris, Sofonisba fit son portrait et l'expédia en France. Elle recevait de confortables émoluments pour son travail – parfois sous forme de tissus ou de bijoux, car les soieries tissées de véritable fil d'or ou d'argent, les brocarts et les satins de soie faisaient office de monnaie. À partir du mois de juin 1560, Sofonisba perçut une somme annuelle de cent ducats. En outre, privilège lié à son emploi, les salaires de sa femme de chambre et de son palefrenier étaient pris en charge. À cela s'ajoutait le versement des fonds nécessaires à l'achat de bougies, de services de lessive et des dépenses de nourriture pour un cheval ou une mule (la voiture de fonction de l'époque, à ce qu'il semble). Sofonisba reçut en paiement d'un portrait du roi une pension à vie de deux cents ducats, remise à son père, et pour un portrait du fils du roi, un diamant d'une valeur de mille cinq cents *scudi*. En fin de compte, Sofonisba exerçait le métier pour lequel elle avait été formée et était payée suffisamment pour s'enrichir et faire vivre sa famille à Crémone – du jamais vu pour une femme de la noblesse non mariée à la Renaissance. Le seul point regrettable, c'est qu'elle ne signait pas ses œuvres à la cour, nombre d'entre elles se sont donc égarées au milieu des productions des peintres de cour masculins et se retrouvent oubliées on ne sait où, ayant perdu tout leur lustre.

Sofonisba eut le temps de passer neuf années à la cour avec Isabel, jusqu'à la mort de celle-ci en 1568, à l'âge de vingt-trois ans, des complications dues à une fausse-couche. C'était sa quatrième grossesse, elle avait déjà donné naissance à deux filles, de deux et trois ans, et perdu des jumelles lors d'une fausse-couche, avant de succomber à son tour – vie d'une femme noble en accéléré, option a). Je ne peux faire que des conjectures sur ce que ressentit Sofonisba. Elle avait trente-six ans. Avait-elle elle aussi désiré fonder une famille et avoir des enfants ou était-ce un soulagement que son statut rare de femme de carrière lui évitât ce destin qui emportait les femmes dans la tombe des décennies avant leurs maris ? En tout cas, Sofonisba pleura celle qui avait été son amie et la faisait travailler.

Après la mort d'Isabel, le roi se mit à envisager de marier Sofonisba. Son devoir, en tant que son tuteur, était de lui trouver un mari convenable et parce que Sofonisba avait prié que celui-ci fût italien, un gentilhomme noble fut chargé de lancer les recherches dans la région de Crémone. La merveilleuse Sofonisba n'avait pas manqué de prétendants auparavant, mais la tâche s'avérait ardue – l'idée d'épouser une femme de carrière faisait peut-être peur aux hommes. Les rapports des émissaires se succédaient : *Un tel et un tel s'étaient montrés intéressés mais ne le sont plus… Un mariage est hors de question… Le gentilhomme en question est d'accord pour épouser cette Sofonisba si on lui donne le droit d'administrer Novare… ce que j'ai refusé… Afin d'être en mesure d'accélérer les choses je souhaiterais savoir ce que votre Majesté a l'intention d'offrir à celui qui épousera cette Sofonisba…* Tandis que les missives de tractations matrimoniales fusaient entre l'Italie et l'Espagne, Sofonisba se consacrait aux soins des petites filles d'Isabel et les peignit sur toile avec leurs chiens et oiseaux domestiques. Enfin, en 1573 – au bout de quatre années de recherche – Sofonisba trouva un époux en la personne du prince sicilien don Fabrizio de Moncada. Le mariage fut célébré dans la chapelle royale à la cour d'Espagne (le futur marié ne put se montrer en personne mais envoya son représentant), puis Sofonisba partit rejoindre son époux à Palerme. Elle apportait en dot mille cinq cents maravédis testés en sa faveur par la défunte reine, un assortiment colossal de coffres, bijoux, argenterie et meubles ainsi qu'une pension royale substantielle qui lui était personnellement destinée. Le mariage ne dura toutefois que cinq ans, son mari mourut soudainement en 1578.

À quarante-sept ans, Sofonisba était veuve. Le roi d'Espagne essaya de la faire revenir à la cour, mais elle préféra se rendre à Crémone chez sa mère, ses sœurs et son petit frère. Elle embarqua donc à Palerme pour rejoindre Livourne et, qui l'eût cru, le destin s'en mêla. Le capitaine du navire, le jeune aristocrate génois Orazio Lomellino, tomba éperdument amoureux de cette « passagère célèbre » (oui, la réputation de Sofonisba avait gagné l'Italie). Ou bien était-ce Sofonisba qui s'éprit follement d'Orazio – certains récits rapportent que c'est elle qui lui demanda sa main et non l'inverse ?

(D'aucuns pensent même que cette union n'était que le fruit d'un calcul évitant à Sofonisba de retourner « trimer » à la cour). Quoi qu'il en soit, leur mariage dura quarante ans, jusqu'à la mort de Sofonisba.

Mais arrêtons-nous un moment à Livourne où Sofonisba débarqua avec son capitaine. Elle décida de se reposer un peu à Pise dans le couvent Santo Mazzeo et, dans une lettre au grand-duc de Toscane François Ier de Médicis datée du 18 décembre 1579, demanda à se faire exonérer des taxes sur les biens qu'elle transportait. Sofonisba signale aussi que son voyage a été éprouvant. Était-ce en raison du mal de mer ? Ou parce que son époux venait de mourir ? Ou parce qu'elle avait tant de choses auxquelles il lui fallait réfléchir ?

Je pense à Sofonisba qui médite sur sa situation, dans son couvent hivernal. Elle avait quarante-sept ans, pas d'enfant et plus de mari, et venait de refuser un emploi stable – un moment charnière bien connu dans la vie d'une femme. Elle était une artiste renommée et reconnue qui gagnait bien sa vie mais avait passé toute son existence en tant que propriété d'un homme – de son père, d'abord, puis du roi d'Espagne et, ces dernières années, de l'époux que lui avait choisi le roi. Maintenant qu'elle était veuve, le droit de propriété passerait à son jeune frère, à moins de revenir à la cour d'Espagne. Ou de se remarier. Or, elle avait rencontré un homme. Pour la première fois de sa vie, peut-être, Sofonisba avait la possibilité de faire un véritable choix. Elle avait passé quatorze ans à la cour, c'était sûrement vu et revu. Si Orazio paraissait sympathique et était, qui plus est, amoureux d'elle (il était plus jeune, et ô combien svelte), était-ce la meilleure option ? Qu'importe que l'idée eût des détracteurs – François Ier de Médicis l'engageait dans sa lettre à prendre le temps de réfléchir et le petit frère de Sofonisba aussi s'opposait avidement au mariage, peut-être parce qu'il avait besoin d'argent et aurait bien voulu que les confortables pensions de sa sœur lui soient transférées. Ça ne la tentait pas. En tant qu'épouse d'un capitaine, Sofonisba aurait peut-être la vie la plus indépendante et la plus à son image qui fût : son mari serait tout le temps parti en mer ! En outre – répétons-le – il était plus jeune, et ô combien svelte. Sofonisba évaluait-elle aux heures de la nuit dans son couvent pisan quel mouvement serait le plus intelligent économiquement et socialement ? Peut-être. Mais en observant ses autoportraits et son regard d'un calme plein de confiance en soi et d'innocence, je n'ai pas l'impression qu'elle eût rien fait qu'elle n'aurait sérieusement voulu.

Ainsi, quelques semaines plus tard, cette héroïne nocturne avait-elle pris sa décision et Sofonisba et Orazio se marièrent à Pise sans plus attendre. Le 14 janvier, Sofonisba écrivit au grand-duc François que son mari n'allait pas tarder à arriver à Florence pour lui faire ses salutations, elle l'accompagnerait peut-être. Ils furent peut-être conviés à dîner au Palais Pitti, ou Sofonisba eut peut-être l'occasion de voir la collection de François, que celui-ci n'allait pas tarder à présenter à l'étage supérieur de la galerie des Offices. Elle s'extasia peut-être au milieu des trésors de la Renaissance florentine, comme moi, ou en tout cas étudia la technique de ses collègues avec intérêt. Ils continuèrent ensuite jusqu'à Gênes où Orazio possédait son propre palais.

Je crois que Sofonisba a fait le bon choix. Pendant qu'Orazio se consacrait à ses activités de capitaine, elle avait tout le temps de peindre et son atelier fut pendant les décennies suivantes le rendez-vous des artistes comme de la noblesse génoise. Elle était la femme artiste la plus célèbre d'Europe, « la belle et douée Sofonisba », un *miracle de la nature* que les artistes imitaient dans tout le pays (Caravage lui-même prit pour modèle d'une de ses œuvres un dessin réalisé par Sofonisba à l'âge de vingt ans). Et elle était, elle aussi, un modèle, en particulier pour les femmes artistes d'Italie du Nord, dont les carrières émergeaient dans son sillage : Lavinia Fontana et quelques autres. C'est comme cela – droite, calme et consciente de sa valeur – qu'elle se peignit encore en 1610, à près de quatre-vingts ans.

Les dernières années de sa vie, le couple les passa dans le sud, à Palerme et c'est là que lui rendit visite, entre autres, le jeune peintre flamand Antoon Van Dyck, qui dit plus tard avoir appris de cette « vieille femme aveugle plus que de tous les maîtres italiens. » Van Dyck la dessina sur son bloc à esquisses en 1624, Sofonisba était âgée de quatre-vingt-douze ans. C'est le dernier portrait d'elle qui a été conservé.

Sofonisba mourut à Palerme âgée de quatre-vingt-treize ans en novembre 1625, quand la peste qui faisait rage décima la moitié de la population de la ville. En 1632, pour le centenaire de sa naissance, Orazio, son mari à qui elle continuait de manquer – plus jeune, et ô combien svelte – fit ériger un monument en marbre à sa mémoire. Sofonisba n'eut pas d'enfants, mais elle nous légua sa peinture.

Sophonisba Anguissola, vierge de Crémone, a peint cela elle-même à l'aide d'un miroir.

Quand je pense à Sofonisba la nuit, je songe avant tout à ses autoportraits, des cartes de visite délicieusement magnifiques grâce auxquelles elle se présentait avec un tel talent, démontrant sa personnalité et son habileté. Ceux qui les reçurent purent voir pour la première fois une femme créatrice, intelligente et active, qui agit en toute indépendance, une femme qui effectue un travail, une femme qui n'a pas peur de vous regarder franchement. Je songe à l'idée géniale qu'elle avait de se présenter toujours a) en habit noir simple et b) en tant que vierge. À l'époque les hommes de la noblesse étaient presque seuls à porter le noir et c'est ainsi, sans vergogne, qu'elle apparaît sur ses autoportraits : une personne libre de faire ce qu'elle voulait. Et la virginité revêtait peut-être à ses yeux d'autres significations que celles liées à la chasteté – il s'agissait peut-être d'un manifeste d'indépendance.

Et quelle puissance ont encore aujourd'hui ces images en habit noir ! Allongée dans la chambre de Stefano, je me demande si, finalement, je n'aurais pas dû faire l'acquisition d'une perche à selfie sur l'Arno et prendre une photo de moi au travail comme le faisait Sofonisba. Je porterais un habit qui susciterait le respect des clients, avec en main un stylo ou des billets d'avion, quelque chose qui symbolise le sens de mon travail. J'aurais l'air à la fois intelligent, cultivé, curieux et d'une certaine façon gracieux, et sur le bord supérieur j'inscrirais (en latin bien évidemment) *M... K..., vierge d'Helsinki, prit elle-même cette photographie à l'aide d'une perche à selfie à Florence anno domini 2014.* (En réalité je ne suis pas Vierge, mais Balance.)

Ensuite je la posterais sur un Instagram ou autre, je l'enverrais aux commissions d'attribution des bourses artistiques et à mes clients potentiels, et je commencerais à recevoir des flots d'argent et de travail du monde entier. J'aurais des pensions substantielles et profusion de sous pour nourrir ma mule.

Je regrette juste de ne pas avoir à Florence de bureau où poser avec classe. Je suis couchée sur le lit de Stefano au milieu de tas de bouquins, et sur mon tee-shirt il y a écrit *super dry*.

Je rencontre à nouveau Sofonisba par surprise. Deux ans plus tard, un soir d'octobre à Helsinki après avoir passé la journée à écrire à son sujet. En chemin pour le musée national de Finlande, où une amie va donner une conférence, je jette un œil à l'exposition en cours, consacrée à la Renaissance. Je traverse les salles et regarde les portraits de personnages de la noblesse, les femmes représentées en madones, l'autoportrait de Rapahël en Jésus et les coffres de mariage florentins, comme celui que possédait Sofonisba, jusqu'à ce que j'entre dans l'avant-dernière salle.

Dans une vitrine, le portrait d'une jeune femme. Je regarde le cartel indiquant le nom du peintre : Lucia Anguissola. Mon cœur manque un battement. Puis je passe au titre du tableau : Europa Anguissola. Lucia et Europa, ce n'est pas vrai, voici un portrait peint par Lucia, la cadette de Sofonisba, de leur benjamine, Europa. Et quand je me retourne, je vois au mur un portrait d'un frère dominicain et je sais immédiatement qu'il a été peint par Sofonisba. Je me fiche complètement du barbu, bien qu'il ait l'air doux, et je reste fixée sur le coin inférieur droit sur le fond vert foncé duquel, légèrement au-dessus de l'épaule du personnage, je distingue, à peine, l'inscription de la main de Sofonisba, alors âgée de vingt-quatre ans. *Sofonisba Anguissola, Virgo Coram Amilcaris Patre Pinxit MDLVI.* Elle est là, la signature exécutée de sa propre main, si proche que je pourrais toucher les marques du pinceau.

Je pense : Sofonisba est venue à Helsinki comme pour me rencontrer. Les filles miraculeuses de la famille Anguissola, Sofonisba, Lucia et Europa, sont venues ici sans bruit, sans prévenir, sans savoir que je pense à elles la nuit en ce moment même. Elles ont pris l'avion, Sofonisba côté hublot, Lucia côté couloir et Europa au milieu, en mains des billets CRE-HEL, DEP 1556-Arr 2016 (Flight time 460 YRS), à moins qu'on ne les ait mises en soute, mal installées au milieu des bagages, car il ne convient pas à des nobles dames de voyager au vu et au su de tous. Ou peut-être qu'elles se sont entassées dans la remorque d'un camion et ont grillé au soleil pour traverser toute l'Europe, mâchonnant sur les aires de repos, les pieds engourdis, leurs casse-croûtes de pain et de fromage de Crémone, ou il se peut qu'elles aient été balancées dans un container et le container transporté par un porte-container, je ne sais pas, dans ce cas elles ont vogué à travers la Méditerranée puis remonté les côtes européennes en échappant aux pirates, avant de traverser la Baltique, pour finalement jeter l'ancre dans le port de cette ville.

Ciao, héroïnes nocturnes. *Benarrivate.*

*

Conseils d'héroïnes nocturnes :

Si tu sais ce que tu veux faire, fais-le.

Si personne de ta connaissance n'a jamais fait cela auparavant, c'est encore mieux.

Inscris partout en grandes lettres fières : j'ai fait cela.

Fais la publicité de tes savoir-faire. Distribue tes cartes de visite.

Sur les photos, regarde droit dans l'objectif. Sois innocente, calme, sûre de toi et merveilleuse.

LAVINIA

Conseil d'héroïne nocturne n° 8

Tu veux concilier famille et carrière ?
No problem. Tu peux tout avoir.

HÉROÏNE NOCTURNE N° 8 : *Lavinia Fontana.*

PROFESSION : *Fille d'artiste, plus tard épouse, mère et femme de carrière. Subvint aux besoins de sa famille nombreuse avec ses peintures. Elle se créa une image de marque d'artiste préférée des femmes de la noblesse et parvint à gagner autant qu'un homme.*

SI SOFONISBA SE CONSACRAIT UNIQUEMENT à la peinture, il faut compter au nombre des exploits de la Bolognaise Lavinia Fontana (1552-1614) le fait qu'elle réussit, de façon incompréhensible, à concilier, il y a de cela quatre siècles, travail et maternité. Lavinia fut la première peintre professionnelle à ne pas œuvrer dans le cadre d'une cour ou d'un couvent : elle concurrençait à égalité les artistes masculins de sa ville. Elle mena une carrière exemplaire, réalisa deux ou trois cents tableaux – des commandes destinées tant aux Médicis à Florence qu'au pape à Rome ou à la cour du roi d'Espagne – et donna naissance en parallèle à *onze* enfants.

Lavinia était la deuxième née du peintre de fresques bolognais Prospero Fontana. La famille ne comptant pas de garçons, Prospero, qui vieillissait, s'inquiétait de savoir qui prendrait la suite de l'entreprise familiale – Lavinia ? Bologne se trouvait être à l'époque une ville exceptionnellement ouverte d'esprit et les femmes avaient obtenu d'étudier dans la plus vieille université d'Europe dès la promulgation de son privilège en 1158. La pratique des arts restait toutefois une prérogative strictement masculine et les peintres, en tant qu'artisans, faisaient partie de la même guilde que les selliers et les fourbisseurs. Mais, se demandait Prospero, Lavinia pourrait-elle devenir pareille à celle que tous admiraient, la noble dame et artiste Sofonisba Anguissola – raffinée, célèbre et prospère ? La fille d'Anguissola avait été appelée à la cour d'Espagne pour peindre et c'est de là qu'elle envoyait à son père de confortables mandats.

Prospero n'était peut-être pas le peintre le plus éclatant de la cité, en revanche il avait du talent pour les relations publiques et, concernant sa fille, il décida de viser très haut. Lavinia reçut une éducation peu ordinaire pour une fille issue d'une famille d'artistes : ses lettres témoignent de sa belle écriture et de son vocabulaire châtié, elle reçut aussi un enseignement en mathématiques et géométrie. On ignore toutefois où la jeune Lavinia apprit à peindre, en tout cas pas dans l'atelier familial avec le fils du boucher puisque son père entendait faire d'elle une *gentildonna*.

Le premier tableau signé de la main de Lavinia qu'il nous reste – le portrait d'un jeune garçon noble – date de 1575. Elle avait vingt-trois ans, un âge déjà préoccupant pour une femme non mariée, et il allait falloir résoudre la question matrimoniale sous peu si elle entendait mener une carrière d'artiste. Ne pas être mariée l'empêchait en effet de vraiment travailler – par exemple de peindre le portrait de commanditaires masculins –, en tout cas si elle entendait obtenir de la considération. Ensuite, seul un homme pouvait se charger des négociations, de la signature des contrats et des détails juridiques. Or Prospero, âgé de soixante-sept ans, ne pourrait éternellement s'occuper des affaires de sa fille. Si Lavinia avait pour intention a) de conserver sa réputation, b) d'augmenter son business et c) d'avoir une carrière qui marche, elle avait besoin d'un mari. Qui serait prêt à consentir à quelques arrangements peu ordinaires.

Ordinairement, la future épouse quittait sa maison d'enfance pour s'installer avec sa dot dans le foyer de son mari, mais Prospero ne voulait pas que Lavinia aille où que ce soit – elle était censée assurer leurs vieux jours – et il n'avait pas non plus de quoi offrir une dot qui aurait attiré des fiancés d'un milieu suffisamment élevé. On cherchait donc un homme qui accepterait que son épouse fût une femme de carrière et une peintre, se contenterait d'une dot modeste, viendrait s'installer chez eux et garantirait à Lavinia un statut respectable. Gian Paolo Zappi, fils d'une famille noble sans prétentions originaire d'Imola, était le miracle tant espéré. Prospero entama les négociations avec Severo, le père du jeune homme. Quand le futur beau-père vint à Bologne voir la candidate au mariage, il estima dans une lettre à son épouse que Lavinia, avec ses vingt-quatre ans, était « une jeune femme honorable et vertueuse qui possède de bonnes manières ». Lavinia présentait aussi « l'apparence qui sied à une femme, ni belle ni laide, mais quelque chose entre les deux », ce qui, selon les conceptions de l'époque, était idéal : elle ne serait ni vaniteuse ou charmeuse, ni insupportable à regarder. Le beau-père signala aussi qu'il avait reçu d'elle deux petits autoportraits qu'il rapporterait bientôt à Imola.

C'est à ces portraits peints par Lavinia en 1557 que je pense la nuit. Ce sont des images marketing destinées à son beau-père, et en cela ils sont géniaux. Sur l'un d'eux – celui qui nous est resté – elle joue du clavicorde comme il convient à une vertueuse *gentildonna* et la servante debout derrière elle lui présente sa partition. Lavinia est belle, calme, déterminée – elle a revêtu le magnifique costume des mariées de la noblesse bolognaise, avec un col en dentelle à froufrous, des perles et du corail. Le bord supérieur du tableau porte une inscription en latin, écrite dans la langue des savants humanistes et reprenant l'exemple de Sofonisba, qui proclame que le sujet est Lavinia, vierge et fille de Prospero Fontana et qu'elle a peint cela elle-même à l'aide d'un miroir – l'image est donc honnête et conforme à la réalité, comme cela peut être prouvé. Sauf que ce n'était pas tout à fait vrai – Lavinia n'était pas noble en vérité, comme le laissait entendre l'image, elle ne disposait sans doute pas d'une servante à domicile, sans parler d'un instrument aussi coûteux qu'un clavicorde, elle n'était que la fille d'un peintre de fresques ordinaire. Mais Lavinia avait vu les autoportraits de Sofonisba et décidé de prendre modèle sur son héroïne nocturne. En arrière-plan, elle avait représenté un chevalet de peintre et un coffre de mariage afin de signifier qu'elle pourrait subvenir aux besoins de sa famille et que sa carrière de peintre constituait sa dot. En bref : Lavinia avait l'air d'une noble vertueuse et cultivée, et d'un bon investissement. Pas étonnant que Severo ait décidé de signer sur-le-champ.

Lavinia et Gian Paolo se marièrent donc. Le contrat comportait des conditions : qu'ils habitent à Bologne dans la maison du père de Lavinia, Via Galliera, et que les revenus qu'ils tireraient de la peinture aillent à papa

Prospero qui, en contrepartie, assurerait le financement de leur train de vie et de leurs vêtements. (Si Gian Paolo comptait sur la mort imminente de son beau-père de soixante-dix ans, il se trompait : Prospero vécut encore vingt ans.) La position de Gian Paolo dans cet arrangement n'est pas tout à fait claire, mais il est possible qu'il ait été lui-même peintre. Certains croient qu'il abandonna sa modeste carrière et se mit à assister Lavinia en réalisant les arrière-plans et les plis des tissus figurant sur ses portraits, mais, selon d'autres, la représentation minutieuse des étoffes luxueuses était justement la spécialité de Lavinia et la raison qui lui permit plus tard de pratiquer des tarifs faramineux : en aucun cas elle n'aurait délégué un travail d'une telle précision à son abruti de mari. Selon certaines sources, Gian Paolo devait être peu doué intellectuellement, d'une certaine manière attardé vu que, plus généralement, il avait consenti à un arrangement marital de cette nature et s'était fait homme au foyer d'une femme de carrière. Mais il se pourrait bien qu'il fût malin : c'est lui qui hériterait plus tard de l'atelier de Prospero. Et si Gian Paolo se sentait mésestimé à côté du succès de sa femme, nous n'en avons aucune trace. Ils vécurent ensemble jusqu'à la mort de Lavinia.

Voici donc que Lavinia, vingt-quatre ans, faisait vivre toute sa famille. Elle était responsable de la subsistance de nombreuses personnes : son mari, ses parents, ses futurs enfants. Son père et Gian Paolo s'occupaient bien entendu des contrats et du règlement des paiements, vu qu'il n'était pas convenable de demander de l'argent aux femmes pour leurs tableaux, mais en fin de compte la vie de tous dépendait de l'ardeur que mettrait Lavinia à l'ouvrage et de sa capacité à trouver des clients. (Demander de l'argent pour un travail que vous avez effectué semble d'ailleurs toujours si difficile aux femmes que j'avoue avoir à bien des occasions dans ma carrière d'écrivain envié à Lavinia ses imprésarios.)

Et, oui, Lavinia en était capable. Aux débuts du mariage, elle peignit surtout des gens de Bologne, érudits, ecclésiastiques, poètes et banquiers – des hommes qui voulaient un portrait à un prix raisonnable. Sa renommée se propagea bientôt au-delà des frontières de la cité. À une époque où l'on collectionnait avec frénésie les objets merveilleux et exotiques, un portrait exécuté par une femme était une curiosité recherchée et un collectionneur lui commanda même un petit autoportrait qu'il pourrait faire entrer dans sa collection auprès de la belle et douée Sofonisba. Lavinia lui envoya le tableau en mai 1579, qui finit ensuite à Florence, dans la collection de portraits en miniature du Corridor de Vasari, où je finis par le découvrir dans les derniers mètres de ma course lors de la visite guidée. Voici Lavinia, microscopique ! En dépit des gros yeux du gardien, je m'arrête pour l'étudier avec ferveur. Peint sur une plaque de cuivre de la taille d'une carte postale, le portrait est d'une précision photographique, les froufrous en dentelle sont parfaitement aérés et translucides, les minuscules perles et bijoux luisent doucement. (À rajouter à ma liste d'exploratrice : une loupe !) La fille du peintre de fresques, qui s'est représentée sous les traits d'une noble cultivée, assise à la table du *studiolo,* a le regard confiant, et à raison : elle avait vraiment le don de faire sa propre publicité.

En 1584, à l'âge de trente-deux ans, Lavinia reçut la commande d'un retable pour la chapelle de l'hôtel de ville d'Imola. La reconnaissance n'était pas mince : c'était la première fois qu'une œuvre publique était commandée à une femme. Lorsqu'ensuite Laudomia Gozzadini, fille d'une famille noble de Bologne, lui commanda son célèbre portrait de famille, Lavinia commença à recevoir un flot de propositions des nobles fortunées de la cité. Rien de tel ne s'était jamais vu à Bologne auparavant, et l'on parlait en tous lieux de cette « riche et vertueuse dame de la noblesse » (*sic !*) qui n'acceptait les demandes que sur recommandation personnelle. Les femmes s'arrachaient les faveurs de Lavinia, toutes voulaient passer du temps avec elle et elle devint une telle célébrité que le simple fait de l'avoir croisée dans la rue devenait digne d'être rapporté. Elle fut bientôt en mesure de demander des sommes si astronomiques – du niveau de celles que recevaient les meilleurs peintres de cour masculins en Europe – que les nobles étaient les seuls à pouvoir lui commander des œuvres.

Lavinia peignait donc. Chaque jour elle quittait en voiture la Via Galliera pour rejoindre les palais de la noblesse, de l'autre côté de Bologne, et déplier son chevalet dans les appartements de ses clientes. Lavinia peignait les futures mariées dans leur costume rouge indiquant la richesse de la dot consentie par la famille, avec une zibeline, fourrure ou patte dorée, suspendue par une chaîne à la ceinture et ornée d'un bijou, symbole de fertilité. Elle peignait les épouses en habit somptueux, leurs *cani bolognesi* sur les genoux, ces accessoires canins ultrafashion, indiquant la fidélité dans le mariage. Elle peignait les veuves, qui n'avaient rien de vieillardes à l'air grave retirées du monde, édentées et apathiques en habit de nonne un missel à la main, comme il était de coutume de les représenter, mais étaient des femmes glamour vêtues de brocart et velours, avec leur voilette noire ornée de perles, un mouchoir à la main en signe de leurs larmes. Lavinia peignait la soie, le satin, le brocart, le taffetas, les broderies en fil d'or et les ornements en perles et dentelles avec une minutie stupéfiante, et parfois elle emportait les bijoux, les perles et les chaînes en or de ses modèles pour peindre l'éclat et le brillant de chaque pierre dans les moindres détails à son atelier, et d'autres contrats étaient signés afin de garantir le retour des joyaux en sécurité. On commandait aussi à Lavinia des portraits de famille où étaient représentés les vivants et les morts, des tableaux de nouveau-nés dans leur luxueux berceau et de petits enfants engoncés dans des costumes solennels, et on trouve même dans le tas le portrait d'une « enfant monstrueuse », une petite fille au visage entièrement couvert d'une épaisse fourrure. Lavinia produisait en outre des retables à la chaîne pour les chapelles privées des familles ainsi que des tableaux de plus petit format pour les chambres à coucher – par exemple les représentations de l'enfant Jésus endormi et autres belles personnes dont la contemplation pouvait favoriser un accouchement sans risque. (On considérait que la naissance d'un enfant handicapé, d'un « bébé monstrueux », venait de ce que la mère avait regardé quelque chose de laid ou de malformé pendant sa grossesse, comme une tortue ou un mendiant avec un bec-de-lièvre, tandis que regarder de belles images pendant la conception favorisait le développement harmonieux du fœtus.)

Le business de Lavinia était florissant et, pas bête, elle parvint à tirer parti de la situation pour s'élever socialement en devenant l'amie de nombreuses clientes et, plus génial encore, leur demandant de devenir marraines de ses enfants. Chaque nouvelle marraine renforçait son influence et ses relations dans le monde et en 1588 elle put déménager avec sa famille de l'autre côté de Bologne, Via della Fondazza, non loin de la zone où vivait son nouveau cercle social. Là, elle continua de peindre jusqu'en 1604, année où elle fut invitée à Rome par le pape en personne. À cinquante-deux ans, elle prit dans ses bagages sa vieille mère, son mari et quatre de ses enfants et passa la dernière décennie de sa vie à Rome à peindre des portraits et des retables pour le pape, la famille Borghese et autres clients VIP. À sa mort en 1614 à l'âge de soixante-deux ans, elle avait atteint le sommet.

Qu'ai-je appris de Lavinia ? Au moins le fait que, il y a quatre siècles, il était déjà possible de mettre en œuvre les conseils dispensés par les guides pratiques des années 2000 pour atteindre ses objectifs. Une des recommandations qu'on ne cesse de répéter dans ce genre de publications est que pour obtenir ce que vous voulez, vous devez vous comporter comme si vous l'aviez déjà. Pour devenir une femme qui réussit, avec fortune et carrière, il faut s'habiller comme ce modèle de réussite. Pour s'enrichir, mettre dans son portefeuille l'image d'un chèque d'un million d'euros et imaginer que c'est un vrai. Pour devenir une autrice-exploratrice, il faut présenter son secteur d'activité comme *tourisme d'exploration littéraire et expériences humaines*, même si cela semble parfaitement ridicule. Pour devenir portraitiste des érudits et des nobles, il faut se peindre soi-même en noble érudite et se conduire comme telle. Génial, ma chère Lavinia.

Mais tout de même, au milieu de ces centaines de tableaux, portraits, retables, rémunérations astronomiques, succès et louanges, je pense surtout à ceci : le livre de baptême tenu par le mari de Lavinia.

En janvier 1578 est née notre fille Emilia.
En novembre 1578 est né notre fils Horatio.
En novembre 1579 est né notre fils Horatio II.

En janvier 1581 est née notre fille Laura.
En mai 1583 est né notre fils Flaminio.
En janvier 1585 est né notre fils Horatio III.
En juin 1587 est né notre fils Severo.
En octobre 1588 est née notre fille Laudomia.
En décembre 1589 est né notre fils Prospero.
En décembre 1592 est né notre fils Severo II.
En avril 1595 est née notre fille Costanza.

Je pense au fait que de ses vingt-cinq à ses quarante-deux ans – toutes ces années au cours desquelles Lavinia bâtissait la carrière que j'ai décrite – elle était presque tout le temps enceinte. En dix-sept ans, elle donna naissance à onze enfants. Seuls trois atteignirent l'âge adulte, elle en enterra huit, certains âgés de quelques jours seulement, d'autres un peu plus grands. Elle donnait parfois au nouveau-né le nom du précédent, mort, en espérant que cet Horatio-ci ou ce Severo-là resterait en vie.

Il ne s'écoulait souvent qu'un mois ou deux entre l'accouchement et la grossesse suivante – et tout ça en plein boulot de peintre. Lorsqu'en janvier 1578 elle donna naissance à son premier enfant, son mari angoissé rapporta dans une lettre à ses parents que la vie de son épouse était en danger – il disait que « ces derniers mois elle n'avait pas été assez prudente », elle avait peut-être trop travaillé. Un gros mois après l'accouchement, en mai 1578, Lavinia était de nouveau enceinte et entamait la réalisation de retables de plus grandes dimensions pour des chapelles privées – au moins trois contrats de cette nature ont été signés lors de cette année 1578. Un garçon naquit à la fin novembre, Horatio I. Une lettre datée du début du mois de janvier 1579 mentionne que Lavinia avait accouché un mois auparavant mais qu'elle avait repris le travail. Soit Lavinia était accro au travail, soit elle ne pouvait pas se permettre de se reposer.

Comment était-ce possible ? Quelle vie avait-elle ? Être tout le temps enceinte, entre tempête hormonale et nausées, tituber avec son ventre énorme, avoir mal au dos, les jambes enflées, du mal à dormir, et ensuite accoucher et se remettre de l'accouchement – il n'y avait certes pas besoin d'allaiter, les nourrices s'en chargeaient, et de cette manière Lavinia pouvait retomber enceinte plus rapidement. Il me semble qu'on écarte souvent le grand nombre d'enfants qu'elle a eus sous prétexte qu'à l'époque, être tout le temps enceinte, était une chose très ordinaire – seul un historien de l'art suggère en passant que Lavinia ne peignait sans doute pas de fresques parce que, dans son état, elle aurait eu du mal à monter sur les échafaudages. Il est vrai que les femmes enfantaient en général douze voire treize fois à cette époque – on avait besoin de main d'œuvre et d'héritiers (rien que des garçons, *per favore*) et parce que la mortalité infantile était élevée, il fallait accoucher en permanence pour qu'au moins l'un d'eux atteigne l'âge adulte. Mais que la chose fût « ordinaire » n'en fait pas quelque chose d'anodin au niveau individuel. Et les bébés ne sortaient pas des femmes du XVIe siècle plus facilement ou de manière plus routinière, comme sur une ligne de production ou un dessin animé en accéléré – accouchement, plop, accouchement, plop, le bébé est mort, plop, *oh non, quelle histoire, on remet une brioche au four*, plop, plop, plop. Bien au contraire : chaque corps de femme devait subir un processus bien concret. Grossesse, accouchement, hormones – exactement comme aujourd'hui, mais en pire, car l'assistance médicale était rare, et la façon la plus fiable de garantir un accouchement sans danger était de poser sur le ventre une biographie de Marguerite d'Antioche, protectrice des femmes enceintes – et bien sûr la racine de mandragore, les graines de coriandre ou la peau de serpent moulue, le lait de lièvre et la soupe d'écrevisses pouvaient aussi servir. Chaque nouvelle grossesse était une condamnation à mort potentielle : vais-je y survivre ? Et à celle-ci ? Et celle-ci encore ? (Beaucoup n'y survivaient pas.) Et au milieu de tout cela, en pleine tempête hormonale, la mort des petites filles et des petits garçons. Et tout ce temps, Lavinia peignait.

Lavinia faisait-elle tout cela de sa propre volonté ? Était-elle au bout du compte une héroïne nocturne exemplaire qui réalisait sa vocation profonde, personnelle, en tant qu'artiste, ou était-elle l'esclave de son père et de son mari, qui lui faisaient porter le double fardeau de subvenir aux besoins de la famille et de prolonger la lignée ? Je l'ignore. Mais quand je pense à Lavinia la nuit, je me dis que, en tout cas, ce n'était pas une esclave misérable. C'était une femme puissante. Il lui *fallait* être forte comme un cheval, avoir une détermination immense, des nerfs d'acier, des dons faramineux, de la persévérance, de la fierté, du courage – autrement elle ne serait jamais parvenue à réaliser ces deux cents tableaux. Et qui sait, peut-être qu'elle aimait son travail, pourquoi ne l'aurait-elle pas aimé ? Peut-être que sa passion de peindre était si grande qu'elle était juste *obligée* de quitter le lit pour le chevalet dès que possible. Peut-être était-elle complètement accro au travail, si bien que même son père et son mari ne pouvaient l'arrêter ! *Gian Paolo ! Occupe t'en, steuplé ! Maman n'a pas le temps. Maman est en train de peindre.*

Ou peut-être que Lavinia était comme beaucoup de nos contemporaines : une femme de carrière passionnée et persévérante aux capacités de travail surnaturelles qui gère tout – son travail, ses enfants, son mari et ses parents vieillissants – avec juste un plus grand nombre d'enfants.

Quelques années plus tard, me voici à Bologne en train de regarder par le trou de la serrure la grande cour dégagée du Palazzo Gozzadini. Je songe que c'est derrière ce portail que Laudomia Gozzadini, noble dame de trente ans, confia sa vie déchirante à Lavinia, l'histoire de deux sœurs mises en rivalité par leur père qui entendait tout léguer au premier héritier mâle de la famille. Défaite dans cette compétition des naissances, elle perdit du même coup son héritage et son mariage. Lavinia représenta l'histoire selon les souhaits de Laudomia. L'œuvre devint l'un de ses tableaux les plus célèbres.

Pour voir le grandiose tableau de la *Famille Gozzadini*, l'exploratrice partie à la recherche des héroïnes nocturnes devra d'abord couper la ville de Bologne, passer le dédale des ruelles médiévales, les palais aux lueurs rouge-orangé et les tours doubles qui se dressent dans les hauteurs et semblent prêtes à tomber, traverser l'alternance d'ombre et de lumières des arcades, toute cette ville délabrée et furieuse, exsudant de richesse et de culture anciennes, pleine de jardins privés qui se retranchent derrière des portails fermés, d'étudiants vêtus de noir, d'ivrognes, de sans-abris et de descendants de puissantes familles. Il lui faudra ensuite ingurgiter les œuvres peintes par des hommes, qui occupent des salles entières de la pinacothèque, successions sans fin de crucifixions et toute la sainte famille qui se tortille sur des tableaux de plusieurs mètres, et se demander pourquoi il n'y a pas un mot sur Lavinia dans le dépliant du musée consacré aux grands maîtres et attractions majeures.

Mais quand elle les aura enfin trouvées, ces quelques œuvres qui sont, de tout le musée, presque les seules à être a) peintes par une femme et b) sur un sujet non religieux, elle les découvrira accrochées au bout d'une grande salle, montées sur une estrade, éclatantes de fraîcheur comme l'eau d'un ruisseau limpide.

En observant les messages génialement cryptés dans l'immense portrait de famille peint par Lavinia – le visage laid de la sœur déjà morte, le geste du père montrant sa préférence, la perfidie changeante des maris, le chien noir qui trottine à l'arrière-plan – ou les détails minutieux tel la peau de lynx soyeuse dont le museau repose sur les genoux de l'altière Laudomia, les boucles d'oreille du bichon, les vêtements des sœurs, avec leurs soieries et leurs dentelles fines qu'un souffle suffit à faire voleter, leurs chaînes en or et leurs manchettes en dentelle empesée, ou encore, sur le tableau accroché au mur voisin, la couverture en dentelle raffinée du noble bébé reposant dans son luxueux berceau, une idée commence à se faire jour.

Lavinia a véritablement pris la décision de briller. Elle a décidé, crénom de nom, qu'elle allait plier cette affaire, parce que ça, elle savait le faire. Oui, Lavinia aimait passionnément ce travail, elle *adorait* peindre ces détails. Regardez : tout est parfait, brillant, ridiculement virtuose, même ces broderies, là, chaque millimètre clame la passion et le feu du perfectionnisme.

Je pense que personne ne peint des choses comme ça juste parce que son père ou son mari l'y oblige. Pas *des choses comme ça.*

Lavinia n'a peut-être pas donné son nom à autre chose dans cette ville que le vilain parc à chien situé au bout de la Via Fondazza, mais c'est un détail mineur à côté de ce que je vois ici : elle peignait par passion.

*

Conseils d'héroïne nocturne :

Si tu veux une carrière colossale, fonce.

Si tu entends accoucher de onze enfants dans le même temps, prends un mari à la hauteur de la situation.

Suis tes héroïnes nocturnes. Fais ta propre pub. Peins-toi telle que tu voudrais être.

Que ta persévérance soit phénoménale.

Travaille par passion.

Si tu connais des pertes atroces, continue quand même.

ARTEMISIA

Conseil d'héroïne nocturne n° 9

Travaille sur tes traumas.
Décapite Holopherne.
Tout est matière à inspiration.

HÉROÏNE NOCTURNE N° 9 : *Artemisia Gentileschi*

PROFESSION : *Fille d'artiste, plus tard elle-même artiste. Vit sa réputation salie dans un procès pour viol, fit toute même une brillante carrière à Florence, Rome, Venise et Naples. Éleva toute seule une ou deux filles. Peignit des femmes nues et des amazones puissantes qui faisaient ce qu'elles voulaient.*

REVENONS À ARTEMISIA dont j'ai vu sur un mur du musée des Offices le tableau montrant le meurtre sanglant d'un homme.

Il appert qu'Artemisia Gentileschi (1593-vers 1654) est la plus célèbre des héroïnes nocturnes de Florence : elle est devenue le symbole de la combattante libre, forte, et une icône des études féministes. Des kilos de textes de recherche ont été publiés sur elle, des romans, des films ont été élaborés à son sujet et des thrillers érotiques inspirés par ses tableaux. On a marqueté à son nom des parfums, des galeries d'art et des hôtels destinés aux femmes. Et il faut bien l'avouer : même si l'esthétique baroque de ses tableaux semble lointaine, on ne peut qu'admirer son courage et son opiniâtreté. Cette femme avait du cran.

Fille aînée d'Orazio Gentileschi, Artemisia naquit à Rome. Son père exerçait principalement une activité de peintre de fresques et, dès son jeune âge, Artemisia fut son assistante. Sa mère mourut en couches quand Artemisia avait douze ans, et il aurait sans doute fallu la marier ou la mettre au couvent à ce moment, mais, pour une raison inconnue, son père n'en fit rien – au lieu de cela, il lui enseigna la peinture. Dans la Rome du XVIIe siècle, la décision d'Orazio fit froncer les sourcils à plus d'un, mais celui-ci avait la réputation d'être un homme particulier et difficile. Il n'avait sans doute pas projeté pour sa fille une carrière de peintre d'histoire estimée, dans ce cas il leur aurait fallu sillonner la ville pour dessiner des sculptures antiques et copier les maîtres de la Renaissance, et ce ne fut pas le cas. Mais peut-être qu'Artemisia pourrait, en plus de moudre les pigments, aider son père pour les travaux de commande, rapporter une paye à la maison et intégrer discrètement cet immense prolétariat des artistes où l'on copiait les maîtres, produisait des œuvres en série et gagnait sa croûte en barbouillant sur les marchés des portraits à bas prix et des petites scènes religieuses. Point n'était besoin d'avoir plus de culture que cela, ou même de savoir lire, écrire et compter. Et par la même occasion, son père pourrait l'utiliser comme modèle, les nus féminins étaient fichtrement compliqués à trouver, voire interdits.

Artemisia travailla donc dur sous la houlette de son père dans l'appartement exigu que louait la famille, au-dessus de l'atelier. Elle n'avait pas le droit de se déplacer dehors pour autre chose que la messe du dimanche, car dans ce secteur la vie était faite de troubles et de violences : les pâtés de maison situés entre la Piazza del Popolo et les marches espagnoles abritaient une population disparate qui allait des moines et flotteurs de bois aux chambellans, ouvriers des chantiers ecclésiastiques, artistes et prostitués, et tous passaient souvent d'un appartement à un autre, comme le faisait Orazio lui aussi.

Au cours de ces années, Orazio perçut le talent confondant de sa fille : elle peignait mieux qu'aucun de ses fils. Quand elle signa à seize ans sa première œuvre d'importance, *Suzanne et les vieillards*, Orazio comprit qu'il lui avait enseigné tout ce qu'il savait. Il l'envoya donc au collège étudier sous la direction du peintre de fresques Agostino Tassi pour être formée à la technique de la perspective. Ce fut une erreur. Artemisia avait dix-sept ans quand Tassi la viola.

Le fait qu'elle a été violée semble être au cœur de tout ce que l'on écrit aujourd'hui à propos d'Artemisia. Voici le récit des événements, en accéléré : Agostino Tassi, qui nourrissait déjà depuis un certain temps une obsession pour Artemisia, parvint enfin à prendre au piège l'objet de son désir par un matin de mai 1611. Après le viol, Tassi fit des promesses de mariage, ce qui était une façon ordinaire de réparer l'acte, car une femme non mariée qui perdait sa virginité était une marchandise avariée et donc inutilisable pour tout autre que son violeur. (Une autre réparation possible pour avoir outragé l'honneur de la famille aurait été de payer une dot considérable.) Comme la demande en mariage de Tassi ne venait pas, Orazio décida en début d'année 1612 de le poursuivre en justice pour avoir pris la virginité de sa fille et lui avoir par conséquent retiré toute possibilité de la marier. Ce scandaleux procès dura sept mois et fut extrêmement humiliant pour Artemisia – elle subit des examens gynécologiques pour prouver la perte de sa virginité et fut torturée avec des vis à écraser les pouces. Tassi finit par être condamné, mais la réputation d'Artemisia en avait de toute façon pris un coup. Son père la maria donc vite fait à un jeune artiste sans talent (le premier qui accepta de la prendre pour épouse) et en 1613 le couple s'installa dans la ville d'origine du mari, Florence.

Aussi incroyable que cela paraisse, les actes du procès d'Artemisia ont été conservés. Le document, embrouillé et complexe, embrasse, dans sa traduction anglaise, quatre-vingts pages épuisantes à lire. Mais elle est là, la voix d'Artemisia, telle qu'elle se fit entendre il y a quatre siècles : son témoignage donné en mars 1612 est toujours lisible *in extenso.*

Lors des interrogatoires, Artemisia décrivit le viol en détails. Ce jour de mai 1611, elle rapporte qu'elle était en train de peindre chez elle Via della Croce « pour son propre plaisir » quand Agostino Tassi avait fait irruption sans autorisation. Il avait commencé par flirter un peu, puis il l'avait poussée dans la chambre à coucher, avait fermé la porte, l'avait fait tomber sur le lit, avait mis ses genoux entre ses cuisses, avait maintenu un mouchoir sur sa bouche et commencé ensuite à la pénétrer, ce qui avait été douloureux. Artemisia avait essayé de crier à l'aide, lui avait griffé le visage, arraché des cheveux et tiré sur son pénis tellement fort qu'un morceau de peau avait été arraché, ce qui n'avait pas calmé l'homme. Après le viol, Artemisia s'était précipitée sur la commode, avait pris un couteau et menacé l'homme de le tuer. « Vas-y » lui avait répondu Tassi en ouvrant son manteau, Artemisia avait donc donné un coup, mais n'était parvenue qu'à lui faire une petite entaille sur le torse. Tassi avait alors reboutonné son manteau, Artemisia avait pleuré et l'homme avait dit, pour la tranquilliser, qu'il l'épouserait une fois ce bordel réglé. Ayant reçu cette promesse (on ne peut tout de même pas appeler ça une demande en mariage ?), Artemisia s'était sentie un peu plus calme. Le juge voulait savoir si elle avait saigné, ce qui serait la preuve qu'elle avait perdu sa virginité, mais elle déclara qu'elle avait ses règles, il était donc difficile de savoir de quel sang il s'agissait. « Le sang était peut-être un peu plus rouge », déclara-t-elle. Plus tard elle avait consenti à avoir des rapports sexuels avec l'homme à plusieurs reprises parce que Tassi avait promis de l'épouser.

Oh, Artemisia. Le viol, l'hymen perforé, le coup de couteau désespéré, l'humiliante promesse de mariage, sous ce prétexte l'extorsion de relations sexuelles supplémentaires, l'analyse de la couleur du sang, le récit dans un procès public, et la vision de chaque détail consigné dans les ouvrages et les analyses d'historiens de l'art prestigieux au bout de centaines d'années – il y a là plus d'informations intimes que je ne voudrais en apprendre sur n'importe quelle artiste douée ayant vécu quatre siècles avant nous, ou même sur une femme contemporaine.

Et l'humiliation ne s'arrêta pas là. Les prochains à être interrogés furent Tassi et ses témoins. Agostino Tassi assura, avec des yeux innocents, qu'il n'avait jamais touché cette Artemisia ci-mentionnée, il ne la connaissait sans doute même pas. Tassi rapporta être passé chez son collègue Orazio uniquement parce que celui-ci lui avait demandé d'enseigner la perspective à sa fille et qu'il n'avait jamais parlé seul à seule avec elle. Selon Tassi, Orazio avait en plus beaucoup de problèmes avec sa fille qui était « sauvage et avait une mauvaise vie ». Quand Tassi avait demandé à Artemisia de se comporter en « fille comme il faut », elle lui avait répondu que c'était son père qui l'avait mise dans cette merde et qu'en plus il « se servait d'elle comme épouse ». « Jamais je n'ai eu de relations charnelles ou essayé d'en avoir avec cette Artemisia susmentionnée » assura Tassi et il prétendit qu'elle, par contre, couchait avec de nombreux hommes, entre autres avec un tailleur de pierre appelé Francesco habitant dans une certaine maison « à qui vous ne pouviez pas confier même une femelle chat ». « Ça se sait, qu'Artemisia est une putain. » « Tout ce qu'elle dit, ce sont des mensonges. » Comme point culminant de son témoignage, Tassi proclama que « sa mère et ses tantes aussi étaient connues pour leur mauvaise réputation et que [il y a un trou dans le papier] elle est et a été une putain publique ». Toutes des putes !

Les témoignages d'Artemisia et Tassi sont suivis par le défilé sans fin des gens convoqués sur place, parents, voisins, servantes, lavandières, tailleurs, ecclésiastiques, aubergistes, collègues peintres, préparateur de bleu outremer et les pèlerins et barbiers-dentistes-hommes de lancette racontant des récits confus sur ce que chacun avait entendu ou vu du coin de l'œil, à quoi ressemblait qui sortait de telle pièce et ce qui s'était passé dans une foire/un tour en voiture/un vignoble ou même juste Via Margutta et Via della Croce dans les quartiers des artistes. Les images des événements d'il y a quatre siècles me passent devant les yeux, mais impossible de discerner le vrai du faux. Les commentaires du juge montrent que lui non plus ne croit pas aux allégations de Tassi, mais c'est pourtant la sincérité du témoignage d'Artemisia que l'on entend mettre à l'épreuve de la torture par *sibille.* « Tout ce qui sera nécessaire » dit Artemisia et elle accepte volontairement de se faire écraser les doigts alors qu'il s'agit des parties de son corps avec lesquelles elle compte gagner sa vie.

Et que fit cette Artemisia susmentionnée après toute cette humiliation ? En tout cas, elle ne resta pas au fond de son lit à déprimer. Dès la fin du procès, en novembre 1612, Artemisia, dix-neuf ans, se maria avec Pierantonio Stiattesi, qui avait près de dix ans de plus qu'elle. La veille, son violeur, pourri jusqu'à l'os, avait été condamné à l'exil (il n'y a aucune certitude que la sentence ait été mise à exécution) et la réputation d'Artemisia en partie restaurée. Le couple s'installa à Florence et un premier enfant, un garçon, naquit en septembre 1613. En guise de carte de visite, Artemisia emportait avec elle un tableau puissant peint à l'époque du procès, sur lequel Judith tranche la gorge d'Holopherne – et ce fut son ticket pour le succès.

Contre toute attente, la carrière artistique d'Artemisia démarra en flèche à Florence. Son père Orazio avait envoyé, dès juillet 1612, une lettre à la veuve du grand-duc dans laquelle il faisait la promotion de sa fille. Celle-ci était devenue « si habile que j'ose dire qu'elle est sans égal ». Florence ne comptait à l'époque pas une seule femme artiste, Artemisia devint donc un objet d'étonnement unique. Sa Judith fit grand bruit et les connaisseurs d'art de la ville ne pouvaient croire qu'une telle toile, puissante et violente, puisse sortir du pinceau d'une femme. Michel-Ange le Jeune, le fils du neveu du fameux, lui commanda aussitôt une œuvre pour son palais de la Casa Buonarotti, après quoi elle commença à se voir proposer d'autres contrats – *Une curiosité ! Une femme artiste douée !* –, entre autres de la part du grand-duc Côme II. À la cour des Médicis, Artemisia fit la connaissance des poètes et auteurs de théâtre les plus marquants de la ville ainsi que de Galilée, avec qui elle resta en correspondance jusqu'à la mort de l'astronome. Michel-Ange le Jeune devint un ami de la famille, peut-être même le parrain de son fils – en tout cas il paya avec libéralité le tableau, près de trois fois le prix accordé aux autres peintres. En 1616, Artemisia jouissait d'une si grande réputation qu'elle fut la première femme acceptée à la très respectée Accademia del Disegno, ce qui était non seulement inédit, mais aussi déterminant pour toute sa carrière : être membre d'une académie des arts lui conférait une position d'indépendance vis-à-vis des guildes et des hommes de la famille peut-être jamais acquise par aucune femme avant elle. Elle pouvait désormais se procurer des pigments sans l'autorisation de son père ou de son mari, signer des contrats et voyager seule, et elle se mit à faire commerce de ses œuvres comme un homme, puisqu'elle le pouvait – plutôt pas mal, compte tenu de ce qu'elle avait subi à Rome. On ignore si elle a participé à l'enseignement dispensé à l'Académie – le programme comportait, en plus des séances de nu et d'anatomie, des cours de mathématiques et de sciences naturelles, et Artemisia savait à peine lire – mais on sait que, en tant que femme, c'était une occasion unique de faire poser pour elle des modèles de son sexe, et elle se spécialisa dans les personnages féminins.

En même temps qu'elle travaillait dur, elle mit évidemment au monde des enfants. En novembre 1615 naquit un deuxième garçon, en août 1617 une fille, Prudentia, suivie en octobre 1618 d'une seconde fille qui mourut à l'âge de huit mois. Elle en eut peut-être davantage, mais tous ne survécurent pas jusqu'au baptême. En tout cas, un seul était vivant en 1620, la petite Prudentia, trois ans.

Au début de cette année-là, Artemisia se mit à préparer son retour à Rome. Elle écrivit à Côme II qu'elle avait toutes sortes de soucis domestiques et intimes (son quatrième enfant était mort peu de temps auparavant) et pour se remettre elle voulait partir quelques mois dans sa famille. Elle ne manquait certes pas de tracas, surtout d'ordre financier. En dépit de son travail constant et de son succès, elle dépensait plus d'argent qu'elle n'en gagnait, et les factures de l'ébéniste, de l'apothicaire, du boulanger et du tailleur s'accumulaient. L'once et demie de bleu outremer nécessaire à la réalisation de son Hercule restait impayée, de même que les châssis et le panneau en chêne, et il arrivait parfois que ses créanciers, sans nouvelles d'un éventuel paiement, saisissent son équipement ménager. Artemisia ne semblait pas particulièrement mauvaise en affaires et Michel-Ange le Jeune semble lui avoir prêté de l'argent. Son minable mari était peut-être à mettre en cause : il ne gagnait pas un radis avec ses toiles, était terriblement endetté et alla jusqu'à utiliser, sans lui demander, la dot d'Artemisia. Celle-ci en revanche avait connu au moins quatre grossesses au cours des sept dernières années, ce qui avait dû limiter son rythme de travail, et il avait fallu payer les funérailles de trois enfants.

Comme il nous reste si peu d'informations, chaque miette, même microscopique, prend des proportions colossales. Les chercheurs ont reconstruit des « portraits économiques » d'Artemisia qui se fondent sur les quelques reçus, factures et lettres de relance sporadiquement conservés. L'image qu'ils nous donnent de la vie d'artiste est d'une certaine façon rudimentaire, et sans conteste faussée. Je n'ai pas la moindre idée de ce qu'elle pensait de son mariage, de la peinture ou des enfants, mais je sais qu'elle dépensait tellement d'argent, en période de grossesse à Florence, en lavements et sucreries, qu'elle ne pouvait payer les factures. Que faire avec cette information ? N'est-ce pas à certains égards une curiosité mal placée d'apprendre autant de détails intimes, corporels, en plus de tout le reste ? Je me demande bien ce que conclurait un chercheur aux yeux luisants dans quatre siècles à propos de ma vie s'il mettait la main sur les statistiques de mes cartes de fidélité du supermarché ou de la pharmacie qui indiquent que j'ai trimballé jusque chez moi des quantités surnaturelles de fromage, de livres, d'antidouleurs et de produits naturels favorisant le sommeil.

Et pourtant je suis embourbée dans ce même marécage, étudiant avec excitation le moindre bout de papier friable que je découvre et imaginant que je vais comprendre quelque chose en me fondant sur ça. Eh eh, Artemisia devait souffrir de constipation pendant la grossesse ! Oh oh, elle a dû se ruiner dans cette boutique de cosmétiques tenue par les moines d'un couvent florentin, tout comme moi ! (Pour votre information, l'*Officina Profumo Farmaceutica di Santa Maria Novella* vend une crème pour les pieds camphrée tout ce qu'il y a de plus ordinaire à un prix astronomique.) Oh non, elle a dû acheter son bleu outremer à crédit ! Sur ce point, je sais en outre qu'un noble florentin du nom de Francesco Maria Maringhi garantit ses dettes auprès du marchand de pigments, la faisant ainsi échapper à la saisie. Je sais aussi qu'en quittant Florence Artemisia vendit au Maringhi susmentionné tous ses biens meubles pour une somme de cent soixante-cinq ducats. Et parce que cette liste mise à jour en février 1621 a été conservée, je peux m'imaginer jeter un œil chez Artemisia – oui, je peux imaginer qu'*Artemisia m'invite chez elle*, peut-être justement pour faire l'inventaire, en plein speed du déménagement –, je serais assise sur un petit tabouret en bois près du mur, je grignoterais un peu de pain et boirais du vin, et Prudentia, accroupie sur le perron, me regarderait timidement du haut de ses trois ans... *Je suis en train de changer de paysage*, songerait Artemisia, ça m'est bien égal qu'une femme des années 2000 voie ma maison, elle n'a qu'à *regarder*. Ainsi donc, quelque part dans les ruelles étroites de Florence, peut-être à proximité du couvent Santa Maria Novella, ou dans les guimbardes de la Piazza dei Ciompi délabrée, ou là-haut sur la colline, au creux de la vue qu'on a depuis l'église San Miniato, j'entre dans la maison d'Artemisia, où l'on trouve entre autres :

2 grands coffres en noyer,
3 coffres vénitiens plaqués de noyer,
1 grand bahut en noyer avec des étagères,
12 chaises à dossier en noyer,
4 fauteuils en damas de diverses couleurs,
4 tapis de laine,
4 tapis de lin rêche,
4 tapis de paille,
76 tapisseries de cuir vert et doré, au format espagnol,
1 couverture turquoise, bordée de taffetas vert, une autre bordée de rose,
1 ciel de lit en coton turquoise et blanc, de style turc,
2 oreillers en plume,
4 petits coussins en plume,
1 édredon en plume brodé,
1 chauffe-lit en bois,
3 petites tables en bois,
1 meuble à tiroirs en bois,
1 grand faitout,
1 cocotte,
1 grande poêle à amidonner,
1 grand récipient à eau avec ses timbales en laiton,
1 petit vase en laiton muni d'une poignée,
1 seau,
1 poêle en cuivre,
1 chaîne pour crémaillère et une pince à feu,
3 trépieds,
3 assiettes en étain rondes,

2 bougeoirs en laiton,
3 lampes à huile en fer,
1 paire de ciseaux à bougie en laiton,
1 support de lampe avec bougeoir en fer,
5 tabourets de Pistoia,
4 tabourets en bois,
4 chevalets de peintre,
1 grande toile (à moitié peinte),
1 tableau de la Madeleine vêtue (haut de deux brasses),
1 tableau de la Madone (haut de deux brasses),
1 tableau de la Madeleine, juste commencé (haut de deux brasses),
1 portrait de femme dans un cadre en noyer,
3 petites peintures sur plaque de cuivre,
4 palettes en noyer,
15 toiles montées sur châssis, grandes et petites,
1 crucifix,
1 mortier et un pilon,
1 grande bassine et un tamis à argile,
140 tapisseries en cuir rouge et doré ordinaire ainsi que 13 tapisseries en coton turquoise et doré, brodé sur le haut et sur le bas,
24 pots en majolique, grands et petits,
ainsi que d'autres récipients de cuisine en argile.

Mais pourquoi, ma chère Artemisia, me demandé-je seule dans mon coin, vendre ton matériel de peinture et toutes ces images de femmes à moitié terminées ? As-tu autant besoin d'argent que cela ? Ou as-tu l'intention de changer complètement de domaine – d'effectuer la renaissance de ta propre vie ?

Artemisia réalisa toutefois, avant de partir pour Rome, une version en plus grand format de sa *Judith décapitant*

Holopherne, que lui avait commandée Côme II. Elle est aujourd'hui accrochée dans la salle 90 du musée des Offices et, face à elle, vous êtes obligé de reprendre votre souffle. Artemisia avait vingt-sept ans. Elle avait été violée, humiliée au procès, elle avait vécu entourée de pauvres types, avait mis au monde et porté dans la tombe plusieurs enfants, atteint la renommée à Florence grâce à son propre travail et obtenu en tant qu'artiste une indépendance presque impossible pour une femme, et voilà qu'elle peignit cette œuvre sombre caravagesque d'un mètre cinquante par trois mètres, rayonnant de puissance, sur laquelle des femmes procèdent à l'abattage d'un homme dans l'obscurité de la nuit, calmes, le visage déterminé. En contemplant le tableau au musée, au milieu des Caravagesques, je dois bien l'avouer, il est effarant. Au XVIIIe siècle, Anne-Marie-Louise de Médicis le trouva trop affreux et le dissimula dans un coin sombre à l'écart, et l'œuvre ne fut montrée pour la première fois au public qu'en l'an 2000, près de quatre siècles après sa conception. Le sang, le lit, la chambre plongée dans l'obscurité, les draps froissés, la contrainte, la violence, l'épée – la symbolique est parfaite et l'exécution virtuose. Artemisia savait déjà que le raffinement et la cruauté de cette peinture feraient du bruit, elle inscrivit donc au bas du tableau, sorte de garantie supplémentaire, *Ego Artemitia / Lomi fec.*, comme pour dire *c'est bien ça : moi, une femme, j'ai fait cela.* Il se peut qu'en le peignant elle ait été mue par le traumatisme de l'humiliation et le désir de vengeance, et il ne fait aucun doute qu'elle a représenté à dessein Judith sous les traits d'une femme mûre, puissante, qui sait ce qu'elle fait, et non sous ceux d'une demoiselle timide et craintive comme l'a fait le Caravage, par exemple. Elle savait déjà quelles étaient ses forces et comment mettre à profit le fait qu'elle était douée et pas du bon sexe. Et peut-être même voulait-elle par-là inculquer aux regardeurs ce que les femmes pouvaient et ne pouvaient pas faire. *Voilà, nom de Dieu. Voyez ce dont une femme est capable.*

Et Artemisia était capable de beaucoup. De retour à Rome elle s'installa avec sa fille et une domestique dans son ancien quartier Via del Corso – maintenant artiste indépendante et mère célibataire car (comme le révèlent les registres municipaux conservés) c'est à cette époque que son mari quitta le paysage. Mais l'ascension entamée à Florence se poursuivait et Artemisia parvint à mener une belle carrière internationale au cours des trente années suivantes. Dans les années 1620-1630, elle remplit des commandes pour entre autres le roi d'Espagne et la noblesse de divers pays d'Europe, atteignit la gloire artistique tant à Rome, Venise que Naples, et travailla avec son père à la cour royale de Londres, où ils ornèrent le plafond du grand vestibule de la Maison de la Reine. On faisait l'éloge de ses œuvres et elle-même devint une figure forte, charismatique, admirée, dont on faisait des portraits, on frappa même une médaille en bronze à son effigie, très tendance. Les chantres de la cité vénitienne rédigeaient des dizaines de poèmes et de lettres à sa louange – plus que pour aucun autre de ses contemporains – et plus tard ce furent les vers des poètes napolitains qui témoignèrent de son talent, de son intelligence et de sa beauté.

Aux environs de 1629, Artemisia, âgée de trente-six ans, déménagea à Naples où elle vécut jusqu'à la fin de ses jours, et eut vraisemblablement une autre fille hors mariage. Gagner sa vie n'était pas évident dans cette grande ville en proie à la surpopulation, à une situation économique médiocre, aux épidémies, à la famine et aux révoltes. Artemisia avait certes des commandes, mais elle était sans cesse obligée de supplier ses clients de la payer. Ses filles surtout étaient un gouffre financier et aux environs de 1637, à quarante-quatre ans, elle passa à deux doigts de la ruine en essayant de réunir la dot de Prudentia. (C'est à la même époque qu'elle s'enquit de son ex-mari pour savoir s'il était toujours en vie – elle aurait peut-être besoin de son aide pour payer.) Artemisia, en dépit de son succès, de sa coriacité et de son sens des affaires ne se sortit jamais de ses difficultés financières.

Vingt-sept lettres envoyées par Artemisia nous sont restées de la période napolitaine. C'est à cause de celles-ci que je pense à elle la nuit. Si Artemisia est une figure puissante pour les victimes de violences sexuelles, de *slutshaming* ou même juste de soumission imposée au quotidien, elle l'est aussi pour n'importe quel artiste ou écrivain qui se démène pour gagner sa vie.

Les missives d'Artemisia sont principalement adressées à ses clients et mécènes tels le duc François Ier d'Este de Modène et Don Antonio Ruffo de Messine. Elle avait donc appris à écrire – ou bien non : en 1649 elle signale à son destinataire qu'il ne doit pas s'étonner « de ces différentes écritures, car je dicte mes lettres tout en peignant ». C'est toutefois bien sa voix qu'on y entend, et c'est celle d'une parfaite héroïne nocturne. Elle est franche, intelligente, a le sens de l'humour et celui des affaires – elle est parfois furieuse, parfois désespérée, et, en cas de besoin, pratique la flatterie courtisane. Dans ces lettres, point de philosophie : on y annonce les détails pratiques de l'arrivée d'un tableau ou de sa livraison retardée, on négocie des tarifs, on sollicite des commandes supplémentaires ou une recommandation auprès de nouveaux clients. Artemisia s'y entend en commerce : elle exige un certain prix pour son travail et ne marchande pas, elle refuse de fixer le prix définitivement tant que l'œuvre n'est pas achevée et n'envoie pas d'esquisses, ayant appris à ses dépens que le commanditaire peut s'en servir pour faire effectuer le travail moins cher par quelqu'un d'autre (« si j'étais un homme, je ne peux imaginer qu'il puisse en aller ainsi »). Le prix d'un tableau était déterminé par le nombre de personnages et souvent elle constate que recourir à des modèles nus féminins est très cher et compliqué, un vrai « mal de crâne ». Il lui arrivait d'envoyer des tableaux en cadeau afin de gagner de nouveaux clients ou de garder les anciens, certains étaient peut-être exécutés pour d'autres commanditaires avec lesquels elle n'avait pas réussi à convenir d'un prix ou du contenu de l'œuvre. Un jour, elle envoya à un mécène une œuvre de sa fille : « c'est une toute jeune femme, je vous prie de ne pas vous moquer d'elle ».

En octobre 1635, Artemisia écrivit à Galilée pour qu'il s'enquière de deux tableaux qu'elle avait envoyés à Florence, à Ferdinand II de Médicis. Elle savait que le grand-duc les avait reçus, mais elle n'avait plus de nouvelles, ce qui était humiliant, tous les rois et souverains d'Europe lui avaient envoyé une lettre de remerciements et des cadeaux. Ces lettres de remerciements étaient de la plus haute importance – c'étaient des sortes de recommandations, un peu pareilles aux critiques d'un grand journal, qu'il fallait toujours avoir sur soi et envoyer en pièce jointe à ses demandes d'argent ou montrer à ses nouveaux clients dans l'espoir d'obtenir une commande. Artemisia était ulcérée de ne pas recevoir d'avis : « Je ne peux croire que son altesse ne soit pas satisfaite de moi, écrivait-elle à Galilée. Je veux lire la vérité de ta main, dans les moindres détails ! »

En 1649, Artemisia fêta ses cinquante-six ans. Elle avait des problèmes de santé et d'argent, mais elle avait heureusement trouvé à Messine un bon client, Don Antonio Ruffo. Au début de cette année, elle lui annonçait qu'elle avait envoyé le tableau commandé et s'excusait de ne pouvoir rabattre le prix, car partout elle avait demandé et obtenu cent *scudi* par personnage – à Florence, à Venise, à Rome et même à Naples, quand la prospérité y régnait encore. Si l'honorable gentilhomme l'avait tenue pour présomptueuse et arrogante, elle espérait qu'il reviendrait sur son jugement en découvrant les œuvres. « Le nom d'une femme suscite le doute, avant qu'on ait vu son travail. Je vous prie de bien vouloir m'excuser si je vous ai donné motif de me prendre pour une personne avide. [...] Si vous appréciez mon travail, je pourrai aussi vous envoyer un autoportrait afin que vous l'accrochiez dans la galerie, comme le font les autres gentilshommes. » (30 janvier 1649.)

Don Ruffo devint l'un de ses clients au long cours et ils entretinrent une correspondance animée pendant l'année 1649.

« Je vous envoie mon autoportrait au plus vite ainsi que de menus travaux réalisés par ma fille qui s'est mariée aujourd'hui avec un Chevalier de Saint Jacques. Ce mariage m'a mise sur la paille. C'est pourquoi je prierais votre Altesse distinguée d'avoir l'amabilité de me faire savoir si des opportunités se faisaient jour dans votre ville car j'ai besoin de travail au plus vite. [...] Je ne vous ennuie pas plus longuement avec mes bavardages de bonne femme. Mes travaux parlent pour moi. Je m'arrête ici, en vous faisant une humble révérence. » (13 mars 1649.)

« Je vous suis profondément reconnaissante d'avoir cherché à me trouver des clients, qui se font rares ces jours-ci. » (5 juin 1649.)

« Deux choses me préoccupent en ce moment : d'abord le désir d'achever bientôt votre tableau et ensuite que je n'ai pas suffisamment d'argent pour le faire. Je vous prie d'avoir l'amabilité de m'envoyer cinquante ducats. Payer un modèle nu coûte cher. Croyez-moi, signor Don Antonio, les frais sont insupportables car sur cinquante qui se dévêtent, une tout au plus fera l'affaire. Et pour cette peinture je ne peux me contenter d'un seul modèle, car il y a huit personnages, et je dois peindre des beautés avec des apparences diverses. » (12 juin 1649.)

« En ce qui concerne la date du dix du mois prochain, pour que votre tableau soit prêt, c'est impossible. Ce travail me demande trois fois plus de temps et d'efforts que *Galatée*. Je travaille sans discontinuer et aussi vite que je peux, mais pas au point de hasarder la qualité du tableau. Je crois qu'il sera prêt fin août. » (24 juillet 1649.)

« Je vous remercie de votre lettre et des traites qui m'ont été payées immédiatement. Le tableau avance bien et sera prêt à la fin du mois, les huit personnages et les deux chiens, que je trouve meilleurs que les figures humaines. Je montrerai à votre Altesse distinguée de quoi une femme est capable, et j'espère que cela aura l'heur de vous plaire grandement. » (7 août 1649.)

« Votre Altesse distinguée doit trouver étrange que l'exécution du tableau prenne tant de temps, mais cela n'est dû qu'à ce que je cherche à vous servir au mieux, comme mon devoir me l'impose. En peignant le paysage et en définissant le point de fuite, il est devenu nécessaire de reprendre deux personnages. [...] Pardonnez-moi, mais à cause de cette chaleur écrasante et de nombreuses maladies, je m'efforce de rester en bonne santé en ne travaillant qu'un peu à chaque fois. Je puis vous assurer que ce délai ne sera que plus bénéfique à ce tableau. » (4 septembre 1649.)

« Votre Altesse distinguée [...] Je suis dépitée d'entendre que vous souhaitez abaisser d'un tiers le prix que je vous avais demandé et qui était déjà fort bas. Je dois vous dire, votre Altesse distinguée, que c'est impossible et que je ne puis consentir à ce rabais, et ce en raison tant de la valeur du tableau que du pressant besoin d'argent qui est le mien. Si la situation était différente, je pourrais vous faire don du tableau. Je suis aussi mécontente d'être ainsi pour la deuxième fois traitée comme une débutante [...]. » (23 octobre 1649.)

« Le prix ne saurait être inférieur à quatre cents ducats et il vous faudra payer une avance, comme le font les autres gentilshommes. [...] Je jure que je ne vendrais pas même à mon père à un prix aussi bas. [...] Je suis certaine que lorsque vous verrez le tableau, vous ne me tiendrez pas pour arrogante. [...] Je veux juste vous rappeler que le tableau comporte huit personnages, deux chiens, un paysage et de l'eau. Vous comprendrez que les dépenses de peinture ont été scandaleusement élevées. [...] Je dis juste que [...] vous ne serez pas déçu et vous pourrez constater que, dans cette âme de femme, vit l'esprit de César. » (13 novembre 1649.)

Quand je pense à Artemisia en train de rédiger ces lettres, la plume crissant, et quand j'y entends sa voix se faire toujours plus furieuse, je me dis que tout est encore ridiculement pareil. Les histoires d'argent, les deadlines, les conditions de travail, la recherche de clients, la promotion de soi-même, le souci constant d'avoir assez de travail, de maintenir sa capacité de travail intacte et d'accepter de nouveaux projets – rien n'a changé. Semaine après semaine et mois après mois, j'écris, je souffre en considérant l'avancement du travail et je m'afflige : comment se peut-il que ce ne soit pas fini, une fois encore, à la fin du mois, comme je l'avais envisagé ? Je me demande si mon argent va suffire et où est-ce que je pourrais en gagner plus, bon sang, et pourquoi toutes les offres devraient être acceptées gratuitement ou pour une rémunération nominale ? Je rumine, que vont penser les lecteurs du résultat final, ai-je peint suffisamment bien toutes ces femmes qui se sont mises à nu devant moi ? Je suis souvent clouée au lit par la migraine et maudis cette journée de travail perdue. Et puis je m'efforce de penser à Artemisia : *Vous ne serez pas déçu. Vous pourrez constater que, dans cette âme de femme, vit l'esprit de César.*

L'esprit de César maintint Artemisia debout pendant quelques années encore, la dernière trace conservée – un reçu de banque – date de 1654. Après sa mort, elle glissa dans l'ombre de l'écriture de l'histoire, mais connut un retour en grâce dans les années 1970 quand on redécouvrit peu à peu les œuvres d'artistes femmes. Du point de vue de la théorie de l'art féministe, Artemisia fut proclamée défenseuse précoce de la cause des femmes envoyant, sur ses toiles, un appel à la lutte à celles qui les regardaient, et elle devint une figure culte vénérée par les féministes et les artistes femmes.

Il est sans conteste tentant d'analyser les œuvres d'Artemisia d'un œil féministe. À une époque où les sujets traités par les rares peintres femmes se limitaient aux portraits et corbeilles de fruits, elle se fit connaître par ses travaux de grand format, d'un baroque sauvage, mettant en scène les héroïnes puissantes, victimes, saintes et guerrières issues de la Bible et de la mythologie, sur un spectre allant de la séductrice libérale Cléopâtre à la pénitente Marie-Madeleine. Elle se spécialisa dans les nus féminins, prenait de véritables corps de femme pour modèle (à la différence des peintres hommes) avec pour résultat des tableaux à l'atmosphère souveraine où les femmes ont le pouvoir. Parmi la cinquantaine d'œuvres qui nous sont restées, on trouve sept Judith, sept Bethsabée, six Marie-Madeleine, trois Suzanne, trois Madone, deux Lucrèce et deux Cléopâtre. On a aussi établi que la production d'Artemisia compte onze tableaux où une femme domine ou essaie de dominer un homme, quinze où une femme est l'objet de la domination ou du désir d'un homme, vingt-neuf contenant des allusions à la sexualité et dix-neuf comportant des femmes nues. Et les sujets n'ont pas de quoi laisser froids les regardeurs d'aujourd'hui. *Suzanne et les vieillards* dépeint une expérience de harcèlement sexuel du point de vue de la femme. Dans *Lucrèce*, une vertueuse épouse romaine, désespérée, est sur le point de se tuer d'un coup de poignard pour s'épargner la honte causée par le viol dont elle a été victime. *Cléopâtre*, symbolisant le danger d'une femme qui exerce le pouvoir, se tue quant à elle à l'aide du venin d'un serpent pour échapper à la honte de la captivité.

Il y a de quoi avoir des frissons quand on songe à la période durant laquelle Artemisia peignit ses œuvres les plus célèbres. *Suzanne et les vieillards* fut réalisé en 1610, Artemisia n'avait que seize ans, peu avant le viol de mai 1611, et pourrait être la description personnelle de la manière dont elle ressentait le harcèlement exercé par Agostino Tassi. *Lucrèce*, où une femme violée est prête à se tuer, fut peint en 1611, l'année où Tassi viola Artemisia. La première version de Judith et Holopherne a été réalisée en 1611-1612, exactement au moment où l'on demandait justice du tort causé à Artemisia, de même que *Judith et sa servante* où les femmes portent la tête d'Holopherne dans un panier. Mais jusqu'à quel point ces tableaux étaient-ils personnels ? Certains chercheurs pensent qu'Artemisia a élaboré dans ses œuvres des interprétations féministes conscientes de l'expérience vécue par les femmes, mais d'autres sont d'avis qu'il ne s'agissait que de travaux de commande ordinaires – elle ne savait sans doute même pas lire ! Ces sujets étaient en outre très en vogue à l'époque, on trouve des dizaines de versions de ces mêmes scènes peintes par ses collègues masculins, le Caravage, entre autres, et même le propre père d'Artemisia. Il aurait été complètement impossible qu'elle ait peint des œuvres aussi volumineuses à des fins thérapeutiques personnelles – les matériaux coûtaient cher et si vous entendiez vendre, il fallait tenir compte du goût des clients.

Tels sont pourtant les faits : même s'il s'agissait de commandes, Artemisia vécut les circonstances susmentionnées à l'époque même où elle les peignait. Et si elle ne pouvait choisir ses sujets, elle pouvait en tout cas déterminer comment elle représenterait les femmes dans ses tableaux.

Par exemple, Suzanne telle qu'elle la dépeint n'a rien de la charmante donzelle habituellement mise en scène : elle est gravement angoissée par le regard des hommes.

Judith en revanche est mûre et sûre d'elle, entièrement absorbée par la mise à mort de l'homme – elle n'a rien d'une jeune fille timide et craintive déboussolée. Sa servante aussi, que Caravage a, quant à lui, représentée sous les traits d'une vieille pie désemparée, participe complètement dans la peinture d'Artemisia, comme pour montrer de quoi les femmes seraient capables si elles unissaient leurs forces.

Et dans la production ultérieure d'Artemisia, les femmes ne sont pas non plus faibles et vulnérables. Elles sont puissantes, graves et déterminées. Elles ont du vécu, elles agissent. Leurs bras forts sont en train de soulever une bassine où l'on baigne un nouveau-né ou de porter un panier contenant la tête décollée d'Holopherne. Elles n'ont rien de beautés idéales ou de Vénus endormies, mais elles sont pareilles aux femmes de la vraie vie : le visage ordinaire, le corps solide, le ventre légèrement proéminent. Elles ont autre chose à faire que de se soumettre au regard des hommes.

Si Artemisia n'était pas la féministe à l'esprit théorique décrite par certains chercheurs, elle l'était au point de vue pratique. Oui, elle exigeait d'être traitée de la même façon, d'obtenir la même considération et le même salaire que ses collègues masculins. Oui, elle peignait des figures féminines fortes et tragiques et décidait elle-même comment elle les représentait.

Et non, Artemisia ne signait pas ses œuvres en tant que vierge comme le faisaient ses collègues féminines, parce que le monde entier savait qu'elle ne l'était pas. Elle fonçait.

Telle est donc l'image que j'ai brossée d'elle. Si j'ai appris quelque chose à propos d'Artemisia, c'est que les historiens de l'art du monde entier continuent de s'écharper sur son cas. On découvre de nouveaux tableaux et pour ceux que l'on connaît déjà, on se lance dans des controverses sur leur autrice et l'époque où ils ont été réalisés. Artemisia posa-t-elle nue pour son père ou l'idée était-elle tout simplement impossible ? Est-elle restée illettrée toute sa vie ou s'est-elle frayé un chemin dans les cercles cultivés ? Le viol fut-il une expérience aussi traumatisante que nous le pensons ou sa signification était-elle moins personnelle parce que la conception de la personne n'était pas du tout la même au XVIIe siècle ? Parmi ses tableaux, lesquels sont des autoportraits ? On a trouvé les traits de son visage et de son corps tant sur les Judith, les Suzanne, les Cléopâtre, les joueuses de luth que sur les Amazones casquées, mais à l'époque, elle n'aurait pu disposer d'un miroir en pied suffisamment grand pour réaliser un nu entier. Et pourquoi le style de ses peintures connaît-il tant de variations ? Était-elle une mauvaise artiste, dénuée de vision propre, puissante, ou est-ce le signe d'une faculté d'adaptation au style en vigueur dans chaque ville et donc d'un génie artistique et mercantile ? La vérité est reconstruite pièce par pièce et chaque reconnaissance de dette ou de paiement, chaque poème portant le nom d'Artemisia retrouvé à Rome, Florence, Venise ou Naples, est décortiqué jusqu'à l'os, jusqu'à ce que toute notre héroïne nocturne soit entièrement mise en lumière.

Un autoportrait potentiel d'Artemisia peint dans les années 1630 a été conservé. On y voit la mère célibataire de deux filles, âgée de trente-huit ou quarante-cinq ans – car si elle n'est pas à Naples alors elle est à Londres en train d'aider son père dans son projet de décoration de plafond. Sur l'image, Artemisia est concentrée sur sa peinture. Elle porte un habit vert avec ses larges manchettes à froufrous – un peu trop raffiné pour un vêtement de travail –, au cou un camée suspendu à une chaîne en or, à la main une palette et un pinceau. Sa chevelure foncée est tirée en arrière en un chignon lâche, quelques boucles s'échappent déjà, ce n'était pas le moment de se perdre en afféteries. Artemisia ne me regarde pas. Elle n'en a pas le temps, elle a autre chose à faire.

*

Conseils d'héroïne nocturne :

Si tu sais ce que tu veux, fais-le.

Si tu as subi des humiliations, des injustices ou des souffrances, ne reste pas bloquée dessus. Avance. Pars à Florence. Ou à Rome. Ou à Venise. Ou à Naples.

Fais de tes blessures tes forces. Peins-les en bien grand sur une toile que tout le monde verra.

Si tu ne sais pas quelque chose, par exemple lire, apprends.

Fais tien l'esprit de César et ne le lâche pas.

Exige pour ton travail le même salaire que les hommes.

Ne vends pas au rabais.

Apprends à négocier.

Ne t'écrase pas.

[Théorie sur les pères, fichier Word]

Je pense parfois la nuit à l'influence que semble avoir eue, en arrière-plan, le père hors norme de toutes ces femmes artistes, un homme qui, contre les conventions de l'époque, décida de donner une éducation à sa fille. Je voudrais naturellement penser que les pères de Sofonisba, Lavinia et Artemisia étaient des papas géniaux, des partisans avisés et progressistes de l'égalité, qui essayaient exemplairement de faire avancer la libération des femmes – mais il se peut que leur motivation ait été bien plus banale : l'argent. Que faudrait-il en penser alors ? Ces femmes artistes n'étaient-elles pas de vraies femmes exemplaires qui suivaient leurs propres passions ? Ne faisaient-elles qu'obéir aux ambitions fixées par leur paternel ?

Je voudrais penser que c'est l'un et l'autre. Qu'en savons-nous en effet ? Qui eut l'idée le premier et qui donnait le *la* dans la famille ? Il n'est pas dit que le père de Sofonisba ait fait apprendre la peinture à ses filles seulement pour qu'elles gagnent l'argent de leur dot, mais il se peut que ce soit aussi parce qu'elles-mêmes le voulaient. Lavinia aurait pu supplier son père de la laisser apprendre à peindre à coups de steuplé-steuplé papa, puisque Sofonisba, elle, en avait eu le droit. Ou bien Artemisia aurait accepté de poser pour son père à la condition qu'elle puisse elle aussi peindre.

Si ces femmes étaient, peut-être bien, des gentilles filles à papa, en tout cas elles savaient les manœuvrer. Elles avaient peut-être réfléchi dans leurs petites têtes intelligentes à comment faire le travail qu'elles voulaient et savaient qu'elles ne pourraient y parvenir qu'à l'aide de leurs pères. Elles parvinrent peut-être à échapper à l'emprise étroite du patriarcat uniquement parce qu'elles avaient la jugeote de se glisser dehors en s'abritant derrière leurs pères.

Et il n'y a pas que dans l'histoire des femmes artistes que se fait jour l'importance des pères : Karen, Isabella, Ida, Mary – on dirait que, derrière presque chacune des héroïnes nocturnes ayant réussi, se trouve un père qui, d'une manière ou d'une autre, encourageait sa fille à pratiquer des activités inhabituelles pour les femmes. Un père héroïque que l'on peut admirer plus que tout (Karen) ; un père sévère qui éleva sa fille comme un garçon (Ida) ; un père absent dont on veut gagner l'approbation et poursuivre le travail (Mary).

Et les mères, falotes, en toile de fond : conventionnelles, travaillant dur en cuisine, couchées dans leur lit, malades, mortes.

7.

Kallio-Mazzano, hiver-printemps

L'HIVER EST HORRIBLE. Je passe janvier cloîtrée dans mon placard de Kallio pour écrire, et je manque de devenir folle. J'ai passé une année entière à rassembler de la documentation, à chasser des héroïnes nocturnes sur trois continents, à écrire mon journal et à patauger dans des kilotonnes de sources – il faudrait maintenant que je façonne ce matériau, que je l'édite et que j'écrive.

Lancement des opérations. Je repousse la table à manger contre le mur pour en faire un bureau (dans cet appart, plus question de manger ou rêvasser, ça va bosser dur) et je me procure un vrai bon fauteuil (le vieux de mon père, qui grince) ainsi qu'un tableau où punaiser les images de mes héroïnes nocturnes : des femmes d'âge moyen en habit noir irréprochable, une pin-up chevauchant un zèbre, Karen jeune au milieu de dépouilles de lion et vieille avec Marilyn Monroe, des femmes de la Renaissance au visage blanc du musée des Offices, Artemisia en train de décapiter Holopherne. Sur un coin du bureau je pose le bout de bois teint par le sable rouge de Mkomazi. J'inscris des mots d'autoencouragement sur des Post-it comme évolution naturelle, expédition, construction jazzistique, licence poétique, légèreté, jeu, joie. Je m'impose une interdiction de rendez-vous à déjeuner et j'annonce à tout le monde que mon calendrier restera vide jusqu'au mois de mai : je vais me momifier pendant des semaines et des mois dans ma bulle solitaire et je ne ferai qu'écrire. Pas de vie sociale, pas de visites d'autrice, pas de navigation excitante sur Internet à la recherche de destinations de voyage, rien. On va filer à fond la caisse comme pour la traversée du désert d'Oldupai : un foulard sur la figure et le regard droit devant. En avant toute !

La première semaine se passe plutôt bien : à mon bureau de neuf heures à dix-sept heures, je ne vois personne et ne parle à personne. Dès la deuxième semaine j'ai envie de supplier quelqu'un de venir m'extraire de mon studio, au risque de perdre les pédales. Je commence à sortir une fois par jour pour faire une petite course à l'épicerie du coin afin d'échanger ne serait-ce que quelques mots avec la caissière. La troisième semaine, je parcours mes fichiers de notes d'avant en arrière, et une panique froide commence à se faufiler dans ma poitrine. Après ça, je ne parviens plus à sortir de mon lit, l'idée d'allumer mon ordinateur me rend malade. J'ai l'impression d'être seule dans une grotte sans lumière tant l'obscurité de l'hiver a posé sa noire couverture sur tout. Légèreté-jeu-joie *my ass.* Et si tout cela ne donnait rien ? C'est ça le syndrome du second livre ?

Je passe tout l'hiver à tenter de me désembourber, mais je ne sais toujours pas comment écrire cet ouvrage.

Je suis tellement frustrée que j'ai envie de hurler. Je tente de penser à ce que m'a dit Jyrki, mon ami illustrateur – que cette phase du travail, dite de *la centrifugeuse à impuretés,* fait partie du truc et que dans ce boulot toute la question est de savoir comment tenir. Moi, je ne tiens pas, clairement. Et comme je me suis volontairement enfoncée dans un vide social, je passe mes soirées vautrée devant la télé, dégoûtée de moi-même. J'ai presque l'impression d'être en dépression. Mais comment est-ce que je peux être déprimée, sacré nom de Dieu, je suis en plein dans cette fichue *vie de rêve* !

Je repense à ce moment d'hubris ridicule où je me suis fixé comme sublime méthode de travail les *expériences humaines.* Ben tiens. J'avais envisagé des expériences d'un genre un peu différent – des aventures d'une liberté folle sur des continents non explorés et des voyages dans le temps dans des cultures passées – mais visiblement, il me faut boire jusqu'à la lie la solitude, le retrait du monde, la frustration intérieure qui gagne, le sentiment d'être bloquée et en échec, les doutes sur ma propre santé mentale et plus généralement sur le fait que quoi que ce soit ait un sens – tout cette potion que de si nombreuses héroïnes nocturnes ont avalée avant moi et qui faisait, dans le passé, qu'on les enfermait dans des maisons de fous pour cause d'hystérie. Je ne vais pas tarder à connaître le même sort. Plus que jamais, j'ai besoin de mes héroïnes nocturnes.

Une nuit, je passe un coup de fil désespéré à Frida Kahlo. J'ai trouvé son numéro sur le fac-similé de son répertoire téléphonique dont j'avais doté ma bibliothèque lors de recherches sur mes héroïnes-phares. Frida a inscrit son numéro à l'encre rouge, de son écriture en pattes de mouche :

Frida Kahlo 195221. Diego Rivera 239121 147121.

Je me demande à partir de quel moment on peut dire que quelqu'un a définitivement perdu la boule. Au moment où, par une nuit de janvier dans une niche du quartier de Kallio, enveloppée dans vos caleçons longs et votre chemise chaude, vous saisissez vraiment votre téléphone et composez le numéro de Frida ?

Frida ne répond pas. *Le numéro demandé n'est pas attribué,* annonce une voix de femme.

Quant à Diego, je n'ai rien à lui dire.

Un jour j'apprends que j'ai été acceptée pour une résidence d'écriture au mois de mai dans le village médiéval de Mazzano, situé non loin de Rome. En théorie, c'est génial, évidemment, mais parce que je me traîne dans mon noir marécage, je suis horrifiée : c'était la promesse d'un camp de survie plus solitaire que la solitude même. Selon les indications données dans l'e-mail, le village est situé au milieu de nulle part, accroché au bord d'un gouffre grouillant de serpents (« si vous partez en promenade, munissez-vous d'un bâton »), il n'y a pas de moyens de communication, le téléphone ne capte paraît-il que « dans le coin avant gauche » de la terrasse et il n'y a même pas Internet. Une femme qui jongle au quotidien entre son boulot et ses jeunes enfants trouverait ça sûrement paradisiaque. Moi, en revanche, je ne supporterai pas d'être seule et retirée hors du monde une seconde de plus.

Mais peut-être qu'acheter mes billets d'avion me rendra le souffle.

J'arrive fin avril à Rome où je vais passer quelques jours avec mes parents avant de m'enterrer à Mazzano. J'ai loué ma niche de Kallio à un étudiant qui débarque de Kuala Lumpur et nous avons réservé un appart énorme, à l'ancienne, avec des plafonds immenses, à deux minutes à pied du Panthéon. De part et d'autre de l'entrée les lettres M, I et A ont été bombées à la peinture rouge. Je les fixe, incrédule : quelle est la probabilité que j'arrive à choisir parmi des dizaines de locations celle dont la porte est taguée à mon nom ?

Ah, la Rome éternelle ! Le matin je me traîne avec mes parents à la vitesse de l'escargot – c'est le prix à payer pour profiter des déjeuners entrée-plat-dessert divins que je ne m'offrirais pas, seule. Ensuite je prends la tangente, j'écume les rues et les musées, je me gave d'histoire et de culture. J'oublie mon projet de bouquin pour un moment et je m'enivre de tout : la lumière dorée de Rome, les couleurs superbes des façades, les étagements de ruines qui me donnent l'idée qu'on devrait dessiner en pointillé des centaines de versions superposées du plan de la ville, toute l'histoire archéologique de l'humanité. Je m'enivre de la verdure printanière, des lilas et des marronniers en fleurs, de l'atmosphère tranquille des ruelles écartées. Des vues de la ville depuis les toits-terrasses, de la brillance irréelle de la basilique Saint Pierre dans le contrejour brumeux du soir et d'avoir le souffle coupé devant l'apparition soudaine du Panthéon vieux de deux mille ans. Et je m'enivre aussi de nourriture, bien entendu – artichauts, beignets de fleurs de courgettes, pâté de lièvre truffé, poulpe grillé, *saltimbocca* réalisée dans les règles de l'art, épinards rôtis dans du beurre, *puntarella*, langue de veau à la sauce verte, tartelette aux pignons de pin et vin blanc de Sardaigne – ainsi que du Tibre au crépuscule, des promenades jusqu'au Colisée nimbé de lumière orange et des longues ombres frangées d'or des pins parasols qui y conduisent. Et des sinistres Caravage, des trésors des chambres de Raphaël, des exubérances d'or et de lapis-lazuli des églises jésuites, des nonnes très âgées, courbées, qui m'arrivent à la taille, me mènent au balcon de chœur vide pour que je voie les restes d'une fresque peinte au XIIIe siècle – les couleurs brillantes qui s'effacent sur ses murs, les anges aux ailes rayonnant des couleurs de l'arc-en-ciel – et s'endorment sur un banc en attendant.

Je pense à mes héroïnes nocturnes, dont les figures tanguent comme des ombres de-ci de-là. Je parcours les rues d'Artemisia, dans ce qui était le quartier des artistes au XVIIe siècle, et j'essaie de voir l'autoportrait de Lavinia dans la galerie de l'Accademia di San Lucca, mais je ne le trouve nulle part – évidemment, quand est-ce que vous pourrez voir, juste comme ça, un tableau peint par une femme ?

Le dernier soir, la veille du 1er mai, je fais un dernier tour au Panthéon, la lune presque pleine éclaire sa silhouette massive de deux millénaires, il procure un sentiment de sécurité, comme un gros animal.

Je poste un dernier statut sur Facebook : pour le mois à venir, moyens de communication médiévaux. Pigeons voyageurs et signaux de fumée O.K., peut-être Internet et le téléphone sporadiquement, le plus sûr sera la transmission télépathique.

Mazzano, Mazzano Romano. Qu'en dire ? Un village médiéval décrépit à flanc de montagne. Un appartement dans une enceinte vieille de sept cents ans, la clé dans la boîte aux lettres, une vue verticale aveuglante par les fenêtres et depuis la terrasse jusqu'à une forêt primitive peuplée de sangliers, de renards, de tortues, de serpents et de scorpions, déployée en ondulations vertes tranchées par un gouffre. Par les persiennes ouvertes monte la rumeur de la chute d'eau d'une rivière invisible. Le pépiement des oiseaux, les hirondelles et les choucas des tours qui volent au-dessus de l'enceinte, les chats galeux, borgnes, dans les ruelles. Les ruelles plus étroites que l'étroitesse, les escaliers tortueux grimpant et descendant, et les porches sombres, partout des portes en bois arquées, verrouillées, comme des écuries ou des cachots. Il paraît qu'il y a des fantômes – ça ne m'étonne pas : où donc logeraient-ils si ce n'était ici ?

Les premiers habitants qui s'installèrent au Xe siècle, à l'époque contemporaine de Sei Shōnagon, étaient des moines. Au XIVe siècle fut construite au sommet de la colline, sur son flanc vertical, l'enceinte protégeant la ville et ses habitations, la mienne comprise. Près des ruines de l'église se trouve le palais du seigneur del Drago, la vue depuis ses fenêtres s'étend par-delà le village et la vallée. Les escaliers d'enceinte portent un blason en pierre représentant un dragon – un serpent enroulé autour d'un sceptre – et juste derrière se trouvaient, au Moyen Âge, un fossé et les écuries pour les chevaux et les mules. Les maisons à l'extérieur de l'enceinte datent des siècles postérieurs, elles remontent en direction de l'autre colline et plus on s'élève vers la route, plus les constructions sont récentes. Là-haut, le Mazzano nouveau constitue déjà un monde tout à fait ordinaire avec ses voitures, ses arrêts de bus, ses épiceries et ses distributeurs automatiques de billets.

Mais ici, dans le vieux village, on a l'impression d'entrer dans un livre de contes illustré très ancien aux lettrines ornées. Il était une fois, il y a très, très longtemps, dans un coin reculé du royaume, au terme d'un pénible voyage, derrière les forêts, les collines, les rivières et les murailles, un tout petit village où les gens vivent, oubliés depuis des siècles, leur petite vie tranquille. Comment ils sont arrivés là, nul ne le sait plus. Ils sont peut-être nés des graines de dragon apportées par les antiques moines, qui ont pris racine dans les parois toutes droites de la colline et entamé leur croissance rabougrie, chétive dans des conditions où ce ne sont pas les difficultés qui manquent.

Tout est un peu à l'avenant : les gens, les maisons, les animaux. Aux fenêtres sont pendues des lessives usées, en lambeaux, sur les escaliers et les toits-terrasses en pierre grise poussent des jardins en pots, remplis de plantes ratatinées par le soleil. Les façades en pierre grise des maisons sont partout percées d'étranges ouvertures, d'escaliers démembrés ne conduisant nulle part, de portails cassés et de cavités moussues, et si une voiture s'égare quelquefois sur la place centrale, elle n'aura vraisemblablement plus de capot. Des images de la Madone décolorées sont parsemées dans de petites niches creusées dans les murs. Sur la placette, une petite boutique d'alimentation ainsi que Vittorio, le marchand des quatre-saisons qui vend la production locale (je soupçonne le propriétaire d'être en fait Jean Reno qui tient la boutique pendant son temps libre sous le pseudo de « Vittorio »). Il y a aussi une minuscule chapelle où les hommes viennent le soir s'asseoir avec le curé devant la fresque médiévale ainsi que, naturellement, le café du faucon, le Caffe del Falco, avec ses tables en plastique crasseux autour desquelles s'assoient les propriétaires galeux et borgnes des chats galeux et borgnes, au nombre desquels un homme noirci par le soleil, hirsute, qui jette fiévreusement des regards furtifs et ressemble comme deux gouttes d'eau à Keith Richards.

Et c'est pour m'emmener au bar du faucon, « ce bar à freux », qu'un Finlandais qui vit au village, Cai, quatre-vingt-quatre ans, vient me chercher chez moi le soir suivant mon arrivée : « Il y a des écrivains finlandais dans le coin ? » me crie-t-il dans l'interphone alors que j'étais en train de me préparer une minestrone avec les légumes de « Vittorio ». Cai a, semble-t-il, coutume d'offrir aux artistes en résidence un *cafe corretto* au bar, c'est-à-dire un expresso à la sambuca. Comme je ne bois pas de café j'ai droit à la même mixture sur une base de thé, même si Silvia, derrière le comptoir, refuse de s'avancer sur la qualité du produit final. L'expresso ordinaire coûte quatre-vingts centimes, le corrigé un euro. Tasse en main, Cai me raconte l'histoire du village et me montre sur le chemin du retour un passage voûté secret, plongé dans le noir presque complet, qui pue la pisse de chat et le moisi, et me ramènera chez moi si je ne pense pas aux fantômes et aux horrifiques récits tirés de l'histoire locale. Ensuite il m'apprend à faire la bise à l'italienne et repart en direction de son appartement situé dans la même étroite ruelle du Rédempteur, à quelques portes du mien.

Au bout de quelques jours j'écris le texte suivant :

Vous commencez par vous demander ce qu'est cet endroit abandonné de Dieu, ce que sont ces maisons décrépites, ces églises effondrées, ces voitures ruinées, ce patelin que le taxi de Rome ne trouvait même pas sur son GPS. Ensuite, après un ou deux jours, quand vous avez dégotté à manger, bien dormi, bu votre thé japonais et lu sur le toit-terrasse en plein soleil bercée par le murmure de la rivière en contrebas, vous commencez à observer les hirondelles qui filent chaque soir, surexcitées, autour des ruines béantes, et une impression de bien-être, une cordialité vous vient. Alors vous vous mettez à regarder de plus près ces portails délabrés et ces escaliers finissant dans un mur ; bientôt vous prenez en photo les mauvaises herbes qui poussent sur l'enceinte en pierre, les murs bosselés où les couches de mortier jetées au cours des siècles forment un patchwork de couleurs, les ombres obliques et les voûtes des ruelles étroites, les taches de couleur du linge qui ne tient qu'à un fil. Et vous voilà amoureuse des hirondelles qui volent aux lueurs du soir et de la lumière matinale limpide, du parfum affluant par la fenêtre qui vous enivre dès l'aurore et des choucas des tours, et le troisième jour vous calculez déjà combien peu de temps il vous reste avant le retour – vingt-quatre jours seulement. Vous vous dites que vous n'avez plus aucune envie de prendre cet unique bus qui passe à sept heures du matin pour passer la journée à Rome, car qui voudrait quitter cet endroit, pas même pour grimper les six minutes de marche nécessaires pour rejoindre le village nouveau, vous n'avez plus qu'un seul souhait, rester au cœur de cette enceinte grise, dans le petit dédale de ces maisons, à parcourir les trois chemins qui le traversent ; vous ne voulez plus qu'écouter le murmure tranquille de cette muraille, qui est peut-être celui de la rivière qui coule dans le vallon, vous voulez vous enfermer dans ces murs, dans l'espace caché en son sein.

Je note pour moi-même les préceptes qui régleront mes vingt-quatre prochains jours.

Avant le coucher du soleil : sors voir les hirondelles.

Sors écouter le mur murmurer.

Chaude journée, 27 degrés à l'ombre. Il faudrait me mettre au travail, mais j'ai plutôt envie de m'asseoir un moment au soleil sur la terrasse. Je grimpe ensuite chez le poissonnier au village-haut pour acheter un poulpe frais, et en redescendant je m'arrête boire un jus de pamplemousse au bar du faucon. Traversant le dédale de ruelles obscures pour rentrer chez moi, je tombe sur les occupants de l'atelier ouvert en résidence. « Mais je te connais » me dit l'homme. C'est Markus, le petit frère d'un ami d'enfance, il est accompagné d'Aura, sa femme, une artiste, et de leurs trois fils. Ils ont tous l'air terriblement sympathique. Aura m'invite à passer dîner un de ces soirs et à faire une balade en forêt. Ils sont descendus de Finlande en voiture et comptent rester deux enviables mois.

Dans la soirée, Aura passe lire ses e-mails sur ma clé Internet (qui marche finalement !) et nous discutons un peu. Elle fait surtout des aquarelles et a peint ces derniers temps de nombreuses femmes liées à l'iconographie de saints paléochrétiens, comme Agnès et Cécile. Je connais cette dernière, j'ai vu son corps sculpté dans le marbre à Rome, dans la basilique mineure de Sainte-Cécile-du-Trastevere. Aura m'apprend comment Cécile, dans les années 200, protégeait sa virginité, jeûnait, portait de la toile de jute à même la peau, repoussait son mari hors de sa couche et convertit quatre cents Romains au christianisme, en raison de quoi elle fut condamnée à la décapitation. Mais, bien que le bourreau l'eût frappée par deux fois, sa tête ne se détachait pas du corps et Cécile se vida de son sang pendant trois jours avant de mourir. De son côté, le signe distinctif d'Agnès était une longue chevelure qui lui descendait jusqu'aux pieds, un peu comme celle d'Aura. Vivant dans la Rome du IVe siècle, elle refusait ses prétendants, jusqu'à ce que l'un d'eux la dénonce : pour la punir de pratiquer la foi chrétienne, on la condamna à être exposée, dénudée, dans le stade de Domitien, l'actuelle Piazza Navona, afin que le public puisse la déshonorer de ses regards, mais les cheveux d'Agnès poussèrent miraculeusement pour couvrir son corps et sa vertu fut sauve.

Aura elle-même ressemble à l'une de ces saintes qu'elle peint. Elle a toutes sortes de pressentiments et de sensations, il lui arrive parfois de s'évanouir en rencontrant une nouvelle personne ou en percevant une ambiance puissante, à mon propos elle dit qu'elle a tout de suite su que mon signe astrologique était Balance, comme le sien, quoi que cela puisse signifier. En plus de la peinture, Aura met en scène des performances et une bonne part des représentations qu'elle réalise avec Linda, sa partenaire artistique, traite de femmes historiques – elles ont par exemple mis en place un service d'escortes où vous pouviez réserver un rendez-vous avec Marie-Antoinette, Anna Karénine, Sue Ellen ou la Vierge Marie. Aura et Linda se sont laissé pousser une longue chevelure noire pour qu'on ne puisse les distinguer lors de leurs performances.

Plus tard dans la soirée je cherche sur Internet le portrait de sainte Serena peint par Aura. Elle lui ressemble, en plus triste. Elle a l'air de quelqu'un qui sait quel destin l'attend, sous ses yeux l'aquarelle a fait couler des ombres claires, tandis qu'Aura est pleine d'une énergie souriante. Un jour j'inviterai Serena-Aura à boire un verre de vin sur le toit-terrasse, nous parlerons des affaires des saintes et autres héroïnes nocturnes et nous contemplerons l'antique forêt déployée face à nous où reposent les antiques tombes des Étrusques et des Falisques.

En mai, une chaleur caniculaire pèse pendant des semaines sur Mazzano. Je ne sais pas à quoi je pensais quand j'ai fait mes bagages – sûrement qu'il faisait froid dans les maisons en pierre du Moyen Âge – car ma valise est pleine de tricots en cachemire et de caleçons longs en bambou, tandis que les deux seules robes légères dont j'aurais bien besoin maintenant, je les en ai retirées au dernier moment.

Ajouter au chapitre consacré aux bagages : *Ne retire jamais ta robe légère de ta valise.* Ça pèse cinq grammes et prend autant de place qu'un mouchoir. Je n'ai pas raison, Nellie Bly ?

C'est la fête au village. Je me suis réservé la matinée pour écrire avant cela, mais l'interphone sonne juste au moment de commencer. C'est Cai qui me demande si ça me dirait de les accompagner, lui et sa femme, au café du village voisin où ils ont coutume d'emmener les habitants en résidence. « Rendez-vous dans un quart d'heure piazza Antisa. » C'est où, demandé-je, car j'ignore le nom des places à l'exception de celle d'Umberto Ier au centre. « Bon, je passerai te prendre », siffle Cai, et je l'entends pester tandis qu'il raccroche l'interphone *nom de Dieu, une femme qui se perd à Mazzano*... Il appert que la piazza Antisa désigne le parvis de l'église en ruine à environ vingt mètres d'ici.

Nous prenons la route pour le village médiéval de Nepi. Christel, l'épouse de Cai, est une femme intelligente, dotée d'un solide sens de l'humour et hypercompétente qui a fait une longue carrière internationale au sommet et vit en Italie depuis l'année de ma naissance. Elle me renseigne sans interruption sur les paysages qui défilent devant la fenêtre – au loin se devinent les Alpes (on peut y skier en hiver), les cultures de noisettes (la vigne et l'olive ne poussent pas ici), les chênes (sept espèces différentes), le lierre (je fais l'erreur de m'enthousiasmer, mais en réalité cette plante tue les arbres et détruit les murs du village), une grande bâtisse en ruine (un ancien studio de cinéma où l'on tournait des westerns spaghettis), la source (où l'eau de Nepi est mise en bouteille), l'aqueduc de Nepi (pas plus de deux centimètres de dénivelé par mètre). À Nepi, elle guide Cai, qui fait office de chauffeur pour trouver une place (si tu étais italien, tu te mettrais là). C'est jour de marché, un groupe de communiants en chasuble blanche est réuni devant l'église, et bientôt voici la fanfare municipale à laquelle les enfants emboîtent le pas à travers les stands, un spectacle tout droit sorti d'un film de Fellini. Nous passons en revue l'étal du fromager (nous choisissons du pecorino), j'achète une crème hydratante (contenant de l'huile d'olive selon une recette étrusque) et Christel m'offre un bâton de réglisse, un bout de bois tout sec, que je suçoterai docilement au retour. Nous nous installons enfin pour un café/thé (ou un *tè freddo*) et Christel me parle de son impressionnante carrière. Cai me raconte quant à lui que des gens l'arrêtent continuellement dans les rues d'Helsinki pour lui faire la bise, sans qu'il ait aucune idée de leur identité, mais ils le connaissent tous de Mazzano. En quelques décennies, chaque année, c'est une vingtaine d'écrivains et d'artistes qui passe par ici – chacun se souvient de Cai à son retour, mais lui, comment pourrait-il se souvenir de tous ?

Je déjeune à la maison et tente d'écrire un moment, ensuite il va falloir filer à la fête du village. Visiblement tout le monde s'active sous un chapiteau monté devant l'église en ruine pour préparer le banquet. Une femme brune avec une tête de vieille Étrusque pétrit des pizzas, le visage plein de farine, « Vittorio » s'affaire avec son tablier, Keith Richards, d'habitude assis au bar du faucon dès sept heures du matin, fait griller des steaks pour les hamburgers avec la même ferveur et les mêmes gestes que son modèle jouerait de la guitare dans une salle comble, un bandeau élastique autour de la tête, une clope au bec. De longues tables ont été dressées sur la place et nous goûtons avec Aura et les garçons tout ce qu'il y a : de la pizza fritta, des artichauts frits, des *fave e pecorino*, de la tarte au citron maison. Une artiste finlandaise, Mari, se joint à nous. Il y a douze ans, elle est venue ici en résidence, a rencontré un homme, a eu une fille et est restée. Le soir tombant, un groupe de jeunes du coin joue tous les morceaux qui vont bien, des Guns N'Roses à Metallica et Nirvana *Smells like teen spirit*, et le guitariste aux longs cheveux se lance dans un mosh timide.

Je m'étais imaginée débarquer dans un village à l'écart de tout pour effectuer une résidence d'écriture, coincée sans téléphone et sans Internet, et finir folle, mais dans ce trou perdu, la vie sociale est plus remplie que tout un hiver dans le quartier de Kallio à Helsinki. Je n'ai pas écrit un mot, mais j'ai appris en revanche qu'il faut avoir fini ses préparatifs du matin avant neuf heures, car vous ne savez jamais qui va sonner à la porte et ce que vous réservera la journée, et qu'une vie communautaire comme ça est sacrément plus géniale qu'un ermitage dans une niche à chien de Kallio au cœur des ténèbres de janvier.

La cuisine à la mazzanienne : allez acheter des légumes chez « Vittorio » et restez un moment l'air désemparé jusqu'à ce que l'un des vieux qui passent leur journée devant la boutique vienne vous souffler sa meilleure recette. « Vous savez les préparer ? » vous demande le Calabrais à l'air rusé, dans un anglais parfait qui vous surprend, en pointant un tas de longues cosses. Il vous enseigne ensuite comment réaliser la *pasta fave* sicilienne : faites bouillir les cosses dans l'eau salée pendant dix minutes, faites dorer les oignons dans de l'huile, jetez-y les cosses, un peu d'eau de cuisson et de lard, si vous souhaitez une impression sicilienne authentique, et dégustez sur des petites pâtes – courtes, pas longues, précise le bonhomme en agitant l'index.

Prix des ingrédients : un euro quarante. Puis il me demande d'où je viens et dit qu'il a lui-même roulé sa bosse. « Une fois ma bagnole m'a lâché au Guatemala. J'y suis resté quinze ans. » Est-ce que sa voiture l'a lâché ici aussi, demandé-je ? C'est à peu près ça, répond-il.

Carla, qui s'occupe des aspects pratiques de la résidence, m'a promis, contre paiement, de m'emmener en excursion dans la région afin que je voie un peu l'Italie. Un jour de grosse chaleur, nous nous rendons au lac de Bracciano et un autre à Rome. (La voiture de Carla est en révision, c'est donc son voisin de quatre-vingt-trois ans, avec ses tuyaux à oxygène dans le nez, qui nous fait faire l'aller-retour.) Le troisième jour, nous prenons la voiture pour Viterbe, une ville médiévale de plus grande importance située dans les environs. En parcourant la rue commerçante, Carla jette un œil à mes sandales de sport (je ne m'en suis toujours pas débarrassée) et déclare qu'elle ne pourrait *jamais* porter des trucs pareils. Je juge préférable d'acheter chez le prochain chausseur les sandales en cuir motif léopard, de style italien, que me conseille Carla, afin de lui épargner la honte d'être vue avec moi.

Nous déjeunons sur une petite piazza, abrités sous une pergola verte, et visitons ensuite le palais où le pape se réfugia un jour en raison de la situation explosive à Rome. Nous déambulons dans le musée, les vitrines débordent de reliques, personne ne sait plus de qui elles proviennent, mais des châsses en bois vitrées contiennent des dizaines d'os, de boucles de cheveux, de fragments de dents et de doigts. Tandis que nous étudions leur contenu, Carla mentionne comme en passant que le prépuce de Jésus, son *prepuzzio*, était d'ailleurs conservé non loin d'ici dans le village de Calcata, mais qu'il a été volé.

Je la regarde fixement, incrédule : le prépuce de Jésus - a été volé - à Calcata – chaque élément de cette phrase hystérique est parfaitement absurde. D'abord : quelle est la vraisemblance que le prépuce de Jésus ait même été tout simplement conservé et si oui, comment et où ? (Qu'en sais-je d'ailleurs, s'il s'agissait d'une coutume répandue, un peu comme la petite souris, certaines mères gardent bien dans une boîte les ratiches de leurs marmots à ce qu'il paraît ?) Quelle est la probabilité que, de tous les coins du monde, c'est justement à Calcata, Italie, qu'il atterrisse, dans cet onirique village en pierre avec ses bicoques serrées au sommet d'une colline, où je me suis même rendue un jour avec Aura et sa famille ? Et qui l'aurait dérobé alors, et pourquoi ? Quelle valeur sonnante et trébuchante peut avoir le prépuce théorique de Jésus sur les marchés catholiques ? Y a-t-il de nombreux faux en circulation ?

J'obtiens la réponse à mes questions dans la soirée quand je vais dîner chez Aura et Markus. Entre la polenta frite et les *cantuccini*, Markus s'empare du sujet de ce mythique prépuce à propos duquel il a réussi à établir les points suivants :

La légende raconte que Charlemagne offrit le prépuce de Jésus en cadeau de Noël au pape Léon III en l'an 800. Charlemagne l'avait lui-même reçu d'un archange – même si une autre histoire, moins digne de foi, raconte qu'il s'agirait d'un cadeau de mariage que lui aurait fait l'impératrice byzantine Irène. En tout cas, le pape Léon rapporta son cadeau à Rome et le fit placer dans la chapelle Sancta Sanctorum – l'objet était d'importance : l'unique partie du corps de Jésus à avoir été conservée. D'une importance telle, en réalité, que nombre de *faux prépuces* concurrents circulaient en

Europe pour lesquels des chapelles étaient érigées et des confréries fondées.

Ce prépuce « d'origine » disparut toutefois au cours des troubles de l'année 1527, lorsque les troupes de Charles Quint mirent Rome à sac. Un soldat ayant commis le vol fut arrêté non loin de la Ville et mis au cachot à Calcata, où il dissimula les restes sacrés. Le prépuce fut découvert à Calcata trente ans plus tard et depuis 1557 il est conservé dans l'église du village. Le pape Sixte V accorda la remise de leurs péchés à ceux qui honoraient le prépuce et Calcata devint une destination de pèlerinage prisée. Et donc, si Sofonisba ou Lavinia se sont enthousiasmées pour ce prépuce, il se pourrait qu'elles soient venues le voir – mais je n'y crois guère.

Lorsque Galilée découvrit les anneaux de Saturne grâce à sa lunette en 1610, le bibliothécaire du Vatican publia une étude sur le saint prépuce dont il estimait qu'il s'était *transformé en anneau de Saturne* quand Jésus était monté au Ciel. (Je me demande si Galilée et Artemisia ont évoqué le sujet dans leurs discussions à la table de la cour des Médicis à Florence.) Plus tard, au XIXe siècle, un monastère français déposa une demande d'authentification du prépuce et la querelle, qui dura des décennies, eut pour résultat que le Vatican interdit en 1900, sous peine de châtiment, que l'on parle ou écrive au sujet du prépuce. En 1962, le Vatican fit sortir du calendrier religieux la fête de la circoncision de Jésus, espérant mettre un terme aux prépuciales controverses.

Mais dans les années 1960, les hippies venus s'installer à Calcata estimèrent que c'était génial, cette coutume d'honorer le prépuce et de le promener en procession au nouvel an, et la pratique perdura jusque dans les années 1980, où le curé décida d'intervenir dans cette affaire qui prenait des proportions gênantes. Un peu avant la nouvelle année il reconnut qu'il avait *emporté le prépuce dans une boîte à chaussure chez lui*, où celui-ci avait été « volé ». Les responsables du forfait ne furent jamais arrêtés ni le prépuce retrouvé, mais les indices pointent tous dans la même direction : le département des objets à mettre au secret du Vatican.

Couchée dans mon lit pendant la nuit, je me refais la réflexion que les voies des passions humaines sont impénétrables : les saints prépuces, les héroïnes nocturnes, que sont ces objets de vénération ? En outre, qui suis-je pour rire de ces restes sacrés ? Quel ne serait mon ravissement si je découvrais une boucle de cheveux de Sofonisba ou une empreinte digitale authentique d'Artemisia ?

Des températures brûlantes sont encore annoncées, je prévois donc de rester à la maison. Je fais la vaisselle, la lessive, le déjeuner, puis je tente de mettre à jour mon journal, de le remplir jusqu'à la date d'aujourd'hui. Je songe avec une certaine culpabilité que je ne suis pas en train de traverser le désert du Sinaï à dos de chameau, et que pourtant je n'ai pas réussi à écrire une ligne depuis des jours. Les fichiers de notes empilés dans les entrailles de mon ordinateur attendent toujours que j'en fasse quelque chose. À ce train-là, ce livre ne sera jamais achevé. Je songe avec envie à l'énergie et à la productivité dont font preuve toutes mes héroïnes nocturnes : si Lavinia ou Artemisia étaient en train d'écrire ce bouquin, sans parler d'Isabella ou Ida, le boulot serait déjà terminé ! Elles ne seraient pas en train de s'agiter dans les collines à la recherche de tombes falisques qui n'ont aucun rapport avec le projet, mais elles resteraient vissées à leur chaise pour abattre du travail !

Je pense ensuite : s'il fait trente-deux à l'ombre, tu as peut-être quand même le droit de rester un moment allongée sur le canapé, persiennes fermées, et de regarder la *Dolce Vita* de Fellini. Il n'y a pas contexte plus parfait pour voir ces films qui prennent aussitôt une coloration documentaire, paraissant décrire le quotidien ordinaire.

J'ai la sensation de me trouver exactement à ma place. Le reste du monde est ailleurs, lointain, tout comme le livre qui attend d'être écrit.

Le représentant de la fondation qui organise le programme de résidence vient en visite et Cai organise en cet honneur un dîner dans la *cantina*, le sous-sol dépendant de mon appartement. Carla cuisine depuis six heures du matin et les tables sont surchargées de mets – omelettes, salades de pâtes, ragoûts de haricots, aubergines arrosées d'huile, montagnes de blancs de poulet grillés, fromages, saucissons, olives, graines de lupin, tiramisu – tout le monde remplit son verre et celui des autres de *prosecco* dans un brouhaha joyeux et exubérant, on parle toutes les langues en même temps et on se coupe la parole en finnois, anglais, italien, estonien et même suédois. Il y a là Jyrki, le représentant, et sa petite amie, un couple de leurs amis tout juste tombés amoureux, Aura sans les garçons, Karel, un photographe estonien en résidence, et puis Mari, Cai et Christel, la fille de Cai arrivée hier avec Paolo, son mari. Jyrki est drôle et parle fort, il porte un tee-shirt jaune vif trop petit qu'il s'est acheté au marché du village-haut sur lequel est inscrit *Beach life*, en totale contradiction avec sa personnalité, ce qui donne une idée de son sens de l'humour. Cai ne participe pas plus que cela à la conversation mais il observe la brochette de jeunes femmes assises en face de lui d'un air heureux. Carla refuse de s'asseoir à table et continue de cuisiner toujours plus de plats en regardant les autres manger avec un sourire placide et content. C'est exactement le genre de festins fous dont je rêvais à Florence et c'est ici, où je pensais passer une retraite plus solitaire que la solitude, qu'il m'est donné de le vivre. Les anecdotes sur les résidents précédents font le tour de la table – certains n'ont paraît-il pas mis le nez dehors de tout le mois et se sont plaints par la suite que l'endroit était affreux. D'autres n'ont pas dépassé la lisière de la forêt. L'un d'eux s'était retrouvé par erreur dans un Mazzano de la région de Milan, un autre dans un village appelé Nazzano, complètement ailleurs. Un avait téléphoné à Carla, paniqué, la première nuit de son séjour et s'était plaint que la maison était hantée – heureusement un autre appartement était libre et le résident avait déménagé, mais pas avant que Carla n'ait effectué une inspection des présences surnaturelles éventuelles. Jyrki est manifestement enchanté quand je lui confie mon amour pour Mazzano.

Vers minuit chacun rentre chez soi, on débarrasse les tables, on rend les chaises empruntées, et une fois franchis les dix mètres qui me séparent de mon logis, je me sers un verre de *vermentino di Sardegna* sorti du frigo et je monte sur le toit-terrasse contempler le ciel étoilé et écouter le bruissement muet de l'antique forêt.

Le dernier jour, Aura me peint.

Elle m'avait demandé auparavant si je pouvais poser pour elle et j'y suis allée, bien sûr. Elle peint sur le sol de son atelier, la lumière tombe par les hautes fenêtres, je suis assise face à elle et fais semblant de lire un journal pour lui laisser le loisir de peindre. Elle fait une esquisse sur le papier à aquarelle avec une longue baguette qu'elle plonge dans l'encre noire et pose ensuite les couleurs, bleu et noir, plusieurs images, une feuille après l'autre, sous différents angles, de près et de loin. Aura me prévient qu'elle ne fait pas de portrait ressemblant, je le sais bien, le visage des femmes sur les peintures entassées sur la table est en partie ou entièrement badigeonné, nombre d'entre elles ont un corps d'animal ou bien une figure se penche par-dessus leur épaule comme une ombre – les œuvres dégagent une impression puissante d'étrangeté.

C'est une merveille de la voir travailler, elle babille joyeusement en même temps qu'apparaissent sur le papier ces étranges et sombres images. Elle peint vite et ne s'attarde pas à gribouiller, si une image ne lui plaît pas ou si quelque chose rate, elle lave le tout avec un gros pinceau ou recouvre tout de noir. La couleur s'écoule sur le papier trempé et Aura passe un chiffon sur un bout de mon visage, celui-ci devient sale, imparfait, comme enfoncé dans l'eau noire d'un étang. Sur une image j'ai l'air d'une enfant de trois ans, sur une autre d'un jeune garçon, mais sur certaines je suis reconnaissable – c'est une sensation bizarrement émouvante de me voir sur le papier, par les yeux d'une autre, même si Aura prétend que les artistes ne font en définitive que le portrait d'eux-mêmes. Sur la dernière grande feuille, Aura représente plusieurs visages juxtaposés et superposés, différentes versions, négatifs instables, ou restes d'une excavation archéologique.

Je repars avec quelques esquisses, Aura garde la plus grande pour elle, elle va la retravailler, peut-être jusqu'à en faire une œuvre finie. Elle m'annonce qu'elle prépare une exposition dont le titre provisoire est *Femmes qui courent dans le désert* – avec des figures animales, certaines réduites à une présence pressentie ou à une menace hors du cadre, et il n'est pas encore complètement clair si les femmes courent avec les animaux ou pour les fuir.

Je sais de quoi elle parle.

Le vol retour est plus beau que jamais. L'avion décrit une courbe au-dessus des vertes collines de Rome en direction de la rive ronde du lac de Bracciano. Je distingue le cap du village d'Anguillara et le château Orsini, puis nous plongeons dans un nuage, au travers, et restons suspendus au-dessus d'un doux coton, au royaume du soleil bleu.

La mélancolie insupportable des derniers jours s'est envolée, je ne ressens plus qu'un bonheur et une gratitude immenses. Je songe au miracle de pouvoir survoler tout ce paysage, de voyager ainsi, d'une manière dont mes héroïnes nocturnes n'auraient jamais pu rêver. Je pense à toutes ces rencontres, aux personnes marquant ce voyage, aux sentiments d'affinité, inattendus et inspirants. Je pense à Carla et sa famille, Paolo avec ses yeux ironiques et sa fille toute de noir vêtue – Carla toujours en train de rire et parfois si en colère qu'elle pourrait *tuer* et qui voudrait faire un voyage avec moi en Sardaigne. Je pense à Aura, rayonnante de joie, et ses pressentiments, à Markus qui est la bonne humeur incarnée et aux garçons. Je pense à l'énigmatique, à la merveilleuse Mari qui s'avance vers de grands changements, pleine d'une ardeur créatrice furieuse. Je pense à Cai avec sa tendresse drôle qui m'appelait tout le temps ma chérie comme si j'étais sa petite-fille, et à qui je n'ai pu, pour cette raison, donner ma carte de remerciements à l'effigie de la Fornarina nue, qui sait ce que lui ou son hypercompétente épouse Christel en auraient pensé. Je pense aux villageois, à la forêt et à l'esprit de la forêt, aux femmes étrusques et à leurs antiques tombeaux. Je pense à Rome dont je suis amoureuse de tout mon cœur, la Rome éternelle, où je veux retourner cent fois. Je pense que ce dernier mois j'ai été heureuse, tout simplement, grâce à cette ville et à ce petit village, et aux gens qui ont croisé mon chemin, et j'espère que tout cela ne vient pas des médicaments qui m'ont été prescrits pour les céphalées de tension, dont on dit qu'ils ont aussi une influence positive sur l'humeur.

Finlande. Pourquoi le chapeau que je me suis acheté à Rome et qui avait l'air si chic en Italie me donne-t-il l'impression, face au miroir des toilettes de l'aéroport d'Helsinki-Vantaa, de m'être transformée en Andy McCoy, le guitariste de Hanoi Rock ?

8.

Rome - Bologne - Florence *revisited*

Deux ans plus tard, je retrouve l'Italie et les villes de mes héroïnes nocturnes. Quelque chose semble avoir changé – comme si les femmes avaient enfin, peu à peu, entamé leur lent voyage depuis les salles closes et les réserves oubliées jusqu'à la lumière du jour.

Je me suis trouvé un logement dans le quartier des artistes au XVIIe siècle, juste à côté de la rue où Artemisia fut violée. Ma chambre est chaulée de blanc, haute de plafond et superbe. Allongée sur le lit, je distingue les poutres noircies de ce qui fut un grenier à grains. Je me penche à la fenêtre de l'étage et regarde dans la rue étroite – derrière ces immeubles, la Via della Croce, où se trouvait le domicile d'Artemisia en 1611. Si je garde la fenêtre ouverte, j'entends de ma chambre les bruits de la rue, des airs d'opéra et le brouhaha des dîneurs en quête d'un restaurant le soir, le matin ce sont les

Vespa pétaradantes, le camion-poubelle, les balayeuses et les cloches qui sonnent. D'ici je pourrais entendre les appels au secours d'Artemisia dans la chambre à l'étage de la Via della Croce.

Si ces rues étaient dangereuses et violentes il y a quatre siècles, pleines de menaces et de risques de se faire tuer, on n'y est toujours pas tout à fait tranquille aujourd'hui. Les *teste di cazzo* de Rome, ces hommes au rictus morveux, m'ont délestée de deux jours de budget sur le chemin du métro. Mais ici, dans la chambre d'Artemisia, c'est extra. Les rideaux qu'un souffle suffit à soulever s'agitent doucement devant la fenêtre. J'écoute les sons de la rue. Une jeune fille m'apporte le petit déjeuner sur un plateau.

Je fais le tour des adresses d'Artemisia dans les pâtés de maisons voisins. En déambulant dans le labyrinthique premier étage de la maison d'angle blanche Via del Babuino, aujourd'hui transformée en atelier-café, en parcourant ses pièces aux poutres apparentes, j'ai véritablement l'impression que je pourrais me trouver sur les lieux de l'enfance d'Artemisia, et peut-être le suis-je. Dans Via Margutta, en revanche, les palais couverts de lierre ont écrasé tout l'ancien sous leurs murs, et la Via del Corso, qui était encore inclue dans la zone occupée par les artistes à l'époque d'Artemisia, est aujourd'hui colonisée par les touristes et les milliers de Romains qui viennent se compresser le dimanche dans les rues commerçantes fermées à la circulation automobile, dans ces dizaines de boutiques de fringues bon marché, de baskets et de téléphones mobiles dont on trouve des versions identiques dans toutes les villes du monde. J'entre dans l'église de Santa Maria del Popolo, car je veux voir les toiles du Caravage qu'Artemisia a pu contempler lors de l'enterrement de sa mère. Les Caravage, ces trésors nationaux, sont retranchés derrière un ruban et le surveillant ne laisse entrer les gens qu'au compte-goutte. En attendant mon tour, je regarde la barrière sans la voir avant de comprendre ce qu'on peut y lire : ARTHEMISIA ARTHEMISIA ARTHEMISIA, sur toute la longueur du ruban.

Je traverse ensuite la ville jusqu'à la Piazza Navona. La façade du musée qui la borde est barrée d'une toile immense sur laquelle Judith décapite Holopherne. À l'intérieur, Judith accomplit son œuvre deux fois encore, Suzanne subit le harcèlement des vieillards, Lucrèce se tue, Danaé est inondée d'une pluie d'or et Cléopâtre, les lèvres bleues, n'en finit pas de mourir, car les travaux de la main d'Artemisia se montrent dans toutes les pièces.

Oui, c'est la première fois que je vois les peintures de cette héroïne nocturne dans une exposition qui lui est entièrement consacrée.

Sur ma liste de recherches romaines figure aussi le célèbre autoportrait de Lavinia, celui qu'elle peignit pour son beau-père en 1577 et qui est aujourd'hui dissimulé dans les réserves de l'académie des arts. J'ai tenté d'accéder à Lavinia dans la galerie de l'Accademia di San Lucca à de nombreuses reprises déjà lors de mon précédent voyage, sans jamais y parvenir, mais voici que, après d'innombrables e-mails en anglais et en italien, déplacements inutiles et coups de fil, j'ai enfin rendez-vous avec elle. Je suis tendue et j'ai un peu le syndrome de l'imposteur : j'ai en effet passé sous silence le fait que je ne suis pas une *véritable* chercheuse en histoire de l'art, mais juste une fan en quête d'héroïnes nocturnes.

Enfin, tout se passe de la manière la plus ordinaire. Fabrizio, un employé du musée, disparaît derrière la porte de la réserve d'où il réapparaît moins d'une minute plus tard, Lavinia pendue à sa main. Il l'installe à la verticale sur une table munie d'un carré de mousse et l'incline sur un cube en contreplaqué, avant de s'éloigner pour s'occuper d'autre chose. Me voici soudain en tête-à-tête avec Lavinia.

Le tableau est petit, de taille portative, et une fois de plus d'une couleur tout à fait différente de ce que j'ai pu voir sur les reproductions dans les livres ou sur Internet. La tenue de mariage bolognaise de Lavinia est pourpre tirant sur le lilas, et tout y est infiniment savoureux et détaillé : le coffre de mariage ouvert, le chevalet, Lavinia elle-même. Je jette un coup d'œil à la caméra de surveillance et je m'accroupis vite fait pour prendre un selfie d'elle et moi. Au bord de la photo, mon carnet, mon stylo et mon plan de Rome.

Fabrizio revient enlever le tableau, il est pressé, je n'ai pas le temps de lui poser de questions, comme par exemple exiger qu'il m'explique pourquoi Lavinia reste enfermée dans la réserve. Mais ma mission est accomplie : la fausse chercheuse a réussi par un stratagème à approcher l'objet d'étude qu'elle s'est elle-même dégotté et une héroïne nocturne veillant dans l'obscurité d'une réserve a pu sortir un instant à la lumière du jour.

À Florence, je loge dans une pension en centre-ville – c'est largement au-dessus de mon budget, mais la chambre a vue sur l'Arno et je me dis qu'une fois dans sa vie on peut bien se payer une *Chambre avec vue* à Florence. La lumière oblique et dorée du matin m'attire, mais je prends aussitôt la direction du musée des Offices. Il y a un monde affreux, c'est stressant. Partout, des masses de touristes japonais forment un rempart juste devant les peintures que je voudrais voir. Il n'y a guère que mon amie Beatrice qui soit plantée toute seule dans une salle vide – j'éclate presque de rire en tombant sur elle, tellement elle a l'air furax.

Je décide en fin de journée de revenir à la boutique du musée, puisqu'il n'y a plus de queue. Je fais un tour rapide – il reste une bonne demi-heure avant la fermeture – et je jette un œil aux femmes, Battista, Simonetta sur sa coquille et les autres, que je n'avais pu voir à cause du mur humain ce matin. À l'étage je me rends compte qu'une petite exposition a ouvert aujourd'hui même – minute, c'est vrai ça ? Une expo sur Plautilla Nelli, sœur Plautilla, *la première artiste* de Florence, cette nonne peintre du XVIe siècle dont ne nous restent, selon ce qu'on en savait jusqu'à présent, que quelques œuvres ?! Je me rue, surexcitée, d'un tableau à l'autre, visiblement on a en retrouvé plus encore, qui ont été délicatement restaurés, les portraits de saints exhalent une douceur vivifiante – manifestement Plautilla les produisait en série dans son atelier au couvent et faisait tourner une véritable fabrique. Il appert également que son grand œuvre, cette cène de sept mètres, la seule peinte par une femme, qui décrépissait jusqu'à présent dans le réfectoire de Santa Maria Novella est enfin en cours de restauration et qu'elle va être durablement exposée au public.

Et ce n'est pas tout : on dirait que dans tout Florence s'est soudain enclenchée la renaissance complète de toutes les femmes artistes. J'apprends que le nouveau directeur du musée des Offices a pris à cœur de réécrire le canon et de remonter des tréfonds des réserves – ce n'est pas trop tôt – un certain nombre d'œuvres réalisées par des femmes. Les expositions du genre de celle consacrée à Plautilla vont se succéder et les portraits de femmes invisibles dans le Corridor de Vasari vont être regroupés dans une salle dédiée des Offices. Sofonisba, Lavinia, Artemisia – tous les travaux que j'ai frénétiquement cherchés il y a deux ans et demi vont être bientôt montrés à tous. La phrase de présentation met du baume à mon âme tourmentée par les héroïnes nocturnes : « On considère aujourd'hui que les artistes féminines ont joué un rôle vital dans la Renaissance. »

Les gardiens me chassent du musée qui va fermer ses portes et je me rends à la basilique Santa Trinita pour rassembler mes pensées et faire part des miraculeux changements en cours à la fille de Sassetti qui me regarde sur sa fresque d'un air interrogateur, le ventre arrondi. Je vais ensuite dîner dans un minuscule restaurant tenu par deux sœurs. Par la fenêtre je vois l'eau noire de l'Arno et les lumières des palais qui s'y reflètent en superpositions innombrables.

Au niveau du Ponte Vecchio, sur le chemin du retour, je croise une manifestation. Le défilé n'en finit pas. Il semble n'y avoir pratiquement que des femmes, d'âge moyen, certaines plus âgées, ça doit être une marche féministe, mais, minute papillon, évidemment, c'est la journée internationale des femmes et sans doute pour cela que l'exposition de Plautilla a ouvert précisément aujourd'hui. La foule est énorme, quel carnaval, il vient toujours plus de femmes, elles portent des pancartes et je prends autant de photos que possible, dessins d'ovaires, revendication du droit à l'autodétermination, *autodeterminazione*, du droit de décider de son corps, de ne pas se transformer en machine à accoucher et en fille de Sassetti.

Je finis alors par comprendre ce que tout cela signifie : en l'*anno domini* 2017, les femmes de Florence sont enfin dans la rue, hors des chambres à coucher, des cuisines, des caves et des réserves, et c'est si beau que je n'arrive presque plus à respirer.

[Lettre de demande de bourse, dictée à un écrivain public]

Cher Don Antonio Ruffo,

Recevez par la présente mes sincères excuses, une fois encore, de ce que mon ouvrage n'est point achevé. Je comprends votre impatience, vous l'attendez déjà depuis l'an dernier. Je concède que la réalisation de ce travail a exigé un délai démultiplié par rapport à mes calculs de départ. Les femmes qu'il me faut décrire sont si nombreuses, toutes différentes, et il m'a fallu étudier et examiner en détails chaque modèle, ce qui m'a pris bien plus de temps que prévu. En outre, à bien des reprises, cet examen plus poussé a tantôt mis au jour des lacunes et des insuffisances, tantôt pointé des circonstances mettant l'esprit en ébullition, qui m'ont conduite à remonter de nouvelles pistes, et il m'a fallu par la suite discriminer dans cette quantité énorme pour sélectionner les meilleures candidates – un véritable casse-tête !

Quant aux voyages, nombreux, qu'il m'a fallu entreprendre afin de favoriser l'avancement de ce travail, ils m'ont mise au bord de la faillite. Mes fonds touchent à leur fin, à dire vrai je suis sur la paille depuis un certain temps, et je prie votre Altesse distinguée de bien vouloir consentir à m'envoyer cinq cents ducats en sorte que je puisse achever cet ouvrage. Je travaille sans relâche avec toute la célérité possible, mais, malheureusement, la migraine et d'autres soucis, sur lesquels je ne m'étendrai point ici, me terrassent au point de devoir garder le lit par intervalle. Il s'y ajoute un écœurement consécutif au surmenage cérébral excessif, qui m'empêche, lorsque j'en suis frappée, de même tourner les yeux vers cet ouvrage, auquel cas l'unique remède est le temps - si je m'occupe durant une semaine à quelques autres tâches, je retrouve l'enthousiasme pour le travail en cours, dont je ne suis pas sans savoir que votre Altesse distinguée l'attend expressément.

J'adresse mes plus humbles remerciements à Votre Altesse distinguée de la compréhension que vous m'avez témoignée jusqu'à présent et vous supplie de me faire encore la faveur d'un peu de patience. Je puis vous assurer que ce délai supplémentaire s'avérera de la plus grande utilité pour cet ouvrage.

Le… … MMXVII

Veuillez agréer l'expression de mes salutations respectueuses, M… K…

[LETTRE ÉCRITE À LA PLUME D'OIE, EN TROIS EXEMPLAIRES]

Mes chères Sofonisba, Lavinia et Artemisia,

Je vous écris pour vous remercier humblement des innombrables conseils que j'ai reçus de vous. Je crois que vos exemples, encourageants, pourraient intéresser de nombreuses femmes et je souhaiterais organiser un séminaire auquel je serai très honorée de vous inviter à intervenir. Vous ne souffrez pas, j'espère, de phobie à l'idée de parler en public ? Au besoin, je pourrai vous fournir des bêtabloquants. Ayez l'amabilité de me faire connaître le montant de vos honoraires, je transmettrai au plus vite à Don Antonio Ruffo.

Les thèmes qui seront abordés :

1) Comment assurer sa propre représentation professionnelle.

2) Comment trouver des clients.

3) Comment marketer ses compétences.

4) Comment négocier ses honoraires et gagner de l'argent.

5) Comment réussir dans un secteur dominé par les hommes.

6) Comment concilier famille et travail.

7) Comment surmonter les échecs, même les plus grands.

8) Comment travailler efficacement : l'héroïsme nocturne au féminin comme ressource.

Je réfléchis aussi à intégrer les thèmes suivants :

- Cours destiné aux pères. Comment faire avancer la carrière de sa fille et les exemples à ne pas suivre.

- Cours destiné aux maris. Expériences d'époux de femmes de carrière.

- À la découverte des trésors cachés dans les réserves : cours destiné aux directeurs de musée.

Salutations de votre consœur,

M… K…

9.

Normandie, septembre

VILLERVILLE, NORMANDIE. Je suis arrivée dans ce village au bord de la Manche avec mon amie Buz, dans une vieille, étroite et sombre demeure. Nous allons y passer quelques semaines à deux pour écrire et je suis d'avance convaincue que cette idée est géniale de bout en bout. Si l'écriture demande de maintenir un équilibre entre le retrait du monde et le craquage mental définitif, la solution parfaite ne peut être que celle-ci : un chantier d'écriture entre collègues.

Notre débarquement en Normandie est épuisant. J'ai dormi chez Buz la veille du départ, car mes locataires étaient arrivés un jour plus tôt. Réveil à six heures, puis Helsinki-Paris-Lisieux-Trouville-Villerville, avant de tirer nos valises sur une dernière ligne droite pour pénétrer, mourant de faim, dans la maison qui nous attendait, froide et humide. (Non, je n'ai toujours pas validé le cours de paquetage de Nellie Bly.) Nous mettons en œuvre nos dernières forces pour commander une pizza pour le dîner, que nous dégustons sur les escaliers de la digue avec une bouteille de rouge. Il fait beau, la marée basse découvre les coins à moules et la plage grouille de cueilleurs bottés de caoutchouc avec leurs seaux.

Le lendemain, nous allons faire les courses au marché du village. Nous remplissons nos cabas de poulpe, de saucisses, d'artichauts, de chou frisé, de pêches, de figues, de fromages de montagne, de mousse de canard, de pommeau, de cidre, de sancerre. Nous faisons un déjeuner de moules sur l'avenue qui longe la plage de Trouville et prenons notre dessert à la crêperie jaune au coin de la rue. Le soir, le ciel pourpre est scandé par des files de nuages, les trous d'eau découverts par la marée brillent comme des plaques d'argent et de glace, à couper le souffle.

Je poste la photo que nous avons prise de nous dans la lumière magique du jardin d'hiver avec le commentaire suivant : *Ce qui rend tout plus merveilleux : une consœur.*

Et puis nous nous mettons au travail.

Le matin je grimpe dans une chambrette perchée en haut d'un étroit escalier en colimaçon, où une coiffeuse en cerisier datant du siècle dernier a été transformée en table de travail. Quand je m'y installe, je me vois, derrière le clapet argenté de mon ordinateur portable, dans son miroir noirci par le temps. J'inspire à fond. Je veux penser : voici la femme qui saura comment écrire ce livre. Je veux me dire que j'appartiens à ce groupe de voyageuses et écrivaines, Karen, Isabella, Ida et Mary – ainsi que de celles dont l'instrument de travail est le pinceau.

Je visualise presque leurs silhouettes en habit noir se mêlant à mon reflet sur ces miroirs noircis aux cadres ornementaux. J'entends presque leurs voix dans la maison, au milieu de ces pieds de lampe où grimpent des lianes de bronze, de ces lustres aux branches garnies de bougies, de ces théières en argent, de ces femmes en marbre inclinées pour faire leur toilette, de ces pieds de lit en laiton, de ces baignoires pattues, de ces encriers et ces secrétaires à plateau rabattable. Les tapisseries à thème médiéval, les sentiers forestiers luxuriants des tableaux et les grands navires des gravures sur cuivre – avec ma polaire je dois faire tache, mais mes héroïnes nocturnes s'intègrent parfaitement dans le décor.

Depuis mon bureau je distingue le jardin d'hiver, les rideaux de dentelle à ses fenêtres, les meubles en rotin couverts d'une fine pellicule de poussière et de moisissure, décolorés par l'air marin et le soleil, et les fines chaises de jardin en métal rouillées, comme l'est tout le reste ici. Partout de petites étagères, coupes et plateaux remplis de coquillages, moules et étoiles de mer ramassés sur la plage, tiens donc – des spécimens biologiques. Sur un guéridon, un garçon en plâtre qui joue du violon, un sourire en coin, et dans la bibliothèque – *Sea Shore of Britain & Northern Europe, Pierres et Minéraux,* les volumes *Fossils* et *Shells* de la collection *Eyewitness Handbooks* ainsi qu'une sélection de livres d'art grand format – les ouvrages sont tous passés, presque incolores, d'une blancheur translucide.

Au coucher du soleil, je patauge dans l'eau jusqu'aux chevilles, bottée de caoutchouc, dans les vasques découvertes par la marée. Le ciel s'assombrit du rose à l'aigue-marine profond, aussi irréel qu'une aquarelle. Mon reflet en pied renvoyé par la surface de l'eau étale, à l'horizon les milliards de diamants étincelants du Havre effilés en un long ruban onirique.

Les jours passent en une seconde. Après le petit déjeuner, transfert direct à l'écriture, après le déjeuner une brève contemplation sur la plage, travail jusqu'au dîner, puis le spectacle du coucher de soleil, et au lit. La faim revient à intervalle régulier, devant l'ordinateur les heures s'enchaînent sans que je m'en rende compte. Nous sortons parfois des chaises dans la journée pour nous installer sur le sable plein de coquilles de moules écrasées et profiter de la chaleur et du soleil. Nous passons un jour à Honfleur, non loin d'ici, nous faisons un tour à la brocante, nous mangeons des huîtres, des bulots et des cuisses de poulet, puis nous grimpons sur un antique carrousel et nous prenons mutuellement en photo au son de l'orgue de Barbarie. Je chevauche une girafe, entourée d'un tigre, d'un éléphant et d'un cheval blanc, lancée au triple galop imaginaire.

Buz respire l'efficacité, j'envie ses scores de pages écrites. Il paraît qu'hier une scène de son roman a vu le jour, dans laquelle le personnage principal se pose en montgolfière sur un paysage lunaire de marée basse normande. Aujourd'hui, Amanda tente de s'échapper de l'île et asile psychiatrique de Seili en traversant sur la glace, et dans l'après-midi Buz a pour projet d'écrire une description des tombes en hiver. Pour ma part, je m'échine avec mes notes interminables sur les exploratrices et tente de mettre de l'ordre dans les sujets à traiter afin de former des embryons d'unités narratives. C'est la phase de travail la plus pénible, je le sais, je dois juste y arriver.

Aux heures nocturnes, les choses prennent des proportions démesurées et toute mon existence me semble si superficielle que j'ai envie de hurler. Les phrases d'héroïnes nocturnes s'emmêlent en un écheveau qui traîne dans ma tête, leur rythme forge le même cercle encore et encore, je ne sais plus si je dors ou si je veille.

…si par exemple elle avait mangé un peu, elle n'aurait pas si aisément perdu courage, car la faim, comme on le sait, pèse sur l'esprit…

…c'est une grossière erreur de toujours voyager en première classe, vous n'entendrez que les conversations entre étrangers, ce qui est sans conteste d'une platitude et d'un trivial…

…emporte une chemise de nuit particulièrement jolie pour éviter la honte quand la fièvre te frappera, apprends à préparer un bon curry en cas d'urgence…

…la salle de bains était épouvantable, j'accompagnai mon repas d'une bière tiède, deux Equanil et un somnifère, dans le but de sombrer aussi vite que possible…

…les phénomènes que vous avez observés à la lueur d'une torche à chauve-souris vous resteront mieux en mémoire que les autres…

…les voyageurs ont le privilège de faire les choses les plus déplacées qui soient tout en restant parfaitement décents…

…j'ai aussi appris à labourer, je n'ai donc pas à rougir devant Tolstoï…

J'ai trop de choses en tête. Trop d'héroïnes à qui penser la nuit. De plus, c'est au cours de ces semaines que s'accumulent toutes les candidatures à remplir pour les demandes de bourse et de résidence (cher Don Antonio Ruffo…), les demandes d'article surprise, les invitations à participer à des discussions en public qui tombent dans ma boîte mail, les entretiens par écrit et les angoissantes salutations vidéo d'obscures remises de prix – tout ce qui fait partie du job, mais que j'ai tant de mal à supporter. Là-dessous, se faufile un effroi glaçant : et si je n'arrive pas à terminer ce livre ? Si je ne sais pas comment l'écrire ? Si je ne trouve pas le moyen de fondre ces vingt et un fichiers recélés par mon ordinateur en un manuscrit qui progresse avec fluidité ?

Je commence en outre à juger que ma méthode d'expérience humaine a parfaitement échoué. J'avais pensé qu'il me faudrait accomplir des *choses semblables* à celles réalisées par les héroïnes nocturnes. Il me fallait partir concrètement sur leurs traces, pagayer dans la jungle, me traîner à l'agonie à travers le désert, voyager dans des zones non cartographiées, me sustenter de thé au beurre et tenir au moins trois mois avec juste un petit sac à main.

Au lieu de cela, je chevauche une girafe sur un manège et je pense la nuit à des femmes qui, elles, ont vraiment accompli quelque chose.

Nous allons partir quelques jours à Paris, puis Buz prendra l'avion pour rentrer et moi je reviendrai dans mon village normand. Le matin du départ, je surprends par hasard mon reflet dans le miroir de la commode. Je n'ai pour tout costume que mes sous-vêtements et ma ceinture porte-monnaie couleur chair. La vision est un choc. Pour votre gouverne : si jamais, en tant que voyageuse, vous éprouvez le besoin de porter une *ceinture de chasteté* afin d'éviter les situations de promiscuité, n'hésitez pas à faire l'acquisition d'une *ceinture porte-monnaie couleur chair.*

À Paris, il pleut à seaux. Nous prenons un taxi pour le passage Jouffroy où se situe notre hôtel et allons déjeuner au bouillon Chartier, dans le même quartier, avec son toit en coupole, qui nourrit le populo pour pas cher depuis 1896 – à l'époque vous veniez faire la queue avec votre assiette et votre cuiller.

Le soir nous déambulons à Saint-Germain-des-Prés, quand le ciel éclate à nouveau. Nous décidons de prendre l'apéritif aux Deux Magots, évidemment, ce célèbre café fréquenté par le monde des lettres est le berceau de l'existentialisme, de même que le Café de Flore voisin. Chacun possède son prix littéraire – le prix de Flore, décerné chaque année, se compose, à ce qu'on m'a raconté, d'une somme de six mille euros et d'un verre de pouilly-fumé par jour pendant une année – qu'on se le dise à Helsinki.

Lorsque nous traversons le Pont-Neuf au soir tombé, je contemple les casiers des bouquinistes sur les quais, verrouillés la nuit, et me demande s'il existe une autre ville du monde, dont l'artère principale est jour et nuit bordée de vieux ouvrages. Les livres règnent sur cette ville, ces êtres vénérables veillent sur ses quais, la sagesse qui en émane flotte dans l'air comme un extrait enivrant, inspirant.

En l'honneur de notre dernier soir à Paris, je tente de commander un verre d'un vin vraiment très cher, mais le serveur me dit « *Oh, it's very, very complex* », et refuse de me le servir. « *So am I* », aurais-je dû répliquer, mais j'avoue que celui que me conseille le serveur, moins onéreux, est excellent. Son nom ? *Who am I...*

Je retrouve mon village d'écriture, seule. Sur la plage grandiose à marée montante, le vent est si fort que mes lèvres ont un goût de sel. Le soir, la pourpre du soleil couchant se reflète dans les vasques à marée basse, et on dirait que devant moi s'étend un sol de Lune en feu.

Le lendemain je me mets au boulot.

Msabu, est-ce que tu crois que tu es capable d'écrire un livre ? La question de Kamante résonne dans ma tête.

Mais toi ce que tu écris, [...] rien ne se tient dans ton livre, il y en a un peu par-ci, un peu par-là. Quand les gens rentrent et oublient de fermer la porte, tout s'envole, tout tombe par terre et tu es très fâchée. Ça ne sera pas un bon livre.

[MOT POSÉ SUR LA TABLE DE NUIT]

Je m'appelle M. J'ai quarante-trois ans. J'ai écrit six cents pages de mon second livre.

Je l'avoue : il y a trop d'héroïnes à qui penser la nuit. Je n'aurais jamais imaginé qu'on puisse en découvrir autant quand on se met à chercher. Elles se tiennent à la porte de ma chambre, sur les escaliers, au grenier, dans le jardin d'hiver de cette maison normande et dans le vent salé de la rue étroite qui conduit à la Manche. Je les renferme dans mon tiroir, car il me faut bien terminer ce livre, mais le tiroir ne les retient pas, là aussi leur voix s'échappe comme une brume ou comme l'arôme riche du café torréfié, elles se nichent dans tous les recoins de la maison, s'incrustent dans mes vêtements et se fondent dans l'air que je respire, s'infiltrent dans mes entrailles. Elles sont là quand je dors, mes carnets sont alourdis par leur poids, je me réveille le matin en entendant leurs phrases qui disparaissent dès que je tente, à moitié endormie, de les capturer par écrit. Le tiroir tintinnabule, je le cadenasse à coup de ruban adhésif. Mais elles s'imposent de force, leurs voix résonnent partout.

Que faire de cette avalanche d'héroïnes nocturnes ?

YAYOI

Conseil d'héroïne nocturne n° 10

Plonge dans tes peurs.
Travaille comme une folle.

HÉROÏNE NOCTURNE N° 10 : *Yayoi Kusama.*

PROFESSION : *Artiste avant-gardiste, marque déposée qui vaut des millions, travailleuse maniaque exemplaire. Vit dans un hôpital psychiatrique à Tokyo.*

« Quand vous fabriquez un tas de phallus en peluche et que vous vous allongez au milieu, vous n'avez plus aussi peur. »

La stratégie de survie de Yayoi, selon son autobiographie.

« Happy people needed for Kusama's happening. Come to Kusama's studio 404 E. 14st 3 floor Jan 21 Sunday 6 pm. »

Flyer manuscrit présenté à l'exposition Yayoi Kusama au musée HAM, Helsinki, janvier 2017.

« 15 novembre 1955.

Chère mademoiselle O'Keeffe,

Pardon de vous déranger au milieu de toutes vos occupations...

Je suis une artiste japonaise et cela fait treize ans que je peins, depuis mes treize ans... Je souhaiterais vous demander si vous pouviez m'indiquer comment avancer dans cette voie... Je vous envoie dans une enveloppe séparée quelques-unes de mes aquarelles. Auriez-vous la gentillesse de les regarder ? [...]

Votre dévouée,

Yayoi Kusama. »

J'ai entendu parler de Yayoi Kusama pour la première fois à Los Angeles au printemps 1998. J'avais vingt-six ans, je venais de terminer mes études et j'avais décroché mon premier boulot dans une petite maison d'édition – mon petit frère étudiait la contrebasse à Hollywood, j'étais venue lui rendre visite. Je suis tout de suite tombée amoureuse de Los Angeles, c'était l'endroit le plus absurde où j'avais jamais mis les pieds. Toute la ville était ridicule : pour se rendre des collines de Hollywood à la plage par exemple, il faut se traîner pendant des heures dans les embouteillages à travers la ville. J'ai appris bien vite que personne ne marche là-bas, il n'y a pas de métro (ou plutôt si, une ligne, mais personne de sain d'esprit ne s'y rend à pied), et qu'il n'y avait que les dingues, les toxicos et moi pour se déplacer en bus. Quand mon frère avait cours, je passais des heures aux arrêts de bus à attendre la guimbarde qui trimballait notre bande de freaks à une lenteur désespérante de Hollywood aux autres quartiers, *downtown* ou Santa Monica. Pendant mes trajets sans fin, bizarres, j'écrivais dans mon journal une série de récits intitulée *Les Dingues des bus de Los Angeles.*

Un jour juste après mon arrivée, j'ai pris un de ces autobus de la dinguerie afin de me rendre au LACMA, le Los Angeles County Museum of Art. J'ignorais quelle était l'exposition en cours (il n'y avait pas Internet à l'époque, où aurais-je pu trouver cette info), mais j'ai constaté en arrivant que c'était une rétrospective consacrée à une artiste japonaise, une femme dont je n'avais jamais entendu parler. Les salles étaient une succession sans fin de tableaux à pois, de peintures abstraites colorées et de photos en noir et blanc de gens nus, le corps couvert de pois peints, prises dans les années 1960. Ce qui m'impressionnait le plus, c'étaient les sacs et les robes recouverts de macaronis de formes diverses, et j'ai sûrement vu aussi des chaussures et des fauteuils recouverts de phallus en peluche, même si je ne m'en souviens pas. En y repensant maintenant, je me dis qu'il n'y a pas meilleure façon de faire la connaissance de Yayoi que dans la fatigue du décalage horaire qui adoucit tout, un peu comme la gueule de bois, en compagnie de patients psychiatriques.

J'ai acheté une carte postale en souvenir de l'expo : une photo aux tons rouges où l'on voit Yayoi, jeune, en kimono, tenant devant ses yeux deux macarons où l'on peut lire *love forever*. Pour une raison que je ne comprends pas moi-même, cette carte est devenue une sorte d'objet totem – c'est l'unique image restée encadrée sur mon mur pendant vingt ans, à passer d'un appartement et d'une période de ma vie à l'autre, jusqu'à aujourd'hui. Pour une raison inexplicable, en la regardant j'ai toujours l'impression de recevoir une injection d'inspiration en intraveineuse. La sensation que la vie est fraîche, délicieusement piquante et pleine de surprises.

La Yayoi de cette carte postale a été l'une de mes premières héroïnes nocturnes.

Fille unique d'une famille aisée et prisée qui fit fortune dans le commerce de graines dans la petite ville de Matsumoto, Yayoi Kusama naquit en 1929. En dépit du caractère idyllique de cette cité des Alpes japonaises, l'enfance de Yayoi n'eut rien d'une idylle. Son père séduisait les filles de service, fréquentait geishas et prostituées, et sa mère, qui avait une tendance à l'hystérie, envoyait la petite Yayoi espionner son paternel avant de lui infliger une correction. À douze ans, Yayoi commença à avoir des hallucinations, à entendre les plantes et les animaux parler – elle n'en dit rien à personne mais se mit à dessiner et peindre ses visions. Cette activité déplaisait à sa mère, car à l'époque les artistes de province menaient une vie désespérée, mendiaient de l'argent pour boire et finissaient par se pendre, il y avait donc lieu de lui extirper cette inclination à coups de raclées. En revanche, il faudrait marier Yayoi, et sa mère ne cessait de lui présenter de nouveaux kimonos, des robes de mariée et des photos de candidats potentiels. Mais Yayoi s'en fichait comme de l'an quarante : tout ce qu'elle voulait, c'était peindre.

Quand elle eut dix-neuf ans, Yayoi parvint à convaincre sa mère de la laisser faire des études artistiques et s'inscrivit dans une école de Kyoto. Elle haïssait toutefois le monde arriéré et hiérarchique de l'art kyotoïte et n'assistait jamais aux cours – elle s'asseyait au lieu de cela pendant des jours entiers sur le sol en tatamis d'une chambre de location dans les montagnes de l'est et peignait des courges de façon maniaque. Et depuis lors, travail et manie n'ont jamais cessé d'aller de concert : lors de sa première exposition à Matsumoto, à l'âge de vingt-trois ans, elle montra deux cent soixante-dix pièces, et lors de la seconde, six mois plus tard, deux cent quatre-vingts. À ce stade, en 1953, elle recevait une sorte de traitement pour ses névroses, et puisqu'elle exposait, son médecin décréta qu'elle était un génie. Le professeur Nishimura était aussi d'avis que Yayoi devait s'éloigner de sa mère au plus vite – Yayoi, elle, avait le sentiment que c'était tout le Japon qu'il lui fallait quitter.

Elle voulait partir en Amérique, mais en ce temps-là, ce n'était pas une mince affaire : en plus du visa, il fallait une lettre d'un sponsor garantissant que l'arrivant aurait de quoi vivre. À qui demander conseil sur le chemin de l'Amérique et de la vie d'artiste ? Yayoi avait récemment mis la main sur un ouvrage d'art chez un bouquiniste, présentant les tableaux de la célèbre artiste américaine Georgia O'Keeffe. Alors âgée de soixante-huit ans, celle-ci était l'une des figures majeures du modernisme aux États-Unis et menait une existence excentrique et solitaire dans le désert du Nouveau Mexique. Yayoi s'était éprise des crânes de buffle et des fleurs du désert qu'elle avait vus dans son livre et décida, à la seconde même, que là se trouvait la femme qui l'aiderait à gagner l'Amérique. Elle avait donc fait six heures de train pour se rendre à Tokyo et marché d'un pas décidé jusqu'à l'ambassade des États-Unis où elle avait, d'une main tremblante, cherché l'adresse de Georgia dans le *Who's Who.* Ensuite elle lui avait écrit une lettre : *Chère mademoiselle O'Keeffe, pardon de vous déranger au milieu de toutes vos occupations…* La missive est tapée à la machine, une partie des lettres saute au-dessus de la ligne, et écrite dans un anglais d'une perfection étonnante. Yayoi avait vingt-six ans.

Et, incroyable mais vrai, Georgia lui répondit – de sa grande écriture d'artiste, toute en boucles magnifiques.

« *Abiquiu, N. M., 212/14/55.*

Chère Yayoi Kusama,

Vos deux lettres me sont parvenues et vos aquarelles aussi […]. »

Oui, ses peintures étaient intéressantes, mais Georgia vivait à la campagne et n'était pas très au fait du monde artistique new-yorkais. Si Yayoi le voulait cependant, elle pourrait envoyer ses peintures à un expert. Yayoi souhaitait-elle les vendre et, si oui, à quel prix ?

Yayoi et Georgia entretinrent une correspondance pendant de longues années. Georgia montra vraiment les peintures de Yayoi à son marchand d'art et réussit à en vendre une. (Il s'avéra des années plus tard qu'elle avait réexpédié le reste au Japon, mais le navire qui les transportait avait sombré et les œuvres avec.) Quand Yayoi finit par partir en Amérique, en 1957, Georgia lui transmit tous ses vœux de réussite dans une lettre. Et quand Yayoi vécut par la suite une vie de misère d'artiste sans le sou, Georgia lui écrivit qu'elle était la bienvenue à tout moment dans sa ferme du Nouveau-Mexique, où elle serait ravie d'offrir à la jeune artiste un espace de travail et la pension complète. (Yayoi n'y alla pas, une ferme perdue au milieu de nulle part, ce n'était pas son truc.)

Il y a quelques années, j'étais au Japon en train d'écrire mon premier livre, quand je suis tombée sur une exposition de Yayoi au musée Watari de Tokyo. J'y ai vu pour la première fois, dans une vitrine, les lettres que la jeune Yayoi avait envoyées à Georgia. Leur correspondance a quelque chose de miraculeusement excitant, et j'ai passé longtemps penchée dessus, avant de comprendre en face de quoi je me trouvais.

C'étaient des *lettres à une héroïne nocturne* et les *réponses d'une héroïne nocturne.*

Je me suis dit : c'est si simple que cela ?

Si tu veux quelque chose, demande conseil à une héroïne nocturne. Une héroïne nocturne te répondra.

Les lettres de Yayoi à Georgia l'emmenèrent vraiment en Amérique. En 1957, un parent réussit à lui obtenir un visa sous prétexte que ses œuvres allaient être présentées dans une exposition à Seattle. Yayoi fourra dans ses valises soixante kimonos en soie et quelques milliers de dessins et peintures qu'elle comptait vendre pour vivre, car à l'époque on ne pouvait quitter le Japon avec de grosses sommes en liquide. Elle sortit en plus un million de yens, soit quelques milliers de dollars qu'elle avait changés illégalement, cousus dans ses vêtements et enfoncés au bout de ses chaussures, et brûla avant son départ tous les dessins et peintures restants – vu d'aujourd'hui, des travaux valant des millions de yens.

Yayoi, âgée de vingt-huit ans, débarqua en Amérique en novembre 1957. Après son exposition à Seattle, elle s'installa à New York, eut bientôt dépensé tout son argent et fut livrée à la vie d'artiste sans le sou. Son ambition était – rien moins que – de lancer une révolution artistique, mais tout était une bataille sans fin. Les fenêtres de son atelier étaient cassées, son lit se résumait à une porte récupérée dans la rue et une couverture. Elle souffrait du froid, de la faim et d'hallucinations. La ration du jour se composait parfois seulement d'une poignée de châtaignes, elle récupérait au marché les têtes des poissons vidés pour les clients ou des feuilles de chou abîmées dans la poubelle des marchands de légumes, grâce auxquelles elle repoussait d'une journée la mort par inanition. Et elle travaillait tout le temps. Elle consacrait chaque centime amassé à son matériel de peinture et bientôt le studio fut rempli de toiles toutes intégralement peintes de filets, poussant ses amis inquiets à lui demander pourquoi elle peignait toujours le même motif, encore et encore. Elle commençait parfois par remplir la toile avant de prolonger ses filets sur la table, le sol et jusqu'à son propre corps, et répétait le tout du début. Les filets prirent des proportions illimitées : au milieu de leurs rêts, Yayoi pouvait s'oublier elle-même, ils l'aidaient à exprimer l'*effacement de soi*, comme elle l'expliqua plus tard. Mais un matin, les filets se mirent à bouger et ramper sur sa peau, Yayoi fit une crise d'angoisse et il fallut appeler une ambulance.

Yayoi poursuivit sa pratique maniaque de la peinture, et souvent ne mangeait ni ne dormait pendant plusieurs jours. En octobre 1959, ses rêves étaient enfin sur le point de se réaliser : une exposition solo à New York. *Obsessional Monochrome* à la Brata Gallery fut un succès.

En novembre, je pars sur les traces de Yayoi au Japon. L'obscurité mortelle de l'hiver approche, je vacille déjà au bord d'un gouffre noir, je tournoie sur le carrousel des héroïnes nocturnes et l'effondrement psychique causé par les ténèbres nordiques point à l'horizon. Je pense sans cesse aux conditions matérielles et mentales dans lesquelles Yayoi est parvenue malgré tout à créer – si elle y est arrivée, moi aussi !

Je décide de lui écrire, après avoir trouvé son adresse e-mail sur Internet. Le problème de mes héroïnes nocturnes étant qu'elles sont déjà mortes en général, Yayoi est donc, du haut de ses quatre-vingt-six ans, la seule que je pourrais rencontrer, ne serait-ce qu'en théorie. *Konnichiwa*, commencé-je maladroitement. Soudain je ne sais plus par quelle formule japonaise est censée débuter la lettre. Ensuite je lui présente mes questions.

Yayoi ne me répondra jamais.

Je décide de quitter Kyoto pour passer quelques jours à Tokyo. Là je me demande si je ne devrais pas traîner à Shinjuku aux alentours de l'hôpital psychiatrique où Yayoi réside. Je sais qu'elle a un atelier non loin, elle s'y rend paraît-il chaque matin, travaille toute la journée et regagne l'hôpital dans la soirée. Aurais-je la chance de la voir, par hasard, traverser la rue par exemple ? Et si oui – que ferais-je alors ? J'ai lu quelque part que Yayoi ne veut rencontrer personne sous aucun prétexte, que l'hôpital est son refuge et qu'elle n'ose même pas aller faire ses courses toute seule. Une touriste qui la hélerait dans la rue la ferait sans doute mourir de peur. Mais si je rendais un hommage à ses performances, si je me déshabillais et faisais le pied de grue devant l'hôpital, le corps constellé de pois ? Est-ce qu'elle me jetterait un coup d'œil depuis sa fenêtre ? Peut-être que j'entrerais moi-même comme patiente à Seiwa, je pourrais avoir une chambre voisine de la sienne ! *Ohayō gozaimasu, sensei,* lui dirais-je le matin quand, enveloppées dans nos robes de chambre d'hôpital roses, nous prendrions ensemble à petits pas le chemin de l'infirmerie pour la prise de sang.

Finalement, je me contente d'observer l'établissement sur Google Earth, depuis ma chambre d'hôtel. Seiwa est situé au milieu d'une zone résidentielle ordinaire, confortable. Je n'ai pas la moindre idée de quelle maison de ces rues étroites abrite le studio de Yayoi, mais je scrute les portes, les boîtes aux lettres, les pots de fleurs, les vélos dans les jardins, les sacs-poubelle et même le linge étendu – tout ce que la caméra de Google Earth a capté un jour au hasard – en proie à une excitation croissante. Dans certaines allées on voit aussi des gens : des ouvriers, un vieil homme avec un sac de courses, des voisins qui discutent à un carrefour et une jeune femme qui sort de chez elle avec une ombrelle. Pas de Yayoi.

J'ai honte. C'est affreux – scruter les rues, même via Internet, me semble déjà être une forme de harcèlement, et ce serait horrible que Yayoi ait vent de mes activités obsessionnelles : qu'elle sache que, repliée dans une chambre d'hôtel de Tokyo, je suis en train d'étudier ses potentielles poubelles. Une pensée me vient : et si elle me voyait par la fenêtre ? Suis-je là ou non ? Je ferme l'application d'un coup. Quelle honte. Je suis manifestement plus dans mon élément avec les femmes mortes il y a au moins un siècle.

Yayoi et Georgia finirent par se rencontrer en 1961, pour l'unique fois de leur existence. Un beau jour Georgia, âgée de soixante-quatorze ans, débarqua sans prévenir dans le studio de Yayoi à New York. *Vous devez être Yayoi*, dit-elle, *comment ça va ?* Le visage de Georgia était, de l'avis de Yayoi, incroyablement ridé, elle n'avait jamais vu personne dont la peau fût si fripée. Yayoi aurait voulu prendre une photo d'elles deux, mais la pellicule était pleine (évidemment) et elles n'avaient pas le temps d'aller en racheter. Ensuite, Georgia dut partir.

Il n'existe pas une seule photo de Yayoi et Georgia. Les rencontres entre héroïnes nocturnes se font ainsi, jamais comme on s'y attendrait.

Je peux toujours me rendre à Matsumoto, la ville natale de Yayoi nichée au cœur des Alpes japonaises, en gardant la conscience pure, sans avoir l'air louche de quelqu'un qui cherche à s'incruster en douce.

Les traces de Yayoi sont visibles dès la devanture du musée municipal de Matsumoto : la cour est dominée par une installation de tulipes géantes à pois et devant l'entrée se trouvent des distributeurs de boissons proposant du Coca-Cola conditionné dans des canettes à pois rouges. À l'intérieur, les rampes à pois rouge des escaliers conduisent à une exposition où la manie des pois continue. Je laisse un message pour Yayoi sur la machine à Coca à pois.

Je loge dans un *ryokan* à l'ancienne, bon marché, tenu par des vieilles dames qui me servent au petit déjeuner du poisson de rivière grillé au sel, accompagné de soupe *miso*, de pickles et de riz. Je prends un bain dans le *o-furo*, un baquet en bois muni d'un couvercle, dont l'eau est si chaude qu'un rapide plongeon suffit. Je déambule dans les ruelles des vieux quartiers et me demande où la maison natale de Yayoi peut se trouver. Je me pose dans le pavillon de la forteresse des samouraïs voisine, conçu pour contempler la lune. L'aménagement poétique des lieux fait que l'astre s'y montre sous trois formes : dans le ciel, dans l'eau des douves qui le reflète et dans votre verre de saké. Je vais terminer ma soirée dans un *izakaya* où le cuisinier, posté derrière un bar, grille tout ce que je lui commande : des brochettes de poulet yakitori, de la peau de poulet, des légumes au *wasabi*, du tofu frit.

Il a plu à verse toute la journée, mais après le dîner je décide sur un coup de tête d'aller me promener à travers la ville noire pour revoir la forteresse enserrée dans ses douves. La pluie et le brouillard rendent le spectacle irréel : la forteresse samouraï illuminée luit toute claire au cœur de l'obscurité, sa silhouette blanche se reflète dans l'eau noire et étale des douves, l'image est parfaite, deux cygnes glissent sur la surface opaque.

Les volatiles ne s'impriment pas sur la photo et, de toute façon, personne ne croirait à leur existence.

En janvier, je suis à Copenhague en train de faire mes comptes avec Karen, en même temps que je me propose de chercher Yayoi une fois de plus. C'est un samedi et, dès que j'ai mis le pied au musée Louisiana, je me rends compte que j'ai commis une erreur monumentale.

Avant même l'ouverture, une longue file d'attente s'est formée dehors et, à l'intérieur, c'est une cohue insensée, l'endroit est plein à craquer de familles avec enfants en week-end faisant un joyeux brouhaha, venus voir l'exposition encensée de cette artiste japonaise, qui partira ensuite pour Helsinki.

Je me presse à l'intérieur avec la foule et avance au pas d'œuvre en œuvre au milieu de la cacophonie. J'évite la marmaille qui se jette au milieu des phallus en peluche et je me discipline pour atteindre une sorte d'état zen où plus rien d'autre ne compte que moi, Yayoi et mon carnet de notes. Ses lettres d'héroïne nocturne adressées à Georgia reposent dans leurs vitrines et je remonte la rangée qui conduit jusqu'à elles avec la concentration du brochet traquant sa proie. Pour gagner les pièces spéciales, comme cette chambre aux miroirs où un champ de phallus à pois s'étend à l'infini, ou encore la pièce spatiale euphorisante, avec ses flashes magiques, il faut vous insérer dans l'une des longues colonnes qui serpentent à travers les espaces d'exposition, et une fois l'attente échue, vous ne pourrez pas passer plus de dix secondes à chaque endroit. Et puisque je veux regarder le documentaire d'une heure et demie intitulé *Yayoi Kusama – I adore myself*, toute cette tannée m'aura bien pris cinq heures. Au moment où je pénètre enfin dans le café avec vue sur la mer dont le musée vante les mérites, la nuit est tombée, je crève de faim et je suis furieuse, parce que a) le réalisateur du documentaire lui a donné un titre aussi stupide et inique, et parce que b) le buffet qui avait l'air si délicieux est fermé depuis un quart d'heure, comme me l'annonce le serveur sur un ton sans réplique. Je refais la queue vingt minutes pour avaler au moins un petit *smørrebrød*, qui est d'ailleurs le dernier du lot.

Yayoi est toujours aussi enchanteresse. Ces tableaux avec leurs filets blancs illimités (qu'elle peignit à l'époque de la faim), ces pièces aux miroirs magiques, cette obsession pour les courges, ces yeux qui vous fixent et cette perruque rose façon *cosplay*. Mes préférés, les objets confortables débordant de phallus en peluche, il y en a une pièce entière : un fauteuil phallique blanc, une armée d'escarpins phalliques, une planche à repasser phallique et un tabouret de cuisine phallique, un marchepied phallique, une valise phallique. La valise bourrée de phallus en peluche est tellement remplie qu'elle ne ferme plus – quel enfer à traîner ! Une forêt de phallus de plus grande taille pousse sur la planche à repasser et les protubérances du tabouret de cuisine ressemblent à un gâteau d'anniversaire hérissé de phallus. Je me demande pourquoi tous ces objets ont vu apparaître ces excroissances qui vous compliquent l'existence, un peu comme des champignons géants – tout le cercle domestique, tout l'espace de vie traditionnel des femmes est conquis par ces Hattifnates (d'un autre genre que dans les histoires de Moomin). Tout ce que fait la femme vivant dans cette maison, elle le fait avec un phallus à l'horizon. Ils sont toujours en travers de son chemin (si peu pratique pour le repassage, par exemple), comme si ce tentacule représentant le pouvoir des hommes avait pénétré partout, comme si la femme était toujours marquée et empêchée par celui-ci. Tu ne peux même pas t'asseoir tranquillement sur une chaise sans qu'il en saille, et si tu comptais t'enfuir en grimpant sur le marchepied de cuisine, vain espoir, lui aussi est couvert d'une excroissance à pousse rapide ! (Quelqu'un a tenté le coup, des sandales à talon écrasées par les phallus sont abandonnées sur les marches.) Le mieux est de capituler, d'ailleurs voilà la *Fille phallique*, avec son joyeux chapeau en paille phallique, elle en a pour ainsi dire par-dessus la tête. Vous trouverez aussi une robe phallique, un sac à main phallique et celui qui était mon préféré avant, un sac à main doré recouvert de macaroni, car cette femme a dû aussi être prisonnière de la cuisine.

Mais pourquoi tout cela ? Yayoi a déclaré elle-même que d'aucuns l'ont prise pour une obsédée sexuelle à cause de ses œuvres phallus, mais selon elle c'est tout le contraire : en réalité elle a *peur* du sexe et en particulier de cet organe masculin affreusement laid, et que ces drôles de phallus en tissu cousus main qui poussent partout sont un moyen pour elle de *travailler sur sa peur*. Et c'est bien vrai : si vous posez allongée nue sur le canapé phallique que vous avez vous-même fabriqué, le corps peint de pois, avec juste une paire d'escarpins aux pieds, vous aurez effectué un progrès raisonnable dans votre projet de maîtrise de la peur. (Et en même temps vous aurez conféré une joyeuse nuance inoffensive à ce symbole persécutant toute la gent féminine.)

L'exposition comporte également d'importantes quantités de photos et de vidéos prises lors des performances de Yayoi, celles où elle couvrait de pois peints des gens nus dans les rues de New York. En 1967, elle était en Amérique depuis près d'une dizaine d'années, elle avait trente-sept ans, s'était fait un nom en tant qu'artiste. Elle se jeta dans le courant du mouvement hippie proclamant la liberté sexuelle et refusant la guerre. Lors du premier *Body Paint Festival* qu'elle organisa en janvier 1967, Yayoi donna pour consigne à des hippies nus de brûler la bannière étoilée sur le parvis d'une église de Manhattan en pleine messe du dimanche – quant à elle, elle jetait des bibles et des cartes de mobilisation de l'armée dans les flammes, puis les hippies se galochaient et certains faisaient même l'amour. D'un coup, Yayoi devint célèbre. Sa mission officielle était de promouvoir la révolution sexuelle et, par là, la paix dans le monde et le bonheur universel, et en ce nom elle organisait des événements où l'on pratiquait le sexe libre. Yayoi en était la « papesse » qui peignait des pois sur le corps des participants, mais elle-même n'éprouvait aucun intérêt libidineux. Elle fonda aussi le Kusama Dancing Team, composé de jeunes danseurs gays nus qui vivaient dans son studio de l'East Village ; elle organisa un mariage gay et des orgies où les nus à pois pouvaient se livrer à leur accomplissement personnel ; au cours des événements orchestrés dans les parcs, elle invitait le public à se déshabiller et à se laisser peindre, jusqu'au moment où la police débarquait.

On ne peut qu'admirer Yayoi, elle savait vraiment retenir l'attention des médias. Elle fonda la Kusama Enterprise pour gérer ses projets et embaucha des juristes pour qu'ils lui indiquent comment réaliser ses performances dans l'espace public sans se voir assigner en justice et finir en prison. Les communiqués de presse – sortes de mixage entre marketing, manifeste artistique et satire sociale – sortaient à la chaîne et portaient sur des sujets allant de la mode au sexe et à la politique. Au nom du combat contre la guerre, elle écrivit une lettre ouverte au président Richard Nixon dans laquelle elle proposait que tous deux « s'oublient » et se peignent mutuellement le corps de pois (*Gently! Dear Richard, calm your manly fighting spirit!*). Elle se lança dans la publication hebdomadaire du magazine *Kusama Orgy* qui traitait de « la nudité, l'amour, le sexe et la beauté », vendu dans tous les États-Unis. Quand elle décida de dessiner des vêtements ajourés utopiques, découpés aux endroits stratégiques (*orgy wear*), un communiqué de presse annonça la création du *Kusama Fashion Institute.* Un institut ! *Priestess of Nudity, Yayoi Kusama, opens fashion boutique* proclama un second communiqué quand elle ouvrit un point de vente sur la Sixième Avenue (les vêtements étaient vendus chez Bloomingdale's). Les activités dudit institut produisirent la *Homo Dress,* munie d'une ouverture sur les fesses, une tenue de soirée pour femmes avec des trous au niveau des seins et du sexe, une *Party Dress* pouvant contenir vingt-cinq personnes ainsi que les tenues exclusives *See-Through* et *Way-Out* que les mondaines s'arrachèrent à un prix tout aussi exclusif. (Yayoi a d'ailleurs toujours le sens des affaires – dans les années 2000 elle a collaboré, entre autres, avec Louis Vuitton, Issey Miyake et Coca-Cola.)

En 1972, Yayoi vit son nom entrer dans le *Who's Who* pour la première fois. Elle avait passé seize ans à New York et était devenue une étoile fixe de l'art avant-gardiste. Mais au Japon, ses exhibitions nues suscitaient l'incompréhension la plus totale : elle était une honte nationale. Son père cessa de lui envoyer de l'argent et sa mère lui écrivit qu'elle regrettait que Yayoi n'eût pas succombé à la pharyngite qu'elle avait eue enfant.

En 1973, Yayoi, âgée de quarante-quatre ans, prit toutefois la décision de se rendre au Japon, et sa visite, prévue pour être brève, se fit, à sa surprise, définitive. Sa santé périclita à Tokyo, elle eut de nouveau des hallucinations et des crises d'angoisse, déprima et s'arrêta souvent sur la ligne de train Chūō (célèbre pour le nombre de suicides qui s'y commettent), debout sur le quai, songeant à sauter sous une locomotive. Elle entra volontairement à l'hôpital de Shinjuku et finalement, en 1977, emménagea durablement dans le service ouvert de l'hôpital psychiatrique privé Seiwa, spécialisé en neuropsychologie et thérapie par l'art. Elle y vit depuis.

La maladie ou le séjour à l'hôpital n'ont pas mis un coup d'arrêt à la carrière artistique de Yayoi et son rythme n'a pas ralenti – bien au contraire. Elle a fait construire un studio non loin de l'établissement, où elle travaille encore chaque jour, et elle est plus productive que jamais. En plus des milliers de peintures, sculptures et installations, Yayoi a écrit une vingtaine d'ouvrages et composé des chansons, et on n'en voit pas la fin. Le musée Louisiana montrait tout un tas de tableaux réalisés quelques années avant l'exposition, quand Yayoi était âgée de quatre-vingt-cinq ans. Elle avait, paraît-il, entamé cette série à l'âge de soixante-dix-neuf ans, le but étant à l'origine de produire une centaine d'œuvres, mais comme le chiffre avait été largement dépassé, elle a réévalué son objectif à mille. Sa façon de faire se situe toujours entre l'addiction au travail et la manie. Ainsi, pendant la rédaction de *Manhattan Suicide Addict*, son deuxième roman, paru en 1978, il lui arrivait parfois d'écrire une centaine de pages dans la journée : le tout fut exécuté en trois semaines et publié sans modifications.

Après son retour au Japon, Yayoi fut oubliée par les sphères artistiques pendant une vingtaine d'années, mais elle fit un come-back spectaculaire. Elle entra dans ma vie au cours de ce printemps 1998 à Los Angeles, et je fus loin d'être la seule dans ce cas : la rétrospective *Love Forever: Yayoi Kusama 1958-1968* lança la *kusamania* proprement dite. Yayoi s'installa durablement dans le monde de l'art et aujourd'hui ses premiers travaux se vendent jusqu'à deux millions d'euros pièce.

Je finis par rencontrer Yayoi face à face, sur écran, au musée Louisiana. Le documentaire *Yayoi Kusama – I adore myself* suit le quotidien de Yayoi sur un an. Je grappille des détails inessentiels – ah, l'immeuble des bureaux de

Yayoi a des murs en béton dans le style de Tadao Ando et le bâtiment du studio est blanc –, de soi-disant indices pour assouvir mon voyeurisme sur Google Earth. Et bon sang de bois ! – je m'étais imaginé que Yayoi vivait une vie d'ermite solitaire, mais cela, c'est une usine Kusama où d'innombrables employés et assistants s'occupent de ses affaires ! Vraiment, pas un seul d'entre eux n'a eu le temps de répondre à mon e-mail « *Konnichiwa* » ?

Yayoi n'est pas sociable. Je lis quelque part que le réalisateur du documentaire l'a filmée pendant un an avant que celle-ci ne prenne acte de son existence en tant que personne dotée d'un nom, et pas seulement en tant que caméra mouche intrusive. Sur les images, Yayoi, quatre-vingts ans, est grognon, parfois elle « ne va pas bien », regarde fixement devant en elle, muette, se déplace à petits pas comme une vieillarde à l'hôpital (ce qu'elle est) et veut juste qu'on la laisse dessiner tranquillement ses anneaux. « Ne me parle pas, dit-elle au réalisateur, je ne peux pas me concentrer en ta présence. » Elle dessine à une table des motifs incessants, concentrée, mécanique, sans réfléchir et sans évaluer son travail, un jour après l'autre. D'immenses œuvres en sortent, on les place à la verticale pour les regarder, puis on recommence. Yayoi admire ses propres travaux. « Évidemment que je suis un génie » dit-elle quand la créature tenant cette caméra mouche lui pose la question.

Oui, Yayoi est égocentrique. Elle se consacre uniquement à son travail, rien d'autre ne l'émeut. Elle est satisfaite de ses réalisations, même plus, elles sont magnifiques, elle les aime *d'amour*. Quand le réalisateur lui demande « qui est votre Dieu ? », Yayoi répond « moi-même. Je m'aime vraiment beaucoup. Je m'aime d'amour ». (Elle ne mentionne pas l'héroïne nocturne Georgia.) De temps à autre elle compulse avec admiration des magazines et des livres montrant ses images, décrivant ses œuvres. (Je ne peux que l'envier de ne pas éprouver de dégoût d'elle-même ce faisant.) Quand on lui demande, lors d'une réception, qui sont les auteurs qui ont influencé sa prose, elle ne comprend pas la question : « Seuls les livres que j'ai écrits m'intéressent. » (En réalité sa petite chambre encombrée est remplie de livres et elle lit tout le temps.) Outre ses œuvres, Yayoi adore les photos d'elle : on la voit toujours sur les clichés pris de ses travaux, en tant que partie de ceux-ci. Son petit personnage aux cheveux roses et au regard scrutateur est un héros national au Japon, une mascotte et une marque qui vaut des millions, et cette marque travaillera jusqu'à son dernier souffle.

Oui, Yayoi est égocentrique et suffisante, mais pourquoi – elle qui a quatre-vingt-six ans – ne pourrait-elle pas l'être, nom d'une pipe ? Elle a réussi à transformer les peurs, les obsessions, les troubles anxieux, les problèmes nerveux, les dépressions qui l'ont hantée toute sa vie, ainsi que sa complexe histoire médicale, en une carrière qui connaît un succès qui non seulement la fait vivre, mais donne du travail à de nombreux autres aussi. *Buraboo,* voilà ce que j'en dis. À vous de jouer maintenant.

Quand je pense à Yayoi la nuit, je ne pense pas à ses tableaux à pois et à ses phallus en peluche qui se répandent partout, ni à ses performances nues avec les hippies ou à ses célèbres orgies.

En revanche je pense à deux choses : 1) Georgia O'Keeffe et 2) l'hôpital psychiatrique.

Je pense à la jeune Yayoi qui prit la décision de devenir artiste et écrivit à Georgia O'Keeffe pour lui demander conseil – comment en écrivant une lettre elle tendit la main vers son héroïne nocturne et se retrouva à réaliser son rêve.

Je pense au moment où, plus tard, après avoir secoué le monde de l'art des années 1960 à New York, elle rentra à Tokyo et demanda à vivre en hôpital psychiatrique. Je songe à la manière dont elle n'a jamais laissé ses faiblesses et ses diagnostics l'arrêter, comment au contraire elle s'en est emparée pour faire d'elle-même la source intarissable de son art.

Je pense qu'elle a déjà vécu plus de quarante ans en hôpital psychiatrique et travaillé tout ce temps : on la pousse dans les couloirs le matin sur son fauteuil roulant, elle prend le médicament que lui donne l'infirmier, tend son bras pour la prise de sang, avant de mettre sa tenue et de partir travailler, peindre sa série de mille tableaux.

*

[Lettre écrite à la machine]

Chère Mademoiselle Kusama,

Pardon de vous déranger au milieu de toutes vos occupations...

Auriez-vous l'amabilité de me dire quel est le médicament que l'infirmier vous donne le matin ?

Love Forever, M

*

Conseils d'héroïne nocturne :

Joue avec les cartes que tu as en main. Les maladies et les faiblesses sont matière à création.

Entoure-toi de ce que tu crains. Ris-en.

Demande conseil aux héroïnes nocturnes, elles te répondront.

Forge-toi les conditions dans lesquelles tu peux vivre – même si cela veut dire l'hôpital psychiatrique.

Continue à travailler.

Continue.

Encore.

[Mélange de conseils d'héroïnes nocturnes]

Des conditions de travail parfaites.

Vis dans un hôpital.
Vis avec un parent qui s'occupe de la nourriture.
Vis dans un monastère au Tibet.
Emménage dans un château allemand avec pension complète.

10.

La Montagne magique

J'arrive à la Montagne magique par un temps de fin d'hiver brumeux et froid. Le château, ou plutôt le manoir, est situé dans la campagne d'ex-Allemagne de l'Est au milieu de nulle part, et je vais y passer les quatre prochains mois de mon existence en résidence d'artiste. Durant le trajet en taxi, des champs gris, uniformes se déploient jusqu'à l'horizon, ponctués d'éoliennes, de bâtiments industriels décrépits et de maisons en pierre abandonnées aux carreaux cassés. Le village miteux qui semble désert a des maisons aux portes closes et aux fenêtres condamnées par des barreaux en métal, tout est noyé dans une impression est-allemande : pauvre, austère, sévère.

Frau Direktorin m'attend au château. La directrice a une coupe au carré gris argenté et un étrange sens de l'humour. Elle m'emmène dans ma chambre aménagée dans une ancienne écurie dont les fenêtres donnent sur le magnifique bâtiment principal et le jardin. Je pense à Hans Castorp arrivant à sa propre montagne magique au sommet des Alpes, le sanatorium international de Berghof, où il se coule dans l'étrange atmosphère déconnectée de la vie non pour les trois semaines prévues, mais pour sept ans. *Bienvenue dans notre sanatorium, mademoiselle Castorp,* entends-je à mon oreille, *êtes-vous venue pour être notre patiente, si vous me permettez la question ? Pour combien de temps ? Ah oui, vous verrez, ici votre conception du temps va changer…*

Ce printemps nous serons une vingtaine de patients, c'est-à-dire d'artistes et d'écrivains, et dans le jardin, sous ces énormes chênes et ces marronniers dressés dans les hauteurs, nous installerons nos chaises longues et nous allongerons, enveloppés dans des couvertures, en attendant le repas suivant. Le personnel s'activera sans bruit autour de nous. Dans la réalité brumeuse de la Montagne magique, le temps perdra sa clarté, l'existence du reste du monde sera de plus en plus difficile à se figurer, car tout sera si loin, si loin…

Ce que ces sorties de secours vertes peuvent être moches – qui voudrait sortir d'ici, ouïs-je dire la directrice. *En hiver nous redescendons les corps dans la vallée par la piste de luge…*

Le programme de mes journées ne tarde pas à se mettre en place. J'écris quotidiennement. Au déjeuner et au dîner, je quitte un moment ma bulle d'écriture, lorsque, avec mes collègues-patients, nous glissons dans le réfectoire du château. Le soir je fais mon yoga ou je vais me promener dans les bois. Parfois, je prends la route qui s'éloigne du village jusqu'à ne plus voir devant moi que les champs noirs et la route droite bordée de chênes jusqu'à l'horizon. Un week-end, je fais un tour à vélo, vingt-sept kilomètres, j'étudie cinq villages et constate que les curiosités locales se montent à quatre moutons et un cheval pommelé.

Il existe une vie sociale aussi. Chacun doit à son tour scruter son âme sous l'œil inquisiteur de la directrice lors de la présentation hebdomadaire des artistes. Ines, la cinquantaine, originaire de Berlin-Est, qui pratique le ski à roulettes, lit ses traductions du bulgare. Stefan S. présente ses œuvres d'une inquiétante étrangeté qu'il réalise à la peinture pour carrosserie sur d'énormes plaques d'aluminium, une clope allumée au bec, et Riitta aligne sur la table les écorces de bouleau, expédiées de Finlande, qu'elle a peintes à l'aquarelle. Peter donne un concert divin, il joue de l'arceau à vélo, du tuyau en plastique, des pierres, du papier et du mur. Je passe des heures de *Lesung* à écouter les textes en allemand lus à haute voix avec partition chantée d'Annick, Martin, Markus, Malte et Stefan P., ou la conférence de Nathalie sur le modèle à la chevelure rousse du peintre britannique Whistler : rien de l'âge d'or de l'art au XIXe siècle et du monde des salons parisiens n'aurait existé sans ces femmes qui avaient le cran de se placer sous les yeux d'un artiste et de lancer leur regard plein de confiance en soi à travers le tableau.

Le soir, nous jouons au tennis de table dans l'atelier. Nous regardons ensemble des films ou les vidéos accompagnant les poèmes de Malte et Stefan. Nous nous rendons dans l'unique bar du village où une vieille femme boiteuse qui ressemble à un *menninkäinen*, un lutin des bois de Finlande, nous sert des chopes de bière éventée, et parfois, après une de ces soirées, moi et Anu lisons des passages de nos livres en finnois. Une fois Annick nous enseigne des techniques de jeu et j'essaye d'être Karen. (Bizarrement, le côté droit de mon visage me donne l'impression d'être aplati et engourdi, comme si j'étais restée trop longtemps allongée sur le côté à regarder les collines du Ngong.) Un jour je participe à un projet sonore de Peter pour qui je lis au micro des textes de Sei Shōnagon en finnois – en retour Peter me fait cadeau du vinyle de son interview d'une tortue vietnamienne âgée de six cents ans.

Je retrouve peu à peu mon allemand – il paraît que ma façon de parler fait penser à une Allemande qui aurait longtemps vécu à l'étranger et oublié tout son vocabulaire.

Il règne parfois une étrange atmosphère à la Montagne magique, les créatures féériques nous tendent les bras depuis la forêt, les idiots du village font du vélo dans les bois déserts, les cerfs égarés paniquent dans le jardin du château, les chats ont utilisé leur dernière vie. J'entre alors dans la forêt du Petit Chaperon rouge, je vais à la maison de sa mère-grand dans une clairière fanée livrée à une atmosphère déchue. Je parcours tous les sentiers possibles, dépassant la sinistre forêt de sapins et la lande vertigineuse des pins, mais je n'ose sortir des chemins, je crains de me perdre dans le labyrinthe des arbres. Le pic noir tambourine, les cygnes et les grues trompettent au loin – j'aurais besoin de petits cailloux blancs pour retrouver mon chemin.

Je suis pourtant toujours de retour à l'heure du dîner. Je déguste des spécialités allemandes, les *Milchreis,* les *Knödel,* les *Maultaschen* ou les patates au fromage frais. À la saison, il y a des asperges blanches. Parfois des *Bratwurst* avec de la choucroute, le dimanche du rôti. On nous sert de temps à autre un bouillon blanc à l'œuf que j'ai du mal à avaler.

Il n'y a pas de réseau à la Montagne magique, Internet est intermittent. Impossible de quitter les lieux, hormis le lundi et le vendredi avec la voiture du fermier. Mais à un intervalle de quelques semaines, quand mes idées commencent à tourner en un rond bizarre, je me rends à Berlin. Dès la descente du train, ma tête s'éclaircit et je sors du brouillard. Je vais au musée, dans les galeries, les festivals de théâtre, les librairies et les cafés, je descends les artères bruyantes et je mange vietnamien. À mon retour au château au bout de quelques jours, je suis clouée au lit par l'excès de stimuli sensoriels, aussi effondrée qu'au retour d'un long voyage.

Les habitants des villages voisins viennent parfois nous regarder comme des bêtes curieuses. Les journalistes nous interviewent et les journaux du coin publient des articles où nous témoignons du bonheur d'être ici.

Le trio avec piano qui exerce au château joue du Brahms de temps en temps. C'est si divinement beau que j'ai envie de pleurer.

Un jour, on extrait les statues baroques du jardin à la française de leurs petites cabanes en bois et le château s'entoure de créatures mythologiques gréco-romaines bien alignées, Zeus, Aphrodite, Nains. Puis les arbres verdissent et soudain les allées sont envahies de centaines de grenouilles sorties des étangs pour trouver un partenaire. Le gris qui régnait partout se change en vert, jaune, rouge, blanc, bleu, lilas. Les champs sans fin ondulent de céréales, de colza, de maïs, de pavot et de fleurs de seigle, et les excursions à vélo deviennent paradisiaques. Nous sortons les chaises longues, orthodoxes *Liegstuhl* de sanatorium, et je m'allonge sous un énorme chêne pour lire les dernières pages de *La Montagne magique*. L'arbre murmure, il fait chaud, le chat sourd du château, prénommé Schiller, est couché dans une flaque de soleil.

Les pommiers sont surchargés de pétales blancs à en mourir. Les tilleuls débordant de fleurs bruissent, le nuage bourdonnant qui s'élève de leurs tréfonds s'entend à des dizaines de mètres. Le soir l'entêtant concert de tronçonneuses des grenouilles sur l'étang résonne jusque dans ma chambre.

Puis, finalement, l'Orangerie est ouverte et je m'installe pour écrire à l'ombre des palmiers en pot sous le ciel immense des verrières.

Là je pense à mes héroïnes nocturnes.

En l'honneur de Properzia, je mange de minuscules prunes et aligne leurs noyaux.

Je prépare un thé d'Alexandra.

J'étudie le poisson de Mary pour me ressouvenir que n'importe quelle passion a du sens.

Je pense à Isabella qui retrouvait son énergie dès qu'elle avait des billets de bateau en main.

Je pense à Yayoi qui a accepté les limitations de son existence et en a tiré profit.

Je pense à Sofonisba assise dans sa petite cabine sous le pont d'un bateau à voile en route pour la cour d'Espagne, munie de son coffre de mariage rempli de matériel de peinture.

Je pense à Ema Saikō passant les postes de contrôle avec son autorisation de déplacement, préférant se rendre à Kyoto pour boire du saké et écrire des poèmes plutôt que de se marier.

Je pense à Lavinia en couches, impatiente de reprendre le pinceau, et à Artemisia se remettant au boulot dans une ville à chaque fois nouvelle.

Quand je suis terrassée par la migraine, je pense à Karen et à toutes les souffrances qu'elle a endurées il y a un siècle en Afrique, seule.

Quand j'angoisse pour mes finances, je pense à Ida.

Et quand approche le moment de faire ma valise, je pense vraiment très fort à Nellie.

Je pense à la mappemonde sur laquelle se dessinent tous les itinéraires de ces femmes en filaments lumineux, lentement d'abord, puis de plus en plus vite – sur la surface de la boule immense la lumière augmente, puis s'obscurcit, bientôt elle scintille si vite que l'œil ne distingue plus que du blanc au fur et à mesure que passent les jours, les semaines, les années, les siècles, les vies humaines. Puis je ralentis le temps et je pense aux moyens de transport de ces femmes qui tracent leur route à la surface de la mappemonde en char à bœufs, voiture à cheval, mulet, chameau, bateaux en bois, navires à vapeur, canot creusé dans un tronc, automobiles anciennes, petits avions, trains à vapeur sifflants, et aux femmes à l'intérieur de ces machines. Puis je pense à leur paquetage, leurs robes noires et leurs corsets, leurs chapeaux et leurs coiffures, aux idées dans leurs têtes, à leur peur et leur courage. Elles sont toutes là simultanément, avec leur nécessaire d'écriture, leurs journaux, leur papier à lettre, leurs lettres de recommandation, leurs demandes d'argent, les billets cousus dans leurs vêtements, leurs autorisations de déplacement, leur portrait faisant office de carte de visite, leur matériel de peinture, leur appareil photo, leur ordinateur portable, leur casse-croûte (boîtes de conserve, barres énergétiques, thé), leurs malles de voyage, leur selle, leur tente, leur pécule pour les rançons et leur menue monnaie, leurs accessoires de déguisement, leurs pantalons cachés, leurs amulettes porte-bonheur…

Je pense à elles (à nous) toutes en même temps et au fait que nulle d'entre nous ne voyagera plus jamais seule.

Un soir de mai, je vais admirer les lilas courbés sous le poids des fleurs. Derrière l'atelier, je tombe sur Christoph qui tente de cuire des céramiques dans le four qu'il a piqué dans une maison vide et attise le feu au sèche-cheveux. Christoph me propose une guimauve que je fais rôtir sur une baguette.

En juin, Malte a terminé son livre. Nous lui demandons, envieux, l'impression que cela fait – *es geht*, répond-il avec un sourire timide, ça va. On fête encore un départ, nous sommes assis sur la terrasse, à boire du vin avant une partie de pétanque. Malte me montre son carnet de notes rempli d'une écriture incroyablement petite et soignée d'un bord à l'autre des pages. Je lui demande pour rire s'il en a beaucoup comme ça et visiblement oui, cinquante-sept, tous numérotés, avec un index à la fin de chacun. Je lui présente avec honte mon carnet de chez Muji, minuscule, à spirales, qui tient dans la main et a été surtout conçu pour noter une liste de courses.

Lors de la dernière semaine, tout culmine dans la fête de l'été, grand événement public où nous présentons nos talents comme des singes savants. Pour l'occasion, même les textes d'Anu et moi ont été traduits en allemand et lorsque le traducteur lit ma partie au micro, je pense que ma vie ne saurait être plus absurde : je suis assise sur la terrasse d'un château allemand et j'écoute un homme lire au public mon journal en allemand.

Nous passons les dernières soirées dehors, autour d'un feu de camp, à boire du vin. Il ne reste que peu de temps, nous ne cessons de fêter des départs. Je sais déjà qu'ils vont tous me manquer. Les discussions sur les itinéraires à vélo avec Annick, la solidarité chaleureuse d'Ines, la capacité innocente de Peter de voir la beauté dans les détails les plus insignifiants du monde. La gentillesse de Stefan P. qui vous rend heureux et sa voix douce, le sens de l'humour tordu de Stefan S., l'incorruptible esprit critique de Nathalie. La chambre à squelette brillante de Hanna, le monde LGBT-véganetechno-rococo hallucinant de fraîcheur d'Anu, l'atelier immensément ouvert de Riitta, avec ses pailles sèches sur l'appui de fenêtre, ses feuilles d'arbre rangées par couleur comme autant d'autels à la nature.

C'est à croire que j'ai guéri, en quelque sorte, à la Montagne magique. Comme si j'avais compris que l'on peut vivre ainsi, que c'est ainsi que les écrivains et les artistes vivent. Que c'est ainsi que l'on travaille, chacun à sa manière, chacun luttant avec ses démons, chacun dans son atelier, son coin du monde, sa tranche temporelle. Et pourtant ensemble d'une certaine façon : toutes ces lettres, ces coups de pinceau, ces voix justes et fausses, ces inspirations réciproques, ces esquisses utopistes, ces profondeurs déployées à partir d'une idée surprenante, ces dizaines de carnets systématiques ou rhapsodiques, ces tâtonnements dans le noir, ces coups manqués et ces nuits blanches désespérées, tout ce mycélium glisse inexorablement au-dessus de nos jours comme un nuage, un rêve, comme un bloc de glace dérivant jusqu'au rivage où il s'enfonce dans un craquement et, sans conteste, pousse en avant le travail de chacun.

*

Conseil d'héroïne nocturne :

Quoi que tu fasses, cherche ta montagne magique.

venez Muses

quittez votre maison dorée

REMERCIEMENTS

Alfred Kordelinin säätiö (Fondation Alfred Kordelin)

Jenny ja Antti Wihurin rahasto (Fonds Jenny et Antti Wihuri)

Journalistisen kulttuurin esdistämissäätiö (Fondation pour la promotion de la culture journalistique)

Koneen säätiö (Fondation Koné)

Otavan Kirjasäätiö (Fondation Otava pour le livre)

Suomen Kulttuurirahasto (Fonds culturel de Finlande) et Künstlerhaus Schloss Wiepersdorf (Maison de la culture du château de Wiepersdorf)

Suomen Rooman-instituutti Villa Lante (Institut finlandais de Rome)

Suomen Tietokirjailijat ry (Association des auteurs de non-fiction de Finlande)

Taiteen edistämiskeskus (Centre de promotion des arts)

Väinö Tannerin säätiö (Fondation Väinö Tanner)

Je remercie ma mère et mon père pour la chambre dans le grenier de Vihti et les repas parfaits. Mon frère O-P, ma belle-sœur Hanna et leurs deux petites filles pour, entre autres, leur existence, et Hanna pour ses analyses historiques sur la mode du XIXe siècle. Buz, mon amie et collègue sans qui ce livre n'aurait jamais été achevé. Olli et Flotea pour leur hospitalité chaleureuse, les expériences, plus grandes que la vie, en Tanzanie et pour avoir accepté que je les fasse figurer dans ce livre. Mon guide Fazal, Tony Fitzjohn, Hilkka et Harri Hyrkkö, ainsi que l'autrice zimbabwéenne Petina Gappah pour avoir prononcé lors du festival Helsinki-Lit de 2017 les mots qui m'ont donné la permission d'écrire sur l'Afrique : *Come to Africa and write non-fiction with humility.* Stefano pour m'avoir prêté sa chambre à Florence et pour son hospitalité qui dépasse encore mon entendement, ainsi qu'Angela, Benedetto et Nino. Aura et les garçons ainsi que Carla, Mari, Christel et Cai sans qui Mazzano n'aurait pas été aussi merveilleux, ainsi que le docteur Marika Räsänen pour ses commentaires sur l'histoire de l'Italie (oui, l'image des femmes de Florence est toujours controversée). Mes collègues et amis de la Montagne magique Anu, Riitta, Hanna, Ines, Nathalie, Annick, Insook, Sukuyuni, Stefan S., Stefan P., Christoph, Peter, Markus, Malte, Andrea, Bettina et les autres. Mes amis de Kyoto Seb, Reina, Iris et Nicole, ainsi que Beatrice à Kyoto et Berlin. Raisa Porrasmaa pour son aide sur la translittération du japonais. Anna et Leo pour la retraite d'écriture avec vue sur la mer et Liisa, mon *ikebanasensei,* héroïne nocturne de la vraie vie qui est donc mentionnée dans ce livre-ci aussi. Mes nombreux amis de la maison d'édition, en particulier Lotta, Piia, Mari et Ulla. Ainsi que vous tous, mes chers amis qui avez supporté mon isolement sans fin dans ma grotte, mes réponses téléphoniques irritées et mes rendez-vous manqués.

Merci aux héroïnes nocturnes – à tous ces points de lumière qui brillent en étoiles dans le ciel de nuit, à l'aide de qui une femme ordinaire et craintive peut s'orienter lors de ses nuits sans sommeil.

Les parties consacrées à Karen Blixen, Isabella Bird, Ida Pfeiffer, Mary Kingsley et Alexandra David-Néel doivent beaucoup non seulement à leurs œuvres propres. mais aussi aux biographies de Judith Thurman, Evelyn Kay, Gabriele Habinger, Katherine Frank et Barbara M. et Michael Foster. Les chapitres consacrés à Sofonisba Anguissola, Lavinia Fontana et Artemisia Gentileschi se fondent entre autres sur les études d'Ilya Sandra Perlinger, Caroline P. Murphy, R. Ward Bissel, Mary D. Garrard et Jesse M. Locker. Les informations relatives aux périodes de la vie de Yayoi Kusama proviennent en grande partie de son autobiographie.

RÉFÉRENCES BIBLIOGRAPHIQUES

Adichie, Chimamanda Ngozi : *Autour de ton cou*, trad. par Mona de Pracontal, Paris, Gallimard, coll. « Du monde entier », 2012.

Amoia, Alba et Bettina L. Knapp : *Great Women Travel Writers. From 1750 to the Present*, Continuum, 2005.

Anderson, Monica : *Women and the Politics of Travel, 1870–1914*, Madison (NJ), Farleigh Dickinson University Press, 2006.

Bal, Mieke (dir.) : *The Artemisia Files. Artemisia Gentileschi for Feminists and Other Thinking People*, The University of Chicago Press, 2005.

Barker, Sheila (dir.) : *Women Artists in Early Modern Italy. Careers, Fame, and Collections*, Harvey Miller Publishers, 2016.

Beard, Peter : *Longing for Darkness. Kamante's Tales from Out of Africa*, photographies d'Isak Dinesen (Karen Blixen), Harcourt Brace Jovanovich, 1975.

Bird, Isabella L. : *A Lady's Life in the Rocky Mountains* (1879). Project Gutenberg eBook (www.gutenberg.org).

Bird, Isabella L. : *The Hawaiian Archipelago. Six Months Among the Palm Groves, Coral Reefs, and Volcanoes of the Sandwich Islands* (1875). Project Gutenberg eBook (www.gutenberg.org).

Bird, Isabella L. (Mrs. J. F. Bishop, F.R.G.S.) : *Unbeaten Tracks in Japan. A Record of Travels in the Interior, Including Visits to the Aborigines of Yezo and the Shrines of Nikkō and Ise* (1880). George Newnes, Limited, 1900.

Bird, Isabella L. : *Voyage d'une femme aux Montagnes Rocheuses* / traduit de l'anglais de I. L. Bird (Mrs Bishop), par E. Martineau Des Chesnez, 1888. Bibliothèque nationale de France, catalogue Gallica (www.gallica.bnf.fr).

Bissell, R. Ward : *Artemisia Gentileschi and the Authority of Art,* University Park, The Pennsylvania State University Press, 1999.

Blixen, Karen : *Lettres d'Afrique 1914-1931,* éditées et préfacées par Frans Lasson, trad. par Philippe Bouquet, Paris, Gallimard, 1985.

Blixen, Karen : *La Ferme africaine,* trad. par Yvonne Manceron, Paris, Gallimard, 1995.

Blixen, Karen : *Sept contes gothiques,* Paris, Stock, coll. « La Cosmopolite », 2004.

Blixen, Karen : *Contes d'hiver,* trad. par Marthe Metzger, Paris, Gallimard, coll. « Folio », 1982.

Blixen, Karen : *Ombres sur la prairie,* trad. par Marthe Metzger, Paris, Gallimard, coll. *« Folio »,* 1995.

Bly, Nellie : *Around the World in Seventy-Two Days.* The Pictorial Weeklies Company, 1890.

Bly, Nellie : *Ten Days in a Mad-House.* Ian L. Munro, Publisher, 1887.

Borzello, Frances : *Seeing Ourselves. Women's Self-Portraits,* Thames & Hudson, 2016 (1998).

Broude, Norma et Garrard, Mary D. (dir.) : *Reclaiming Female Agency. Feminist Art History After Postmodernism*, University of California Press, 2005.

Castiglione, Baldassare : *Le Livre du courtisan*, trad. par Alain Pons, Paris, Flammarion, 1999.

Christiansen, Keith et Mann, Judith W. : *Orazio and Artemisia Gentileschi, New York*, The Metropolitan Museum of Art, New York & Yale University Press, 2001.

Chubbuck Kay (dir.) : *Isabella Bird: Letters to Henrietta*, Northeastern University Press, 2003 (John Murray Ltd, 2002).

Cohen, Elizabeth S. : " *The Trials of Artemisia Gentileschi: A Rape as History*", dans *The Sixteenth Century Journal*, Vol. 31, No. 1, Special Edition: Gender in Early Modern Europe (Spring 2000), pp. 47-75.

David-Néel, Alexandra : *Journal de voyage*, Paris, Plon, 1991

David-Néel, Alexandra : *Mystiques et magiciens du Tibet*, Paris, Plon, 1929.

David-Néel, Alexandra : *Voyage d'une Parisienne à Lhassa*, Paris, Plon, 1927.

Donelson, Linda : *Out of Isak Dinesen in Africa: Karen Blixen's untold story*, préface de Don Mowatt, postface d'Anne Born, Coulsong List, 1998.

Ema, Saikoo : *Tunteeni eivät ole tuhkaa* (Mes sensations ne sont point cendre), traduit en finnois par Kai Nieminen, Helsinki, Basam Books, 2009.

Ferino-Pagden, Sylvia et Kusche, Maria : *Sofonisba Anguissola. A Renaissance Woman*, The National Museum of Women in the Arts, 1995.

Finlay, Victoria : *Colour. Travels through the Paintbox*, The Folio Society, First Edition Thus, 2009.

Fister, Patricia : « Female *Bunjin*: The Life of Poet-Painter Ema Saikō », art. publié dans *Recreating Japanese Women, 1600-1945* dirigé et préfacé par Gail Lee Bernstein, University of California Press, 1991.

Fitzjohn, Tony : *Born Wild. The Extraordinary Story of One Man's Passion for Lions and for Africa,* avec Miles Bredin, Viking, 2010.

FitzRoy, Charles : *Renaissance Florence on Five Florins a Day,* Thames & Hudson, 2010.

Fornaciai, Valentina : *"Toilette", Perfumes and Make-up at the Medici Court,* trad. par Catherine Burnett, Sillabe, 2007.

Fortune, Jane : *Invisible Women. Forgotten Artists of Florence,* The Florentine Press, 2014 (2009).

Foster, Barbara M. et Foster, Michael : *Forbidden Journey. The Life of Alexandra David-Néel.* Harper & Row, 1987.

Foster, Shirley et Mills, Sara (dir.) : *An Anthology of Women's Travel Writing,* Manchester, Manchester University Press, 2002.

Frank, Katherine : *A Voyager Out: The Life of Mary Kingsley.* Houghton Mifflin Company, 1986.

French-Sheldon, May : *Sultan To Sultan. Adventures Among the Masai and Other Tribes of East Africa, by M. French-Sheldon, "Bébé Bwana",* introduction de Tracey Jean Boisseau. Manchester University Press, 1999 (1892).

Frida Kahlo – Das Private Addressbuch : Herausgegeben und kommentiert von Christine Fischer-Defoy. Koehler & Amelang, 2009.

Gallen-Kallela, Akseli : *Afrikka-kirja. Kallela-kirja II,* Helsinki, WSOY, 1931.

Garrard, Mary D. : *Artemisia Gentileschi. The Image of the Female Hero in Italian Baroque Art,* Princeton University Press, 1989.

Gellhorn, Martha : *Travels with Myself and Another – Five Journeys from Hell.* Eland, 1982 (First published by Allen Lane, 1978).

Habinger, Gabriele : *Eine Wiener Biedermeierdame erobert die Welt. Die Lebensgeschichte der Ida Pfeiffer (1797-1858).* Promedia, 1997.

Hayden, Deborah : *Pox. Genius, Madness, and the Mysteries of Syphilis.* Basic Books, 2003.

Hemingway, Ernest : *Afrikan vihreät kunnaat.* Alkuteos *Green Hills of Africa* (1935). Trad. en finnois par Tauno Tainio. Tammi, 1960.

Hibbert, Christopher : *Florence. The Biography of a City.* Penguin Books, 1994.

Hoptman, Laura et al. : *Yayoi Kusama.* Phaidon Press Limited, 2000.

Ireland, Deborah (dir.) : *Isabella Bird. A Photographic Journal of Travels Through China 1894-1896,* in Association with the Royal Geographic Society. Ammonite Press, 2015.

Johnson, Geraldine A. et Matthews Grieco, Sara F. (dir.) : *Picturing Women in Renaissance and Baroque Italy,* Cambridge University Press, 1997.

Jorgensen, Larke Rydal et al. (dir.) : *Yayoi Kusama – In Infinity,* Copenhague, Louisiana Museum of Modern Art, 2015.

Fortunati, Vera, Pomeroy, Jordana et Strinati, Claudio : *Italian Women Artists. From Renaissance to Baroque,* Skira & Rizzoli, 2007.

Johnson, Osa : *Elämästäni tuli suuri seikkailu* (*I Married Adventure. The Lives of Martin and Osa Johnson,* 1940), trad. en finnois par Irma Andersin. WSOY, 1944.

Johnson, Osa : *Neljä vuotta paratiisissa* (*Four Years in Paradise,* 1941), trad. en finnois par T. J. Kivilahti. WSOY, 1948.

Kaye, Evelyn : *Amazing Traveler Isabella Bird. The biography of a Victorian adventurer.* Blue Panda Publications, 1999.

Kingsley, Mary H. : *Travels in West Africa (Congo Français, Corisco and Cameroons).* Dodo Press, (1897).

Kingsley, Mary H. : *West African Studies.* MacMillan and Co., 1899.

Kortelainen, Anna : *Hurmio – Oireet, hoito, ennaltaehkäisy* (Le ravissement – Symptômes, traitement, prévention), Helsinki, Tammi, 2009.

Kortelainen, Anna : *Levoton nainen. Hysterian kulttuurihistoriaa* (La femme intranquille. Histoire culturelle de l'hystérie), Helsinki, Tammi, 2003.

Kusama, Yayoi : *Infinity Net: The Autobiography of Yayoi Kusama,* trad. par Ralph McCarthy, Tate Publishing, 2011 (original japonais 2002).

Lapierre, Alexandra : *Artemisia,* Paris, Robert Laffont, 1998.

Lasson, Frans et Selborn, Clara : *Isak Dinesen – Her Life in Pictures* (*Karen Blixen. En digterskabne i billeder,* 1969), The Karen Blixen Museum, 2009 (Random House, 1970).

Locker, Jesse M. : *Artemisia Gentileschi – The Language of Painting,* Yale University Press, 2015.

Mahon, Elizabeth Kerri : *Scandalous Women. The Lives and Loves of History's Most Notorious Women,* A Perigree Book (Penguin Group), 2011.

Mann Judith W. (dir.) : *Artemisia Gentileschi: Taking Stock,* Turnhout, Brepols, 2005.

Mann, Thomas : *La Montagne magique,* trad. par Claire de Oliveira, Paris, Fayard, 2016.

Marttila, Olli : *Norsuja tiellä. Vuosi Tansaniassa* (Des éléphants sur la route. Une année en Tanzanie), Helsinki, Tammi, 2002.

Marttila, Olli : *Safaripassi. Pohjois-Tansania* (Passeport pour le safari. La Tanzanie du Nord), Auris, 2008.

Marttila, Olli : *Suuri savanni. Tansanian kansallispuistot ja muut avainsuojelualueet,* (La grande savane. Parcs nationaux de Tanzanie et autres zones protégées), Auris, 2003.

McEwan, Cheryl : *Gender, Geography and Empire. Victorian Women Travellers in West Africa,* Ashgate Publishing Ltd, 2000.

McVicker, Mary F. : *Women Adventureres 1750-1900. A Biographical Dictionary, with*

Excerpts from Selected Travel Writings, McFarland & Company, Inc., Publishers, 2008.

Middleton, Dorothy : *Victorian Lady Travellers,* Routledge & Kegan Paul, 1965.

Middleton, Ruth : *Alexandra David-Néel. Portrait of an Adventurer.* Shambhala, 1989.

Mouchard, Christel : *Elles ont conquis le monde. Les grandes aventurières, 1850-1950,* Paris, Arthaud, 2007.

Murphy, Caroline P. : *Lavinia Fontana. A Painter and her Patrons in Sixteenth Century Bologna,* Yale University Press, 2003.

Navarro, Fausta (dir.) : *Plautilla Nelli. Art and Devotion in Savonarola's Footsteps,* Sillabe, 2017.

Netzley, Patricia D. : *The Encyclopedia of Women's Travel and Exploration,* Oryx Press, 2001.

Pelensky, Olga Anastasia : *Isak Dinesen. The Life and Imagination of a Seducer,* Ohio University Press, 1991.

Perlingieri, Ilya Sandra : *Sofonisba Anguissola. The First Great Woman Artist of the Renaissance,* Rizzoli, 1992.

Petäistö, Helena : *Pariisi, Versailles, Giverny. A la Helena Petäistö.* Otava, 2014.

Pfeiffer, Ida : *A Visit to Iceland and the Scandinavian North.* Alkuteos *Reise nach dem skandinavischen Norden* (1846). Ingram, Cooke, and Co., 1852.

Pfeiffer, Ida : *Reise einer Wienerin in das heilige Land,* Vienne, 1844.

Pfeiffer, Ida : *Voyage d'une femme autour du monde,* par Mme Ida Pfeiffer, traduit de l'allemand par W. de Suckau, 2e édition, 1859. Bibliothèque nationale de France, catalogue Gallica (www.gallica.bnf.fr).

Pfeiffer, Ida : *Mon second voyage autour du monde* / par Mme Ida Pfeiffer,... ; traduit de l'allemand par W. de Suckau, 1859. Bibliothèque nationale de France, catalogue Gallica (www.gallica.bnf.fr).

Pfeiffer, Ida : *Nordlandfahrt. Eine Reise nach Skandinavien und Island im Jahre 1845* (1846). Herausgegeben und Vorwort von Gabriele Habinger. Promedia, 1991.

Pfeiffer, Ida : *Reise nach Madagaskar,* Carl Gerold's Sohn, 1861.

Pope-Hennessy, John : *The Portrait in the Renaissance.* The A. W. Mellon Lectures in the Fine Arts. The National Gallery of Art, Washington, D. C. Bollingen Series XXXV, 12. Princeton University Press, 1979.

Robinson, Jane : *Wayward Women. A Guide to Women Travellers,* Oxford University Press, 1990.

Sappho : *Le Désir,* trad. et présenté par Frédérique Vervliet, Paris, Arléa, 1996.

Setälä, Päivi : *Renessanssin nainen. Naisten elämää 1400- ja 1500-luvun Italiassa,* Helsinki Otava, 2000.

Shiba Keiko : *Literary Creations on the Road. Women's Travel Diaries in Early Modern Japan,* trad. et annoté par Motoko Ezaki, University Press of America, 2012.

Siljeholm, Ulla : *Bärstol & damsadel. Kvinnor som reste* (date et lieu de publication inconnus).

Siljeholm, Ulla & Olof : *Resenärer i langkjol.* Carssons, 1996.

Stevenson, Catherine Barnes : *Victorian Women Travel Writers in Africa.* Twayne Publishers, 1982.

Strohmeyr, Armin : *Abenteuer reisender Frauen. 15 Porträts.* Piper, 2012.

Sutherland Harris, Ann – Nochlin, Linda : *Women Artists: 1550-1950,* Los Angeles County Museum of Art, 1984 (1976).

Thurman, Judith : *Isak Dinesen, The Life of a Storyteller* (1982).

Trzebinski, Errol : *Silence Will Speak. A Study of Denys Finch Hatton and his relationship with Karen Blixen.* Heinemann, 1977.

Vasari, Giorgio : *Vies des meilleurs peintres, sculpteurs et architectes,* Actes Sud, 2005.

Weaver, Elissa B. (dir.) : *Arcangela Tarabotti. A Literary Nun in Baroque Venice,* Ravenne, Longo Editore Ravenna, 2006.

Willink, Robert Joost : *The Fateful Journey. The expedition of Alexine Tinne and Theodor von Heuglin in Sudan (1863-1864). A study of their travel accounts and ethnographic collections,* Amsterdam, Amsterdam University Press, 2011.

Winspeare, Massimo : *The Medici. The Golden Age of Collecting,* trad. par Richard Fowler, Sillabe, 2000.

Certifié PEFC

Ce produit est issu de forêts gérées durablement et de sources contrôlées.

PEFC™

10-31-3068

pefc-france.org

Cet ouvrage est composé de matériaux issus de forêts gérées durablement certifiées PEFC™. Le Programme de reconnaissance des certifications forestières (PEFC™) est le plus grand organisme mondial indépendant de contrôle pour une gestion durable des forêts. Pour en savoir plus, consultez le site www.pefc-france.org

Achevé d'imprimer en août 2021
par CPI Bussière
À Saint-Amand-Montrond (18)
Dépôt légal : septembre 2021
N° d'impression : 2058992
Imprimé en France